U0934373

坚守与突围

李鸿章与大清帝国

凤凰书品 编

海峡出版发行集团 THE STRAITS PUBLISHING & DISTRIBUTING GROUP | 鹭江出版社 LUJIANG PUBLISHING HOUSE
2018年·厦门

鸣 谢

凤凰卫视主持人：

王鲁湘　陈晓楠　窦文涛　田　桐

凤凰卫视栏目组：

《凤凰大视野》《世纪大讲堂》

纪录片撰稿人及编导：

田　河　季　宇　叶海鹰　施纯志　陆　璐
陈克勇　汪　斌　黄大明　胡美茵　潘慧贤　韩　潇

受访专家学者：

翁　飞（安徽历史文化研究中心主任、安徽省李鸿章研究会副会长）
张　鸣（中国人民大学国际关系学院政治学系教授）
雷　颐（中国社会科学院近代史研究所研究员）
姜　鸣（中国近代海军史专家）
董丛林（河北师范大学历史文化学院教授）
金满楼（作家、近代史研究者）

刘　刚（独立学者、自由写作者）

李冬君（历史学者、自由写作者）

宋路霞（历史作家）

李喜所（南开大学历史学院教授）

方　堃（海军军事学术研究所研究员）

张　炜（海军军事学术研究所研究员）

徐　焰（中国人民解放军国防大学教授）

虞和平（中国社会科学院近代史研究所研究员）

汤重南（中国社会科学院世界历史研究所研究员）

戚其章（山东社会科学院历史研究所研究员）

罗澍伟（天津社会科学院历史研究所研究员）

马自毅（华东师范大学历史学系教授）

朱荫贵（复旦大学历史学系教授）

李胜良（上海交通大学海外教育学院税务研究所研究员）

孔祥吉（美国哈佛大学费正清东亚研究中心研究员）

依田熹家（日本早稻田大学名誉教授）

……

目 录

第一章

“叫花子军”学摩登

丈夫只手把吴钩，意气高于百尺楼。
一万年来谁著史，三千里外欲封侯。

——李鸿章《入都》(其一)节选

上海！上海！

1860年7月1日清晨，值守上海城头的清军士兵绝望了，一个意外的发现让他们心惊肉跳：一夜之间，黄浦江对岸冒出数万太平军，上海成了一座孤岛！

外表柔弱的太平军悍将李秀成，5月攻破清军苦心经营的江南大营后，兵锋直指清军在苏南唯一的据点——上海。据英商在沪创办的英文报刊《北华捷报》称，上海当时是清王朝对外贸易的心脏，其他港口只不过是血管。自1843年开埠后，上海从一个很不起眼的小县城，崛起为一座国际化商贸港口。那里商贾买办麇集，各国驻沪机构林立，英、美、法相继辟有租界。

这片华洋杂处的膏腴之地，同时也是战略要地，太平军有心攻取，却不敢轻举妄动。一次秘密的会晤，在百里之外的苏州城进行，一方是李秀成和洪仁玕，另一方是英国传教士。李秀成托传教士带信函给上海的英法公使，让他们支持太平军入城，太平军则会保护英法商人的在华利益。

这个和平占领上海的方案，源于太平天国相信它与洋人之间特殊的情谊。对这个打着"基督教"旗号的政权，西方国家起初持冷静的观望态度，以中立静待时局变化。最欢呼雀跃的是西方传教士，他们数百年来苦恼于攻不破中土壁垒，如今竟然有一帮中国人主动站出来，将上帝的福音传遍每一个角落！英国基督徒曾发起一场为中国印刷100万册中文版《新约全书》的募捐活动，不到一年，认捐金额多达四万英镑。有西方观察家乐观地估计，基督教彻底占领中国的日子已近在眼前。

在太平天国的荒唐让洋人大跌眼镜之前，它与洋兄弟有过一段微妙的“蜜月期”。李秀成单纯地认为，攻打上海是中国人之间的事，只要不伤及外国侨民，洋兄弟就没理由加以阻拦。出征前夕，李秀成还特意发信告诉外国人，让他们在门口悬挂黄旗表明身份，以免被误伤。做好这些精心准备后，李秀成开始向上海挺进。

1860 年 8 月 19 日清晨，当李秀成带着三千人马来到上海县城西门时，迎接他们的不是招展的黄旗和洋兄弟的鲜花，而是埋伏好的英法士兵疯狂的射击。据说当时李秀成坐着软轿，他的轿子也遭到炮击，脸颊被弹片划伤。

这并不是洋人第一次变脸。1858 年与清政府签完《天津条约》，西方列强取得长江流域的内河航运权，而当时长江下游在太平军的控制下。有一次，一批英国军舰闯入长江，直逼天京城外，在江面上游弋示威，太平军就开炮轰击，双方火器互攻甚为稠密。

在这场军事冲突前不久，洪秀全刚跟洋人们称兄道弟，褒扬洋兄弟第二次鸦片战争期间出手灭“清妖”。在洪秀全给英国特使额尔金发去的“御诏”里，满是“西洋番弟把心开，替天出力该又该。替爷替哥杀妖魔，报爷生养战胜回”之类古怪的词句，翻译官看完头都大了。

西方列强的外交策略是务实，在与清政府达成有利可图的协议后，就将太平天国视为实现既得利益的阻碍，于是炮口悄然转向。然而，幽居天京纵情享乐的洪秀全并不了解此次冲突真正的原因，仍旧认为洋人是太平天国的好兄弟，于是下诏将开炮的太平军将士斩首，并派遣专使道歉。

在李秀成出征上海前夕，西方列强出于国家利益考虑，对太平军的种种友好表示一概置之不理。尤其是《北京条约》签订后，西方列强的胃口一时得到满足，清政府万一垮台显然对他们弊大于利。辛酉政变后上台的慈禧太后和恭亲王奕䜣，似乎比咸丰帝“更识时务”，主张守约以防生变，并做出“借师助剿”的决策，还花数十万两银子向英国购买军舰。

清政府之举让西方列强最后一丝担心随风而逝。相反，太平天国与洋兄弟之间在精神信仰方面已然决裂，西方传教士纷纷离开天京，带走温和的同情，留下渎神的怨恨。

太平天国的王和士兵

1861 年 9 月，曾国藩统率的湘军在夺取九江之后，又攻克太平军固守八年的安庆。天京的西大门安庆易手，使得太平天国的首都失去长江上游的最后屏障，太平军在西线陷入无可挽回的颓势。李秀成率军向东突围，横扫江浙，连克宁波、杭州等江南重镇之后，剑锋再度指向上海。

李秀成围攻上海的脚步声，让上海官绅胆战心惊。他们当中很多人是从江浙一带逃亡而来的殷户富豪，本以为来到这片避难者的乐土，仰仗洋人的庇护，可以高枕无忧，如今上海孤悬一线，局势看来很不妙。上次李秀成虽然很快就从上海撤军，但交战期间日则烟焰迷离，夜则火光照耀，更可怕的是炮声震天动地，实在让人吃不消。

1861 年 11 月 18 日，安庆来了不速之客，其中一位是江南名士钱鼎铭。钱鼎铭曾任户部主事，亡父钱宝琛与林则徐私交甚好，同属强硬的禁烟派，官至二品巡抚。钱鼎铭等人从上海乘坐火轮船，不顾江面飞炮如雨，越过太平军重重封锁，冒险前来干什么？原来是找曾国藩搬救兵。

12 天前，上海已有一拨人赴安庆请兵，说上海每月可筹饷 60 万两之多，绅民愿意资助湘军饷银，只求援兵早赴江东。现在钱鼎铭受上海道台之托前来，又说沪滨商货骈集，税厘充羡，饷源丰富，若落入敌手，未免太可惜。终日为饷源愁眉不展的曾国藩，自然大为心动，只是苦于无兵可拨。

在曾国藩面前，上海官绅的代表钱鼎铭不仅诱之以利，而且动之以情。

他久住不去，屡屡涕泣哀求，大有申包胥哭秦庭之势，连“曾剃头”都为之泣下。曾国藩又喜又愧：喜的是上海绅民视湘军为救世主，足见湘军声望之高；愧的是他身为两江总督将近二载，尚无一兵一将达于苏境，上愧对朝廷，下愧对吴民。

钱鼎铭的安庆之行，改变了一座城市的命运，也改写了一个人的人生。这个人当时位卑不足道，只是曾国藩帐下一介幕僚，从事出谋划策和起草奏折的工作。钱鼎铭到达安庆当日，曾国藩就与这个人商谈良久，此后又与这个人恳谈多日，共商救援江苏之法。

这个人是谁？李鸿章，曾国藩的门生。这一年，李鸿章已经 38 岁了，却混得不太如意。想当年他 24 岁就中进士点翰林，帝师翁心存初次见面即惊呼“是人功业在我辈上”，如今只是在军营给人打杂，英雄能不气短？早年他入京应试时就放言“一万年来谁著史，三千里外欲封侯”，如今壮志仍在，只欠云梯。

上海绅民的金钱和眼泪，终于消融了曾国藩的顾虑，曾大帅承诺翌年二月派兵援沪。但是，问题又来了：派谁去解上海之围呢？有位名叫吴坤修的盐运使衔将领主动请缨，愿募兵六千赴苏沪救援，但曾国藩认定他不是李秀成的对手，便以“新兵恐难得力”婉言拒绝。

李鸿章

曾国藩的私心是，上海富甲天下，已许诺每月接济湘军 10 万两饷银，应该把这个肥差优先给九弟曾国荃。不料曾国荃不屑一顾，心里的小算盘打得更精。当时太平军已成强弩之末，湘军屯重兵于安庆，意在对天京形成合围，诸将领都想争抢攻破天京的首功，谁都不想临时分心援沪。

机遇终于眷顾另一个人了。在分兵援沪一事上，湘军诸将领推三阻四，这让前来请兵的钱鼎铭心焦如焚。有一天晚上，钱鼎铭去找李鸿章，极力渲染援沪的灿烂前景，说像李鸿章这样的人去了，肯定大有作为。

对钱鼎铭所描述的十里洋场、财富如山的上海，李鸿章倒也兴趣盎然。更重要的是，这或许是他摆脱寄人篱下境遇的机会。虽然他被老师曾国藩倚为左右手，然而湘军毕竟多为湖南人，门户观念深重，他一个皖人夹杂其间，难免会受闲气。

有一次，湘军水师统帅彭玉麟闲聊时拿李鸿章说事，说少荃（李鸿章，号少荃）每日晚睡懒起，想必皖地民风如此，难怪全省以负贩为业，少有正途。李鸿章想起彭父在合肥当过官，便回讽说，雪琴（彭玉麟，字雪琴）你有所不知，安徽民风勤勉，自从令尊执政数载，竟变慵懒了。彭玉麟当即一记老拳挥来，李鸿章可不是省油的灯，马上予以还击。两人扭打在地，经在座众人劝解才罢手，但从此结下梁子。

机遇就像一个气球，飘过来的时候，你不赶紧抓住它，就有可能转瞬即逝，或者飘到别人头上去了。第二天一早，李鸿章马上自告奋勇，提议由他返乡募兵援沪。曾国藩很早就中意两淮健儿，认为皖省民气刚劲，而湘军因连年征战，湘省兵源枯竭，将士也比较疲怠。此时李鸿章挺身而出，可谓一拍即合。

虽然李鸿章以前办过团练，也带兵打过仗，但他能否挑起援沪的重任，曾国藩心里没底。曾国藩最理想的计划是，以曾国荃为援沪主帅，李鸿章、黄翼升为辅将，可惜曾国荃拒不应命。曾国藩转而函请老将陈士杰出山相助，不料也碰了壁，人家以母亲年老为由力辞。

历史的机遇就这样成全了李鸿章，而李鸿章也没有辜负历史的选择。从他翌年春天独自率淮军赴沪那一刻起，人生的迎春花就盛开了，并且一路绽放了30多年。

翰林变绿林

如若岁月静好，李鸿章也就当个太平京官终老，如今生逢乱世，“翰林变绿林”，一切从零开始。他后来深有感触地叹道：“吾辈文人，临战非武夫比。”

李鸿章投笔从戎，始于1853年。听闻太平军攻克省城安庆，当时在京师供职的李鸿章急了，就怂恿工部左侍郎吕贤基上疏献言献策。李鸿章的文笔很好，平时经常为吕贤基草疏言事，那天吕贤基自然让他代劳。李鸿章连夜翻检书籍，审察时势，搜肠刮肚写了一长篇奏疏，派人送到吕宅后倒头大睡。第二天中午醒来，李鸿章跑去吕宅打听消息，一进大门就听见吕家哭丧般的声音，只见吕贤基从屋里跳出来说：“君祸我，上命我往。我亦祸君，奏调偕行。”

一纸主动请缨的奏疏，后来成了吕贤基的催命符，却成了李鸿章的垫脚石。清闲安稳的京官生活，对于一般人来说心满意足，可是对于李鸿章来说，那种味同嚼蜡的日子燃不起旺火。

抛弃了温柔富贵乡的舒适安逸，李鸿章踏上了一条荆棘路，那里只有血泪和死亡。纸上谈兵易，带兵打仗难，李鸿章统率淮军之前的战史，并无多少光彩可言。奉命回皖办团练不到一年，吕贤基就兵败舒城投水自尽，李鸿章则在家仆刘斗斋的劝说下，骑马溜回家了。

时人说李鸿章早年“专以浪战为能”，别说根本不是太平军主力的对手，就连家乡的土匪都搞不定。据说有一天拂晓，李鸿章率乡团迎战土匪，结果落荒而逃。李鸿章带着散兵游勇逃呀逃，路过一户人家，发现厨房里米饭蒸熟了，主人却不知躲哪里去了。当时已过午后，李鸿章饿坏了，就一脚跷踩灶沿，一手揭盖，一手取盏，一边狼吞虎咽，一边招呼大伙说：“快干，好跑。”

李鸿章丢人可不止一回，有一次听说太平军大军将至，赶紧带乡勇先逃，以致清军数十座营垒被攻破，清兵死伤无数。清军将领和春闻讯，带数千精兵星夜驰援，奋力攻击太平军，这才解了围。次日，李鸿章来见和春，奉承说：“声威大震，以军门为最。”和春回敬说：“畏葸溃逃，当以阁下为先。”和春真不给面子，李鸿章羞愧难当。更要命的是，这件糗事在大江南北传为笑谈。

虽然闹出不少狼狈事，不过，李鸿章办团练也不是毫无成绩，四年间因功累迁，最终头上多了一个省级的虚衔——按察使衔。当然，就凭他当年那点本事，估计李秀成瞧都不愿多瞧他一眼。现在要他独当一面，回籍组建一支队伍来对付李秀成，压力可真不小。

李鸿章的家乡合肥民风强悍，如今“兵、匪、发、捻”交乘，民间纷纷结寨自保。其中以西乡团练声势最大，百里之内互为声援，“贼来则战，去则耕；贼近则守，远则出击”，被地方官奉为上宾，时常招请出战。

合肥西乡有“三山”——周公山、大潜山、紫蓬山，各有“山大王”：周公山下有张树声兄弟，大潜山下有绰号“刘六麻子”的刘铭传，紫蓬山下有周盛传兄弟。西乡三山团练的凶悍是出了名的，他们在狠命杀伤对手的同时，精心保存自己的实力，这一点丝毫不比湘军逊色。曾国藩说他们野气未除，其实正是其长，李鸿章则称他们“勇烈冠时”“能战而多士气”。

俗话说：“打虎还得亲兄弟，上阵须教父子兵。”这些半兵半匪的亡命之徒厮杀起来，带有浓厚的“血亲复仇”性质，常常是父死子继，兄亡弟承，一人战殁，阖家上阵。与半是大烟鬼、半是可怜虫的大清正规军比起来，这种团练武装显然强悍很多，以至于陈玉成、李秀成这样的太平军名将都惧怕三分，告诫手下勿犯“三山”。

家乡合肥的团练已成气候，这成为李鸿章组建淮军得天独厚的资源。他把三弟李鹤章打发回东乡老家招募旧部，自己则把目光聚焦于西乡。早年在家乡“浪战”时，他就与西乡团练结下不解之缘，也因为喜欢与这些“山大王”厮混，而被乡人戏称“翰林变绿林”。他深知这些久历沙场、死缠蛮打的“山大王”只要稍加调教，日后会是不可多得的将才。

真是机缘巧合，当时西乡“山大王”想转型，正在寻找出路。有一天，持重老成的张树声召集各团练头目密议，说我们皖中诸豪振臂一呼，虽可谓举足轻重，但像现在这样不官不民不匪，终究不是长久之计。你看人家曾国藩是钦命的团练大臣，而且治军有法度，天下属望，我们何不跟着他建功立业？

诸位“山大王”一呼即应，张树声便出面致函李鸿章，请他向曾国藩转达他们的投效之意。此信写于上海请兵之前数月，当时李鸿章将信件转呈曾国藩，曾国藩阅后大加赞赏。后来曾、李商量援沪之法时，还请张树声赶赴安庆商谈。

在收编西乡团练的同时，李鸿章还到处网罗新知故旧，物色淮军营官及幕僚。1862 年 2 月，除周盛传兄弟被编入亲兵营之外，首批招募的“树”（张树声）、“铭”（刘铭传）、“鼎”（潘鼎新）、“庆”（吴长庆）四营陆续开到安庆集训。2 月 22 日，李鸿章正式移驻安庆北门外新营盘，建立独立的指挥部。

曾国藩

当张树声等十余名营官和准营官鱼贯而入总督府，两江总督曾国藩迎至廊下，之后的“怠慢”让他差点挨揍。足足有两小时之久，曾国藩就在走廊来回踱步，一个个地端详，却无一句问答，害得他们连咳嗽一声都不敢。这么冷的场面实在让人难堪，这些武夫血气方刚，哪里受得了这种侮辱？挥袖摩拳准备动武。就在间不容发之际，曾国藩突然笑脸相迎，说诸君均是人杰，请入筵席欢饮。

善于“相人术”的曾国藩，在这次目测中最看好两个人——沉着耐心的张树声和性格暴烈的刘铭传。曾国藩眼光确实不错，后来这两人果然功成名就：张树声官至两广总督，是除李鸿章之外最早得任督抚要职的淮军将领；刘铭传则军功卓著，成为台湾首任巡抚。

张树声

当然，未经战阵，焉知是骡子是马。何况东援上海事关重大，李鸿章光有这些营官还不够，还得从湘军挖一些老将过来。俗话说，“千军易得，一将难求”，谁肯把手下悍将让给李鸿章呀？所以李鸿章在给好友的信中慨叹：“楚中诸老虽相爱之甚，竟难以偏裨畀我。”既然要干大事，脸皮就得厚，李鸿章只得到处求告。不过，他还真是能讨会要，比如跟湘军名将鲍超套磁，说咱哥俩挚爱逾常、同心相印，你就借给我三个参将吧。

李鸿章跟鲍超私交甚笃，自然比较好说话，而跟师叔曾国荃借人可没那么容易。曾国荃手下有一名悍将叫郭松林，能够望尘而知敌数，可是为人骄恣跋扈，贪财好色，放荡不羁。李鸿章用人是重才不重德，几次跟曾国荃商调郭松林，可是碰了一鼻子灰。后来因为郭松林犯下过失，怕被曾国荃惩罚，就溜到上海投靠李鸿章。曾国荃要郭松林回去，李鸿章哪肯把到手的人才吐出来，好言好语求师叔“赏脸相借，勿予苛责”。

当然，郭松林后来也真给李鸿章长脸，在上海四江口和江阴之战中身先士卒，纵横驰骋，一时名声大噪。在淮军早期将领中，郭松林和程学启齐名，而程学启原先也是曾国荃的部下。程学启早前是太平军将领，后被策反投奔湘军，却始终得不到信任，心寒得想一死了之。李鸿章就请当初献策反计的桐城人孙云锦去游说，程学启一听当然乐意了，说咱们皖人在湘军终难自立，大丈夫当独立门户，岂可仰人鼻息？程学启于是转投淮军，两年后率部攻打嘉兴时受伤，死于破伤风感染。噩耗传来，李鸿章连声惊呼左臂膀断了。

李鸿章的能耐不光是借将，而且借来之后能为己所用，最终化湘为淮。比如黄翼升本是湘军一名水师统领，李鸿章以“助战”为名借调之后，无论曾国藩如何再三催要，都阳奉阴违不愿归还；而黄翼升也乐不思蜀，即使曾国藩发怒说要具折参劾他，也拒不奉命。李鸿章还公然和恩师耍赖皮，说他和黄翼升是患难之交，“四载以来，欢洽无间”，如果老师一定要参办，就把他一起参了吧，弄得曾国藩哭笑不得。黄翼升对李鸿章如此死心塌地，当然与李鸿章驭下有术分不开。李鸿章常把淮军的胜利归功于黄翼升主持、调度有方，夸赞他“为武人中第一流，为平吴第一功臣，为沪军第一苦人”，黄翼升听了怎会不舒服呢？

与老师曾国藩相比，李鸿章更急功近利，才不管别人骂他挖墙脚。李鸿章是实用主义者，讲求实效，“好以利禄驱众”。他曾对亲信周馥说：“天下熙熙攘攘，皆为利耳。我无利于人，谁肯助我？”曾国藩率军时以灌输忠义之气为主，而李鸿章多诱以功名利禄。据说在 1862 年前后，“到上海升官去”“到上海发财去”这样充满诱惑力的口号响彻淮河两岸，当时还盛传一句顺口溜：“会说合肥话，就把洋刀挎。”

1862 年 3 月 4 日，曾国藩在李鸿章的陪同下，到安庆北门外巡阅淮军各营，标志着淮军正式成军。有人说“湘、淮本系一家，淮由湘出，尤有水源木本之谊”，此话不假。在淮军最初的十四营人马中，从湘军调拨过来的占了一大半，其中有两营原系两江督标亲兵营，是曾国藩给李鸿章的“赠嫁之资”。就连李鸿章都感激地说，湘军是淮军之母。

“叫花子军”战上海

1862年年初，上海人在战争的恐惧中，迎来了一场暴风雪。飞雪持续了三天三夜，就连黄浦江也结冰封冻，可以行车走马。这场不期而至的暴风雪实属罕见，然而对上海人来说，比严寒更可怕的是太平军就要来了。

当时上海兵力空虚，当地官绅与英、法等国会商共同防守上海事宜，于1862年1月13日在洋泾浜成立中外会防局。此前英国方面要求太平军不要侵犯上海、吴淞周围百里地带，遭到太平军断然拒绝，于是英、法、美租界当局相继成立防务委员会，并积极与上海官绅合作。

较之1860年夏李秀成首次进攻上海，此次西方列强的态度更为决然。上次太平军来犯，江苏巡抚薛焕手下官军不足4000人，后匆忙从别处调兵并临时募兵，这才凑成3万余人布防上海。而上海县令下令兴办的团练又是不堪一击的乌合之众，于是上海官绅把希望寄托在西方列强身上。当时英法联军正与清政府处于交战状态，英国驻沪领事就对上海道台吴煦声明：“我们保护上海县城，是保护我们自己；我们办我们的事，也是办了你们的事。但是一旦我们这种共同利益的关联停止了，我们的保护也就同时

华尔

停止。”

此次太平军进攻上海势在必行，英、法等国自然不会作壁上观。中外会防局成立后做了一项重要工作，就是支持美国人华尔重组洋枪队。上海在外国人笔下是“冒险家的乐园”，喜欢闯荡世界的美国人华尔，四处漂泊后终于在中国落脚。1860 年太平军逼近上海，他从中嗅到了发财的气息，于是在上海官绅的赞助下组建了一支数百人的洋枪队。这支雇佣军一度拿下松江，之后却在青浦栽了大跟头，他本人也身负重伤，更惨的是失去了沪绅和洋人的支持。

此次太平军再度逼近上海，华尔得以重整旗鼓，不仅兵力扩充到数千人，就连部队名称都被赐予吉祥的“常胜军”。曾经在兵败时抛弃过他的泰记洋行老板杨坊，现在为了笼络他，甚至将千金下嫁给他。为了向中国雇主表明自己的忠心，华尔与其麾下中尉白齐文一起加入了中国籍。

在淮军抵沪之前，用西法操练的“常胜军”武器装备精良，是清政府在当地军力最强的一支劲旅。可是面对李秀成的 12 万大军，“常胜军”虽然火力优势明显，但兵力实在悬殊太大，不可能彻底解上海之围。此时，钱鼎铭哭天泣地请来的救兵，虽然已经整军待发，却因路线和路费问题一波三折，滞留安庆未能驰援。上海绅民望眼欲穿，却只能望洋兴叹。

钱鼎铭等人到安庆请兵时，即提出用轮船运兵东渡的方案，回沪后却因英国领事不许洋船载兵而搁浅。曾国藩于是考虑改由陆路发兵上海，这让领兵的李鸿章颇有微词，而沪绅也极不乐意。东征需要银子，上海方面年前为表诚意送来 7 万两银子，被曾国藩拿去发放湘军欠饷，淮军连路费都没有着落。李鸿章数次向薛焕和吴煦催饷，对方却一味拖延，直到 1862 年 3 月 19 日才拿出 8 万两银子。

在走水路或陆路的问题上，沪绅决意雇外轮迅速运兵前来。他们绕开绊脚石英国领事，以高价吸引洋商承运。谁知洋商趁火打劫，狮子大开口，要价 20.5 万两银子！经连日讨价还价，沪绅于 3 月 18 日与英国洋行签订运兵合同，规定每名兵勇的运费为 20 两，总共运兵 9000 名，总价为 18 万两，先付 4 万两，其余 6 个月付清。这笔巨额运费让薛焕大为不满，就连曾国藩都叹道：“可骇而亦可怜。”

当时上海周围满是太平军的重重布防，能否在他们的眼皮底下安然东渡呢？对此次“深穿贼境一千余里，自古行军所未有”的冒险行动，军中有人疑虑重重，甚至打起退堂鼓。原湘军旗下的“济字营”在划拨给淮军之前驻守安徽池州，营官李济元就以“乡人禀留”为由，经曾国藩同意后不随军出征，让李鸿章耿耿于怀。若干年以后，当年追随李鸿章援沪的淮军将领大多飞黄腾达，而独防皖南的李济元则默默无闻终老。

箭在弦上，不得不发。淮军统帅李鸿章坚定表态：“此行险阻艰危当备尝之，成否利钝所弗计也。”从 1862 年 4 月 5 日到 5 月 29 日，13 营淮军分 7 批陆续运抵上海，一路果然十分凶险。首批运兵船行至镇江焦山门时曾经搁浅，南北两岸均有太平军哨兵在楼橹侦察，程学启和钱鼎铭在船上骇然失色。所幸一路有惊无险，穿过天京时他们都藏在船舱中，连大气都不敢出，据说还闷死了一名士兵。

当时火轮船在长江并不罕见，洋人也曾用它私运军火、粮食给太平军，但是用它来运输军队，这还是有史以来第一次。因运输淮军的火轮船上悬挂英国国旗，布防长江两岸的太平军敢怒不敢言，眼睁睁让淮军从鼻子底下钻入上海。9000 名中国军队士兵在洋人旗号的掩护下，未发一枪一弹，即从内敌的眼皮底下完成了千里大穿越，这是那个时代特有的奇迹。

洋人的火轮船在中国耀武扬威，让有识之士忧心不已。据薛福成在《庸庵笔记》中记载，1861 年围攻安庆时，湘军名将胡林翼曾骑马登山视察地形，喜滋滋地断定太平军必败无疑，然而当他行至江滨时，“忽见二洋船鼓轮西上，迅如奔马，疾如飘风”，顿时“变色不语，勒马回营，中途呕血，几至坠马”。胡林翼本就重病在身，又见洋人之势方炽，而中国病入膏肓，为此忧心不已，不到数月即病逝于军中。

在时人眼中，胡林翼是可以和曾国藩并驾齐驱之人。可是，这位对付内忧可圈可点的名将，面对外患却也是束手无策，甚至谈洋色变。每当有人谈及洋务，他都闭上眼睛，摇手不谈，一脸不快，久久不能释怀。他叹道：“此非吾辈所能知也。”

胡林翼可能料想不到，在他带着无能为力的遗恨离开人世不久，老友李鸿章却异军突起，挑起了晚清洋务的大梁。从率淮军进入十里洋场开始，李鸿章注定要与洋务打半辈子交道。这位身高一米八三的淮军统帅，匍匐在大清皇帝脚下时卑微如蝼蚁，站立在洋人面前却气势不输人。在他的后半生，洋务无孔不入地渗进他的骨髓，而他竟也不辞辛劳，在洋人堆里谈笑风生，在洋玩意儿面前兴趣盎然，用一场壮烈的洋务运动搅动了一潭死水的大清。

当然，当李鸿章蜷伏在闷热的舱底穿江而过时，他想得更多的恐怕是先保住性命再说，而不是幻想灿烂如花的未来。当乘坐的火轮船在江面嗖嗖穿行，李鸿章切身感受到了西方物质文明的力量。从踏上岸的那一刻起，他的人生从此与一个“洋”字纠缠不清。

只不过，当李鸿章带着淮军亮相上海滩时，可没有丝毫洋气，而是一身土气。上海官绅如久旱逢甘雨，纷纷到黄浦江边十六铺码头迎接。然而他们看到的“救世主”与想象中的大相径庭，心里不禁打起小鼓：这就是咱们千辛万苦花费巨款请来的救兵吗？靠这帮土包子能保卫繁华富庶的上海吗？

没错，淮军最初就像叫花子一般寒碜。从气派的火轮船上钻出来的兵勇，外表可一点都不气派。他们穿着土气，布帕缠头，脚穿草鞋，手拿大刀长矛，肩扛老式抬枪，满嘴土话、脏话，身上气味熏天。上海人捂着鼻子犯嘀咕，洋人则像观赏动物园里新来的狗熊一样，云集在大街上取笑淮军。

当时上海码头还有一支鲜亮的军队——英法联军。这些洋兵洗劫圆明园后还不过瘾，一把火烧了这座“万园之园”才罢休，然后又逼迫清政府签订了《北京条约》，吃饱了肚子在上海休整，正等待回国。淮军灰头土脸爬上岸时，他们在岸边围观纷纷窃笑，觉得这批土包子哪里能打仗，完全是来给人当活靶子的。

土包子进十里洋场，就像刘姥姥进大观园一般，几乎没人瞧得起这支“叫花子军”。初到上海，李鸿章慨叹“上海虽隶版图，官民久已归心洋人，若不知中国之人尚能办事，中国之兵尚能打仗者”。李鸿章可不是自暴自弃的人，别人看他笑话，他非争一口气不可，立志说“军贵能战，待吾破敌慑之”。

李鸿章入沪不久，朝廷的任命书下来了，一夜之间跻身封疆大吏。他的头上多了一顶“署江苏巡抚”的官帽，相当于江苏代省长。这是恩师曾国藩送给他的一份厚礼。早在去年12月下旬，曾国藩就以李鸿章“劲气内敛，才大心细”为由，向朝廷大力荐举这位门生。如今一手握军权，一手握行政权，李鸿章在江苏不受掣肘，能呼风唤雨才能干大事。

李鸿章出师前，曾国藩就叮嘱他到上海后，要“以练兵学战为性命根本，吏治洋务皆置后图”。李鸿章看见英法联军的军舰仍停靠在上海码头，很想见识一下洋人的船坚炮利，就利用吴煦、杨坊两位道台上船与英人交涉的机会，装扮成随从的样子跟上去。李鸿章长身鹤立，两位道台较矮，见了洋人又唯唯诺诺。英国海军司令何伯就说，两位道台真不怎么样，但他们身后那个人目光如炬，将来会是一个很厉害的角色。

李鸿章感触良多，在给老师曾国藩的信中说，英法军舰“大炮之精纯，子药之细巧，器械之鲜明，队伍之雄整，实非中国所能及”，他“深以中国军器远逊外洋为耻”，因此“日戒谕将士虚心忍辱，学得西人一二秘法，期有增益而能战之”。

李鸿章后来与“常胜军”联合作战，亲眼看见“洋兵数千，枪炮并发，所当辄靡”，慨叹“其落地开花炸弹真神技也”。西方的坚船利炮折服了李鸿章，使他日渐成为唯武器论者。李鸿章一度天真地认为，中国只要有了跟西方一样先进的武器，不仅平内乱有余，敌外国亦无不足。

不过，李鸿章这个人确实精明，很快就悟到制度层面也很重要。他发现洋枪洋炮须用洋人的方式打，才能发挥最大的功效。太平军也从洋人手中买来不少洋枪洋炮，但功效不如“常胜军”那么厉害，原因在于仍然沿用中国古代西周兵制，没有接受过西式操练，洋玩意儿用起来自然不会得心应手。

淮军起初一切以湘军为模板，现在李鸿章来到上海大开眼界，觉得冷兵器时代的做法已经落伍，须赶紧跑步进入热兵器时代。上海是中国当时西风最强的地方，李鸿章因缘际会沐浴其中，心态恰好也非常开放，认为若久驻上海而不能资取洋人长技，必将咎悔不已。

在向西方学习这个问题上，李鸿章比老师曾国藩走得远。虽然曾国藩在1860年年底就向朝廷提议“师夷智以造炮制船”，第二年又率先创办中国近代第一家官办军工企业——安庆内军械所，但他的内心深处仍旧相信“用兵在人不在器”。曾国藩认为“真美人不甚争珠翠，真书家不甚争笔墨”，真正善战的将士岂会力争洋枪洋药？尽管李鸿章生平最服膺的人是曾国藩，但他在这一点上可不敢苟同。

李鸿章说干就干，问题是如何用最短的时间让这支土包子军脱胎换骨，蝶变为中国最先进的近代化武装部队。李鸿章把目光投向“常胜军”。虽然“常胜军”被称为洋兵，但其实兵勇多为华人，只不过配备西洋武器，由洋军官以西法操练，而战斗力却大为提升。这启发了李鸿章，他找到了一条让淮军化蛹为蝶的捷径：先花重金购买洋枪洋炮，然后高薪聘请外国教官，采用西法操练淮军。

李鸿章全心笼络“常胜军”统领华尔，请他代购枪支弹药，于是华尔就通过上海英租界大量走私枪炮。不久，一直严控对华军火买卖的英国人闻到风声，非常愤怒，就将华尔捉拿问罪。在会审过程中，华尔忽然掏出一张纸，说他早就是中国公民了，不应受治外法庭的审判。那张纸是华尔已加入中国籍的证明，众人一片哗然。原来，李鸿章早就为华尔想好后路，为他制作了一张身份证明。

“常胜军”

上海官绅花大价钱把淮军请来，当然不是让他们成天在那里摆样子，而是要他们去跟太平军拼命。可是，李鸿章并不急于让这支军队走上战场，更乐于让他们在练兵场上“弯吐弯”（“one two one”的谐音，即“一二一”）和“发威马齐”（“forward march”的谐音，即“齐步走”）。这些“宝贝疙瘩”可是他发家的本钱，万一成了炮灰，何处觅封侯？面对沪绅和洋人的出兵请求，李鸿章一边装孬敷衍，一边等待战机。

李秀成大军围困上海3个多月，之所以迟迟没有发动进攻，除了恶劣的天气因素之外，更多的考虑还是不想与洋兄弟正面交战。这位太平军名将的幻想是：洋兄弟，请保持中立吧，让我们单独同清军交战。李秀成一直试图在外交上与洋兄弟达成谅解，甚至不惜以太平军从上海后撤为条件。但是，随着嘉定、青浦相继陷落，李秀成的忍耐已经突破底线，决定率大军予以回击。

1862年5月，李秀成调集十万大兵会攻太仓，并亲率万余精锐从苏州急赴前敌。此后数役，太平军把中外会防军和“常胜军”打得落花流水，上海风声鹤唳。英法军队遭受重创后胆寒不已，缩回上海城区再也不肯出击，把外围防务全部扔给淮军，并单方面与李秀成和谈。6月中旬，李秀成与英方达成协议，约定太平军不进攻上海市区，英法军队也不出市区攻击太平军。

当时上海地区瘟疫肆虐，淮军和太平军染上疫病者甚多，尤其是主攻方太平军缺医少药，减员很厉害。李秀成在天灾面前不得不考虑撤军，于6月18日下令全线撤退。太平军从上海西南郊虹桥回撤时，负责掩护的一支约3000人的部队以进为退，打算对筑垒据守的程学启部施以打击后就匆匆转移。李鸿章觉得机会来了，淮军是骡子是马，该拉出来遛一遛了，于是果断下令还击，并亲自率兵分三路进援。

那天大雨如注，两军在雨中打得异常激烈，战斗持续了数小时之久。虹桥之战是淮军援沪后的第一场大仗，只许成功，不许失败。这是淮军在上海立威信的一仗，唯有战胜才能扎根立足，也才能让人刮目相看。李鸿章让人搬来一把胡床，亲自坐在桥头督战，志在必得。

太平军炮火很猛烈，张遇春率“春字营”上阵没多久便败退下来。李鸿章眼皮也不抬一下，默然吩咐左右说：拿刀来，把他的头砍了。张遇春大惊，只得返身冲回战场。早在李鸿章办团练的时候，张遇春就是他最忠实的部下，“春字营”也是淮军最老的营号。现在李鸿章居然如此绝情，要拿这名老部将开刀，以此让全军知道他必胜的决心。当军情危急时，李鸿章跃马而出，不作生还之想。

用洋枪洋炮武装的淮军，优势比太平军明显，杀太平军千余人，获二百俘虏。淮军首战告捷，军威大震，各种神奇的传说不胫而走。有人夸张地说五千淮军战胜十万“长毛”，而主帅李鸿章跃马定乾坤之举，更是被传得神乎其神，一时间被呼为“武翰林”。李鸿章在给曾国藩的信中不无得意地说：“此极痛快之事，为上海数年军务一吐气也。有此胜仗，我军可以自立，洋人可以慑威，吾师可稍放心，鸿章亦敢于学战。”

因李秀成大军忙于回援天京，上海一时转危为安。从6月下旬开始，在上海外围对峙的淮军与太平军，攻守形势逆转，李鸿章稳操主动权。当时淮勇加上浦东收降的新勇共计一万余人，李鸿章趁暂时无战事之机，抓紧整兵训练。疫病削弱了淮军的元气，分防各处显得兵单力薄，只可守不可攻。

8月25日，各路太平军齐集北新泾，环形猛攻淮军亲兵营。李鸿章赶紧调兵遣将援救，不日取得大捷，上海城附近再次肃清。11月13日，在上海远郊四江口又有一场恶战。李鸿章命程学启、郭松林、刘铭传各统一路进击，他自己则骑马在众部将之间来往调度督催，还冲到太平军阵前高喊：“我就是李大妖头，快来交战！”两军酣战近十个小时，太平军人多势众渐占上风，李鸿章见势不妙，用合肥土话把淮军统将兵士骂了个遍，竟然收到奇效。淮军将士拼死反扑，上海城附近第三次肃清。

在兵家眼中，上海乃弹丸之地，又临海滨，形如釜底，可谓绝地。没想到在如此凶险之地，淮军一出手竟然接连打了三场大胜仗，上海人再也不敢小看这支“叫花子军”。就连一向鄙视中国军队的英文报纸《北华捷报》，也盛赞淮军是优秀的军队，叫人想起了古罗马军团。

四江口之役后，太平军被迫退守苏昆腹地，再也无力挺进淞沪，上海之围彻底解除。有人称此役为“东征第一大捷，亦为中兴第一转机”，虽然不免有些吹捧的成分，但不可否认的是，苏南战场的转折点确实来了。李鸿章很快就于年底获得回报，官帽上的“署”字被摘掉了，转正为江苏巡抚。

痞子腔驭洋兵

就在李鸿章春风得意之时，一件背信弃义的事让他声名狼藉，甚至差点要了他的命。

淮军在上海站稳脚跟后，很快就主动出击，向江浙一带进发。李鸿章当然不会孤军冒险，经常调遣“常胜军”以为臂助。“常胜军”是一帮亡命之徒，在高薪和重赏下很有战斗力，却不容易管束。创始人华尔统领这支雇佣军时，有心向中国主子卖好，打仗奋勇而又遵调遣，李鸿章用起来颇为顺手。不料，1862 年 9 月 21 日攻打慈溪时，一颗子弹结束了华尔的冒险人生。

华尔的继任者白齐文，在李鸿章眼中是个阴狠执拗的人，绝非理想的合作伙伴。李鸿章决计甩掉这个桀骜不驯的家伙，让“常胜军”去帮湘军攻打天京。谁知白齐文变卦不去，在向杨坊索要欠饷不成后，竟于 1863 年 1 月 4 日带数十人闯入杨坊处，把杨坊暴打一顿，还抢走饷银 4 万余元。

李鸿章趁机将白齐文撤职，并以此人已归化中国为由，要按大清律例治罪。白齐文跑去北京找美国公使做靠山，然后回上海谋求复职。李鸿章好不容易才送走瘟神，哪里肯喂他回头草？白齐文怀恨在心，7 月初赴苏州投奔太平军，下旬又回上海召集旧部叛逃。李鸿章大为紧张，加强对“常胜军”官兵的控制，并要求美国驻沪领事抓捕白齐文。在李鸿章的严密防备下，白齐文为太平军大批购买军火的几次努力均告失败。

虽然忠王李秀成和慕王谭绍光待白齐文很热情，却不肯答应给他一支大部队，他只能指挥自己带来的一小队人马。3 个月后，因部下伤亡惨重，白齐文征得谭绍光同意后予以遣散，自己也脱离太平军回上海治病。美国驻沪领事怕他惹是生非，就送他去日本治病，不许再来中国。1864 年春，白齐文从日本潜回中国，又想投奔太平军，不料次年在厦门被捕，后在押往苏州的途中遇大风浪翻船，连他在内溺亡 13 人。当时外国人普遍认为，白齐文大概是被故意设法溺死的。

李鸿章对待“常胜军”，一向是既拉拢又防闲，毕竟这支军队背后有洋人的势力。“常胜军”居功骄蹇，有尾大不掉之势，让李鸿章很头疼。白齐文劫饷殴官事件发生后，李鸿章赶紧与洋人就“常胜军”问题展开谈判，甚至想遣散“常胜军”一了百了，“省得以后淘气，再弄笑话，即目前多花钱亦值得”。随着淮军翅膀日渐长硬，李鸿章觉得未必要仰仗“常胜军”才能取胜，可是洋人还指望这支军队拱卫上海，他也不敢轻举妄动。1863 年 1 月 14 日，舌敝唇焦反复磋商的结果是，李鸿章与英国驻华陆军司令订立了《统带常胜军协议》十六款，规定“常胜军”由中、英各派一名官员会同管带，而这支军队及管带均归中国抚台节制。

赶走骄横狂妄的白齐文，李鸿章盼来了一个比较称心的合作伙伴——戈登。与华尔、白齐文等亡命之徒不同，戈登出身于英国皇家炮兵将领之家，是一个受过良好教育的职业军人，时为英国皇家工兵一名少校军官。戈登为人严谨，军事技术也不错。以前华尔打仗凭直觉和经验，而戈登是靠训练有素，比如会用数学计算大炮的射程和角度。不过，戈登在战场上的做派跟华尔一个路数，也是不拿利器就冲锋陷阵。据说华尔以前手握马鞭上阵，而戈登虽然胸前藏有一把左轮手枪却不用，手里拿的是藤条，属下美其名曰“胜利魔法棒”。

李鸿章起初和戈登相处得不错，称赞戈登较为讲理，应敌亦较奋迅。然而没过多久，两人矛盾又生。李鸿章时常拖欠军饷，想迫使“常胜军”通过劫掠自给自足，谁知戈登跟他的前任不一样，绝不松懈军纪，严禁属下打家劫舍。数次索要军饷未果，戈登火冒三丈，公开指责李鸿章截留军费。年底发生的苏州杀降事件，不啻火上浇油，戈登抓狂得差点跟李鸿章兵戎相见。

1863 年 11 月，淮军在“常胜军”的配合下围攻李秀成的大本营——苏州。苏州是太平天国苏福省省会，李秀成苦心经营三年多，想把它建为第二个天京。如今军心涣散，李秀成拟弃城转移，谭绍光却主张坚守。李秀成把守城重任交给谭绍光后，挥泪匆匆离去。谭绍光忠心耿耿，而纳王郜永宽等八个守将一看战局不利，早已心怀异志。就在谭绍光浴血奋战之时，一场叛变正在悄悄进行。

淮军攻打苏州时，李鸿章采取剿抚并用的策略。苏南太平军将领中有不少安徽人，便于诱降工作，但李鸿章还是小心谨慎。数月前，三弟李鹤章在太仓就遭遇太平军守将蔡元隆诈降，腿上挨了一个枪子，差点被抓去。

戈登通过白齐文以前带过去的洋兵得知，郜永宽等人与谭绍光不和，有投诚之意。戈登主张兵不血刃地夺城，因为这次遇到强敌，“常胜军”伤亡惨重，士气低落。淮军副将郑国魁与郜永宽等人有旧，便从中穿针引线，实施策反之计。11 月 28 日，原太平军降将程学启连同戈登，与郜永宽方面的代表首次面谈。12 月 2 日第三次谈判时，程学启等人在阳澄湖一艘小船上与郜永宽见面，双方折箭为盟，戈登则以他的名义担保。

这场密谋并不是神不知鬼不觉的，其实守城主将谭绍光已有所察觉，却因城内四分之三守军是郜永宽等人的手下，撕破脸恐激起内乱无法收拾。12 月 4 日中午，谭绍光召集郜永宽等人开会，希望大家能齐心协力灭清妖赶洋鬼。会议期间发生口角，郜永宽等人借机行刺，割下谭绍光的首级。当晚郜永宽禀请淮军调兵入城助剿，谭绍光手下千余人被杀。次日早晨，程学启正式进城受降，继续搜剿谭绍光旧部，并安抚降众。

在打开城门迎淮军的同时，郜永宽等“四王”和“四天将”留了一手。当时据说有 10 万左右的降众，其中有战斗力者为四五万人，原太平军守军约为两万人。郜永宽等人让出半城给淮军，自己人则占据另一半城池。他们要程学启转告李鸿章，要求将他们的手下整编成20营，成建制地编入淮军。除了兵权，官帽也很重要，他们还要求李鸿章向清廷奏保总兵、副将官职。

当时淮军的主力部队有两万余人，一半进城里，一半在城外。郜永宽等人不解散部队，程学启觉得与降军分城而处，变生肘腋，便赶紧找李鸿章商议。程学启认为这八个降将靠不住，应及早诛灭。李鸿章则犹豫不决，说：杀降不祥，而且风声一出，常州、嘉兴一带的敌军会拼命死守，我们这样做是在树敌呀。程学启争辩说：这些人徒以战败畏死乞降，其心并未顺服，如今敌众我寡，万一哗变，我们的脑袋都得搬家。李鸿章以为然。

当晚，李鸿章便布置城外淮军在苏州城四门外埋伏。次日，李鸿章传令召见郜永宽等人，说要封赏他们为总兵、副将。八降将不知是计，兴高采烈地来军营赴宴。酒宴一开始，有军官送来紧急公文，李鸿章借机离席。在八降将酒酣耳热之际，八个武士走进来，手里各拿一个红顶花翎顶戴，说请大人升冠。八降将得意扬扬地站起来，亲手解开额上黄巾……说时迟那时快，八个武士手起刀落，八颗人头鲜血淋漓。

诛杀八降将后，李鸿章派程学启带兵在苏州城内大开杀戒，剿灭已降的太平军将士。

八降将遇害近 18 小时后，戈登才从郜永宽的义子口中得知消息，不禁大惊失色。12 月 5 日下午，戈登曾会见八降将，当时他们还表示事事如意，而且看来颇为安全，哪知第二天中午就命丧黄泉。这个极重契约精神的英国皇家陆军军官认为，不杀俘虏是国际惯例，而他又是担保人，李鸿章背信弃义的行为侮辱了他的人格。这件事让他在国际上名誉扫地，他肯定要找李鸿章算账。

当李鸿章的幕僚马格里登门劝解时，一推开房门就看见戈登坐在床边哭泣。戈登马上弯身从床下取出一物，在空中挥舞着，大声叫道："你瞧见没？你瞧见没？"当时天色微明，屋里光线太暗，马格里没看清楚是什么东西，只听老友戈登又高声吼叫："这是纳王的人头，这是卑劣的谋杀！"说完，戈登又放声大哭。

戈登像一头发怒的狮子，拎着左轮手枪到处找李鸿章决斗。李鸿章不得已藏到城外一只小汽船上，在那里处理公务。戈登愤然留下一封最后通牒，称李鸿章应即刻辞去江苏巡抚一职，否则他即刻领兵攻打清军，夺回所有被"常胜军"攻占的土地，把它们归还给太平军。戈登在致母亲的信中说："李鸿章残忍成性，我渴望他受到审判，并处以死刑。"

气急败坏的戈登将"常胜军"调回昆山，并致函英国驻华公使，要求英国政府出面干预，迫使李鸿章下台。戈登甚至威胁说要发动兵变，除非清廷对这种可耻行为给予处分，否则"常胜军"不会再为清廷服务。

一时舆论大哗，李鸿章深陷旋涡难以自拔，有官员奏请清廷予以处罚。当然，李鸿章并不认为自己有多大过错，坚称"此事虽太不仁，然攸关大局，不得不为”。他在给郭嵩焘的信中还沾沾自喜，说此事可谓惬意，犹有古人遗意。他的老师曾国藩一向标榜道德，可是在残酷的战争面前也放弃了原则，欣然称赞“近来唯此事最快人意，少荃殊为眼明手辣”。

不过，国际舆论可不好对付。上海的外国领事馆官员代表列强及其侨民签署了一项严厉谴责李鸿章的决议，指责杀降是对人性的彻底背叛，并警告说此事很可能使列强不再帮助清政府，并可能撤回帮清军打仗的洋兵洋将。英国驻华陆军司令也从上海赶到昆山，与戈登商量借机从中方手上夺回“常胜军”的控制权。

对此，李鸿章软硬兼施，声称“此中国军政，与外国无干”，拒不认错，私底下则三番五次派人疏通戈登。李鸿章向上海的英、法、美等国使团去函解释，称杀降是中方的决定，与戈登无关。为了缓和与戈登的矛盾，李鸿章犒赏“常胜军”洋银 7 万元，还发布告示撇清戈登与杀降将的干系，并厚葬被杀的太平军将领。

在这场危机公关中，李鸿章得到“后台老板”清廷的力挺。李鸿章为了自保和表功，向清廷奏报时夸大其词，称“降众实有二十余万，其精壮者不下十万”，而郜永宽等人“所求太奢，欲踞省城，关系太大，未便姑容，养痈成患”，故出此下策。清廷对李鸿章的残忍行径予以肯定，认为此事所办并无不合，甚为允协。清廷还积极与戈登、英国公使达成谅解，并发布告示严禁闲散人等煽惑生事。

鉴于戈登攻克苏州甚为出力，清廷下旨赏赐头等功牌一枚、白银一万两，还特地交代经办人李鸿章要仿照外国宝星式样来制作这枚奖章。不料戈登并不领情，回复说：鉴于攻克苏州后发生的不幸事件，我深表遗憾，有愧于陛下的褒扬，请恩准我辞不受礼。在英国公使的规劝下，戈登最后接受了清廷的嘉奖，但拒绝了一万两赏金。经各方人士调停劝解，戈登最终同意这并不是一件有预谋的诡计，也不是有意要损害他的声誉。

1864 年春，戈登与李鸿章言归于好，两人见面商议战事，但避而不谈那件事的阴影。不过，与“常胜军”并肩作战愈久，李鸿章内心的阴霾愈重。李鸿章认为戈登奋勇有余，坚韧不足，且性情忽离忽合，日后恐又翻脸。一谈到“常胜军”，李鸿章更是头疼不已，说“弁目百数十人，均系外国流氓”“外间不知者以为好帮手，其知者以为磨难星”。李鸿章一直伺机想甩掉这颗“磨难星”，不久机会终于来了。

自从与英国军方签订《统带常胜军协议》后，李鸿章就开始裁军，将“常胜军”的兵额控制在3000人以内。“常胜军”在苏南对阵太平军强敌时屡次受挫，比如夜袭苏州损兵折将200多人，金坛之战伤亡100多人，江阴华墅之战伤亡800多人，攻坚常州竟伤亡1000多人。较之暮气沉沉的“常胜军”，淮军的近代化军事改革成效日显，越来越不把这支洋军放在眼里。有一次，程学启对戈登把“常胜军”本部由松江移至昆山有意见，他的部下竟然炮击“常胜军”，杀伤多人，事后说声不好意思就得了。

1864年5月攻陷常州后，苏南大局已定，李鸿章要卸磨杀驴了。李鸿章将“常胜军”调回昆山，并派人称“丁鬼奴”的丁日昌前去说服戈登遣散“磨难星”。让李鸿章喜出望外的是，戈登意甚欣悦，慨然应允。戈登目睹“常胜军”之不得力，也颇觉气馁，早已萌生退意。回到昆山后，戈登又看到英国政府寄来的训令，称今后英国现役军官不得为中国政府服役，还限令他6月1日之前归队，就顺水推舟了结此事。

就在李鸿章与戈登达成共识之际，英国人却很不高兴。英国驻沪领事巴夏礼和中国海关总税务司赫德从中阻挠，弄得戈登犹犹豫豫。丁日昌就以声名为诱饵，劝戈登说：“你在中国助剿，现在功成回国，中外传名，若此时不裁撤此军，万一继任者是白齐文之流，将来闹出事端，你的声名也会为之所累。巴夏礼、赫德是局外人，以为“常胜军”十分可靠，故不肯遽裁，却不知此军近日不能得力，你何不将实情相告，免得自己声名为他人所累。”戈登爱惜声名就像鸟儿爱惜羽毛一样，赶紧跑去上海说服巴夏礼。

“磨难星”的丧钟总算敲响了，李鸿章大喜过望。他迅速命手下筹集19万元遣散费，而戈登也以迅雷不及掩耳之势配合，数日即裁遣完毕。“常胜军”的名头没了，不过，裁汰后保留下来的精华，李鸿章照单全收。“常胜军”三分之一的精兵强将，其中包括洋军官12人、洋炮队600人、洋枪队300人、轮船队数十人，一夜之间转隶李鸿章麾下。此外，“常胜军”所有的军械、洋枪、帐篷、号衣、船只、大小炮位，李鸿章全数收缴在手。“铁头狐狸”巴夏礼试图阻挠，但生米已煮成熟饭，气得一直骂李鸿章是全中国最无耻的阴谋家。

收编“常胜军”后，淮军的西式装备陡增一倍，近代化程度甩了湘军一大截。淮军的对手主要是李秀成的部下，而李秀成也有洋人在帮他，其装备在太平军当中是最好的，因此淮军受到的刺激最大，必须迎头赶超才能取胜。有压力就有动力，太平天国运动一结束，淮军的近代化程度在清军当中最高。在湘军被裁撤之后，淮军理所当然地担起剿捻的重任，而后成为大清的国防军主力，风光了将近三十载。

“常胜军”之裁撤毫不费力，李鸿章直呼“真出意外”。他在给曾国藩的信中这样解释道：“‘常胜军’竟已遣妥，戈登今年忽变为忠直好人，非鸿章所能革其心面，乃中兴气运使然。”当然，这是李鸿章在老师面前的谦虚之词。曾国藩在洋务方面自叹不如，佩服这位门生“驾驭洋将，擒纵在手，有鞭鞑龙蛇视若婴儿之风”。

戈登身着清廷赏赐的黄马褂

“常胜军”裁撤后，英方要求在上海开设外国训练项目，由外国教官训练中国军队。李鸿章认为“其意仍不过揽我兵权，耗我财力”，决意牢牢掌握兵权，不再让英方干预。1864年8月，戈登厌倦了在上海凤凰山训练中国军队的无聊，宣布离任回国。帮清廷出了那么多力，戈登什么赏赐都不要，只点名要了一件象征最高荣誉的东西——黄马褂。后来赫德写信祝贺他，说：皇帝下诏赐你黄马褂和四套提督官服，你说过很想要这些东西，务必行个好，不要推辞这些礼物。当然，这次赫德的担心纯属多余。戈登回国后，把清廷以前奖励他的金质奖章熔化掉，然后捐给慈善机构。

1880 年 7 月，阔别十六年的戈登访华，故友李鸿章已安享荣华富贵，稳坐疆臣头把交椅。当时因崇厚擅自与俄国签订《里瓦几亚条约》，中俄战云密布，清廷主战派与主和派争吵不休。戈登遂赠言二十条，由直隶总督兼北洋大臣李鸿章转呈总理衙门。其中最触目惊心的一条是，中国有不能战而好为主战之议者，皆当斩首。这是戈登对朝中大臣好空谈、尚清流作风的不满。

戈登的很多建言触动了李鸿章的心弦，比如说中国务须自强，否则洋人也帮不上忙；现在会外语的中国人不被重用，其中必有能替中国办事之人，比起重用会华语的洋人，益处良多；中国有很多急需办理的洋务，比如设立电报和电报学堂，开通铁路，设立税务学堂……

久别中国的戈登或许料想不到，昔日灰头土脸的战友如今能量非凡，他的很多建议都被李鸿章一一实践了。李鸿章很早就意识到此乃“数千年来未有之变局”，在这个海禁大开、强邻环伺的时代，中华文明遇到了西方文明的挑战，中国不得不重新认识自己，必须向西方学习才能不再挨打。李鸿章成了识时务的先行者，中国的很多“第一”，诸如第一支近代海军、第一批官费留学生、第一个煤矿等，无不刻着他的名字。

1864 年平定太平天国运动后，李鸿章获封一等伯爵，次年署理两江总督，后出任湖广总督，1870 年荣登疆臣之首——直隶总督的宝座。这位时年 47 岁的年轻总督，从此“坐镇北洋，遥执朝政”25 年，成为清廷颇为倚重的股肱之臣。身兼北洋大臣要职，李鸿章成为当时和洋人打交道最多的中国官员，对洋人的性情和规则也越来越熟悉。他说：不管这些洋人做什么事，他们都很讲规矩，虽然我无法了解他们行为的动机。

戈登与李鸿章并肩作战的岁月不算多，却给李鸿章留下了值得谨记一生的东西，那就是契约精神。日后李鸿章成为大清第一外交大臣，总是以守约为首要原则，不敢以痞子腔打马虎眼。

1896 年，因甲午战败被撵下台的李鸿章，在清廷的授命下风风光光地出访欧美。当他访问英国时，自然没有忘记这位老战友，专程前往戈登的墓前献了花圈，三揖而退。1885 年 1 月，戈登在苏丹总督任上被起义军杀死，遗骸不知所踪，故只是衣冠冢。站在老战友墓前，当年的不愉快已被时间稀释，李鸿章追忆的或许只是那些美好的往事。

戈登生前被英国人称为“中国的戈登”，斯人已逝而建言犹在，只是如今李鸿章已经 73 岁了，一手撑起的洋务运动梦碎甲午，手中的权柄也随之失落，三十载辛劳换来一身骂名。这个生命已届黄昏的老人，已经无力去挽救一个帝国的黄昏。

第二章

洋务运动的光荣与梦想

李鸿章一直在推进洋务运动，步伐甚至比老师曾国藩迈得更大。他更善于审时度势，以一种更加油滑的方式行走江湖。

军工企业，南柯一梦？

1867 年 3 月，一个出身低微的 28 岁的苏格兰人，在上海给家乡的堂兄弟写信说："我自认祸福与中国相系，我已学了六年的汉语，也会三种方言，能写文言文，假使我就此抛弃，无疑是浪掷光阴。何况，我在英格兰又能找什么工作呢？又，中国才向欧洲文明开放，每年都有长足进步。一两年之后，我对中国的了解就很值钱了，我的身价贵重。这不是很令人陶醉吗？"

这个英国人叫傅兰雅，时任英华书馆校长兼《上海新报》主笔。穷牧师家庭出身的他，自幼受父亲影响，迷上了中国。当童工帮人擦鞋等不体面的经历，深深刺伤了他的自尊心，出人头地的愿望从此在心里扎了根。1861 年，师范学院毕业的他受英国圣公会派遣，赴香港任圣保罗书院校长。两年后，他接受了京师同文馆英语教习的职位。后来他发现上海更有吸引力，又跑去这座野心家冒险的天堂。在上海，傅兰雅说，有谁会关心、窥探你的出身背景？

然而，傅兰雅的"中国梦"在现实面前，已经不再光鲜亮丽，而是被磨得黯淡无光。他抱怨说在这个野蛮的国度，他养成了一大堆可笑的习惯，在动荡时代过着悲惨的生活。他甚至憧憬回老家定居的那份悠然自得，但他预感到咬紧牙关在中国待下去，机遇的气球可能很快就要飘过来了。这个古老帝国正在进行一场向西方学习的改革，他在等待一个名利双收的机会。

当时渴望在中国施展拳脚的洋人，不止傅兰雅一个。有一个苏格兰人比傅

佩戴“常胜军”勋章的马格里

兰雅幸运，他就是马格里。学医出身的马格里原是一名军医，第二次鸦片战争期间随英军来华，1862 年申请退役后加入“常胜军”，不久改投李鸿章麾下当淮军教官。马格里向新上司卖好的第一件事，就是指出淮军购买外国军火的代价过高，买一颗从英国炮船偷来的 12 磅普通炮弹要花 30 两银子，买一万粒最次的铜帽要 16 两银子，中国应该像欧洲各国那样开办兵工厂。李鸿章的心弦被拨动了，马格里从此扶摇直上。

李鸿章早就对洋枪洋炮醉心不已，认为西方军队无往不胜，全靠这些西洋利器。买枪买炮不过是权宜之计，大清凭什么要把白花花的银子拱手献给洋人？中国要想转弱为强，设局制造才是根本大计。若中国也能制造利器，那还怕什么太平军，连西洋鬼子都不在话下。问题是，中国在这个领域一片空白，白手起家谈何容易。虽然两年前曾国藩创办了中国第一家新式兵工厂安庆内军械所，但它其实更像是一家手工作坊，全靠一帮中国人手工仿制西洋炮弹及轮船，与西方近代军工企业不可同日而语。

李鸿章比老师曾国藩更具国际视野，认为先国际化再本土化，比闭门造车更有成效。从一开始，李鸿章就不排斥洋匠参与中国军工建设，认为这些掌握西洋制器之术的能工巧匠是好帮手。长着满脸络腮胡子的马格里，平时很喜欢摆弄机械，就毛遂自荐试造洋炮。这一试，竟然如蝴蝶效应，产生了三个洋炮局。

马格里并非科班出身，但他太想飞黄腾达了，不管三七二十一就土法上马。他带领工匠用田间黏土自造一个熔化炉，又搞来一台旧车床，造出一发炮弹和少量引信之类的零件。恰逢英国驻华陆军司令士迪佛立来访，李鸿章就拿这些样品请他鉴定。得到士迪佛立的好评后，又经试用证明质量尚可，李鸿章就授权马格里雇用50名工人，在上海松江筹建洋炮局。1863年4月，上海洋炮局初具规模。

李鸿章虽然倚重洋人，但他不忘初心，着眼于培养本土人才。在放手让马格里折腾的同时，他命副将韩殿甲督率中国工匠尽心学习洋人的技艺，还将留心西人"秘巧"的丁日昌从广东奏调过来。洋炮局遂一分为三，马格里、韩殿甲和丁日昌各主持一个，人称"炸弹三局"。

1863年年底，江苏巡抚衙门驻地克复后，李鸿章从上海移驻苏州，洋炮局也随之迁移。洋炮局原本蜗居在上海一个破庙里，如今迁到原太平天国纳王府内，自然气派了不少，名字也改成苏州洋炮局。据说厂址设在这里，包藏着马格里一份私心。有人说马格里是纳王郜永宽的女婿，不过郜永宽死时才24岁，哪有那么大的闺女出嫁？马格里娶的不可能是郜永宽的亲生女儿，顶多是养女或义女，最有可能是侄女或其他亲属。不管马格里到底娶的是何人，这位"中国女婿"带着洋炮局入驻纳王府，心情多少有点复杂。

洋炮局草创之初设备简陋，后来机缘巧合购得一套制造和维修军火的机器，迈上了机械化生产的道路。这套设备有"水上兵工厂"之称，原属于阿思本舰队。这支舰队是清政府斥巨资从英国买来的，不料英国人竟想控制指挥权，清政府痛下决心遣散之。在舰队驶回欧洲变卖之前，马格里说服李鸿章买下"水上兵工厂"。当这套先进设备被打包运到苏州时，李鸿章看到马格里也不会安装这些家伙，就冷冷地说恐怕都是些无用的废物，钱是白白地被骗了。后来，马格里请英国军舰上的炮手和机械工程师帮忙安装。当李鸿章应邀前来主持开工仪式时，只听开机信号一发出，蒸汽机一声惊人大吼，然后在蒸汽动力的牵引下，所有机器跟着一起转动，那个场面太让他震撼了。

1864年春，北京总理衙门收到一封很有分量的信，它出自江苏巡抚李鸿章之手。李鸿章向朝廷中枢建议，中国该进行改革了："天下事穷则变，变则通。中国士大夫沉浸于章句小楷之积习，武夫悍卒又多粗蠢而不加细心，以致

李鸿章在检验机枪

所用非所学，所学非所用。无事则嗤外国之利器为奇技淫巧，以为不必学；有事则惊外国之利器为变怪神奇，以为不能学。……鸿章以为中国欲自强，则莫如学习外国利器；欲学习外国利器，则莫如觅制器之器，师其法而不必尽用其人；欲觅制器之器与制器之人，则或专设一科取士，士终身悬以为富贵功名之鹄，则业可成，艺可精，而才亦可集。”

李鸿章当时料想不到，这封洋洋洒洒3000字的公函，会被史学家评为19世纪中国最大的政治家所作的最具历史价值的一篇文章。李鸿章在地方学造外国利器之举引起中央的兴趣，恭亲王奕䜣特地函询成效如何，这封公函便是李鸿章的工作汇报。当然，这不仅仅是一份报告，更是一封变法建议书。

在汇报完苏州洋炮局的成果后，李鸿章并不满足于此，而是借机向中央献言献策。他此时虽只是一名地方官员，却能从国家大局着眼，呼吁清廷改革科举制度，专设一科录取科技人才。他认为“中国文武制度，事事远出西人之上，独火器万不能及”，乃是因为中国重文轻艺，科技人才在西方可为显官，在中国充其量不过为匠目，无利可图自然就无积极性。既然科举制度扼制了科技人才的脉息，清廷不妨另辟一条金光大道，以功名利禄吸引这种对国家有用之才。

李鸿章的变法步伐是小心翼翼的，他并非彻底否定科举制度，亦未涉及政治体制改革，在当时却已惊世骇俗。总理衙门的头头奕䜣算是位开明人士，上折时却对这个建议只字不提，可见改革的阻力有多大，亦可知李鸿章的见识有多超前。

李鸿章风风火火奏响洋务狂想曲，触动了朝中守旧势力敏感的神经，一时间，“用夷变夏”“舍己从人，变乱成法”等大帽子漫天飞来。在强大的保守势力面前，李鸿章知道光打口水仗只能图一时之快，不如先下手为强，我的地盘我做主。当然，在中国官场混，背后如果没有靠山，肯定站不稳脚跟。李鸿章想在地方搞一场“静悄悄的革命”，如果中央没人为他撑腰，迟早没有好果子吃。当时在朝中主持军机处和总理衙门的奕䜣，因喜欢洋务被人称为“鬼子六”，李鸿章自然会好好打通这条渠道，为自己的改革扫除障碍并获取资本。

得到中央的肯定和支持后，李鸿章的军火事业越做越大。1865 年，曾国藩奉命赴山东剿捻，朝廷命李鸿章暂署两江总督。李鸿章移署南京后，再次将“家当”苏州洋炮局迁去，改组为金陵制造局。与此同时，他又在上海筹建一座大型的兵工厂——江南制造总局。这一次，他不是白手起家，而是明智地走捷径。他以 6 万两银子买下美商在虹口办的旗记铁厂，将曾国藩之前委派容闳从美国购回的 100 多台机器安装其间，还将丁日昌、韩殿甲所主持的两个洋炮局并入该局，很快就办起一座近代中国规模最大的军火工厂。

李鸿章兴办洋务的大手笔，终于给傅兰雅带来了契机。1868 年，早已厌倦教书生涯的傅兰雅，被江南制造总局的聘书所吸引。这年 6 月，江南制造总局设立了翻译馆，傅兰雅的新职业是担任翻译官。他一扫往日的郁闷，在给堂兄弟舒赛的信中高兴地说：“我找到令人满意的归宿。我可以说，接受中国政府延聘担任科学书籍的翻译是我一生最愉快的选择。这是一个备受尊敬、有益且体面的职位，年薪 800 英镑，凭此收入可保生活优渥。不过这只是我人生另一春的开端。”

踌躇满志的傅兰雅在上海城郊租了一所漂亮的小房子，和妻子安娜定居于

江南制造总局的炮厂炮房

江南制造总局仿制的克虏伯大炮

此。因虹口厂房年租金高达六七千两，且洋泾浜之繁华易使工匠失志，江南制造总局遂于1867年搬到郊区，在城南高昌庙黄浦江边另辟新址。傅兰雅每天乘坐半小时的轿子，穿越田野去局里上班，傍晚时分循原路回家。傅兰雅的小日子过得很惬意，他买了天文望远镜，晚上用来远眺星斗，当然也会偷窥远方房舍的窗口。有时兴致一来，他还会跑到附近的尼姑庵吹拉弹唱。

不过，这份工作并不像傅兰雅想象的那么轻松。他的上司李鸿章重金聘请洋雇员，是希望他们能给中国引进西方最新的工业成果，可不是让他们拿着高薪混日子。在入职之前，就有官员提议让他来教中国学生蒸汽机原理，对此一窍不通的傅兰雅断然拒绝了。那位官员勃然大怒，因为当时的中国人不能理解，一个西方人怎么可能不懂蒸汽机原理呢？出于工作需要，傅兰雅只好下功夫钻研科学，早上分析炭和煤矿，下午攻克化学，晚上研究声学。

1868 年 9 月 15 日，江南制造总局自制的中国第一艘机器动力兵轮“恬吉”号出吴淞口试航，轰动上海。自认是“半个中国人”的傅兰雅也很兴奋，在给家人的信中说：“我认识了中国的最高军事官员，他会乐意把我叫到他的左右，与他一起试航。”

9 月 28 日，“恬吉”号驶至南京，两江总督曾国藩亲自登轮检阅，而后向朝廷报喜说“尚属坚致灵便，可以涉历重洋”。然而，不论是曾国藩还是时任湖广总督的李鸿章，在试航仪式上都没有想起这位洋雇员。在他们眼里，傅兰雅只是一个外国专家，有问题可以找他解决，仅此而已。

做着迷梦的傅兰雅看不清楚，他的中国上司只是在利用洋人而已，不可能把他们当作真正的朋友。李鸿章虽然整天与洋人笑脸相迎，但他骨子里瞧不起洋人，认为洋人“不远数万里而来，所图者利耳，唯饵以重利，彼方挟所长而乐为我用”。他的用人政策是，“雇用洋人，必须有真实本领，妥立合同，试验有效，权操自我”。

傅兰雅的首次聘期为三年，谁知他一干就是 28 年，最美好的年华都献给了翻译事业。傅兰雅通过自学掌握了很多科学知识，他和中国同事徐寿父子等合作翻译了大量西方科技著作，内容涉及制造工艺、航海术、地质学、气象学、植物学、解剖学、政治经济学等。这些译作大都采用口译笔述的形式，由傅兰雅通览原著而后口译，再由中国同事润色为精妙的古文。今天我们所熟知的一些化学元素名称，比如钾、钠、铅、钙等，就是由傅兰雅等人创造出来的，他们可以说是中国近代化学的启蒙者。

徐寿（右）、徐建寅（左）父子与华蘅芳合影

傅兰雅意识到中国正处在一个变革的时代，在一些开明官员的推动下，每一天都能感受到令人兴奋的变化。为了翻译中国所需的那些包罗万象的科技书籍，傅兰雅不得不拼命工作。1869 年夏，他的妻子临盆时感染了严重的伤寒，头生子几天后也夭折了，医生建议她按照英国人的传统，通过海上旅行来疗养身体。傅兰雅虽然悲伤，却也顾虑重重，既放不下手头的工作，又鼓不起勇气向上司请假数周。他知道中国官员对于丧婴之痛早已习以为常，这样的要求可能会让上司认为他是在找借口拖延工作，或者是在发泄不满情绪。

做事勤勉，为人低调，使得傅兰雅的事业稳稳当当。他的同乡马格里虽然发迹比他早，后来却栽了跟头，被李鸿章撵回国。马格里仗着李鸿章的宠信，在金陵机器局里飞扬跋扈，甚至养了一支私人卫队，有时还让卫队鞭打工人。1875 年 1 月 5 日，该局制造的两门 68 磅炮在天津大沽口试放时发生爆炸，炸死士兵 5 人，重伤 13 人。时任直隶总督的李鸿章十分恼火，召该局督办马格里来查明事故原因。马格里拖了数月才到天津，要求在他的主持下再试放一次，结果炮台依然传来爆炸声，在场人员早有防备才幸免于难。经检查是造炮的原材料质量低劣所致，但马格里拒不承担责任。

祸不单行，同年 5 月 19 日，金陵机器局又发生一起重大事故。那天下午，该局工匠正在做工时，因石磨偶与铁器相碰，撞出一星火花，落在火箭之上，顿时箭发，直射火药桶内。但闻霹雳一声，势如山崩地裂，连人带屋冲入云霄。数间房屋被烧毁，三名工匠被炸为飞灰。这一次，李鸿章不得不痛下杀手。马格里被撤职后，李鸿章念及他往日的功劳，把他推荐给中国首任驻英公使郭嵩焘当秘书。1876 年，马格里随郭嵩焘到伦敦任职，两年后逝于英国。

马格里灰溜溜地走了，傅兰雅却在中国大显身手。1876 年 6 月，他参与筹建两年之久的格致书院正式成立，这是中国第一所专门研习西方近代科学的新式教育机构。他还主编了中国第一份科学期刊——《格致汇编》，刊登不少关于采煤、火车与铁路、造船、炼钢炼铁、纺织机械、电报电话等新科技的译作。杂志还开辟生动活泼的读者来信专栏，其中很多信来自中国通商口岸的商人，他们会询问有关电镀、农机具、潜水器具、养蜂法、照相法、纺织机械、石印术等问题，往往能得到满意的答复。傅兰雅还创办了中国第一家科技书店——格致书室，以销售中文科技书刊为主，其中江南制造总局翻译馆出版的书籍占很大比重。

傅兰雅说自己在华多年，“心所悦者，唯冀中国能广兴格致，至中西一辙尔。故平生专习此业而不他及”。然而，这位以传播西方科技文明为己任的英国人，却被惨淡的现实消磨得心灰意冷。翻译馆虽然译了很多书籍，但很少有人问津，到 1879 年总共才销售 3 万多册，销量与中国人口之比有天壤之别。甲午战败证实了洋务运动的失败，傅兰雅认识到中国光靠零星撷取西方科技不可能富强。他以往所做的一切似乎被证明是徒劳无功，而他操劳半辈子换来的三品顶戴也不过是虚衔，他在中国只是做了南柯一梦。

1896 年 6 月，傅兰雅从上海动身回国度假。原定 5 个月的假期却成了永别，他接受了美国加州大学伯克利分校东方语言文学教授的聘书，35 年的在华事业就这样画上了句号。当他看透“翻译、编纂科学书籍是洋人所能从事的最枯燥无味、最吃力不讨好的工作”时，他凄然发现是中国人在利用他，而不是他在利用中国人。

傅兰雅那位“能用洋人而不为洋人所用”的中国上司——李鸿章，向来都不会让洋雇员牵着鼻子走。1867 年，清廷为调整南北军火生产失衡的布局，扭转外重内轻的局面，由满族大臣崇厚创建了一家中央直属的兵工厂——军火机器总局（后改名为天津机器制造局，简称天津机器局）。崇厚对洋总办密妥士言听计从，李鸿章接手后首先就是夺洋人之权，调原江南制造总局总办沈保靖来津主持局务，后又将不肯好好配合的密妥士开除。李鸿章将天津机器局牢牢掌控在自己手中，几经扩建后，规模仅次于江南制造总局，成为中国“洋军火之总汇”。

1880 年，天津机器局造出一艘神秘的“水下机船”。据《益闻录》9 月 27 日的报道，这艘船“式如橄榄，入水半浮水面，上有水标及吸气机，可于水底暗送水雷，置于敌船之下。其水标缩入船一尺，船即入水一尺。中秋节下水试行，灵捷异常，颇为合用。因河水不甚深，水标仍浮出水面尺许。若涉大洋，能令水面一无所见，而布置无不如志，洵摧敌之利器也”。咦，这不是潜艇吗？清国军事近代化不到 20 年，居然也能造出如此尖端的武器？

一切都是秘密进行的。据说某道员 1879 年禀请试造“水下机船”，经层层上报后，朝廷批准他在天津机器局试造。这位不知名的道员立下军令状，如果船造出来不适用，愿将所有开销照数赔偿。然后，这位道员雇了十余名工匠，自备薪米油烛等费，在机器局院内围起高墙，禁止外人窥探，用了一个夏天把船造好，中秋节那天在海河下水试航。从《益闻录》的报道来看，中国第一艘潜艇的试造还算成功，可它后来却销声匿迹，没有更多记载，给后人留下不解之谜。这艘能在海底潜行的“摧敌之利器”，后来命运如何呢？至今无人知晓。

即使能制造先进的武器，如果国家领导层的思想观念不行，一切也都无济于事。潜艇在当时绝对属于高精尖武器，天津机器局能自主研制出来，这无疑是中国军事工业的巨大突破。可是，这件发生在天子脚下的大喜事，却没有人意识到它的重要性，任它昙花一现。没有批量生产，没有投入使用，大概这艘潜艇在满朝文武眼中，只不过是奇技淫巧罢了。

在中国近代早期四大军工企业中，李鸿章的淮系集团控制了三个——江南制造总局、金陵机器局和天津机器局，另一个是左宗棠于1866年创办的福州船政局。李鸿章后来调任直隶总督，仍遥控着他一手创办的金陵机器局和江南制造总局，这两个局的报销折由他和两江总督会签。然而，尽管掌握着清国军火生产的命脉，李鸿章还是无力挽救这个帝国的颓势，他本人也在国家的衰颓中黯然失色。

中日甲午战争宣告了洋务运动的失败，那些风光一时的洋务企业，在后人的印象中似乎一夜之间消失了。其实，这是一种错觉，它们当中有的至今仍旧存在，只不过被历史大潮冲刷得面目全非，让人难以辨认而已。李鸿章创办的金陵机器局，如今叫南京晨光集团有限责任公司，是一家从事航天产品研制生产以及利用军工技术开发民用产品的国家高新技术企业；江南制造总局的面目还比较清晰，今天叫江南造船（集团）有限责任公司，是中国船舶工业的排头兵；李鸿章接办的天津机器局则很不幸，前后耗资千余万两银子，最终受累于义和团运动，1900年被八国联军破坏殆尽。

“戴红帽子”的民用企业

有这样一个故事：有位老师请学生举出人生中最伤心的一次经历，半天无人应答，后来有个女生站起来轻轻地说，是在读中国近代史的时候。的确，对很多读史的人来说，那是一个颇为糟糕的年代。不过，也正是在那个年代，渐渐出现了现代文明的光亮。有人说，洋务运动是中国近代化的开始。的确，我们现在所能见到和想到的现代文明，大部分都能在那个年代找到源头，虽然在它们起步的时候，有过那么多的血火和屈辱。

1872年12月26日，清廷做了一个决定，至今仍在影响着我们的生活。

招商银行、招商证券、招商地产、平安保险……这些耳熟能详的企业，有一个共同的母亲——招商局集团有限公司。这家目前经营总部设于香港的央企，前身就是清廷在那一天批准成立的轮船招商局。

迄今已有 140 多年历史的招商局，是中国第一家近代民族工商企业。洋务派兴办民用企业，比军工企业晚了 11 年。清政府虽然很穷，却不喜欢铜臭味，怕金钱污染了以德治国的传统。对那些打着“自强”旗号的军工企业，清政府同意得很痛快，可是要拉下面子去办企业“求富”，就得扭捏一番了。

鸦片战争后，中国沿海与长江沿线被迫开放多处通商口岸，外国轮船成群结队地开进中国水域。19 世纪五六十年代，外商争相在中国开办航运业务，厚利所在，一时趋之若鹜。1861 年 3 月，美商旗昌洋行经理金能亨筹集 4.5 万两银子，从旧金山买了一艘 456 吨的轮船投入长江航运，经过两个往复航次就收回船本。高额利润使得筹资非常快，1862 年 3 月 27 日，旗昌轮船公司在上海正式成立。这是外商在华设立的第一家专业轮船公司，资本额 100 万两，其中华商股份约占 40%。当时清政府限制民间购买轮船，而挂洋旗又可以少纳税，华商就把钱“诡寄”在外国轮船公司名下。

与中国传统木帆船相比，外国蒸汽轮船速度快，比较不受风力和天气影响，优势显而易见。很快地，中国船业呈现出一片凋残景象，成千上万的帆船闲置在黄浦江上，都快烂掉了。李鸿章痛心地说：“各口通商以来，中国沿江沿海之利，尽为外国商轮侵占。”

中国航运业“利权外溢”的现象，引起一位“海归”的注意。他就是广东人容闳，第一个毕业于美国耶鲁大学的中国留学生。1867 年，江苏候补同知容闳仿照外国轮船公司的经营办法，草拟出《联设新轮船公司章程》，建议在上海组建华商轮船公司。这是中国人最早提出的民营轮船公司方案。不过两江总督曾国藩怀疑有洋商暗中参与，对此十分警惕。

当时清政府用一种方头平底的沙船漕运，虽然“沙船自沪达津以月计，轮船自沪达津以日计”，但如果改用轮船来运漕粮，必然会触及沙船主的既得利益。那些沙船主曾给过湘军重大的财政援助，曾国藩一方面念及旧情，另一方面也担心沙船主和船工会失去生计，酿成更严重的社会问题。

其实，不管清政府要不要开办轮船公司，用帆船货运的黄金时代已成为历史，沙船业在轮船业的冲击下肯定会衰落。换一种思路来看，当新兴的轮船业发展得好，运输的货物多了，码头也就多了，搬运工自然也更多了。旧职业虽然消亡了，新职业却有可能提供更多的就业机会。然而，对被内战搞得十分疲弱的清王朝来说，政治的稳定远比发展轮船业重要，容闳的轮船计划被搁浅了。

五年后，一场关于要不要停造轮船的大辩论，最终促成了中国近代民族航运业的变革。1872 年 1 月 23 日，内阁学士宋晋以“糜费太重”为由，奏请朝廷叫停福州船政局和江南制造总局的造船事业。两局耗费大、效益低是事实，而且造的又都是兵船，产品不在市场销售，只见支出不见回报，给人感觉就是烧钱的工程。不过，曾国藩、左宗棠、沈葆桢等洋务派反对半途而废，认为要造更多兵船才能强国。

李鸿章见识更远，说我们办这些事确实需要大量的钱，如果不解决这个经济问题，造船事业将难以为继。可是政府没钱，怎么办呢？现在下马则前功尽弃，那么只有一个办法，就是我们想办法赚钱。生财之道是，办民用企业。首先，两局可以多造一些商船，租给华商去办轮船公司。其次，造船造炮的机器离不开煤和铁，目前主要依赖进口，与其肥水外流，不如自办煤矿和钢铁企业来开源。

事情讨论至此，已经上升了一个层次。洋务运动起初是迫于军事压力，造枪造炮造船以自强，十年后才醒悟光这样还不够，西方列强能横行中国是因为国富民强，所以中国也要求富。洋务派建议多办民用企业，这样不仅可以减轻政府的财政压力，还可以与洋人争利，夺回被洋人侵蚀的利权。

这场关乎洋务运动成败的大辩论，以洋务派大获全胜告终。朝廷不仅同意两局继续制造兵船，还让李鸿章等人妥筹轮船招商一事。此前曾国藩已下令江南制造总局造四五艘商船，也有试采煤窑的意向，不料死神突然降临，担子就落在门生李鸿章的肩上。李鸿章曾经召集在津粤商，看能否在天津设立轮船招商局，但经过调查后认为这些人的财力不够，于是把目光转向沙船世家出身的沪商朱其昂。经过一段时间的筹划，李鸿章决定把轮船招商局的总部设在上海，在天津设个分局。

上海是李鸿章的发迹之地，当时已是中国最大的航运中心。1872 年 8 月，总理衙门核准李鸿章提出的轮船招商局筹办计划。开办轮船公司需要巨额资金，李鸿章报请户部从直隶练饷拨借制钱 20 万串，扣除预交利息后，实借制钱 18.8 万串，折合白银 12.3 万两。据说，李鸿章也投资 5 万两。这年秋天，朱其昂带着启动资金回上海选址设局。年底，订购的轮船陆续抵沪，栈房、码头相继建成，招募的船工水手和外国技师也已到位。

万事俱备，李鸿章十分高兴，于 12 月 23 日向朝廷上呈《试办轮船招商局折》，同时向总理衙门函告筹办情况。李鸿章明确了轮船招商局“分运漕粮、兼揽客货”的经营方针，并提出了对日后影响深远的官督商办体制。原先想采用官商合办的方式，后因官局尚未造出可供使用的商船，怕招不来华商入股，所以李鸿章建议改为官督商办，“由官总其大纲，察其利病，而听该商董等自立条议，悦服众商”。李鸿章的意思是，企业经营权由商董掌握，官方主要起监督作用，若遇到洋商挑事阻挠，亦可提供保护伞。

1873 年 1 月 17 日，轮船招商局正式对外开局营业。招商局刚成立的时候，名字叫轮船招商公局，而不是大家所熟悉的轮船招商总局。既然叫公局，总办朱其昂就向清政府申请官刻的印章，但总理衙门不批，说：招商局虽由政府主持成立，但毕竟是商股商办，印章你们自己刻就好了。清朝正规官员使用的是正方形印章，用朱红印泥，而招商局自制的长方形公章叫关防，用紫红色水。

名不正则言不顺，第二任总办唐廷枢入主招商局后，就把名称改了。他想把招商局办成真正意义上的商股商办，嫌“公”字碍眼，就改成“总”字。今天看来这也许并不重要，但对唐廷枢来说，一字之别，事关重大。不同名字的背后隐藏着招商局体制的不同走向，以及两任总办对“官督商办”的不同理解。

招商局第一任掌门人朱其昂，只干了半年就被踢出局。虽然他曾向李鸿章表示愿以身家作抵，而且确实也尽心尽力，但他在任时名义上招股 37 万余两，实际到位只有 18 万余两。招商局又要分运漕粮，又要兼揽客运和货运，显然是在砸沙船业的饭碗。对世业沙船的朱氏家族来说，朱其昂是胳膊肘往外拐。一位叔父说起他就咬牙切齿，骂他不忠不孝，断了祖宗的家业。他登门解释时还想游说叔父入股招商局，没说两句就被赶了出来，永远不许再进叔父的家门。在整个沙船界，朱其昂只招股一万两，而胡雪岩等富商也不看好招商局，不肯出资入股。

不谙轮船经营的朱其昂，对招商局来说确实不是理想的人选。他先后买了 4 艘轮船，结果都不合用，而且贵得离谱。例如，他通过葡萄牙经纪人购买“伊敦”号轮船，付款 5 万两后才发现吃了大亏，实际上只值 3 万两左右。在跟雇请的外籍船长打交道时，他也不太能胜任。此外，受衙门作风影响，招商局滥支浪费现象十分严重。开业不到半年，招商局就亏损 4 万多两。

作为总设计师和最高领导，李鸿章的压力越来越大，不得不改组招商局。李鸿章意识到中国旧式富商已不能依赖，转而瞄准那些给洋行打理生意的华人买办，他们不仅财力雄厚，而且熟谙新式企业的经营之道。这时候，亲信幕僚盛宣怀向他推荐了一个人——英商怡和洋行总买办唐廷枢。

唐廷枢在华人买办中堪称翘楚，但他也得不到洋人的完全信任。怡和洋行老板曾在信中说：“总的说来，我对唐景星（也就是英语很好的那个人）并不满意，在逐渐削减他的权力，不过不动声色。”同为精明的生意人，唐廷枢怎么可能没有察觉老板的疑忌呢?

作为中国人，唐廷枢的民族自尊心也会被洋人刺伤。有一次，他从上海坐船去香港，途中避风时，船主只给每位乘客约一磅水，而船上百余头羊，则满桶水任其欢饮。洋人待人不如羊，唐廷枢感到很可恨，开始筹资租船自办航运。在“渐收利权”这一大局上，他跟李鸿章不谋而合。面对招商局抛来的绣球，他几乎毫不犹豫就接了。

1873 年 6 月 4 日，李鸿章委任唐廷枢为招商局总办。对于此次中枢换人，各界人士表示看好。《申报》评论说，这真可谓知人善任，招商局从此将日见起色。美国传教士主办的《教会新报》也乐观地估计，自此以后，招商局必多获利。天津英国领事在商务报告中指出，招商局将是英美航运公司的强大竞争对手。19 世纪 70 年代，有位曾随军舰来华的英国军官酸溜溜地说：“当唐氏在东方一家第一流的外国公司任职时，获得了丰富而广阔的经验，他正在运用这个经验去损伤这些外国公司。”

唐廷枢入主招商局，引来一次人事大变动。朱其昂改任会办，专门负责擅长的漕运，后又请弟弟朱其诏来帮忙。唐廷枢接任一个多月后，禀请李鸿章任命英商宝顺洋行买办徐润为会办，协助管理局务，兼任上海分局商董。不久，李鸿章加派盛宣怀为会办，代表他来视察局务，但不在招商局办公，不从局里领薪水，也不经手财务。李鸿章评价说：“在事五人，本极一时之选，各有短长。”

这套人马确实不负众望，干得最漂亮的一件事就是收购旗昌轮船公司。招商局纯粹靠民族资本在运作，再缺钱也不让洋人入股。这家意在从洋商嘴里抢回肥肉的民族企业，从创办伊始就被外国轮船公司视为眼中钉，很快就遭遇价格围剿。主持局务的唐廷枢和徐润，都是从一流洋行跳槽过来的，可谓知己知彼。背靠政府给予的优惠政策，招商局的行家里手从容应对，不仅没有被挤垮，实力反而有所增强，达到了“分洋商之利”的目的。据太常寺卿陈兰彬统计，招商局开办三年以来，使洋商少赚 1300 余万两。多年以后，李鸿章不无得意地说：“招商轮船，实为开办洋务四十年来最得手文字。”

在持续三年的价格战中，旗昌轮船公司第一个受不了，利润一路下滑，股东愁容满面。公司股票面值 100 两，1871 年冬股价一度涨到 188 两，后来一路下跌，到 1876 年冬仅为 57 两。1873 年以前，股东每年稳获 12% 以上的红利，自 1874 年以后，红利仅为 7%。旗昌股东心灰意冷，适逢美国南北战争后国内经济繁荣，就考虑将资金撤回本国投资，无心在远东恋战。

1876 年冬有消息传出，旗昌轮船公司有意全盘出售。旗昌从一开始就想盘给招商局，而招商局合计一下也想接盘，这样不仅自身实力大为扩充，而且少了一个劲敌。旗昌一出价就是 256 万两，招商局上哪儿弄这么多钱呀？招商局先去找头头李鸿章，李鸿章觉得很难办，踌躇不决。李鸿章很滑头，说：钞票问题嘛，你们去找沈葆桢。

沈葆桢是林则徐的外甥兼女婿，时任两江总督兼南洋大臣，也热衷于洋务事业。盛宣怀出身李鸿章幕府，在官场人脉极广，是游说沈葆桢的极佳人选。他一张口就要 100 万两，沈葆桢说：先给你一半吧。一下能要来 50 万两已经很了不起，可是盛宣怀盘算来盘算去，不行，资金缺口太大，还得让他再吐更多钱。沈葆桢说没钱，盛宣怀到处有眼线，就当面戳穿他，说：你有 20 万两还没到要用的时候，你就先借给我用嘛。沈葆桢大吃一惊，说：你怎么知道？

盛宣怀旗开得胜，手里有了 100 万两银子的筹码，再去跟旗昌谈判就有了底气，事情就好办多了。很快，双方以 222 万两成交，准予分期付款。1877 年 3 月 1 日，旗昌轮船公司全部财产换旗过户，招商局一夜之间成了中国航运界老大。《申报》次日发表了热情洋溢的评论，"从此国家涉江浮海之火船，半皆招商局旗帜"。沈葆桢早就预期此乃招商局"转弱为强之始"，而李鸿章后来说长江生意华商已占六成，"固非归并旗昌不能及此"。

这是中国民族工商企业第一次收购外商资产，在当时引起不小震动。《北华捷报》惊呼，"李鸿章和他的同僚急于想把外国人赶出中国"。不过，历史偶尔也会开一些玩笑。

六年后中法战争爆发，招商局为了免遭法国军舰的攻击，于 1884 年 7 月将旗下轮船明售暗托给美商旗昌洋行，与之达成售产换旗行驶的协定。事实上，这是一种战时习惯做法，招商局是真借旗假售船，次年战争一结束就收回轮船。但当时朝野震惊，策

盛宣怀

划并经手此事的招商局会办马建忠被骂作“小汉奸”，而“大汉奸”自然就是李鸿章。为了避免走漏风声，李鸿章只好一面声称要严加查办，一面授意马建忠东躲西藏隐居不出。

在唐廷枢的主持下，招商局仿照洋行的模式经营企业，很快就有了起色。据1875年9月2日《申报》报道，前一日招商局股东在账房聚会，听完财务报告后，“共有欣喜之色，故请不必朗诵，便向总办道谢而散”。股东的权益得到保障，投资又见到回报，招商局的管理层获得信任，招股工作自然顺利。1881年，招商局招足股本100万两，两年后又成功招股100万两。

尽管招商局蒸蒸日上，官方的不满却与日俱增。唐廷枢以商为主，尽量减少官府的干涉，当然惹恼了官方。官督商办体制有一个缺陷，就是产权不明。在产权模糊的状态下，官方认为招商局是政府批准成立的，又享受着政府提供的创业资金、低息贷款和优惠政策，理所当然属于国有企业；招商局的股东则认为，我们的资本占大头，企业又由我们经营，自然属于私有企业。企业姓“公”还是姓“私”，背后牵扯到利益归属问题，官商之间必有冲突。

1883年上海一场金融风暴，先后吹倒了徐润和唐廷枢，不受官方待见的人终于被挤走了。招商局是中国近代第一家由国人自办的股份制公司，随后发行股票便成为洋务企业募资的重要途径。1882年，上海金融市场空前活跃，股票大涨，引发全民炒股风潮。招商局股票面值100两，一路涨到260两。与此同时，上海的地价也直线飙升。徐润就挪用招商局公款去炒房地产，生意像滚雪球一样越滚越大。很快，金融泡沫破灭，上海房价和股票大跌。徐润遭受重创，挪用公款一事败露，1884年被革职。次年，李鸿章改组招商局，唐廷枢被迫离职，专门主持招商局投资创办的开平矿务局。

招商局由商人主导的“唐徐时代”结束了，官方势力随着盛宣怀的入主大涨。1885年8月1日，盛宣怀被委任为督办，作为官方代表执掌招商局。此前招商局只有总办没有督办，现在正好相反，不设总办只设督办。也就是说，股东的代表没了，官方的代表实际上成了一把手，招商局从“商事商办”转向“商事官办”。新官上任，盛宣怀抛出《用人章程》和《理财章程》各十条，不由分说地强化了官督权力，股东过问局务的权力事实上被剥夺了。

盛宣怀终于圆了多年的梦，成了招商局的掌门人。官宦世家出身的盛宣怀，1870年凭借父亲的人脉进入李鸿章幕府，因办事得力又文思敏捷，很受李鸿章器重。盛宣怀以前一直想当招商局总办，但他年纪太轻又没有经验，而航运界风云人物唐廷枢一呼百应，他自然只能在人家手下当会办。当时盛宣怀名义上兼管揽载和漕运，但实际上揽载由徐润分管，漕运由朱其昂分管，他两边都插不上手，一度被看成是挂名会办。他在给李鸿章的信中抱怨说，自己到处屈居人下，被视为无足轻重之人。

在招商局最初的几年里，盛宣怀只在收购旗昌轮船公司等为数不多的事情上有所表现，没想到日后还被人翻旧账参劾。1880年，李鸿章奏请朝廷将招商局三年应还官款100余万两拨给北洋购买铁甲舰。此举引来两江总督兼南洋大臣刘坤一不满，他鼓动国子监祭酒王先谦上折谏言整顿招商局。在这场南北洋大臣之争中，盛宣怀被指涉嫌在收购旗昌轮船公司时收受中金。盛宣怀当然大喊冤枉，说圣明之世不应有这样莫须有的奇案，而李鸿章自然也是百般维护。不过，盛宣怀此后被迫离开招商局，不准再干预局务。上海金融风暴给了盛宣怀重返之机，李鸿章派他到局查办和整顿，他趁势清除唐廷枢和徐润的势力，为自己入主招商局铺平道路。

刘坤一

盛宣怀主政初期，招商局的表现似乎只是一家听话的企业，头上的“红帽子”越擦越鲜亮，主业却无太大发展。不过，欲办大事兼做高官的盛宣怀雄心勃勃，入主招商局三个月后就向李鸿章拍胸脯保证说：“竭我生之精力，必当助我中堂办成铁矿、银行、邮政、织布数事。百年之后，或可以姓名附列于中堂传策之后，吾愿足矣。中堂得毋笑我言大而夸乎？”

盛宣怀总结出一条名留史册的秘诀——“做官不如做事多”。背靠洋务巨擘李鸿章这棵大树，盛宣怀大展身手，招商局成了他广兴洋务的经济后盾。招商局此前已涉足煤炭、保险等行业，1885 年以后延伸到纺织、金融、铁路、钢铁、教育、慈善等领域，参与投资或创建近代中国的很多“第一”，比如第一家机器纺织企业——上海机器织布局，第一家银行——中国通商银行，第一家钢铁煤炭联合企业——汉冶萍厂矿公司……在这些近代企事业起步的地方，几乎都能看到盛宣怀奔波的身影，以至于他后来被誉为“中国商父”。

督办招商局十年后，盛宣怀已牢牢掌控大清的轮船、电报、矿务、纺织四大行业。当然，从向中央打报告到企业的诞生，从谋篇布局到调兵遣将，整个大框架还得仰仗李鸿章出面；至于如何具体落实宏图伟业，主要功劳则要算在盛宣怀头上。19 世纪末，伊藤博文访华时曾当着李鸿章的面说，轮船招商局和中国电报总局好比一间破屋子里放着两张好桌子。中国电报总局的创办人和掌门人，也是盛宣怀。

正如李鸿章所期望的那样，招商局成了洋务派的样板企业。1891 年，盛宣怀欣喜地向李鸿章报告，招商局所欠官款已全数还清。然而，这正是招商局噩梦的开始。当年，招商局就向政府无偿报效白银 10 万两。正因为“桌子”好，大家都想来靠一靠，尤其是来自官方的报效、摊派和征用无休无止。例如，1894 年慈禧太后六十大寿，招商局报效 5 万多两。1899 年干脆将报效制度化，招商局每年要拨盈利部分的 20% 报效官府，后来则不论盈亏都照拨不误。刘坤一比喻说清政府跟招商局之间就像父子关系，父亲给了你那么多权力，首先允许你开办，然后又借钱给你，还准你缓交利息，你现在发展起来了，回报父亲难道不是应该的吗？在这种逻辑下，招商局沦为清政府的提款机，至清朝灭亡共报效 135 万余两规银。

“红顶商人”盛宣怀一直小心翼翼，在办大事与做高官之间保持着微妙的平衡，所以在官商两界都吃得开。中日甲午战争后，靠山李鸿章因兵败失势，而巨大的战争赔款压力，反而使得控制着诸多洋务企业的盛宣怀成了扶危救难的能臣。1901年，李鸿章在北京贤良寺凄然病逝，临终前给盛宣怀写了一封信，与这位亲信和上海的朋友作别。李鸿章在信中嘱咐道："愿诸君努力共济时艰，鸿章虽死犹生。"然而，李鸿章的遗愿并没有实现。虽然大清王朝已经风雨飘摇，但它的臣子们依然在争权夺利，而不是携手与共。

1902年，盛宣怀的父亲死了。按规定，盛宣怀应辞去官职回家守制三年，除非朝廷做出夺情留任的决定。招商局向来是王公大臣眼中的一块肥肉，不少人觊觎这个可能空出的肥缺，理由却是让盛宣怀安心尽孝以示朝廷体恤之意。忧心忡忡的盛宣怀想到了袁世凯，决定向这位接任李鸿章遗缺的权臣求助。袁世凯、盛宣怀同出自李鸿章门下，前者承接了李鸿章的政治衣钵，后者承接了李鸿章的洋务事业。几天后，袁世凯专程赶赴上海吊唁，在盛宣怀父亲的灵堂前焚香拜祭。然而，盛宣怀却感到了一丝寒意，听得出来袁世凯想接手招商局。

当时招商局已还清所有官款，又走上了商股商办的道路。从上海金融风暴那年起，盛宣怀就以低价大量买进股份，到此时已是招商局最大的股东。时移世易，盛宣怀由官的代表悄然转变为商的代表，因涉及切身利益，自然不愿被踢出局。然而，失去李鸿章庇护的他不是袁世凯的对手，很快袁氏就获得朝廷的支持，由亲信杨士琦出任招商局督办。这表面上是袁世凯与盛宣怀的权力之争，实际上背后是政府与企业的利益争夺。官督商办的企业，始终存在着官权与商利的斗争。

新任督办杨士琦原是李鸿章的幕僚，在李鸿章死后转投袁世凯。一介武夫袁世凯的很多点子都出自杨士琦，著名的八字箴言"运动亲贵，掌握政权"也是杨氏提出来的。杨士琦不仅是袁世凯的首席智囊，一生还善用奇毒，帮袁氏解决了不少麻烦。然而，经营企业却不是杨士琦的长项。杨士琦一走马上任就大力鼓吹"官督"，对正在实行的"商办"主张视而不见，很快就把招商局办成一个官气十足的官局。各部门人浮于事，办公经费越花越多，而招商局产业有减无增。持有超过四分之一股份的盛宣怀，此时却成了一个局外人，只能眼睁睁看着招商局几年时间亏损百万。

1908年慈禧太后去世，失去靠山的袁世凯次年被罢黜回籍，盛宣怀的机会来了。正在日本治疗哮喘的盛宣怀匆匆回国，打定主意要走商办路线。1909年8月15日，招商局在上海张园举行第一次股东大会，与会股东732人，成立了招商局首届董事会。9月21日，招商局召开第一次董事会，推举盛宣怀为董事会主席。招商局彻底走上了商股商办的轨道，虽然它还得归邮传部管辖。

1911年年初，盛宣怀重新受到清政府重用，就任主管全国交通及邮电的邮传部尚书。几个月后，盛宣怀进入新成立的皇族内阁，摇身变为邮传部大臣，仕途达到顶峰。然而，就任邮传部大臣的第二天，盛宣怀办了一件后悔莫及的大事——推出铁路国有政策，没想到它成了多米诺骨牌，最终导致一个王朝的结束。

铁路曾是违章建筑

1880年12月初，慈禧太后的面前摆着一份奏折——《筹造铁路以图自强折》。折子说，俄、日两个近邻恃有铁路，对中国虎视眈眈，中国须赶紧修建铁路以自强，才能杜绝后患。有了铁路，不仅利于漕务、赈务、商务、矿务、行旅、厘捐等，而且便于调兵运饷。中国幅员辽阔，应修建东西南北贯通的铁路大动脉，这样全国才能呼吸相通，十八省合为一气，一兵可抵十数兵之用，将来兵权、饷权俱在朝廷，内重外轻，不为疆臣所牵制。

慈禧太后知道，修铁路在中国是一件惊天动地的大事，很少有人敢向朝廷提出来。那么，上这道奏折的人是谁呢？这个人怎么有胆量出头，而且一下子提议修建四条铁路呢？此人就是淮军元老刘铭传，而这件事的幕后策划人，正是他的老上司李鸿章。

刘铭传早年靠贩卖私盐为生，十几岁就手刃土豪拉武装，后被同乡李鸿章收入麾下。刘铭传长得短小精悍，好醇酒妇人，但打起仗来骁勇异常，很快就在战场上脱颖而出。据说他年轻时曾登高发宏愿："大丈夫当生有爵，死有谥，安能龌龊科举间？"1868年因剿捻有功，淮军骁将刘铭传被赐封一等男爵，从乡间土匪华丽转身为国家栋梁。

中国官场历来重文轻武，刘铭传虽早已升任直隶提督，摘得最高级别的武官头衔，但他感叹"武夫如犬马，驱使总由人"，为不能跻身文臣之列而意气难平，干脆辞官回家当乡绅。刘铭传一度意志消沉，沉溺于酒色。李鸿章就写信劝告说：以你的才识声望，断非终老林阿者，将来必有大作为，希望你趁此闲暇多读古人书，静思天下事，敛浮气而增定力，不要放浪自废。这封信对刘铭传触动很大。赋闲期间，刘铭传看了很多西方图书报刊的中译本，还结交了一些洋务派人士和改良主义知识分子，意识到中国再不变法，不出十年则事不可为。

1870年，李鸿章向朝廷荐派刘铭传督办陕西军务，说他近年归里读书，不欲以武人自居，愿为国家效死力。李鸿章希望朝廷能破格让刘铭传兼管地方，明眼人看得出来，这是在为刘铭传出任陕西巡抚铺平道路。不料刘铭传与陕甘总督左宗棠不和，眼看封疆无望，头风宿疾加重，"轻即昏晕片时，不省人事，重则脑痛欲裂，坐卧难安"，就请假离营调养。倒霉的是，不久铭军因不服新领导哗变，刘铭传以荐举非人被革职。

1880年，中俄因伊犁问题闹得很僵，清廷颇有乏才之虞，再次征召刘铭传入仕。李鸿章自然不遗余力地夸赞这位老部下，说刘铭传退归故里后韬光养晦，"而谈及时艰，骁果刚劲之色，犹时时见于眉宇，实为干城腹心之选"。的确，此时的刘铭传已不是吴下阿蒙。

在家赋闲八年的刘铭传应诏入京，路过天津时，老上司李鸿章留他在府邸逗留几日。当时李鸿章遇到一件烦心事，想请这位老部下出面帮忙。十几年来，李鸿章想在中国办一件大事，却因阻力太大胎死腹中。如今刘铭传是朝廷要起用的人，不妨让他先放一炮看看，成与不成于大局无大碍，日后还有转圜的可能。李鸿章知道，若自己贸然上奏朝廷，必定树大招风，事情一旦受挫，再无回旋余地。

什么事让李鸿章如此为难呢？就是修铁路。在今天看来，这是小事一桩，在当时却能惊动鬼神。从 19 世纪 60 年代开始，洋人一再申请在华修建铁路，但清政府认为他们包藏祸心，就找各种理由拒绝。李鸿章也觉得洋人没安好心，当 1863 年外国驻沪领事呈请修建上海至苏州的铁路时，时任江苏巡抚的他断然拒绝。不过，巨大的商业利益让洋商心痒不止，他们经常要求本国驻华官员争取筑路权。1867 年，不堪其扰的总理衙门征求督抚大员们的意见，得到的反馈都是碍难实行。时任湖广总督的李鸿章表态说，与其任洋人在内地修铁路，不如中国自行仿办，权自我操，彼亦无可置喙。

李鸿章并非首个倡议修铁路的中国人，洪仁玕 1859 年在《资政新篇》中提出过这一主张，只是没有付诸实践。当时中国社会对铁路的看法，不是今天我们所能想象的。1865 年，北京宣武门外出现一个“妖物”，长约一里，有“小汽车”在上面行驶，迅疾如飞。这是英国商人杜兰德的杰作。他企图用铁路和火车的实物表演来打动中国人，不料把京城老百姓吓坏了，还惊动了京师卫戍部队。当时“举国若狂，几致大变”，步军统领衙门紧急出动，以“观者骇怪”为由饬令拆除铁路，这才平息了一场风波。

1825 年，世界第一条铁路在英国正式通车。十年后，外国传教士将火车的知识传入中国，此后林则徐、魏源等人也有过相关记述。徐继畬在《瀛寰志略》一书中称赞说，这种交通工具“可谓精能之至”。虽然火车在国外已经轰隆隆数十年，但中国人对它的认识仅停留于抽象的只言片语，以至于少见多怪。不过，邻居日本人对火车的心态开放多了，动作自然也就比较快。当洋人把轮船和铁路的模型附加说明书作为礼物送给日本人时，人家是举手欢迎，很快就于 1872 年建成日本第一条铁路。

面对中国人的铜墙铁壁，洋人软攻不行，就用硬取。1872 年 9 月，英国商人在天津租界内建成一条铁路并投入运行，天津官员乘坐后非常满意，为它题名“利用”。租界素有“国中之国”之称，清政府的权力之鞭伸不进去，这条铁路才躲过被拆除的命运。

为了让铁路在中国流行起来，洋人的公关策略是走上层路线。1872 年同治帝大婚，英国商人找到公关的良机，准备由英国一家公司募集捐款，修筑一条二三十里的铁路，并置办火车，作为贺礼送给同治帝。5 万英镑的捐款很快筹集到手，英商请英国驻华公使探询清廷的意思，如果清廷愿意接受这份贺礼，他们随即造成并装运来京进呈。结果可想而知，这份别出心裁的贺礼被婉言谢绝了。

洋人一再献媚，中国人软硬不吃，怎么办呢？没办法，明的不行，只能来暗的。1872 年，美国驻沪副领事发起修建吴淞至上海的吴淞铁路，后来把这个项目转让给英商怡和洋行。1874 年 12 月，吴淞铁路动工兴建，直到 1876 年 2 月才引起中国官方的干涉。清政府发现自己上当受骗了，这条路并不是寻常马路，而是非同寻常的铁路！当初英国人申请修路的时候，含糊其辞说要修“道路”，挖好了陷阱让清政府跳。

恼怒的清政府与英方进行严正交涉，英方则对这个违章建筑自有一套说辞，双方打起了口水仗。上海道台冯焌光于是采取手段阻挠修路，英国驻华公使遂派代表梅辉立赴沪解决此事。1876 年 4 月，梅辉立途经天津时特地拜访了李鸿章，希望这位明白大局之人能有解决之道。

李鸿章认为，吴淞是中国地界，英人兴筑铁路而不告知中国官员，实为有心欺蔑，不过洋商既已兴工，势难中止，何不由中国照原价买回，另招华商股份承办？如此则洋商资本不致无着，而中国自主之权亦无所损，似是两全之法。不过，总理衙门并未采纳李鸿章的意见，称“开筑铁路，为中国未有之事，而为洋人久蓄之谋”，应严行禁止。

英方代表与上海道台谈不拢，后者愤而采取封锁政策，却挡不住人家修路的步伐。1876 年 6 月 30 日，吴淞铁路上海至江湾段正式开通运营，铁路公司大肆举办庆祝活动。据《申报》报道，当天铁路公司发帖请本埠领事眷属以及各巨商试坐，次日请有头面的中国人乘坐。其中外国人请帖仅 150 副，中国人请帖多达 1000 副，可见铁路公司瞄准的目标客户群是中国人。

这条铁路 7 月初投入运营后，每日往返六次，高昂的票价挡不住中国人的尝鲜之心，就连城内终年不出门外半步者，也会携眷一游。车站旁原是冷寂之处，现在人来车往络绎不绝，竟变为热闹之区。

吴淞铁路红红火火，清政府气哼哼，却无可奈何。眼看着“妖物”得意扬扬地在大清国土上横行，一路吐黑烟鸣汽笛，清政府就主权问题跟铁路公司交涉数次，可是人家爱理不理的。8 月 3 日，火车撞死一个中国人，这下可让清政府抓到把柄了。据英籍司机戴维称，那天他看到前方铁轨上有行人，就鸣笛警告，那个人一度下了铁轨，不料在火车即将通过时，突然又上了铁轨，被来不及刹车的火车轧死了。这看起来很像是一起自杀事件，更怪的是居然无法查证死者的身份，难怪英方怀疑此人受雇于清政府。

清政府才不管英国人怎么想，一口咬定这是一起谋杀案，应将肇事司机交由中国审判，一命偿一命。英国人哪肯把戴维交给清政府，坚持享有领事裁判权，宣判这只是一起交通事故，死者应承担全部责任，火车司机无罪释放。上海道台一边照会英国领事，命令吴淞铁路公司即刻停工；一边下令清军开进铁路沿线，责令英商立即停运并停止修路。中国人曾在机车后部系上绳子，冀图拉住火车不让行驶，后来实在斗不过机器动力，不得不松手。

当时李鸿章正在烟台与英国驻华公使就“马嘉理事件”进行谈判，梅辉立又跑去找他，威胁说威妥玛公使深怪上海道台蛮霸行事，已调两艘军舰由大连湾星夜赴沪，兵端将开，此间和议亦不能成。李鸿章不受英方胁迫，拒绝将吴淞铁路列入《烟台条约》的谈判范畴，最终议定双方派员到上海会商。9 月 14 日，李鸿章上奏朝廷说，为了保中英和局，拟派朱其诏、盛宣怀去跟英方商洽，谈判应以双赢为原则，即“保我中国自主之权，期于中国有益，而洋商亦不致受损”。

当时国内外舆论对清政府比较有利，就连英国国内也出现同情中国的声音。《泰晤士报》发文谴责本国人在上海修建铁路违反了国际公法，伦敦的人道主义社团也对怡和洋行在沪之举不以为然。上海某英文杂志质疑道：“在上海，怡和洋行是否比中国政府更有权力？”

谈判初期，英方虽然同意把吴淞铁路卖给清政府，但要求仍交怡和洋行承办数年，遭拒后就开出 37 万两白银的高价。中方查阅工程明细账后，只同意付 29 万两，而英方死守 30 万两的底线，谈判一时陷入僵局。后来盛宣怀以“折旧”为由砍价 1.5 万两，最终以 28.5 万两白银买断吴淞铁路，限一年内分三期付清，款未付清之前仍由英商经营，只准载客不许运货。12 月 1 日，全长 14.5 公里的吴淞铁路全线竣工通车，英商随即全线投入运营，直到清政府还清欠款正式收回。

花巨资买回一条现成的铁路，照常理来说，当然是让它赚钱，起码要把本钱捞回来。在洋商眼里，铁路是一个财源滚滚的财神爷，可是清政府视之为洪水猛兽，横竖看不顺眼。曾有百名华商禀请代为经营吴淞铁路，两江总督沈葆桢一概回绝，一收回铁路，一声令下就拆毁了。沈葆桢的理由是：“铁路虽中国必兴之业，然断不可使后人借口曰：是沈某任两江所创也。”李鸿章在给郭嵩焘的信中不满地说，沈葆桢“识见不广，又甚偏愎，吴淞铁路拆送台湾，已成废物，不受谏阻，徒邀取时俗称誉”。

郭嵩焘是中国首位驻外公使，以前在京师曾跟宝鋆说过，方今识洋务者仅三人，李鸿章“能见其大”，丁日昌“能致其精”，沈葆桢“稍能尽其实”。然而，即使是像沈葆桢这样的洋务干将，也会做出这种没有远见的蠢举，让人笑掉大牙。郭嵩焘悲观地认为，这可能是一个征兆，意味着“中国永无振兴之望”。

从北京发往伦敦的英国外交报告称，沈葆桢有着犟驴般的自大，是在耍小孩脾气。这件事让郭嵩焘的继任者曾纪泽在洋人面前抬不起头，他在日记中抱怨说：“西国有心人无不窃笑，乃至妇人孺子时时于茶会酒筵间推问其故，余赧然无以应之，托词支吾而已。”

吴淞铁路的器材运到台湾后，因丁日昌奏请修建的台湾铁路终成泡影，以致这些器材放在海滩无人过问。三四年后，枕木逐渐被白蚁蛀空，机件和路轨生了一层铁锈，车厢也在朽烂。台湾铁路修建不成，主要障碍是经费短缺。曾有台湾绅士自愿捐银 50 万两作为筑路经费，谁知被清廷挪去赈灾，没钱就没法办事。一向支持丁日昌修路的李鸿章很焦急，亲自出马为台湾铁路筹资，曾向英国银行商洽贷款，终因利息太高作罢。丁日昌因病重离台，1878 年又被免去福建巡抚一职，修路计划彻底泡汤。

李鸿章如此热衷于修铁路，主要出于国防安全的考虑。进入 19 世纪 70 年代，大清边疆危机四伏，俄国窥伺西北，英国垂涎滇蜀，日本觊觎东南，李鸿章忧心不已。1874 年，李鸿章在《筹议海防折》中献策说："军情瞬息变更，倘如西国办法有电线通报，径达各处海边，可以一刻千里，有内地火车铁路，屯兵于旁，闻警驰援，可以一日千数百里，则统帅尚不至于误事。"然而，对于他的大声疾呼，廷臣会议皆不置可否，同为洋务重臣的文祥也只是"目笑存之"。

李鸿章不是一个轻言放弃的人。1875 年进京参加同治帝的葬礼时，他趁机向洋务派中央领袖奕䜣力陈修铁路的益处，并请试造江苏清江浦至北京一线，以便南北转运。奕䜣知道这件事阻力太大，以"无人敢主持"搪塞。李鸿章不死心，让奕䜣找机会向两宫太后建言，可是奕䜣一口掐灭他最后的希望，说"两宫亦不能定此大计"。连最高统治者都不敢触犯众怒提这件事，李鸿章很绝望。郭嵩焘 1876 年出使英国后，曾写了四封信劝李鸿章奏请修铁路。李鸿章在给这位友人的信里赌气似的说，自己"从此遂绝口不谈矣"。

赌气归赌气，事情还是要做的。1877 年，福建巡抚丁日昌以"防外安内"为由奏请在台修铁路，事先参与策划的李鸿章自然力挺，而一向支持李鸿章洋务事业的奕䜣也站出来说话，总理衙门又特别强调"台湾海岛孤悬，迥非内地可比"，这才减少了来自顽固派的阻力，最终促使朝廷批准了在台修铁路的建议。中国人修建铁路的禁区终于被突破了，这本来是一个很大的进展，谁知因为没有真金白银而功亏一篑。

李鸿章的视野当然不满足于台湾一隅，他的脑海里有张全国铁路网，但他不能贸然提出，只能等待时机。1880 年 11 月 22 日，应诏入京的刘铭传抵津，在李鸿章处盘桓六日，而后肩负使命起程。在短暂的相聚时日里，这对老战友除了交换对伊犁备战形势的看法外，还筹划了一件重要的事情。李鸿章找来几个机要幕僚，帮刘铭传起草了《筹造铁路以图自强折》，几经润色后，于 12 月 3 日上呈朝廷。此折建议修南北铁路各两条，南路一由清江经山东至京师，一由汉口经河南至京师，北路则由京师东通盛京、西通甘肃。《申报》评论说，此议“如果准行，则中国之利赖无穷矣”。

时间进入19世纪80年代，中国有识之士意识到，发展交通和通信将是进一步深化改革的重中之重。刘铭传的折子呈递朝廷之后，李鸿章在给清流派健将张佩纶的信中说：“此乃鄙意所欲言而久未敢言，幸于吾党发其端。”李鸿章还说他会力挺刘铭传，不至于“负国负友兼负平生”。当然，明眼人看出刘铭传只不过是李鸿章的代言人。这是李鸿章一贯的做法。在一些比较重大的事情上，李鸿章善于通过集团政治的运作，形成一呼百应的局面，让朝廷在决策时不得不考虑大多数属吏的意见。

刘铭传蛰居数年后献给朝廷的这份见面礼，引发了洋务派与顽固派的第一次铁路大论战。顽固派说，修铁路会使沿途乡镇繁华起来，刺激列强侵略内地的野心。李鸿章反驳道：“洋人之要挟与否，视我国势之强弱。我苟能自强，而使民物殷阜，洋人愈不敢肆其要求；我不能自强，则虽民物萧条，洋人亦必隐图其狡逞。”顽固派又说，铁路与官道并行，会让车马行人感到不便，容易起争端。李鸿章介绍了两种解决办法：一是搭旱桥，类似于今天的立交桥；二是设铁路防护栅栏，火车将至则闭栅，以保护行人安全。这些做法我们今天习以为常，当时很多人却是闻所未闻。

当然，顽固派的反驳理由还有很多，比如通政使司参议刘锡鸿一口气就提出修铁路“不可行者八，无利者八，有害者九”。此人可不是井底之蛙，前几年出使过欧洲，说出来的话自然更有说服力，赢得一片喝彩声。比如他说，若铁路畅通，中国险要尽失，外敌即可长驱直入；他还说，修铁路会破坏风水，会导致白银外流，会冲击社会结构……诸如此类带有几分危言耸听色彩的话，自然吓得清政府把脑袋缩了回去。

在这场唇枪舌剑中，刘铭传、李鸿章被扣上“用夷变夏”的大帽子，压得他们喘不过气来。有人说他们意欲“破坏列祖列宗之成法以乱天下”，把他们说成是乱臣贼子；有人说，“观该二臣筹划措置之迹，似为外国谋，非为我朝谋也”，潜台词是他们是汉奸。刘铭传一见事不可为，便打道回府，李鸿章一时孤立无援。

密切关注这场论战的美国驻华公使，1881 年初在给美国国务院的报告中预言顽固派会获胜。果不其然，1881 年 2 月 14 日，清廷一锤定音：铁路断不宜开，刘铭传所奏，着毋庸议。中国的近代化进程再次受阻，李鸿章绝望地捶胸顿足：“今各国一变再变而蒸蒸日上，独中土以守法为兢兢，即败亡灭绝而不悔。天耶？人耶？恶得而知其故耶？”

延续数千年的封建传统，曾经创造了一个世界首富的帝国，如今却成为这个帝国贫弱不堪的罪魁祸首。那些不合时宜的传统观念，成为中国近代化转型的沉重负担。值此内忧外患的乱世之秋，如果没有大刀阔斧的改革，光靠小打小闹扑腾几下，是无法拯救即将崩溃的帝国的。虽然李鸿章一再呼吁“我朝处数千年未有之奇局，自应建数千年未有之奇业”，但清廷终究没有那个胆量给自己动大手术，也没有那个气魄去建丰功伟业，只求能守住江山就阿弥陀佛。

失望归失望，李鸿章还是要做好力所能及的事。1878 年 7 月，由轮船招商局投资创办的开平矿务局正式成立。有了中国近代第一家大型煤矿开采企业，接下来要解决的自然是煤炭运输问题。“要想富，先修路”绝对有道理，李鸿章 1879 年奏请修建一条便于运煤的铁路，但遭到顽固派强烈反对，理由是火车的动静太大，不但会损伤地脉，还会惊扰附近的皇陵。李鸿章只好改修运河，可是有一段路修不了河，于是再次奏请修路。为避免朝廷非议，李鸿章声明修的是用骡马来拉的“快车马路”。不过，李鸿章在自己的辖区搞起了小动作，这条“马路”完全是按铁路的标准来修的。

1881 年 6 月 9 日，唐山至胥各庄的唐胥铁路开始铺轨。这一天是“铁路机车之父”乔治·史蒂芬森的百岁诞辰，李鸿章可谓用心良苦。李鸿章相信，只要铁轨在就有希望，只要火车在走，哪怕它是被骡马拉着走，那也是在前进。三个月后，全长 9.7 公里的唐胥铁路竣工，开始试运行。11 月 8 日正式通车。

此后有一段时间，这条铁路上演着滑稽的一幕：车把式们坐在火车车皮上，吆喝毛驴拖着车皮在枕木间前行。据说当时铁路沿线聚集不少乡民，跟着驴拉的火车捡驴粪。这个畸形怪胎，总算让百姓捡了一点便宜，虽然得捏着鼻子。

突然有一天，乡民捡不到驴粪了，因为毛驴变成“铁驴”了。那头“铁驴”是一位英籍工程师利用废旧物资制成的火车头，虽然很粗糙，却有个洋气的名字——“中国火箭号”，以向史蒂芬森1829年设计的著名蒸汽机车“火箭”号致敬。不过，参与制造这台机车的中国工匠不太喜欢这个洋名。他们在车头两侧各镶嵌一条金属刻制的龙，还起了一个极富中国味道的名字——“龙号机车”。

“龙号机车”欢腾没多久，就被清廷叫停了。轰隆隆的火车声终于被人传进京城，言官连奏弹劾，说“机车直驶，震动东陵，且喷出黑烟，有伤禾稼”。事实上，清东陵远在百里之外，所谓惊扰皇陵，只不过是用来打压洋务派的一顶大帽子。所幸唐胥铁路的效益摆在那里，当时正在组建的北洋舰队需要吃粮草，急需开平矿务局的煤作为燃料，而“驴拉火车”的速度会让舰艇饿死。对风雨飘摇的清政府来说，军事建设是定海神针，绝对压倒一切，就只好允许“铁驴”继续撒欢了。

1888年唐胥铁路延修至天津，李鸿章（车上前排左四）在唐山站主持通车仪式并乘花车巡视

唐胥铁路是中国自主修建的第一条铁路，李鸿章要用它来播种。这条铁路通车后，美国驻天津领事就预言它“在不远的将来，会成为中国建设一个庞大铁路系统的核心”。直隶总督李鸿章确实雄心勃勃，而时势也恰好成就了他。中法战争后，清廷开始正视铁路的军事用途，由 1885 年成立的海军衙门兼管铁路事务。李鸿章得以跻身会办一职，终于可以放开手脚大干，很快就于 1886 年成立开平铁路公司，后将它升级为中国铁路公司。

李鸿章就像一只勤勉的蜘蛛，在唐胥铁路的基础上不断向外织网，延伸修建了唐芦铁路、唐津铁路、津榆铁路等。在李鸿章及其继任者的努力下，唐胥铁路一路延伸至天津、山海关、北京等地。一颗小小的种子，在有志者的辛勤耕耘下，终于遍地开花。

当年因上书修路备受攻击的刘铭传，在中法战争期间应诏出山，立下战功后被委任台湾首任巡抚，实现了从武官转文官的夙愿。1887 年，刘铭传拾起丁日昌未竟的事业，向朝廷奏请在台修建铁路。朝廷就让海军衙门审议，会办大臣李鸿章自然鼎力相助，台湾筑路计划顺利通过审批。台湾首条铁路以台北为中心，向东到基隆港，向西南到新竹。铁路修到基隆时，遇到一个硬骨头工程——挖狮球岭隧道，但刘铭传硬是把它啃下来了。因此，这条清朝仅有的铁路隧道被冠名为“刘铭传隧道”。

不管是李鸿章还是刘铭传，修铁路的过程中总是绕不开一个难题：经费从何处筹集？台湾铁路本拟向商人集资 100 万两，后因商人觉得投资风险不小，刘铭传仅筹到现银 30 余万两，只好改商办为官办。台湾铁路分段兴筑，采用边建边营业的方针，每一通车则男红女绿满载其中，每逢新茶上市则装运者络绎如梭。

那个时候的火车，在当时人眼中是迅疾如飞，在今天看来则慢如蜗牛。据说开往桃园的火车爬坡时，乘客要是内急的话，可以跳下车在路边小便，然后紧走两步又能赶上。坐车不误小便，小便不误坐车，这火车真是够慢的。

不管怎样，修铁路的禁区总算被突破了，很多人再也不会“闻铁路则掩耳”。至于经费问题，李鸿章并不反对借洋债修路，但他绝对不允许洋人侵夺铁路主权，贷款时也不得附加任何有损中国主权的条件。李鸿章想独立自主地搞经济建设，引进外资是迫不得已之举，所以要利用它而不能被它所利用。李鸿章认为安全的做法是，让它仅限于商业交易，绝对不涉及政治。当然，在那个时代，要实现这个理想很难。

南有刘铭传，北有李鸿章，淮系集团一南一北遥相呼应，中国的铁路建设一时颇有起色。然而，好景不长，一场大论战又席卷而来。这场风暴的起因是，李鸿章想把铁路修到天子脚下，这触动了顽固派的承受底线。1888 年，唐津铁路建成通车后，为了京津之间交通便利，李鸿章奏请延修至北京通州。顽固派群起而攻之，指责李鸿章是在误国，津通铁路一修则京师门户洞开，敌人兵车即刻直捣黄龙。“资敌”是一宗大罪，此外，“扰民”也不是小罪。顽固派说，修铁路要毁坟拆屋，还会夺民生计，民何以堪？跟七八年前那场论战相比，顽固派基本上是老调重弹，而洋务派现在可以用事实说话，驳得顽固派几乎难以招架。

不过，事关重大，而洋务派和顽固派各执一词，清廷一时难以抉择。顾虑重重之下，清廷最终听从两广总督张之洞的建议，缓修津通铁路，先修卢沟桥至汉口的卢汉铁路。吊诡的是，通州、卢沟桥同为京师近畿，张之洞却没被人骂作汉奸，而且随即被调任湖广总督，主持修建卢汉铁路。李鸿章当然有些不服气，也不看好卢汉铁路，认为张之洞大言无实，恐难交卷。他在给海军衙门总理大臣奕譞的信中说：“鸿章生平不解空言高论，只知以实心办实事。”

李鸿章没有时间去伤时感事，所能做的就是利用一切可能的机会，想办法去改变现实。1888 年，大清的当家人慈禧太后，收到李鸿章进献的一件小玩意儿。这件玩意儿说小不小，说大不大，是一条长仅一里余的铁路。

两年前，慈禧太后宣布次年由光绪帝亲政，自己要退居西苑（今中南海）、清漪园（今颐和园）颐养天年。于是，扩建西苑三海、重建清漪园的重任，就落在海军衙门总理大臣奕譞的头上。如果慈禧太后有了安乐窝，自然懒得再出来干政，光绪帝也就能摆脱傀儡之名，他的生父奕譞当然乐颠颠地铺张修园。李鸿章趁势搭上顺风车，提议在西苑修建一条小铁路，让太后尝一下

张之洞

坐火车的滋味，以减少日后修路的阻力。

西苑铁路全长约三里，其中先期修建的紫光阁路段，完工于1888年12月8日。当时朝臣正在为津通铁路吵得不可开交，李鸿章就把从法国购来的火车运进西苑，让慈禧太后过了一把瘾。慈禧专列当然制作精工、陈设华美，六节车厢连同机车、铁轨，总共才耗银6000两。天下哪有这等好事？原来，法国人听说这是大清皇室的订单，就只收了一点材料费，指望着来一场广告秀。大清帝国最有权势的女人，坐上了法国某厂家生产的豪华专列，这是一次千载难逢的广告营销机会，所以法国人这笔赔本生意还是蛮划算的。

向来不排斥洋玩意儿的慈禧太后，无意间充当了火车的代言人。在皇家重地这条微型铁路上，慈禧晃晃悠悠地转了一大圈。除了司机的屁股对着她这一点让人不快外，她很愉快地发现，这比坐马车和轿子更稳健，也更快捷。不过，因害怕火车的轰鸣声会破坏皇城内苑的风水和气脉，慈禧很快就不让用机车驾驶，改由太监们用绳子拉拽，出行队列颇为壮观。

这幕“人拉火车”的奇观，不禁让人想起数年前的“驴拉火车”。虽然表面上看似没有进步，实际上历史还是在前进的。1889年5月5日，清廷下诏斥责顽固派官僚“偏执成见，不达时务”，肯定了修筑铁路乃是“自强要策”，以后但凡“有益于国，无损于民”“即可毅然兴办，毋庸筑室道谋”。长达二三十年的修铁路之争，终于被这份“中央红头文件”画上休止符。这一年，距离李鸿章向奕䜣倡议修路整整过了14年。这些年间，近邻日本的铁路里程数与英国相比，由相差1000倍迅速缩小至4倍。

慈禧太后

1894年11月，日军攻陷旅顺后，进行了四天三夜的大屠杀。在这场杀人狂欢中，日军还欣喜地发现了6000吨铁轨，全是从欧洲进口的好东西。这些铁轨原本要用来修建关东铁路，而这条铁路原是为了防患日、俄的侵略而未雨绸缪。令人唏嘘的是，路还没修好，雨就来了，而且是一场腥风血雨。这批铁轨成了日本人的战利品，与《马关条约》的巨额赔款一起成了日本经济腾飞的动力。原本用来抗日的战略物资，反而成了日寇口中的肥肉，历史就是这样极具讽刺意味。

关东铁路的主持人李鸿章，当年不知作何感想？挪用筑路经费去给慈禧祝寿的清政府，不知是否悔断肠？或许没有，因为有人为甲午战败埋单。那个替罪羊，就是李鸿章。洋务运动的最大功臣，成了洋务运动失败的最大罪臣。不过，不知悔悟的清政府，最终还是得为自己的行为埋单。洋务派孜孜以求地搞铁路建设，原是图谋强国富民，不料日后清政府竟想夺民路权，最终葬身在“保路风潮”引燃的革命火海中。从这个角度看，历史又是公平的。

海归，忧伤的“海龟”

1902年11月，一条专供清皇室祭陵之用的铁路动工了。前年庚子事变，慈禧太后偕光绪帝仓皇西逃，待李鸿章与十一国列强签订《辛丑条约》后，才晃晃悠悠地回銮。残局由老臣李鸿章收拾好了，承接他衣钵的袁世凯也很能干，慈禧太后得以风风光光地“西狩”归来。最后一段路程，在直隶总督袁世凯的精心安排下，慈禧太后舒舒服服地乘坐专列回京。江山社稷保住了，慈禧太后当然要继续尽孝道，可是去清西陵祭祖路途太遥远，便下令修建一条祭陵专线。

这是一项紧急任务，铁路必须在半年内完工，以免耽误来年清明节的祭陵典礼。负责操办此事的袁世凯，本想交由唐胥铁路总工程师金达来修建，不料引来法国的争夺。相持不下之际，袁世凯干脆不用外国工程师，改由中国工程师担当重任。1902年10月19日，留美海归詹天佑被任命为新易铁路总工程师，负责修建从河北新城高碑店至易县长达40多公里的祭陵专线。詹天佑团队没日没夜地勤思苦干，于1903年2月下旬提前竣工，成本也比交由外国工程师来主持修建低得多。

这条耗银60万两的铁路，慈禧太后只用过一次。1903年4月5日，光绪帝、慈禧太后等人出宫乘火车前往西陵，对这条新铁路十分满意。慈禧太后将自己车厢内所有摆设都赏赐给詹天佑，但他只拿了一个小座钟留作纪念，其余则分给参与筑路的人员。虽然这条路在当时并无经济价值，但它是由中国工程师独立设计并建成的第一条铁路，粉碎了中国人没能力自己修筑铁路的断言。

新易铁路是詹天佑的处女作，为后来承建京张铁路打下了基础。1906年10月24日，京张铁路正在紧张施工期间，总工程师詹天佑抽空给美国“家长”诺思罗普夫人回信。他在信中骄傲地说：“诚然，我很幸运被任命现在的工作。中国已渐觉醒，而且急需铁路，现在全国各地，都在征求中国工程师。中国

京张铁路修成时，詹天佑（车前右三）与同事合影

要用自己的资金修筑中国自己的铁路。好像我成为中国最佳的工程师，因此全体中国人和外国人都密切注视我的工作。如果我失败，不仅是我个人的不幸，也是全体中国工程师和所有中国人的不幸，因为中国工程师将来不会再被人们信赖！”

34年前赴美留学的詹天佑，曾在诺思罗普夫人家寄宿多年，幼小的心灵在异国他乡受到抚爱。1872年8月21日，詹天佑和一群年龄相仿的少年在上海登船，起程前往一个叫“花旗国”的地方。这30个稚气未脱的孩子，在兴冲冲地观看轮船驶出吴淞口时，浑然不知他们已被镌刻在中国历史的画卷上。他们是中国第一批官派留学生，史称“留美幼童”。

这项留学计划出自容闳，而促成此事的功臣，有丁日昌、曾国藩、李鸿章等人。容闳是中国留学事业的先驱，被誉为“中国留学生之父”。这位毕业于耶鲁大学的高才生，家乡是广东香山县南屏村（今珠海市南屏镇），与澳门仅一水之隔。1835年，7岁的容闳没像哥哥那样被送进私塾，而是被父母送去澳门一家西塾读书，他的命运从此迥异于中国传统文人。容闳的父母虽是农民，却能预见搞洋务大有前途，希望儿子将来能出人头地，谋得一个翻译或洋务委员的肥缺。只不过，他们没想到儿子日后会成为朝廷通缉犯。

容闳就读的那家西塾，是由著名传教士郭士立的夫人创办的。那其实是一所女校，校内附设一个男生班，为马礼逊学堂培养预备生。1839 年，这家西塾因故停办，容闳只得辍学回家。次年春夏之交，鸦片战争打得正酣之际，容闳的父亲去世了，留下一个寡妇和四个孩子。家徒四壁，12 岁的容闳不得不像哥哥和姐姐那样，为生计奔波操劳。他每天早出晚归，在本乡及邻镇之间奔走贩卖糖果，每天只能赚到银币二角五分，全部给母亲贴补家用。一进入严冬，店铺不再制作糖果，他只好跟着姐姐在田间干活。

喝过四年洋墨水的容闳，虽被打回农家子弟的原形，但他学的那点英语有时还能派上用场。有一次，姐姐跟村里人说他会英语，有一个农夫就叫他说说看。他忸怩说不出口，姐姐就怂恿说：你试试看嘛，人家说不定有东西赏你呢。那个农夫痛快地许诺说：我生平从未听过洋话，你小子要是会说，我就送你一大捆稻子，让你背都背不动！这个“重赏”让容闳顿时胆大，于是他站在泥水没胫的稻田里背诵 26 个英文字母，把周围农民都惊呆了。表演完毕，他喜出望外地获得数捆稻子，赶紧跑回家叫人来帮忙扛奖品。会说外语能收到如此奇效，这让他始料未及。

1841 年，在澳门打工的容闳重返校园，入读马礼逊学堂。寒窗内书声琅琅，寒窗外硝烟弥漫，在香港割让给英国后，容闳随学校迁港。在同时期的校友中，有一个人也很有名，那就是唐廷枢。唐廷枢也是香山县人，之所以在这所洋学堂读书，也是因为有一位很有远见的父亲。他的父亲唐宝臣曾在布朗校长家当听差，后来主动要求给学校打八年工，条件是让他三个儿子在这里免费读书。这个农民的决定影响了儿子唐廷枢的一生，而李鸿章后来有了唐廷枢的襄助，他的洋务事业更加多姿多彩。

1846 年，彻底改变容闳一生的机会来了。布朗校长要回美国了，问谁愿意随他赴美留学，容闳第一个表示愿意。可是，容闳的母亲很不乐意，经儿子再三请求才勉强同意，却已凄然泪下。除了依依不舍的亲情，当时家长送孩子出洋留学，还要顶住社会舆论压力。今天出洋留学叫镀金，当时叫有辱门楣。堂堂天朝上国的子民，怎能去蛮夷之邦拜洋鬼子为师呢？这是背宗叛祖！在“大逆不道”的大帽子下，很少有人愿意或者敢于出国留学。

穷人顾忌少，背起行囊就走，哪管背后流言蜚语？1847 年 1 月 4 日，容闳、黄胜、黄宽三位中国学子，跟随布朗校长乘帆船远赴美国。他们的同学唐廷枢，碍于家人不同意，错过这次留学机会。与容闳同行的两个伙伴，一个因病于次年秋提前回国，另一个中学毕业后赴苏格兰读大学。1857 年，爱丁堡大学医学博士黄宽回国悬壶济世，成为颇负盛名的外科医生。

就在容闳赴海外求学那一年，比他大五岁的李鸿章金榜题名，似锦的前程唾手可得。24 岁的李鸿章，已经闯完科举考试的所有关卡，成了安徽省有史以来最年轻的翰林。当李鸿章在翰林院里把玩中国旧学时，容闳正在大洋彼岸汲取西方新知。这两个八竿子打不着的人，日后因缘际会，竟然携手完成了一个中华创始之举。

容闳本应在美学习两年即回国，否则求学经费无着。但他不想像黄宽那样为了得到赞助而转赴英国求学，也谢绝了中学校董的资助意愿，不愿接受大学毕业后须当传教士的条件。1850 年，布朗校长为这位穷而不改其志的学子拉来赞助，而容闳很快也考上梦寐以求的耶鲁大学。四年后，很多著名学者赶来参加毕业典礼，主要是为了看一看这个中国学子。一千多个日夜的刻苦学习没有白费，容闳成了首个毕业于美国著名大学的中国留学生，他的画像至今仍挂在耶鲁大学的校园里。

不是官二代，也不是富二代，农民之子容闳抓住机遇，成就了自己。但他不仅仅是为了自己，他要回国去实现脑海中酝酿的留学计划，带领中国走向文明富强。然而，早在耶鲁大学读书期间，清政府的腐败无能就让他怏怏不乐，回国后更是失望透顶。1860 年，他曾跟随美国传教士去天京探访太平天国，还向干王洪仁玕提了一些改革的建议，但这个伪基督教政权同样让他看不到希望。

在那个乱糟糟的时代，这个美国名校毕业的海归，满腔抱负无处施展。容闳起初在广州给美国代理驻华公使当秘书，但这份工作事少薪薄，也结交不到中国达官，实现不了他的夙愿，于是干了三个月就辞职。他随后到香港高等审判厅当译员，本想潜心学习法律，谁知在这块殖民地屡遭外籍律师排挤，不得不黯然离开。1856 年 8 月，他搭船去上海，不久在海关翻译处谋得一职，薪金优厚且工作清闲。几个月后，他不满这个机构贿赂成风，而且受外国人把持，华人无出头之日，就愤然辞职。

容闳在政府部门混不开，就跑去商界谋职。他在洋行打过工，一度还以译书为生，后来成了一名商人。但他念念不忘留学计划，说自己的志向是改造中国，如果总像现在这样为生意忙碌，他的事业终将是水中捞月。幸运的是，当时间进入 19 世纪 60 年代，立志改造中国的人多了起来，一群志同道合者在茫茫人海中越靠越近。

1863 年，容闳终于遇到贵人。经两位友人牵线搭桥，他得到两江总督曾国藩的赏识，被委以赴美购买机器的重任。1865 年完成使命后，他被曾国藩保举为五品候补同知。留美归国十载，这只“海龟”终于熬出头，成为体制内的人。他远涉重洋购回的机器，被安装在李鸿章创办的江南制造总局里，成了中国近代军工业腾飞的翅膀。

容闳

不过，留学计划迟迟未能实现，容闳怅然若失，常向江苏巡抚丁日昌叨唠此事。政府派人出国向洋人学习，这对中国来说是古今未有之事，在当时绝对惊世骇俗。自我标榜天朝上国惯了，“夷夏之辨”的观念在国人心中根深蒂固，以至于有的人见了洋人要以扇遮面，看一眼洋人都觉得丢份儿。什么东西沾上“洋”字，在今天国人是趋之若骛，在当时则避之莫及。

容闳在鸦片战争前就开始学外语，那在当时是一个异数。直到1862年，清政府才开设第一所外国语学校——京师同文馆。第一次鸦片战争的时候，清政府就遇到语言不通的麻烦，只得依靠洋人雇请的翻译，或者自雇略懂外语的华人来沟通。在1845年上海道台与英国驻上海领事议定的《上海土地章程》中，第十二条规定英租界可以“雇募更夫”来维持秩序，而“更夫”在英语文本中用的是“watchman”一词，不仅仅指巡夜打更之人，还可以指警卫。不谙英文的中国官员认可了这一条款，日后上海租界将更夫换成巡捕就有了依据。

第二次鸦片战争签订的不平等条约规定，以后英、法两国送交中国的文件，均用它们本国的文字书写，暂时附送中文副本，若遇有歧义之处，则以它们的文字为准。清朝政府官员无人懂外语，自然被外国翻译官牵着鼻子走，而临时雇请的华人译员也不太可靠。那些在中外政府间往来传话的华人译员，主要是来自广东、浙江一带的商人子弟，或是外国在华义学所培养的贫寒子弟。李鸿章认为这些人心术卑鄙、唯利是图，有时“藉洋人势力播弄挑唆，以遂其私利”，乃至“勾结洋兵为分肥之计”，由这等人经手军国机要，实为“洋务之大害”。

对外交涉时屡受人欺蒙，清政府有了缺乏外语人才的切肤之痛。在奕䜣、文祥等满洲大员的奏请下，清政府批准成立京师同文馆。这是洋务派创办的第一所新式学堂，奕䜣在总理衙门内选了一处院落安置它。故步自封的老迈帝国，终于迈出颤颤巍巍的第一步，羞羞答答地学“夷语”。独霸中国教育界千年的老书桌，总算腾挪出一点空间，让新书桌搬了进来。

新书桌虽然有了一席之地，却发现脚下踩的是一片荒漠，真是举步维艰。首先是师资匮乏问题，当时整个中国能讲一口流利外语的人少得可怜，能教授外语的人更是寥寥无几。奕䜣曾向广东和上海这两个最洋气的地方摊派，要求从懂外语的商人中挑选4名诚实可靠者来京当教习，不料广东称无人可派，而上海虽有人可派，却艺不甚精，且要价过高。奕䜣大失所望，只得延请洋教习。包尔腾、傅兰雅、丁韪良等外国传教士，曾在京师同文馆执教，只是不准在课堂上传教。这是清政府的雷区，学生只准学外国语言文字，不准被外国人洗脑。

洋教习撑起了京师同文馆的门面，可是生源问题又让人愁眉莫展，第一批才招到10名学生。在当时人的观念中，学了外语，便是降了外国。或许是为了避免动静太大，或许是为了与汉人抗衡，由满臣创办的京师同文馆最初只招收八旗子弟。虽然清政府要求八旗各保送二三名资质聪慧的学生，但是有人情可托的学生都不愿入读同文馆，被招进去的大都是没有后门的"倒霉鬼"，或者愚笨而又不用功的学生。同文馆的学生不仅受人鄙视，还会连累家庭，很多亲戚跟他们断绝来往。据说有一女子本是好儿媳，却因弟弟入读同文馆，婆家很瞧不起她，整天受气。

因招生不易，同文馆不得不诱之以利。学生初进馆，每月就可领3两膏火费，随着学习年限的延长不断增加，最多可领到15两银子。这是一笔不少的助学金，当时一个翰林在尚书家做家教，每月束脩最多不过8两银子。同文馆学生的伙食也很好，每顿饭六人一桌，每桌耗银6两，桌上有四大盘、六大碗，夏天还添一个大海碗，冬天则改成火锅，羊肉片、鱼片、肝片、腰片、鸡蛋、冻豆腐等应有尽有，有熟人来还可以留饭。

这些被朝廷捧在手心里的官费生，不用像容闳那样为学费而发愁，也不用为前途而烦恼。《同文馆章程》规定，每年除有月课、季考、岁试之外，每三年由总理衙门考核一次，优等生被授予七、八、九品等官职，劣等生则给予降革或留级处分。虽然有着看似严格的考核制度，但同文馆培养出来的学生并不理想，比如严复留学期间常去中国驻英公使馆，发现同文馆的高才生连日常对话都应付不了。

或许是待遇太过优渥，没有压力就没有动力，京师同文馆的学生大多是在混日子而已。与皇城根下的优哉游哉不同，十里洋场的上海竞争激烈，人们的生存压力很大，有识之士便把充电作为必需品。在京师同文馆招不到学生的时候，上海却掀起一股学习英语的热潮，出现了“大英学堂”“英语班”“英华书馆”等名目纷繁的英语培训机构。这些机构大都由外国人开办，其中有一些是学费昂贵的贵族班，主要招收富商子弟，也有一些比较便宜，比如英语夜校。

京师同文馆师生

当时上海的大街小巷里，到处都能听到孩子们在唱洋泾浜英语歌谣。1862年，有个从浙江定海到上海混生活的14岁少年发现，会说洋泾浜英语的中国人收入比普通人高很多。由于没钱报名参加英语培训班，这名五金店学徒就把每月五角钱的工资全部交给隔壁店铺的伙计，每天晚上跟他学一小时英语。这个勤勉的少年还自学珠算、记账等知识，三年后就被提拔为总账房和营业主任，再后来被店主聘为经理。这个有心人叫朱葆三，后来自己创业成为上海富商，曾参与创办盛宣怀奏请开设的中国通商银行。

看到京师有了教育改革的动静，江苏巡抚李鸿章很快跟进，于1863年3月奏请添设上海同文馆。不过，李鸿章不想把它办成八旗子弟学校，也不想办成纯粹的语言学校。他要招收上海及其周边14岁以下“资禀颖悟、根器端静之文童”，在中西教习的悉心教导下，三五年后培养成精通外语的读书明理之人，尽阅洋人所著的科技书籍，通晓洋人制造坚船利炮的巧技，为中国的自强梦助力。这一理想在他给学馆题写的楹联里展露无遗：“声教遍东西，六寓同文宣雅化；诵弦宜春秋，四方专对裕通才。”1867年，上海同文馆改称上海广方言馆，两年后并入江南制造总局，与翻译馆在同一栋楼里办公。

李鸿章是个看得很远的人，知道建一两所新式学堂只是杯水车薪，要想改变整个国家的观念，就得改革科举制度。1864 年，他就向总理衙门建言在科举取士时，增设一科录取科技人才。考试是个指挥棒，考什么就学什么，这样原本不登大雅之堂的理科，就有望吸引很多学子去攻读，整个国家的人才结构就得以改善。也就是说，科举制度一变，整个局面就会随之而变。当然，李鸿章这个建议太超前，被总理衙门束之高阁，没有上报慈禧太后。

虽然李鸿章看得很明白，但当时整个士大夫阶层还昏昏沉沉，只有少数几个早醒的人在那儿着急。1866 年年底至 1867 年年初，奕䜣见京师同文馆开办数年成效甚微，连连奏请在馆内添设天文算学馆，招生对象扩大为贡生、举人、进士出身之五品以下京外各官，以及翰林院编修、检讨、庶吉士等官。这下可捅了马蜂窝，顽固派大臣群起攻之。京师同文馆本来只招不成器的八旗子弟，如今竟然把手伸进体制内挖人，让科举正途出身之人拜洋人为师，这不是在羞辱中国儒林吗？

在一片反对声中，以帝师倭仁的话最铿锵有力。这位理学泰斗、文渊阁大学士在奏折中说："立国之道，尚礼义不尚权谋；根本之图，在人心不在技艺。"倭仁认为天文、算学只是雕虫小技，培养出来的不过是术数之士，根本振兴不了中国。倭仁尤以师法夷人为耻，认为夷人诡谲，未必肯传其精巧，而中国之大，不患无才，何必师事夷人。

与一些为博取虚誉的投机分子不同，倭仁是个真诚的反对派，发自内心认为这样做不行。奕䜣则认为不这样做不行，说"天下之耻，莫耻于不若人"，你既然有更好的强国良策，那就赶紧告诉我们，我们定当追随你竭力效劳，如果你仅空谈礼义而想制服洋人，那我们实在不敢相信。双方你争我吵，闹得不可开交。倭仁说过中国必有精通天文、算学之人，这句信口开河的话被奕䜣抓住不放，让他赶紧保荐这样的人来授课。这明显是在刁难倭仁，而慈禧太后竟也颇为默契地顺水推舟，弄得倭仁窘迫不堪，只好老实承认无人可荐。

慈禧太后是一个比较务实的人。身为女人，她在那个年代没有正式上过学，脑子里也就没有那么多传统的教育观念，觉得哪个东西好用就用哪个。执掌朝政六年，她深知中国不变革不行。善于制衡之术的她，一方面同意奕䜣在同文馆内添设天文算学馆，另一方面又委任倭仁为总理衙门大臣。倭仁郁闷死了，哪肯与洋务派为伍，称病拒不赴任。

不过，顽固派的反击还是起到了很大的阻吓效果。天文算学馆开始招生时，有翰林对人说："你如赴考，便非我辈，将与你绝交。"湖南、湖北的京官还发通知说，凡有同乡报考，就与之绝交。起初有98人报考，后来有26人打退堂鼓，而应试者大都是冲着同文馆的优厚待遇来的，素质并不是很高。同文馆从72名应试者中录取30人，但第二年就有20人被淘汰，最后仅有5人能毕业。

难得的是，翰林出身的李鸿章，思想一点都不陈腐，只不过他深知传统儒家社会变革之难，所以在思想争论面前往往藏起高大的身躯，尽量保存自己的实力。当西学与中学发生大的争议，洋务派与顽固派吵得一塌糊涂时，他往往只是局部介入。不过，他跟慈禧太后一样是个务实的人，其实私底下已在做一场静悄悄的革命。李鸿章明哲保身，但又是个实干家。他比朝廷中枢集团那些开明官僚更明智，也是洋务派当中最明了时势之人，所以他后来越走越远。

1871年，李鸿章与曾国藩联手做了一件漂亮的事。当时曾、李师生二人，一个是两江总督兼南洋大臣，一个是直隶总督兼北洋大臣，为疆臣当中最有权势之人。上年曾国藩六十大寿，朝廷派人送来寿礼，曾国藩在上谢恩折的同时，还"顺便"附片密奏一个大胆的构想——让刑部主事陈兰彬和江苏候补同知容闳携带聪颖子弟赴泰西各国留学。这个构想来源于容闳的留学计划，经丁日昌屡次进言后，终于得到曾国藩的支持，也引起李鸿章的兴趣。

洋务运动是从军事近代化开始的，先是从国外引进洋枪洋炮，然后又引进制造坚船利炮的机器，接下来就遇到新型人才匮乏的问题。李鸿章早就说过要"师其法而不必尽用其人"，中国要培养自己的人才，可是"十年树木，百年树人"，尤其是在千年科举造成的荒漠中树人，更是难以立竿见影。因此，赴西天取经不失为一条捷径。容闳的建议引来有识之士的赞同，于是在曾国藩领衔上书的密片中，李鸿章、丁日昌、毛昶熙三位大臣也署名其后。

1871年8月18日，曾国藩、李鸿章联衔上呈《拟选聪颖子弟赴泰西各国肄业折》。此前征得朝廷的同意后，他们已经在让陈兰彬、容闳等人筹办此事，并且及时跟总理衙门沟通。经多方努力，留美幼童计划日渐成熟，最终决定每年从各省选派 30 名幼童赴美留学，四年共计选派 120 人，让他们学习 15 年后，按年分批回国，听候朝廷差遣。这些留美幼童是中国首批官费留学生，不准加入外国籍，不准私自在外国逗留或提前回国，也不准另谋他业。

在做这件开天辟地的大事时，清廷不得不胆大心细，先将曾国藩和李鸿章的奏折交总理衙门复议，后由总理衙门与曾、李商议并修订奏稿，最后再呈送同治帝和两宫太后审批。1871 年 9 月 9 日，总理衙门接到通知："依议，钦此。"这简短的四个字，背后浓缩了多少争议，只有当事人知晓。就在几年前，朝臣还在为了同文馆争吵得口沫横飞，如今清廷居然允许远赴"蛮夷之邦"学习，不可谓不是大跃进。

容闳萦绕于心十余年的留学计划，就这样一锤定音。1870 年天津教案的发生，加快了容闳圆梦的速度。这起因谣言引发的排外事件，像是 30 年后庚子事变的预演，只不过规模比义和团的疯狂排外小得多。当时容闳被招到天津，给处理此案的丁日昌当翻译，于是趁机请他向权臣曾国藩重提留学计划。半夜听说曾国藩将和三位大臣联衔入奏时，容闳整晚像夜鹰睁着双眼，兴奋得不能入睡，身体飘飘然如凌步云端。

容闳兴奋归兴奋，烦心事还是有的。跟同文馆的遭遇一样，传统观念是一堵巨墙，留美幼童的招生非常困难。虽然政府包学费包分配，但还是招不来人，一些地方官不得不挨家挨户劝说，并许给穷苦人家更多好处。有些家庭本来已经报名，但一听说洋人会把他们的儿子剥皮，然后披上狗皮到处展览赚钱，马上就反悔了。眼看第一批留美幼童的招生任务完不成，容闳焦虑不已，亲自跑去香港招生。

在 120 名留美幼童中，有 80 多人来自广东，其余则来自江苏、浙江、安徽、福建和山东。这些敢吃螃蟹的孩子，无一是八旗子弟或汉族高官子弟，有相当一部分人的父亲在从事跟洋务有关的职业。这些孩子是经过严格甄选的，必须符合"身家清白、品貌端正、禀赋厚实、资质明敏"的基本条件，凡身体孱弱或有残疾者概不招收。此外，这些孩子的品行也是经过检验的。曾国藩、李鸿章等人规定，出国前在上海预备学校读书时，就要将最暴戾、最鄙小、最愚钝的人斥除，以防害群之马无事生非，或因根器太次不堪造就。大清还是很在乎国家形象的，不仅要求这些官费生不得有碍观瞻，就连名字也要温文尔雅，粗鄙者须责令家长改名。纵观留美幼童的名单，仿佛个个出自书香门第。

这群承载着大清强国梦的孩子，一离家就是15年，回来时年富力强，正当报效祖国的大好年华。清政府的算盘打得很精，却苦了父母心。留美幼童的监护人须与清政府签订生死状，内有“倘有疾病生死，各安天命”的字眼，怎能不让人触目惊心呢？第二批留美幼童李恩富在回忆录中重现当年与母亲告别的场面：“我没有拥抱她，也没有亲吻她。噢，这在中国传统礼仪中可不是体面的做法。我所做的就是向我的母亲磕了四个头。她想装出很高兴的样子，但我能看见泪水在她眼睛中转。她只是给了我一些零花钱，嘱咐我做个好孩子，经常给家里写信……”

1872年第一批留美幼童合影

横渡三万二千里的大洋，晕船的孩子们呕吐大作，风浪一起，船舰里便响起一片啼哭声。不过，孩子们的适应能力很强，十几天后就在船上嬉戏自得。这群代表大清形象的孩子，上岸之前都换上崭新的锦衣绣裳，引来旧金山街头观者如云。如果说他们此前对未知世界充满惶恐的话，那么到达美国后，新奇感则占据了心灵的大部分空间。李恩富回忆说："我从没见过有那么高的摩天大楼……这里有煤气，有自来水，有电铃，还有一种'升降梯'，所有这一切极大地满足了我们到一个新地方的好奇。"他们还坐上了火车，途经美国西部时，李恩富那批孩子还遇到火车劫匪，第一次听说可以通过电报迅速求援。

孩子们火车之旅的目的地，是美国东北部康涅狄格河畔的斯普林菲尔德（Springfield）小镇，清朝人文雅地称之为"春田"。这个小镇位于新英格兰地区，而该地区拥有全美国最好的教育资源，汇聚着耶鲁大学、哈佛大学、麻省理工学院等著名高校。孩子们被分散到沿康涅狄格河谷居住的美国人家中，一来朴素的乡土人情有助于他们排除干扰用功读书，二来他们稚嫩的心灵在异国他乡得以享受家庭的温暖。这听起来很人性化，不是吗？这个主意来自容闳，他事先征求过耶鲁大学校长的意见。

1876 年，在美国费城举办的世界博览会上，中国代表团成员李圭见到留美幼童的身影。这些孩子的英语作文和试卷，被康涅狄格州教育局骄傲地送上展台。教育展品评判机构的领导是一位英国爵士，他为这些孩子颁奖，表彰他们在各方面的优异表现。孩子们兴致勃勃地

李恩富与第二任妻子和孩子合影

在展会上游览，李圭在回国后出版的《环游地球新录》一书中记述道，他们“于千万人中言动自如，无畏怯态。装束若西人，而外罩短褂，仍近华式”“举止有外洋风派”。李圭问他们怎么穿起洋装，有孩子答道：“不改装有时不方便。我们的规矩，只有不剪发辫、不入教堂两件事。”

当然，约束留美幼童的规矩不止这两个，最令他们厌烦的是每七天要接受《圣谕广训》的宣讲，每个暑假还得集中学习中文课程。尤其是第四任监督吴子登来了以后，孩子们被更多规矩捆住手脚，比如不许再学美国地理、钢琴演奏、英诗写作等课程，假期不得出去旅行，每月须做30页的中文功课……坐落于康涅狄格州首府哈特福德的中国留学事务局大楼，给孩子们留下管教与处罚的黑暗记忆，因此被称为“地狱之屋”。

“地狱之屋”的管家吴子登，在国内可不是顽固派，而是通晓洋文和数学的洋务派。这位翰林公曾在广州同文馆任过教，又担任过中国驻西班牙、秘鲁参赞，也算是个开风气之先的人物，谁知一接手留学事务局就开始整肃。从小接受三纲五常教育的吴子登，吃惊地发现这些喝过洋墨水的孩子，竟敢大胆地直视他，敢于直言自己的想法，对他的话也不唯命是从。吴子登不断地向李鸿章打小报告，说留美幼童读书时少而游戏时多，且很多人加入基督教和秘密社团。他说，此等学生若久居美国，必全失爱国之心，他日纵能学成回国，非特无益于国家，亦且有害于社会；若早一日撤回国，则国家早获一日之福。

当李鸿章来信质问副监督容闳时，容闳回复说这纯属捕风捉影，乃是吴子登造谣生事、耸人听闻。容闳认为，清朝官僚久处专制压力之下，习惯于服从上级，没有丝毫自由的精神和活泼的思想，而中国留学生受到美国新式教育的熏陶，又经常与美国人交往，过去性灵上所受重压一旦排空飞去，言论、思想自然与旧式教育格格不入，吴子登之徒自然看不顺眼。这是中西文明冲突的一种表现。

随着冲突的加剧，留学事务局日陷险境，容闳无力回天。这位对中国官场游戏规则知之甚少的海归，不太会应付同僚的明枪暗箭。留学事务局十年间换过四任监督，而容闳始终没有被扶正。当初丁日昌推荐陈兰彬为首任监督时，就对容闳解释说：你的主张与中国旧学说显然是对着干的，而我们的政府又很守旧，你以个人身当其冲，恐不足以抵抗反对之势力，以至于功败垂成，因此我要利用陈兰彬的翰林资格，争取旧学派的合作，以减少留学计划的阻力。这个经过深思熟虑的安排，让容闳在留学事务局注定只能当二把手。

1881 年春节后，吴子登想带二三十名幼童回国，被李鸿章制止了。但是，李鸿章已经有所动摇。李鸿章在国内遥遥掌握着留美幼童的动向，得到的负面消息比正面的多，因此也很不满意。2 月 20 日，他给时任中国驻美公使的陈兰彬发电报说，留学计划“如真无功效，弗如及早撤局省费”。不过，接到美国前总统格兰特和美国大学校长们的来信后，他又犹豫不决。

格兰特将军 1879 年访华时，曾受到直隶总督李鸿章热情接待。当年留美幼童在费城参观世博会时，时任美国总统的格兰特还接见了他们，与他们一一握手并寒暄数语。当容闳向一位颇有声望的美国牧师求助时，这位牧师就带上好友马克·吐温去纽约面见格兰特。这位大作家当时就住在哈特福德，有留美幼童曾跟他的两个女儿是同学，据说还跟她们跳过舞。马克·吐温毫不犹豫就答应了，毕竟他为格兰特写的传记马上就要出版了。格兰特说他会给老朋友李鸿章写一封信，而马克·吐温很快就收到这封信，然后寄给美国驻华公使馆，再转交给李鸿章。

容闳的牧师朋友还联络美国若干大学校长，请他们联名致函总理衙门。这封出自耶鲁大学校长手笔的信函称：贵国派遣的青年学生，自抵美以来，人人能善用时间以研究学术，因此各门学科的成绩极佳。论及他们的道德，无一人不优美高尚。诸生言行尽善尽美，不愧是大国国民的代表，足以为贵国增光。他们虽然年少，却知道自己的一举一动关系到祖国的荣誉，因此比成人还谨言慎行。他们的行为收到良好的效果，美国少数无知之人对中国人的偏见正在逐渐消失，美国人对中国的感情日趋于欢洽。

美国校长们批评清政府没有正式照会，就突然要将留美学生召回国，此举不仅有损中国国体，也会使美国蒙上恶名。这封信声明，美国各校对中国留学

格兰特与李鸿章合影（1879 年摄）

生绝无歧视之心，经常邀请留学事务局的监督及其代表来校参观，但该局监督要么不亲临，要么连代表也不派。美国校长们对中国人的造谣诬蔑深恶痛绝，否认中国学生在美国未得其益反受其损，要求中国政府派人来实地调查，以免美国名誉受损。

美国校长们惋惜地说，留美幼童的学业正处在至关重要的时期，此前接受的不过是预备教育，很快就要探求学问之精华，就像树木久受灌溉培养，行将开花结果，怎么忍心毁于一旦呢？美国校长们言之殷殷，不过他们对于中美关系的描述，是无法说服清政府的。当时美国国内正掀起排华热潮，中美关系跌至冰点。在留美幼童撤回国的第二年，美国政府就通过了极具种族歧视性质的《排华法案》，直到 2012 年才正式以立法形式致歉，但用的词是“regret”（遗憾）而不是“apology”（道歉）。

当初清政府决定将留学生首先派往美国，是因为有 1868 年签订的《蒲安臣条约》做保障，而且美国总统也同意将来选拔留美幼童进入军校学习；然而当留美幼童该上大学的时候，容闳函请美国国务院允准数名学生入读陆海军学校时，得到的答复却是美国军事院校里没有中国学生的位置。美国政府允许日本学生在美国军校学习，却不肯履行当初对中国政府的承诺，这让李鸿章彻底寒心。

清政府派遣留学生的目的非常明确，那就是要培养国家急需的人才，而不是纯粹的学究。如果国家从牙缝里挤出留学经费来，耗资百万而又得不到所需的人才，李鸿章该如何向朝廷交代呢？尽管李鸿章当时是文华殿大学士，位居汉臣之首，可谓权倾一时，然而一遇到大的争议，他的声音却如同旷野之音，显得苍白无力。千百年来，中国表面上是由皇帝统治，实际上是整个官僚集团在统治。李鸿章的位置很尴尬，他也是这个集团的一员，既要遵守这个集团的规范，又要寻求某种变革，自然束手束脚。

容闳想为中国种一棵苹果树，但李鸿章想要的只是苹果。在顽固派对留美幼童变质的批评沸沸扬扬之时，李鸿章表现得很圆滑：他没有挺身保护容闳，也跟着责备容闳偏重西学，致使学生中学荒疏；但他又不支持贸然中断留学计划，说美国方面皆谓中国学生颇有长进，中途辍学殊属可惜，而且有损美国颜面，无端全撤会使美国政府不满，不如半撤半留，已进入大学的学生继续深造，另外酌留若干聪颖可成才者，其余则逐渐撤回国。

这个看似两全其美的方案，可见李鸿章用心良苦。当时已有 50 多名学生入读大学，再加上酌留若干人，被撤回国的人数就不会太多。这项留学计划已经运行十年，花了李鸿章不少心血，也花了清政府数十万两银子，一旦中止，则一切付诸东流，因此李鸿章不想轻言放弃。不过，国内洋务事业方兴未艾，急需相关领域的人才，李鸿章心想留美幼童已学了一些本事，把一些人撤回国后正可解燃眉之急。5 月 16 日，他命陈兰彬挑选 20 名尚未读大学的学生，让他们到美国电报馆学习两个月，回国后为正在筹建中的津沪电报总局出力。

始料未及的是，总理衙门借题发挥，说李鸿章此举有“不撤而撤之意”。1881 年 6 月 8 日，总理衙门奏请将留美学生全部撤回，当天就获得批准。跟十年前一样，这道圣旨只有简短的四个字："依议，钦此。"只不过，以前这四个字开启了一个梦想，如今却掐灭了这个梦想。文字没变，态度已然变了，火热变成冰冷。

容闳深感痛惜，他认为，如果曾国藩还在世，留学计划当不至于半途而废。曾国藩之死是洋务运动的一大损失，曾国藩很有担当，不像他的门生李鸿章很滑头。当然，李鸿章也一直在推进洋务运动，步伐甚至比曾国藩迈得更大，但他太善于"审时度势"，以一种更加油滑的方式行走江湖。

在容闳眼里，李鸿章的性情、品格远不如曾国藩，为人感情用事，喜怒无常，行事善变，城府极深。留美幼童回国不久后，李鸿章责怪容闳说：你怎么也任由学生归国呢？容闳委屈地说：此事乃由陈兰彬公使奉上谕所为，我以为您和陈兰彬、吴子登都赞成，我能有什么办法呢？李鸿章说：不，我当时甚愿学生仍留美求学，还指望你能阻止此事呢！容闳说：我身居四万五千里外，安能遥度总督大人的心思呢？假如您能写封信告诉我，我自当谨遵意旨，可惜当时并未接到训示呀！李鸿章怒形于色，说他已知此事谁是罪魁祸首。后来吴子登去拜访李鸿章时，李鸿章愤怒地叫他以后不要再来，弄得他狼狈不堪。

《纽约时报》一直在关注留美幼童的去留问题，1881年7月23日发表社论说，中国认为这些学生花的是政府的钱，就应该只学习工程、数学和其他自然科学，对周围的政治和社会影响要无动于衷，然而这种想法是非常荒唐可笑的，"中国不可能只从我们这里引进知识、科学和工业资源模式，而不引进那些带有'病毒'性质的政治上的改革。否则，她将什么也得不到"。

1881年秋，旧金山举行了一场特殊的棒球比赛，对阵的一方是接受过半职业训练的美国"奥克兰队"，另一方则是由詹天佑、梁敦彦等中国留学生组成的"东方人队"。美国球员很傲慢，以为可以轻而易举地击败这些中国人。中国留学生可不这么认为，他们到美国后就开始投入棒球运动，只不过这是他们的最后一场比赛。梁敦彦走上投手的位置，左手持球，身体以一种令人惊奇的方式扭曲，辫子在空中划出很多数学曲线，投出很多令美国击球手不知所措的投球。不可一世的"奥克兰队"被中国投手投出的刁钻曲球球路击败，"东方人队”在美国收获最后一次欢呼声，中国小伙子的精神振奋了一点。

然而，在上海吴淞口码头，没有掌声，没有鲜花，只有不祥的征兆。耶鲁大学肄业生黄开甲在给美国“家长”的信中说：“曾经幻想有热烈的欢迎等着我们，也有熟悉的人潮和祖国伸出的温暖的手臂来拥抱我们。可是天呀！全成泡影。”岸上人潮环绕，却不见一个亲友，只有一个管理信件的人上船接他们，然后雇独轮车拉他们。一路上，这些远游归来的学子，穿行在满是惊异和嘲笑的人群中。有些独轮车没有法租界的通行证，海归们必须自己扛着行李通过，低头躲避周围冷漠的目光，羞愧地走向污秽不堪的华界。

黄开甲等人到达上海道台衙门后，吃了一顿简单的晚餐，然后在一队水兵的押送下进了“看守所”。那个被黄开甲称为“看守所”乃至“监狱”的地方，是一所已经关闭十年之久的学校。那所学校有个书香气息的名字——“求知书院”，不过当地人言之凿凿地说那里常有幽魂出现。躺在由一块木板铺于两条板凳上的“床”上，海归们有一种锥心的受辱感。

失去四天自由后，海归们被带进衙门拜见上海道台。两天后，黄开甲搭一艘英国轮船经香港回到故乡汕头。他的父亲在汕头海关当通译，尚不知阔别九年的儿子已到家门口，因为清国的邮传实在太慢了。在一位英国商人的协助下，黄开甲终于让汕头海关人员弄明白他想找谁，然后把他带到一座深宅大院前。仆人以为他是前来求助的可怜人，居然不让他进家门。因为家乡话已完全生疏，他跟仆人沟通不来，最后只好用手势来比画，但仆人仍旧无动于衷。一切努力均告失败后，他突然放声大叫：“爸！妈！”

或许早已预见这种悲惨的命运，有两名留美幼童坚决不肯回国。那两个叛逆者，一个是来自香港的谭耀勋，一个是容闳的侄子容揆。这两人因加入基督教，1880年被吴子登提前遣送回国，在坐火车途中逃逸，匿居美国。在其他留美幼童的资助下，谭耀勋于1883年完成在耶鲁大学的学业，不料当年秋天就因肺病客死他乡。已被哈佛大学录取的容揆，接受了叔叔容闳偷偷给予的500美元的资助，同时也接受了叔叔的三个条件：一是必须就读于耶鲁大学；二是毕业后必须从事跟中国有关的事务；三是在他经济独立的时候偿还这笔费用。

1881年9月27日，最后一批留美幼童踏上前往旧金山的火车之旅。他们在上衣的纽扣孔里别着黑白相间的装饰，哀悼中国教育计划的凋亡。扣除早年病逝或因故提前被遣送回国的学生，以及私自滞留美国的谭耀勋和容揆之外，共有94名留美幼童分三批回国，其中大部分被李鸿章接收到北洋旗下。这些在上海遭受冷遇的海归，北上后被安排到轮船招商局天津分局的楼里暂住，得到较好的照顾。这些游子打量着两鬓斑白的总督大人李鸿章，心中涌起一股亲近和敬意。

留美幼童只是李鸿章的第一批试验品。1876年春，在李鸿章的安排下，卞长胜、查连标等七人带足三年的笔墨纸砚，赴德国学习军事。那一年夏天，李鸿章在烟台登上英、法、德三国的军舰参观，仔细观察人家的先进装备。让他忧心的是，他发现英国军舰上有日本人在接受训练，下决心要派人去欧洲学海军。他马上召集有关官员，商议派遣海军留学生的计划。在他和南洋大臣沈葆桢的推动下，中国有了一批近代海军人才。在留美幼童被召回的那一年，中国海军的基础建设已大规模展开，他正在酌议北洋水师章程。

南方的海军建设也在进行中，耶鲁大学土木工程系毕业生詹天佑就被分到福州，成为福州船政学堂第八期驾驶班学员。这位在耶鲁选修过铁路专业的高才生，直到1888年才专业对口，可以从事心爱的铁路事业。与詹天佑一同被分配到驾驶班的留美幼童，还有欧阳赓、黄季良、容尚谦等15人。在所有留美幼童当中，唯有詹天佑、欧阳赓二人拿到大学毕业证书，其他人未及毕业就被迫回国。

1884年7月27日，时任福建水师“扬武”号见习军官的黄季良，给在江南制造总局工作的父亲写了一封信：“男自幼生母见背，旋即随侍父亲远客江南，未尝刻离膝下。迨稍长，应选游学，远适异国。近奉上谕，调回中国，旋派来闽，又从军于‘扬武’兵船，不能一日承颜养志，负罪实深……男亦知以身报国不可游移胆畏，但念二十五年罔极之恩未报，于万一有令人呜咽不忍言者，男日来无刻不思亲，想亲思男愈切也。爰将平日绘成之貌，寄呈父亲见之，如男常侍膝前矣。”

不到一个月，中法马江海战爆发，这封信成了诀别信。8 月 23 日，海战仅开始 27 秒，“扬武”号就被法舰击中沉没。容闳的侄子容尚谦看到，黄季良的后背和头发都烧着了，这位老朋友正在拼命灭火，痛苦挣扎一会儿之后，鼓起勇气跳入海中，再也没有露出水面。在 6 名参战的留美幼童中，有 4 人阵亡，除了黄季良没上过大学之外，其余三人均是麻省理工学院肄业生。

十年后，一场更惨烈的战争又改变了一些人的命运。第四批留美幼童之一的沈寿昌，成为甲午海战中首位为国捐躯的海军将领。1894 年 7 月 25 日，丰岛海战打响不久，“济远”舰驾驶台中弹，正在指挥发炮的大副沈寿昌头部被弹片击中，脑浆和鲜血飞迸在管带方伯谦身上。1895 年 2 月 17 日下午，被解除武装的北洋水师练习舰“康济”号经日军允许，装载六具灵柩以及投降的清军官兵，在细雨迷蒙中离开威海卫港，凄然驶往烟台。灵柩中躺着丁汝昌、林泰曾、刘步蟾、沈寿昌、戴宗骞等五名将领，另外一个则是留美幼童黄祖莲，乃广东水师“广丙”舰帮带大副。

一场战争，结束了一个迷梦。李鸿章的强国梦，在炮火中灰飞烟灭。他所培养的留学生，在甲午战争中或死或伤，或是被日军俘虏，或是被朝廷革职，随着帝国的没落受尽屈辱。

海归，终成了出不了头的“海龟”。

第三章

海军蹒跚学步踉跄行

北洋水师明明是一个国家的海军，实际上变成一个地域性的海军，最后又变成李鸿章一个人的海军，这是制度上出了问题。

中国舰队姓“英”不姓“中”

1863年5月6日，贯穿伦敦市区的泰晤士河上，一艘崭新的军舰来回穿梭，技术人员正在进行最后的测试。不久之后，这艘名为“江苏”号的军舰将驶往遥远的东方，连同另外六艘军舰和一艘趸船，组成中国第一支近代海军。

技术人员很快得出结论，认为采用不少专利新技术的“江苏”号是世界上最快的军舰，这必将打动大清皇帝，让大英帝国日后获得来自中国的绝大部分订单。备受关注的“江苏”号在完成最后一次调试后，从伦敦起程前往中国。

正在与太平军鏖战的李鸿章，得知这一消息后倍感兴奋。这个深知西洋利器之厉害的人相信，这批购自英国的先进军舰的到来，将加速中国政府平定内乱的进程，湘淮军攻克天京指日可待。不过，军舰的影子还没见着，却来了一位不速之客，带来的消息让他大失所望。

1863年5月初，这批军舰的采购人李泰国回到上海。这个英国人时任中国海关总税务司，两年前回国休假，一回上海销完假，就跑去找江苏巡抚李鸿章要钱。李泰国要求李鸿章从海关提银12万两，以支付所购船炮欠款及舰上官兵川资。李泰国还说，这支舰队到达中国后，每月开销将不止赫德说过的3万两。

两年前，李泰国看到太平军势不可挡，大清江山危在旦夕，便以健康欠佳为由请假回国，以静观其变。代他署理总税务司之职的赫德，建议清政府从英国购买军舰，组建新式海军来横扫太平军。清政府很感兴趣，却因囊中羞涩一拖再拖，直到太平军逼近上海，且风闻有汇银 50 万两向美国购买船炮之事，惊慌得赶紧加快购舰步伐。

1862 年 3 月，赫德致函正在英国休假的李泰国，请他为清政府采购军舰并组建一支舰队。早在 1856 年，李泰国就向清政府建议购买军舰对付太平军，后因第二次鸦片战争爆发，高涨的“攘外”呼声扼杀了这个计划。赫德的来信自然让李泰国大喜，他很快就拜会英国外交大臣，呈请英国政府批准他为清政府购买军舰并招募海军官兵，以便成立一支“英中联合海军舰队”。李泰国承诺说，这支舰队不会在任何方面妨碍英国政府，反而会让英国政府享有一切好处。

英国政府早就有心染指中国海军，李泰国之请像是天上掉下的馅饼，岂有不吃之理？当英国外交大臣把李泰国的申请转给海军部，海军部很快就同意让英国皇家海军官兵应募这支舰队，并批准海军上校阿思本等几名军官暂时担任中国政府的军职。此后英国政府颁发一项特别法令，授权李泰国和阿思本为中国政府组建海军部队，并允许他们招募和雇用大英帝国的臣民。为表彰李泰国的功绩，英国政府授予他大英帝国三等男爵勋章。

李泰国很快为清政府订购了一批军舰，但他接下来的举动让中国朝野目瞪口呆。李泰国声称 65 万两的预算不够，先是额外要来 15 万两，后又说还是不够用，需要耗银 107 万两。除了报价越来越高外，李泰国还擅自与阿思本签订统带轮船合同十三款，约定这支舰队由阿思本统率四年，且今后中国所有的军舰均归阿思本管辖调度，而阿思本只需听命于李泰国，可以不遵从清政府的指令。这意味着清政府出资购买的舰队竟成了李泰国的私人武装，而且中国海军以后完全操控于英国人之手。

虽然李泰国很能干，但他也太胆大妄为了。李泰国本是清政府的外籍雇员，却以英国在华利益的代理人自居，根本不把中国雇主放在眼里。1858 年《天津条约》谈判期间，时任上海江海关税务监督的李泰国，充当英法联军的中文翻译与谋士，对中方代表极尽威逼之能事。李泰国认为自己并非中国官员，而是受聘于清政府的外国顾问，因备受信赖、推崇而位高权重，堂堂英国绅士绝不俯首听命于“亚洲蛮夷”。1862 年 7 月，他给赫德写信说：“谨记你与恭亲王的关系，亲爱的伙伴，是我们指使他们，而不是他们指使我们。”

李鸿章早已对李泰国的吃里爬外不满， 听他张口要 12 万两银子，便断然拒绝说，别说现在没钱，就是有钱也不给。李泰国大怒，说他要去找恭亲王告状，还以洋枪洋炮相威胁。李鸿章不甘示弱地说：本巡抚现有重兵十万，以前攻克长江上游从未求助于洋人，若你如此要挟，可能会激怒军情，你我不免一战。

向来对中国人骄横无礼的李泰国，在态度强硬的李鸿章面前碰了一鼻子灰，愤然拂袖而去。从不纵容洋人放肆的李鸿章，也怒不相送。不过，李鸿章感到事态严重，赶紧向总理衙门禀告说，李泰国性情褊躁，索饷甚急，情势汹汹，刻不容缓，而江海关无力承应，请朝廷下旨由各关分摊费用，按月交给李泰国、赫德，以免关系决裂。

几天后，李鸿章又致函总理衙门，对李泰国任意加价很不满，认为“国家度支有节，岂同买菜求添”“将来漫无限制，何以应其所求”。他建议利用赫德来牵制李泰国，“以重赫德之势而轻李泰国之权”，使舰队不致落在李泰国手中为虎傅翼，否则后患无穷。最后，他强调这支舰队“系中国购买雇用，即是中国水师”，外国人不得把持专擅，倘犯过错或不遵调遣，应照中国法律惩治。

显然，李鸿章最关心这支舰队的主权问题，而这也成为日后中英争执的焦点。6 月初，李泰国和赫德抵达北京。总理衙门拒绝接受李泰国与阿思本所订合同的主要条款，坚持舰队必须受地方督抚节制，而李泰国只愿接受中央政府的命令。英国驻华公使是李泰国的靠山，致函恭亲王说中国中央政府应将关税和指挥权抓在手中，不要让舰队受地方当局节制。奕䜣毫不客气地回信说：是否准许英国军官为中国效劳，那当然是英国公使的权限，你不同意就拉倒，否则，英国军官由谁指挥以及饷银来源，那就是本亲王的权限了。

清政府洞悉李泰国此举意在“将中国兵权、利权全行移于外国”，因此坚决不认可那份有辱主权的合同。经过一个多月的争辩，李泰国自知理亏，不得不与总理衙门重新议定轮船章程五条。新协议规定由中国选派武职大员为舰队总司令，阿思本被聘任副总司令四年，用兵时须听地方督抚节制调遣，平时应挑选中国人上船学习。根据新协议，李泰国与觊觎已久的“中国海军大臣”失之交臂，沦落为负责给舰队发放经费的“财务总监”。

让曾国藩和李鸿章不满的是，总理衙门还与李泰国订了分赃协定，约定攻占天京后，所得财物三分归朝廷，三分半归阿思本及其兵弁，三分半归中国官兵，如若阿思本率舰队独自攻陷天京，则能得七分财物。这显然会触动湘淮军的利益，因为当时太平军已成强弩之末，浴血奋战多年的湘淮军即将摘得胜利的果实，“阿思本舰队”来了是捡大便宜。李鸿章在给总理衙门的信中直言不讳：“金陵已成合围之势，可无庸外国兵船会剿。即兵船前去，亦无甚益。”

清政府为能收回舰队的指挥权表示满意，但曾国藩和李鸿章作为有权节制该舰队的地方督抚，对将来能否落到实处表示怀疑。曾国藩认为这支舰队“悉由中国主持，窃恐万办不到”“节制之说，亦恐徒托虚名”。曾国藩甚至打肿脸充胖子，说区区 100 多万两船价，泱泱中国视之轻如秋毫，不如将舰艇白白送给各国，“使李泰国失其所恃，而折其骄气”。

曾国藩这个建议颇为意气用事，李鸿章则条分缕析，向总理衙门陈述“三难”：一是外国弁兵水手多达 600 人，彼众我寡，语言不通，易起矛盾，久或不能相容；二是李泰国不知兵法、不晓敌情，若乱出主意，或从中使坏，难保中方统兵大员不受挟制；三是中国兵勇文化素质不高，难以领会洋教习的口令，而且洋人未必肯真心教练，恐怕不能学得其中奥妙。

李鸿章这番担忧，不是杞人忧天，而是经验之谈。他在跟“常胜军”打交道时，尝过洋人不肯听话的苦果，因此特别强调中方对雇佣军要有指挥权。他对李泰国很不放心，认为他“心术险诈，目前不愿中国人专权，即将来不愿中国人接手”。总之，对于中方能否控制这支以洋人为主的舰队，李鸿章持悲观态度。不过，高居庙堂的恭亲王把难题扔给下属，说总理衙门“犹望阁下知其难而制之，不愿阁下畏其难而听之”，将来阁下和曾国藩应设法钳制洋人，切实收回舰队的主权。

总理衙门认为李巡抚过虑了，然而事情果不出李鸿章所料，洋人不是那么好驾驭的。李泰国购买的舰艇分三批抵华，其中第二批由阿思本率领。1863年9月，曾参加第二次鸦片战争的阿思本，趾高气扬地率舰来华。在上海逗留几天后，阿思本和李泰国一同到总理衙门理论。李泰国把他与总理衙门达成的协议转给阿思本，说他只赞同其中的经济条款，至于是否同意设立中国总司令，则由阿思本自行决定。阿思本坚决不接受这份协议，声称他来华是为中国皇帝效劳，而不是仅仅充当地方当局的仆人。

阿思本惊讶地发现，李鸿章竟然在上海大挖他的墙脚，承诺给舰队官兵更高的薪水，甚至可以将第一笔报酬先打入他们的英国银行账户。这样的“中国特色”让阿思本大吃一惊，他随即开除牵涉其中的14名官兵。阿思本认为：“李鸿章是个能干的中国人，但也是个不守规矩的人，他的行为就是想削弱我的权力，然后可以更好地驾驭我或抛开我，就像他对其他欧洲军官一样。”阿思本认为他不能像戈登那样，被李鸿章玩弄于股掌之间。

为了捍卫自己的尊严和英国的利益，阿思本死活不肯让步，于10月15日向恭亲王发出最后通牒，限48小时内批准他和李泰国原先订立的合同，否则他就将这支舰队解散。虽然总理衙门在洋人面前素来是软骨头，但还是能守住“中国兵权不可假与外人”的底线。李泰国的信激怒了总理衙门，连素来温和的文祥也大为恼火，发狠说清廷即使退回到长城以外，也不会屈服于阿思本的无理要求。奕䜣则意识到留着这支舰队有害无利，“中外将恐不能相协，将来胜则彼此争功，败则互相推诿”，一旦生变则有碍大局。

英国想操控中国海军的企图暴露后，美、法出于本国在华利益的考虑，当然表示反对。在美国驻华公使蒲安臣的斡旋下，总理衙门和英国驻华公使进行紧急磋商，最终决定遣散这支舰队。舰艇变卖后所得钱款归还清政府，而清政府须支付阿思本及其兵弁一笔不小的遣返费。1863年11月，这支惹来满身非议的舰队，还没走上战场就被遣散了。这一买一卖，清政府白白损失数十万两银子，有一些英国官兵继续留在中国冒险，其中有一些人还加入太平军，这对清政府来说真是余孽未尽。

随着“阿思本舰队”魂断中国，李泰国的仕途也走到尽头。11 月 15 日，李泰国被清政府免去总税务司一职，不过好歹获得一笔不菲的补偿金。吃里爬外的李泰国丢掉了饭碗，而承接这个饭碗并吃得饱饱的人，是比他乖巧得多的赫德。当李泰国与清政府吵得天翻地覆时，明智的赫德能躲则躲，因为他知道这个狂妄的上司不可能得逞，在中国做事不能像在印度一样，操之过急会适得其反。果不其然，李泰国的冒进做法引起清政府强力反弹。十余年后，已牢牢掌握中国海关大权的赫德，慨叹当年李泰国丢掉了多么辉煌的前景，不然他今天也许已经是东方的俾斯麦了。

李鸿章早就有意让赫德取代李泰国，在给总理衙门的信中夸赫德“人尚平正”“周旋中外之间，随事尽力，众誉交推”。李鸿章的用人原则还是中国传统的那一套，也就是“用人不疑，疑人不用”。他先考察一番，觉得这个人没什么二心，就放胆去用。他觉得李泰国特跋扈，有一种不诚之心，而赫德对中国雇主比较忠心，办事又很认真，就不遗余力地举荐赫德。

赫德

总理衙门的主持人奕䜣，也很中意温顺的赫德，亲切地称之为“我们的赫德”。这个出生于北爱尔兰的英国人，长得矮小清瘦，却精明务实，谦恭内敛。英国人血液当中的两种精神，在李泰国身上体现更多的是骑士精神，而赫德身上则是绅士气息很浓。在官绅占主导的传统中国，赫德的气质与中国文化颇为契合，因此能和中国官场打成一片。中国官场首先看重的是人际关系，赫德和总理衙门相处得很好，好到可以和每个官员闲聊的程度。

虽然赫德颇得中国雇主欢心，但他还是不敢掉以轻心。他提醒自己“必须时时谨记在心，海关税务司署是中国衙门，而不是洋机关，所以每位职员均须依中国人的意志行事——无论是百姓或大吏，避免触怒中国人，引起中国人的反感……那些食君俸禄、受雇于官府的人，至少在行事态度上不要引起中国人的不悦，或激起他们的嫉妒、猜疑、嫌恶之感……每个人须先牢记他们领的是朝廷的俸禄，为朝廷执行海关这项工作，把它做好应是首要之务”。

正是这份忠心，让赫德得以执掌中国海关近半个世纪。他对下属们说，不必用花言巧语，以中国的利益为重是必须遵守的正确原则。在这位恪尽职守的外籍雇员领导下，中国海关廉洁而高效，办了十几年之后，关税已成为清政府财政收入的第三大来源。鸦片战争以后，中国被迫成为世界上关税最低的国家，绝大部分货物的进口关税约为5%。关税以前在清政府的财政收入中所占份额微乎其微，而到了赫德手中能办出这样的成就，可谓成绩斐然。

赫德走马上任后，建立了一套新的会计制度、审计制度、人事制度和工资制度，有效杜绝了海关人员的腐败。赫德在海关内部实行高薪养廉、养老储备金制度，员工干得越久，待遇就越高，保障也越丰厚，无形中提高了贪腐的成本。高薪激励机制让人“不想贪”，先进的会计制度和审计监督制度让人“不能贪”，严明的惩戒制度让人“不敢贪”，三者合力打造出一个廉洁的机构。

优厚薪酬让赫德及其下属过着豪华舒适的生活，这让很多中国官员羡慕不已，甚至引起英国驻华领事们的嫉妒。不过，要想成为赫德团队的一员，可不是件容易的事。与中国流行的裙带风不同，赫德聘用海关雇员时实行全球招考、公开选拔，奉行唯才是用的原则，任何人均须通过严格的考试，哪怕持有他的介绍信也不例外。当然，赫德偶尔也有私心，他说自己从未提拔不称职之人，不过，若是两人资格相当，而其中一人是他的亲友，不升那个人便是矫揉造作。

赫德拥有一支非常国际化的团队，雇员来自英、法、美、德、日、俄、意、葡、荷等国，可谓是一支“多国部队”。赫德虽然有意让海关成为中国最现代化的机构，但他无意去帮助中国培养本土人才，中国人一般只能担任办事员、会计、抄写员等低级职务。身为外籍雇员，赫德缺乏足够的安全感，他说海关税务司署迟早要结束，“民族力量虽暂时静默，但有朝一日必会被唤醒，我们的地位终将不保”。

或许源于这种不安全感，赫德牢牢握住手中的海关权柄，并极力让自己的触角延伸进政治领域。这个瘦弱的英国人似乎有着无限的精力，在晚清政治舞台上到处可见他奔走的身影，以至于有历史学家把他和李鸿章、慈禧太后并举，说这三个人构成了晚清的政治格局。只要搞懂这三个人，就可以把握住晚清历史的枢纽，因为他们是中外、满汉、朝野三股势力的代表。

赫德是晚清在华洋人的代表，他倚靠中国海关总税务司这个坚强的后盾，插手晚清政务 40 多年，成为当时最有权势的洋人，死后被追赠象征极高荣誉的太子太保衔。李鸿章则是汉臣中的佼佼者，他利用满汉合作的时局大展身手，在洋务运动中做事最多，也因此成为最具实力的重臣。慈禧太后虽说是垂帘听政，但大家都明白她才是清王朝的当家人，同治帝和光绪帝只是摆设。这三个人站在中国历史发展的十字路口，在那个大动荡、大分化、大转型的时代纵横捭阖，一时看似无限得意，然而终究身后落寞。

强盗来了，打打海防补丁

1863 年，“阿思本舰队”兴冲冲地来了，灰溜溜地走了。中国打造近代海军的梦想，被英国的狼子野心粉碎了，心里留下了阴影。“一朝被蛇咬，十年怕井绳”，中国海军建设的步伐放缓十余年，主要依靠国产军舰在撑门面。当年那艘世界上最快的军舰“江苏”号，1866 年被日本萨摩藩购去，改名为“春日”号。四年后，藩主将这艘座舰献给天皇，后被投入日本海军服役。

1870 年 8 月，李鸿章从曾国藩手中接过直隶总督的接力棒，三个月后兼任新设的北洋通商大臣一职，一手握内政，一手搞外交。直隶总督署在省城保定，而天津是直隶总督的行辕兼北洋大臣的驻地。春天海河解冻，李鸿章就移驻天津，主办外事，俟海河封冻，再回驻保定。李鸿章的权臣岁月，大半是在天津度过的。

李鸿章入主京畿的时候，一个新的强邻正在东方崛起。1870 年 10 月 2 日，李鸿章在天津会见一个岛国的来客——日本外务权大丞柳原前光。在此之前，中日两国的官方往来已中断 300 年。19 岁的日本使臣柳原前光说，他此次来华是为了与中国“通情好，结和亲”。眼下日本文化大开，交际日益广泛，近年来与西方各国订约，通商往来频繁，而中日两国虽有商舶往来，却未正式建交，愿中堂大人尽邻邦之友谊，为共同之利益修盟订约，以敦千秋睦邻友好。

李鸿章心里明白，“今之日本，即明之倭寇”。明代屡犯中国沿海的倭寇，断交 300 年后突然遣使来华，目的仅仅是为了重修和好吗？47 岁的李鸿章不是小孩子，自然满腹狐疑。不过，他对眼前这个年轻使者的第一印象很好，跟总理衙门说柳原前光“礼貌词气均极恭谨”。李鸿章打的小算盘是，日本与中国是近邻，“正可联为外援，

柳原前光

勿使西人倚为外府”。

柳原前光很会讨李鸿章欢心，说他几年前在上海参观过李大人用西式兵法操练的淮军，印象非常深刻。闭塞的清国不知道，从鸦片战争到太平天国运动，再到后来的几场战争，日本都曾派人来华一窥究竟。直到今天，我们看看中国有多少人在研究日本，是在一种什么观念里研究日本，研究成果又有多少，再看看日本人研究中国的东西，就可以知道两国的情报差距有多大。

1868 年明治维新以后，日本全面向西方学习，用一种新的眼光看待国际关系。然而，中国固守着传统的王朝天下观，不去适应建立在条约基础上的新型国际关系。

当清国人还看不明白西方的“炮舰政策”时，日本人却早就想明白了。国势渐渐强盛以后，日本就开始和西方国家修订条约了。当然谈判过程也很艰苦，但西方人有一个观念，就是你跟我进行一番主权平等的谈判之后，咱们签订的就是一个互惠协议，而不是我强加给你的霸王协议。但是，清国总是用王朝天下观来跟持世界观的西方人打交道，那双方肯定没办法在一个平面上对话。

表面上，柳原前光对李鸿章说，日本也是在西方的胁迫下打开国门，境遇跟中国相同，日中应携手对抗西方诸国，但实际上，日本自明治维新以后就立志要“开拓万里波涛，布国威于四方”，跟中国建交的更深用意是想均沾西方列强在华攫取的利益，并为征服中国的属国朝鲜做准备，进而侵略中国、统治亚洲乃至称霸世界。

清朝一些大臣看出日本有狼子野心，反对与之订立条约，认为那将引狼入室。李鸿章反驳说，虽然明代有倭寇屡犯沿海，但自清代以来就很少侵扰中国，说明我朝制驭得宜。至于日本入不入侵中国，问题不在于立不立约，假如日本意在入侵，我们不跟它立约，反而给了它寻衅的借口，而如果它意在乞援，跟它立约正可弭患。日本跟朝鲜、越南不同，不是中国的属国，跟它立约以求推诚相待，纵不能倚作外援，亦可以稍事联结。

总理衙门本想准许与日本通商，但不与之立约，后来接受李鸿章的意见，允许日本派使臣来商谈此事。李鸿章的理由是，以前日本未趁中国时局之危入侵或要求立约，可见它安心向化中国。如今它见泰西各国业与中国立约通商，而它亦已与泰西各国立约通商，援例要求与中国立约通商是情理之中的事。若拒之太甚，它势必让泰西各国来要挟我们立约，与其让它们永结党援，不如在它来求好之时俯允，化被动为主动。

1871 年 7 月，日本来使的心情，如同天津的天气一般燥热。柳原前光又来了，已升任外务权大丞的他担任副使，全权大臣则是大藏卿伊达宗城。伊达宗城远不如柳原前光那般客气，盛气凌人地提出日本要“利益均沾”，跟西方列强一样在中国享有片面最惠国待遇等特权。李鸿章并不急于谈判，而是先派副手应宝时与柳原前光反复辩争，消磨日本人的锐气，然后再出面与伊达宗城会谈。李鸿章毫不客气地说，日本不能享受西方列强在华特权，更不能将通商延伸进中国内地。李鸿章认为日本“贫而多贪，诈而鲜信”，地理位置距离中国如此之近，若让它深入中国内地，后果不堪设想。

日本来使当然不甘心空手而归，想拿西方列强威逼李鸿章就范。柳原前光说，伊达宗城钦差离开东京时，各国公使有来送行者，诘以此行将与清国结盟连横，若中国准予按西人成例一体定约，则可免洋人猜疑。伊达宗城也说，中日两国要共同抵御外侮，不妨按照西洋成例立约，不露声色为好。应宝时机智地驳斥说：贵国特派大臣前来，原为通两国之好，若怕西国猜忌，你们不来中国不是更好吗？

日本来使被驳得哑口无言，知道碰上难缠的对手。当时日本羽翼未丰，而大清的虚空尚未完全暴露，日本来使不得不收敛锋芒。日本参照中西不平等条约拟定的条约草案，被李鸿章扔一边去，随后拿出中国所拟的草约供磋商。9 月 13 日，李鸿章与伊达宗城签订平等条约——《中日修好条规》和《中日通商章程》，规定两国互不侵犯领土、互不干涉内政等。有辱使命的伊达宗城回国后，被摘掉乌纱帽。

这是李鸿章主持签订的第一个条约，本来开了个好头，谁知终局还是不好，一生名誉毁于《马关条约》。当然，签订《中日修好条规》的时候，意气风发的李鸿章料想不到，自己有一天会被日本人踩在脚下，狠狠地羞辱他一番。过于相信条约约束力的李鸿章，本以为了却一桩心事，不料墨迹未干，日本就要求修改条约，甚至派兵侵犯台湾，掀起一场轩然大波。

1871 年 12 月，琉球王国一艘贡船遇飓风漂流至台湾东南部，有 3 人因船只倾覆溺亡，有 54 人登岛后遭原住民劫杀，幸存的 12 人被清政府妥善送回国。此事本来已经画上句号，不料日本宣称琉球是它的“内藩”，要向杀害琉民的台湾“生番”兴师问罪。琉球王国自明代以来就是中国的属国，1609 年被日本萨摩藩入侵后，被迫瞒着中国政府也向日本朝贡，从此陷入“一国两属”的境地。日本明治维新后不满足于现状，进一步谋划吞并琉球王国。

1873 年 6 月，柳原前光曾就琉民被杀一事，去总理衙门探询台湾东部土番之地的归属权，为日本将来出兵台湾寻找借口。

总理衙门将会谈情况通报李鸿章，顿时引起这位外交大臣的警觉。李鸿章觉得日本纠缠此事颇离奇，在给南洋大臣李宗羲的信中担心地说：“日人力小谋大，尤为切近之患。中土不亟谋富强，俶扰正无已时耳。”不过，他在给另一位同僚的信中又流露出轻日的心态，说日本矫强不过是因为“近来拾人牙慧，能用后门枪炮，能开铁路煤矿，能学洋语洋书，能借国债，能制洋银数事耳”，而中国“士大夫皆耽于章句帖括，弗求富强实济，被彼一眼觑破，遂肆意轻侮，口无择言”，但若日本兴兵挑衅，中国“又何畏此小国”，“今彼虽与西洋合好，尚无如朝鲜，何岂遽能强压我国耶”！

李鸿章虽然兴办洋务多年，却仍然没有放下天朝上国的心态，完全不把蕞尔小邦放在眼里。当时日本确实还不敢与亚洲老大正面交战，先从中国控制较为薄弱的地方下手，然后随着国力的增长一步步侵蚀中国。李鸿章料想不到，有生之年看到老大帝国被小小岛国打趴了，而且低三下四去日本求和的人竟然是他！

李鸿章小瞧了日本的胆量，不知道人家正在磨刀霍霍。1874 年 4 月，日本在长崎设立台湾事务局，筹划侵台事宜。在背后支持日本的，有觊觎台湾已久的美国。如今日本想充当侵台急先锋，美国自然愿意予以支持，既出军官，又出运兵船。原美国驻厦门领事李仙得人称“台湾通”，自1872年就被日本聘为外交顾问，为侵略台湾出谋划策。李仙得指点日本以“番地无主论”作为出兵台湾的借口，并帮助日本雇用外籍军人、承租船舰、购买军火，而日本则许诺将来可以让他当台湾总督。

英、俄、西班牙等国驻日公使风闻日本将出兵台湾，纷纷质问日本外务省，并向美国政府表示抗议。英国担心中日冲突会影响本国对华贸易，更不愿日本独占台湾，因此反对最为激烈。李鸿章接到情报后，认为此事如果属实，不独日本悖义失好，即美国人帮助日本人带兵，为其雇用商船装载弁兵军械，均属违背万国公法，且有违中美条约，因此建议总理衙门给美国驻华公使施压，让美国撤回李仙得等美籍军官，并严禁美国商船为日本运兵。在各国压力下，美国不得不乖乖照做。

铁了心的日本才不管国际舆论怎么看，1874年5月以3000余兵力入侵台湾，开始近代史上第一次针对中国的军事冒险行动。人家兵船已经开进中国境内了，清政府才急巴巴地照会日本外务省，声明台湾生番一带“实系中国所属”，中国只不过是“听其从俗、从宜而已”。

清政府起初还徘徊观望，只派福建船政大臣沈葆桢“带领轮船兵弁，以巡阅为名，前往台湾生番一带察看”，还嘱咐要不动声色。直到日军从台湾南部登陆入侵，清政府才意识到“生番地方，久隶中国版图，与台湾唇齿相依，各国觎觊已久，日本相距尤近，难保不意图侵占。且各国均有兵船驶往，以巡阅为名，因利乘便，心存叵测”，赶紧任命沈葆桢为钦差办理台湾等处海防兼理各国事务大臣，给予调兵遣将、征调兵船等权力。

《中日修好条规》刚换约一年，日本就对中国大动干戈，这让李鸿章大为恼怒。去年来华换约的日本外务卿副岛种臣，曾大打“同病相怜”的苦情牌，说日本以前跟西方国家签订条约时，也跟中国一样遭诓骗，如今只能任由外国领事官作威作福，心中实有不甘。李鸿章深有同感，跟副岛种臣畅谈半晌，做着“联日制西”的美梦。李鸿章以为难兄难弟会风雨同舟，哪知小兄弟一转身，马上就给老兄背后插刀。李鸿章又气又急，在给沈葆桢的信中骂道，日本人“外貌咰咰恭谨，性情狙诈深险，变幻百端，与西人迥异”。

副岛种臣

当时台湾海陆防卫无一可恃，千余里竟无一炮，沈葆桢遂采取“依托大陆，台闽联防”的方式，从大陆调集海陆军赴台备战。虽然清政府尽量避免与日本开仗，但李鸿章知道，“若事机龃龉，岂能徒手吓贼”，于是主动给沈葆桢雪中送炭，调拨6500名淮军精兵驰赴台湾以壮声势，并从天津、上海各机器局急调军火增援。台湾的防务力量日渐增强，而日军在与南部的原住民交战后，虽然已在龟山建造都督府，却因军中疾疫流行，士气极其低落。日本发现自己尚无吞并台湾的实力，不久就回到谈判桌上，采取外交讹诈的手段。

1874年7月24日，时任日本驻华公使的柳原前光，在天津与李鸿章会谈许久。李鸿章对这位青年外交官的评价，已经一改三年前的好评，跟沈葆桢描述说此人“年二十余，无书不读，狡狯异常”。

再次见到外表谦恭的柳原前光，李鸿章怒不可遏，指责日本一面发兵到中国境内，一面叫人来通好，口说和好之话，不做和好之事，除非有两日本国。柳原前光辩解说：台湾生番如无主之人一样，不与中国相干，否则贵国既知生番历年杀了许多人，为何不办？李鸿章驳斥说：查办凶首，有难易迟早，你怎知道我不办？且生番所杀是琉球人，不是日本人，何须日本多事？

李鸿章特恨日本人不打招呼就发兵，说：你去年才换和约，今年就起兵来，如此反复，当初何必立约？我从前以君子相待，方请准和约，如何却与我丢脸？可谓不够朋友！你国才立和约，便闹笑话，岂不为西人所鄙诮？未立和约以前，此事或可不必商知，唯日本二百余年来未与中国立约，并无一兵入中国边界，今甫立和约而兵临我境，你对不起我中国，且令我对不起我皇上百姓。若有约各国皆如是，天下岂不大乱了？

李鸿章事后向总理衙门汇报说：鸿章系原议和约之人，深知若辈伎俩，又恨其行径诡变，不得不嬉笑怒骂，厉声诘责。李鸿章说，柳原前光一开始还强词夺理，至无理可说时，一味躲闪支吾。李鸿章担心日方翻译传话不清，还拿纸笔写给柳原前光看，大意是说日本出兵台湾是侵略之举，非和好换约之国所应为，若及早挽回，中日尚可全交。柳原前光默然首肯，把字条拿了回去。

柳原前光挨了李鸿章一顿训斥之后，又跑去北京跟总理衙门会谈，但谈判并没什么进展。8 月，日本任命内阁参议兼内务卿大久保利通为全权办理大臣，来华谈判以打破僵局。在大久保利通抵京之前，李鸿章给总理衙门提议说，琉球难民之案已过三年，闽省并未认真查办，中国亦小有不是，万不得已的话，不妨以抚恤琉球被难之人为名，并念日本兵士远道艰苦，犒银若干以换其撤兵。

明明是想以赔款了事，李鸿章顾及大清颜面，把赔款说成是犒赏，还说这可不是城下之盟，内不失圣朝度量之大，外以示羁縻勿绝之心。当然，话说得再漂亮，终究难掩不光彩的一面。李鸿章是个聪明人，料到这种做法会遭清流派非议，但他说“远顾时局，海防非急切所能周备，事机无时日可以宕缓”，不得不这样委曲求全。

大久保利通 9 月抵京后，与总理衙门多次谈判，一要中国承认日本出兵台湾是义举，二要中国赔偿日本 200 万两兵费。最后，大久保利通摆出谈判破裂的姿态，以战争相威胁，而英国公使威妥玛也来恫吓，总理衙门颇为担忧。这一年又逢慈禧太后四十大寿，清政府无意大动干戈，以免搅了老佛爷的雅兴。10 月 31 日，中日两国代表在北京签订台事专约，称日本出兵台湾原为保民义举起见，中国不指以为不是，并给予一定补偿。双方在“会议凭单”中

大久保利通

约定，中国给日本国从前被害难民之家10万两抚恤银，另以40万两银子收回日本在台修建的所有道路、房屋等，而日本须于1874年12月20日全部退兵。

《北京专约》让日本日后吞并琉球有了依据，因此大久保利通回到东京后，受到日本政府隆重迎接。天皇称赞说：“其功可谓大矣。”清政府不知道的是，大久保利通在谈判期间是外强中干，其实并不敢轻启战端。大久保利通心虚地在日记中写道：“胜败之上，固然无所畏惧。但是在名义上，由我宣战之名义，并不充分……且终将蒙受外国诽谤，受到意外妨害，以至不免最终招致损我独立权之祸。”

清政府虽然国库空虚，但只要能破财消灾，那还是舍得出钱的。花50万两银子能消弭一场战争，对于被战争吓怕了的清政府来说，那还是很划算的。李鸿章最会找台阶下，称此举为“忍小忿而图远谋”。有英国人评论说，这件事告诉全世界，这里有一个富庶的帝国，愿意出钱而不愿意打仗。英国驻日公使巴夏礼更直露地说，中国心甘情愿地对所受的侵略付账，这好像是在邀请进一步的侵略。果不其然，尝到甜头的日本，侵略扩张的胃口大开，先是吞并琉球，后又抢走台湾，最终如愿吞并朝鲜。

小小岛国竟敢欺负天朝上国，这给大清朝野敲响了警钟。督办台防大臣沈葆桢说，日本之所以这么嚣张，是因为“窥中国器械之未精，兼恃美国暗中之资助”，建议清廷早日购买铁甲舰。国人突然意识到，自英国人从海上攻进国门，已经过去三十多年了，而中国的海防依然非常脆弱。李鸿章对国人的因循守旧、不思进取懊恼不已，而在朝中主政的奕䜣、文祥等有识之士，也深感海防不搞不行了。

以奕䜣为首的总理衙门上疏说，日本出兵台湾之事，“明知彼之理曲，而苦于我之备虚”，故不敢与之决裂。1860 年英法联军兵临城下，咸丰帝被迫出逃，可谓创巨痛深，当时“人人有自强之心，亦人人为自强之言，而迄今仍并无自强之实”。平时筹办练兵、裕饷、习机器、制轮船等洋务，要么“歧于意见，致多阻格”，要么“绌于经费，未能扩充”，要么“初基已立，而无以继起久持”，以致遇事仓皇无备，“今日而始言备，诚病其已迟；今日而再不修备，则更不堪设想矣”。因此，现提出练兵、简器、造船、筹饷、用人、持久等六条紧要应办事宜，让南北洋大臣、滨海沿江各督抚将军详细筹议。

李鸿章接旨后，在给大哥李瀚章的信中说：“中国水师向未讲究，离道太远，无人无钱，一时殊难集事。”跟一个有惰性的人一样，清政府经常是临时抱佛脚。清政府的改革策略是“补丁政策”：我不想改变这个体制，只想打打补丁，你们愿意干就干，反正对我整体上有效果、有推进就好了。例如陆军体制，湘淮军跟八旗军、绿营不一样，显然是前者更有用，因为八旗军、绿营都打不过太平军，那就应该把它们废了吧？不，八旗军、绿营还保留着，湘淮军一出来，就像是块补丁给补上去，把窟窿堵住就完了。

接到筹议海防的任务后，李鸿章非常重视，但又非常慎重，苦思良久才拟奏稿。李鸿章把草稿先抄送给大哥看，颇为自负地说，他连日来采择各营局洞悉军情洋法者的议论，又结合自己历年办洋务的心得，推阐出许多新意，“将来王大臣会议，即不能尽行，存吾此言，以俟后世。不一一做到，洋务断不能振作，自强断无实际也”。李鸿章说自己若不畅所欲言，则“各督抚未必尽知，未必敢说”。李鸿章希望时任湖广总督的李瀚章，在这种时候也能起而响应。

1874 年 12 月 10 日，李鸿章上呈洋洋万言的《筹议海防折》，系统阐述了

李瀚章（右）、李鸿章（左）兄弟合影

自己的海防观，还旁及诸多洋务领域，因此有人称之为洋务运动的总纲。李鸿章在此折中大陈“千年变局观”，说：“历代备边多在西北，其强弱之势、客主之形，皆适相埒，且犹有中外界限。今则东南海疆万余里，各国通商传教来往自如，麇集京师及各省腹地，阳托和好之名，阴怀吞噬之计，一国生事，诸国构煽，实为数千年来未有之变局。轮船电报之速，瞬息千里，军器机事之精，工力百倍，炮弹所到，无坚不摧，水陆关隘，不足限制，又为数千年来未有之强敌。外患之乘，变幻如此，而我犹欲以成法制之，譬如医者疗疾不问何症，概投之以古方，诚未见其效也。”

李鸿章建议改变过去将国防重点放在西北的做法，重视并加快海防的建设，以应付数千年来未有之危机。鉴于国防建设耗资巨大，而国家财政又入不敷出，李鸿章主张暂缓西征，说“新疆不复，于肢体之元气无伤；海疆不防，则腹心之大患愈棘”。李鸿章脑子里想的是钱，他说此时开办海防，约计购船、练兵、筒器三项，至少先需经费一千余万两。李鸿章希望将西征军所“停撤之饷，即匀作海防之饷”，否则国家只此财力，“既备东南万里之海疆，又备西北万里之饷运，有不困穷颠蹶者哉”？

李鸿章哭穷，确实事出无奈。鸦片战争后，大清国库日渐空虚，有限的一点银子娶得了媳妇雇不得轿，是建海军还是征西北，就像是遇到先医头痛抑或脚痛的难题。当时西北边疆正告急，中国领土已被外国势力侵蚀。浩罕汗国的伯克阿古柏 1865 年入侵新疆南部，1870 年进而攻占吐鲁番，势力向北疆扩张。此举引来俄国对中国领土的垂涎，1871 年出兵侵占伊犁，并承认阿古柏政权以换取俄国的通商权益。英国也不甘落后，承认阿古柏建立的“洪福汗国”为独立国，并资助武器弹药，以换取英国在新疆的特权。

一贯奉行“和戎”外交政策的李鸿章，看到新疆大部分领土已落入虎狼之口，担心出兵征讨会引发英国和俄国的干涉，因此主张暂缓西征以求相安无事。有一个人听到这话非常不满，谁呢？陕甘总督左宗棠。当时左宗棠正集结大军于西北，准备开展收复新疆失地的军事行动，断然不赞成李鸿章的观点。左宗棠认为：“重新疆者所以保蒙古，保蒙古者所以卫京师。西北臂指相连，形势完整，自无隙可乘。若新疆不固，则蒙部不安，匪特陕、甘、山西各边时虞侵轶，防不胜防，即直北关山，亦将无晏眠之日。”

左宗棠（1875 年摄）

虽然直隶总督李鸿章在朝廷说话很有分量，但他这次遇到一个强硬的对手。左宗棠是继胡林翼、曾国藩之后的湘军领袖，无论是才具威望，还是功劳成就，都堪与李鸿章相媲美。左宗棠秉性耿直，性如烈火，而且恃才傲物，心高气硬，过去都不把曾国藩放在眼里，遑论小一辈的李鸿章！

左宗棠并非不了解时势的顽固不化之辈，他是咸同年间对海防问题觉悟最早的人物之一。早年任闽浙总督期间，他就倡办近代中国第一个新式造船厂——福州船政局，在海防方面很有发言权。如今他不在滨江沿海督抚之列，本来筹议海防没他的份，但清廷认为他平时留心洋务，就让他也来献言献策。他认为列强要求中国开放海疆，“其志专在通商取利，非必别有奸谋”，而西北形势其实更为严峻，“若此时即拟停兵节饷，自撤藩篱，则我退寸而寇进尺”“于海防未必有益，于边塞则大有所妨”。

左宗棠、李鸿章长期不和，又分别代表湘系、淮系两大军事集团，两人既有国防战略观点之争，也掺杂派系利益之争。湘系的势力此时已由东南移至西北，因此左宗棠特别强调塞防的重要性；而淮系的主要地盘在北洋，李鸿章也就格外强调海防的重要性。个人之间的恩恩怨怨，政治利益面前的是是非非，都掺和在一起。清廷也有意让湘系、淮系形成“双塔插云”之势，不轻易表态支持哪一方，让他们闹矛盾相互制衡，这样中央就很容易驾驭他们。王朝政治的非逻辑、非理性，将如何左右大清的前途呢？

所幸的是，与李鸿章片面强调海防不同，左宗棠主张“东则海防，西则塞防，二者并重”。当时疆臣之间出现塞防与海防之争，清廷就将两派的主要观点告诉左宗棠，密谕他将办理之法妥筹具奏。左宗棠认为“今之论海防者，以目前不遑专顾西域，且宜严守边界，不必急图进取，请以停撤之饷匀济海防。论塞防者，以俄人狡焉思逞，宜以全力注重西征，西北无虞，东南自固。此皆人臣谋国之忠，不以一己之私见自封者也”，因此主张海防、塞防二者不可偏废。

在这场论争中，李鸿章积极寻找同盟者和支持者，其中就有铁杆老部下丁日昌。丁日昌早在1867年就有成立“三洋水师”的构想，次年向两江总督曾国藩呈递《内外洋水师章程》及《海洋水师章程别议》，但被压下未奏报。

1874 年 11 月，赋闲在家的丁日昌托广东巡抚代为陈奏《海洋水师章程》六条，提议成立北洋、东洋、南洋三支水师，每支水师各配备十六艘军舰。朝廷认为丁日昌的条陈颇有参考价值，就下发给筹议海防的疆臣一并讨论。李鸿章赶紧叮嘱丁日昌再烧一把火，围绕总理衙门提出的六条急务，提出切实的办法。

丁日昌没有辜负老上司的期望，洋洋洒洒写了一万多字的《海防条议》，1875 年 2 月由李鸿章代奏。丁日昌不愧是一个精通洋务的人才，由海防建设辐射到开矿、设电报、办银行、修铁路等洋务，实际上拿出一个全方位改革的方案。李鸿章给丁日昌回信时夸赞说：你的大作“大意似与拙作一鼻孔出气”，很多话是“鸿章意中所欲言而未敢尽情吐露者”“虽令俗士咋舌，稍知洋务者能毋击节叹赏耶”？

不出所料，果然有一批“俗士”跳出来抨击，说“李鸿章、丁日昌直欲不用夷变夏不止”，意思是说不全盘西化不罢休。李鸿章在给丁日昌的信中叹道：最近有两位京官痛诋你我，“语多诬蔑，其主谋附和者，非止一二人，盖恐悬两江以待之，遂以乱天下也”。李鸿章安慰丁日昌说：我们既然已经把话说了，那就不要怕，就当启发愚蒙吧。

幸运的是，李鸿章和丁日昌的苦水，竟有机会倒给慈禧太后听。海防大筹议结束后不久，丁日昌奉旨帮同李鸿章办理北洋防务。1875 年 6 月 24 日，丁日昌觐见光绪帝和两宫太后时，慈禧太后安慰他说：“尔在江苏做官，虽然官场书差不喜欢尔，然百姓至今思念尔，里面亦是知道的。虽有旁人闲话，不可因此灰心。”慈禧太后还说：现在有人很糟蹋尔与李鸿章，但“此等人能说空话不能办事，到了有事时不知逃往何处”“李鸿章连年在天津布置一切，里面亦深谅其为难。李鸿章一时不在天津，便一时不放心。他是有大功于国的人，尔告诉他，不可因人闲话便灰心”。丁日昌说，李鸿章忠心如铁石，不唯自己身家性命不紧要，将声名亦看作不紧要，只要求于国家有济。

以李鸿章为首的海防派，不仅得到慈禧太后的首肯，也得到不少督抚大员的支持。有识之士都认识到，再不搞海防，连蕞尔小邦日本都敢骑在我们头上撒野，那还了得！不过，左宗棠的塞防观点也得到一部分人的支持，其中就有满洲重臣文祥在朝堂力排众议说："明代边外皆敌国，故可画关而守。今则内外蒙古皆臣仆，倘西寇数年不剿，养成强大，无论坏关而入陕甘，内地皆震，即驶入北路，蒙古诸部落皆将叩关内徙，则京师之肩背坏。彼时海防益急，两面受敌，何以御之？"

在鱼与熊掌想兼得的情况下，财政捉襟见肘的清国面临一个尴尬的局面，即是否有钱在建立一支近代海军的同时，又进行一场代价昂贵的边塞战事呢？说到底，塞防与海防之争，主要争的是国防经费的分配问题。大家其实心里都明白，完全放弃塞防或海防，无异于自杀，问题是国防经费就那么点儿，谁都想多分一点儿，只好说些偏激的话。经过半年的争论，清廷最后决定平分秋色，派左宗棠督师新疆，李鸿章筹办海防，再次呈现"双塔插云"之势。

经过历史上第一次海防大筹议之后，中国对传统的国防观念进行了重大修正，改变历代备边以西北为重的传统格局，把海防同时纳入国防建设的重点。参与筹议海防的官员们形成一个比较明确的判断：西洋各国是中国潜在的对手，而东洋日本是中国真实的对手。日本是中国甩不掉的海上邻居，用李鸿章的话来说就是，"日本近在肘腋，永为中土之患""我有以自立，则将附丽于我，窥西人之短长；我无以自强，则将效尤于彼，分西人之利薮"。日本侵台事件发生后，李鸿章从"联日制西"的迷梦中醒来，此后海防建设主要以日本为假想敌。

也许是性格使然，也许是历史的眷顾，左宗棠晚年的政治生涯比李鸿章幸运得多。1876年，左宗棠采用"缓进急战"战术，在做好筹措军饷、聚草屯粮、整肃军队等准备工作后，于两年内破敌如破竹，收复除伊犁之外的新疆所有失地。1878年，左宗棠由一等伯爵晋封二等侯爵。功成名就的左宗棠老骥伏枥，两年后抱病出关，矢志收复伊犁。这次以武力为后盾的外交谈判，迫使沙俄把已经咽进嘴里的土地吐了出来，近代中国取得一次罕见的外交胜利。这位自称"妄引边荒艰巨为己任"的老将，在西北"披旧裘，居毡帐，睡胡床，饮冰卧雪，神劳形瘁"，晚节如鲜花一般芬芳。

在天子脚下春风得意的李鸿章，如愿获得主持海防大计的权力，随着北洋水师的有模有样而权倾一时。然而，从奉旨督办北洋海防始，李鸿章就担心这个“题目过大，交卷不起”，结果不幸一语成谶。20年后，李鸿章苦心经营的北洋水师被日军一手摧毁，而他在朝中的地位也一落千丈，更惨的是从此背上千古骂名，晚节如榴梿一般臭不可闻。

军舰，买买买！人才，养养养！

1876年11月27日，天津大沽口寒风凛冽，李鸿章在海关总税务司赫德的陪同下，登上英国阿姆斯特朗公司建造的“阿尔法”号炮艇。这艘人称“蚊子船”的伦道尔式炮艇，与另一艘姊妹舰“贝塔”号，正在等待李鸿章的验收。

五个月前，这两艘蚊子船悬挂英国旗帜，由两名前英国皇家海军舰长驾驶，在汪洋大海上颠簸着驶往中国。这两艘排水量仅为320吨的小型军舰，并不适宜远涉重洋，所以每艘投了3万英镑的高额保险。途中曾遇到风暴袭击，所幸有惊无险，二舰于11月20日抵达大沽口。

直隶总督兼北洋大臣李鸿章，此时已是正一品的文华殿大学士，位列汉臣之首。验收那天，为了展示舰船性能，促成中英这笔军火交易的中间人赫德，还组织了一场实弹操演。李鸿章端坐在甲板上观看，突然，一颗子弹从他的头顶飞过！这颗差点改写中国近代史的子弹，来自操演队伍中一名英国水手。此人因过于紧张，导致手中的来复枪走火。

这场虚惊并未影响李鸿章对蚊子船的好感，他向清廷奏报说：“实系近时新式，堪为海口战守利器。”这两艘以希腊字母命名的炮艇，被李鸿章重新赋予两个极为威武的中文名——“龙骧”号和“虎威”号。在李鸿章的鼓吹下，沿海省份的督抚盲目跟进，耗银100多万两才发现蚊子船并不尽如人意。

清朝旧式水师的职责是防守海口、缉私捕盗，装备是木帆船和旧式火炮，根本不是西洋坚船利炮的对手。清政府想买一支现成的西式舰队，却被“阿思本舰队”伤了心，直到后来伴随着海防大筹议的热闹气氛，才又刮起购买外国军舰的旋风。

1875 年 5 月 30 日，清廷为海防大筹议画上句号，确定“分洋分任”的发展方针，派李鸿章、沈葆桢分别督办北洋和南洋海防事宜。不过，李鸿章并没有信心办好这件事，原因如他在给丁日昌的信中所言：“第一是无财，次则无人，又无激励之法。”

海防建设是一项烧钱的工程，以清政府当时的财力，同时要打造北洋、南洋两支水师，真是力不从心。李鸿章认为，“非有 3000 万南北均分，断办不出局势”。外强中干如贾府的清政府，哪里拿得出这么多钱，每年只能从关税和厘金中挤出 400 万两作为海防经费。丁日昌建议“以南洋之财办北洋之事”，于是李鸿章写信向沈葆桢提出要求，而沈葆桢也认为此款“分之则为数愈少，必两无所成。不如肇基于北洋，将来得有续款，故不难于推广”，同意优先发展北洋水师。

尽管有了南款北让，北洋水师还是陷入经费拮据的困境，因为每年 400 万两的拨款并不能落到实处。李鸿章早就担心户部的许诺是“动舞空文”，果不其然，日后总是不能足额收到这笔钱。沈葆桢曾经想和李鸿章联衔上奏，请户部下发文件抑制各省对海防专款的侵占，但李鸿章认为这样做只是“徒烦笔墨”而已。李鸿章深知清朝官场效率低下、拖沓扯皮，以他一名地方官员的身份，是很难号令和协调各方的。

创办近代海军的责任落到李鸿章一人身上，虽然手中多了一个权柄，但他并不高兴。清廷的改革格局一般是，地方自主在干，中央是被动的，你愿意干就默许你干。这就容易出现地方主义，也容易因人废事。本来近代海军在两江创办比较合适，因为江南制造总局在那里，依托现有的造船工业来办海军再好不过了，但由于沈葆桢的分量不如李鸿章，而且北洋水师直接拱卫的是京畿，清廷就优先让李鸿章发展北方的海防。地域之别和门户之见，使得一个地方的事情变成一个人的事情，别人都不操心。北洋水师明明是一个国家的海军，实际上变成一个地域性的海军，最后又变成李鸿章一个人的海军，这是制度上出了问题。

陆军出身的李鸿章并不懂海军，既然朝廷要他挑大梁，只好摸着石头过河。因“阿思本舰队”事件飞黄腾达的赫德，现在又开始出谋划策，向外行的李鸿章推荐购买英国的蚊子船。这种军舰在很小的舰体上装载巨炮，主要作为水上炮台进行港口防御，并不适合出海作战。清政府要建设一支有攻防能力的近代海军，当然需要有能跟外国坚船利炮对抗的铁甲舰，但这是在远东拥有海上霸权的英国所不愿看到的。因此，赫德竭力劝李鸿章说铁甲舰已经过时，蚊子船乃是攻守利器，其舰载火炮可以击穿铁甲舰。

在赫德的影响下，李鸿章一度相信铁甲舰靡费无用，一再拖延购买这种主力战舰，主张购买造价较低廉却能破坏铁甲舰的小型军舰，比如蚊子船和人称“碰快船”的撞击巡洋舰。当然，这跟李鸿章的海防战略思想也有关系。他知道铁甲舰本应购买，但以现有财力，最多只能买一两艘，而南北洋面万余里，一旦有警情，恐怕应付不来，甚至可能为敌所攫，所以不如用这笔钱多买几艘小型军舰，择要紧之处重点把守，其余海口略为布置。

1879 年 11 月，四艘比“龙骧”号有所改良的蚊子船，在英国海军军官琅威理的率领下驶抵大沽口。虽然这批炮艇是经李鸿章之手操办的，但沈葆桢认为将来非南洋水师莫属，亲自命名为“镇北”“镇南”“镇西”“镇东”。然而，这四艘应南洋水师之需而购的军舰，却被李鸿章来个以旧换新，把已使用两三年的“龙骧”“虎威”“飞霆”“策电”四舰送往上海刮修船底，然后划拨给南洋水师使用，而把新舰留在北洋水师。

当初慷慨地把南洋海防经费让给北洋的沈葆桢，看到李鸿章迟迟不肯购买铁甲舰，真是伤透了心。沈葆桢曾主持福州船政局八年，又曾亲临前线处理日本侵台事件，深知要夺取近海制海权，非有充当中坚力量的铁甲舰不可。他写信告诫李鸿章说，没有铁甲舰则诸船可废，有铁甲舰而后诸船可用，光有炮台、水雷、蚊子船等不足恃。

其实，李鸿章何尝不眼馋铁甲舰，尤其是近邻日本已拥有此等战舰，犹如有虎在侧。1879 年春，日本出兵吞并琉球王国，给清国再次敲响警钟。清廷谕令李鸿章和沈葆桢妥速筹购铁甲舰，李鸿章决定花100多万两银子购买一艘，却因恭亲王奕䜣质疑北洋专顾一口而打退堂鼓。奕䜣奏称，南洋所辖洋面比北洋宽得多，所得到的经费却很少，应优先安排。李鸿章见势不妙，担心铁甲舰会被并入南洋水师，就转而订购赫德推荐的两艘巡洋舰。派系之争无时无刻不在腐蚀着这个没落的王朝。

沈葆桢至死都没看见一艘铁甲舰的影子，1879年临终前口授遗疏时，遗憾地向两宫太后倾吐肺腑之言："臣所每饭不忘者，在购买铁甲船一事，至今无及矣。而恳恳之愚，总以为铁甲船不可不办，倭人万不可轻视……伏望皇太后圣断施行，早日定计，事机呼吸，迟则噬脐！"

李鸿章不愿好处落入他人之手，自己却一直惦记着铁甲舰，不断派人打探欧洲各国生产的铁甲舰。1877年，李鸿章从赫德处得知土耳其在英国订购的两艘铁甲舰有意转售，便委托海军留学生华监督李凤苞、洋监督日意格前往船厂考察，发现样式陈旧而作罢。沈葆桢去世后不久，中俄因伊犁问题发生争执，两国关系骤然紧张，俄国威胁将派舰队到中国沿海活动。李鸿章对那两艘铁甲舰的热情又被激活了，不料英国政府先是趁机哄抬价格，后又担心二舰将来会落入俄国之手而拒售。

英国人的傲慢并未浇灭李鸿章的购舰热情，反而让他坚信铁甲舰是利器，否则英国人不会这样出尔反尔。1880年7月，李鸿章上奏朝廷说，今欲整备海防，力图自强，非有铁甲舰数艘，则不足以控制重洋、建威销萌，绝不能因惜费而不购买。李鸿章已经认识到，若无铁甲舰坐镇，仅恃已购数艘蚊子船和碰快船，实不足以组成舰队阻扼大洋，"则门户之绸缪未周，即根本之动摇可虑"。

清廷允准李鸿章所请，谕令从英国订购两艘新式铁甲舰。不过，英国人这回得为自己的傲慢埋单，错失二三百万两银子的大生意。当中国驻德使馆参赞徐建寅等人想参观正在建造中的"超勇"号、"扬威"号巡洋舰时，英国船厂以为中国人是来挑刺的，蛮横地拒绝了这个正当要求。闭门羹赶走了中国特使，得知中国从德国伏尔铿造船厂接连订购了两艘铁甲舰，英国人不得不咽下悔恨的苦果。

德国人用殷勤换来的这笔大订单，就是后来大名鼎鼎的“定远”舰和“镇远”舰。德国在军舰制造方面是后起之秀，居然抢走了老大哥的生意，英国一时羡慕嫉妒恨。当时最新式的铁甲舰装甲为英国发明的钢面铁甲，得知中国的大订单花落德国，英国政府随即下令不得向德国出口这种铁甲。这并没有难倒竞争对手，德国人经过反复试验，自行研制出了钢面铁甲，并最先应用到“定远”号铁甲舰上。

“定远”舰

这并不是李鸿章第一次购买德国军火。早在 1871 年，他就曾一口气向德国克虏伯家族买了 328 门大炮，布防在大沽口、北塘、山海关等炮台。德国商人把中国人奉为上宾，这让李鸿章有了初步的好感。那是 1866 年中国第一次派团游历欧洲的时候，考察团访德期间参观了军火及钢铁制造商克虏伯公司，受到了主人阿尔弗雷德·克虏伯的盛情款待。考察团成员张泰回国后跟李鸿章说，此人热情好客，不像英国人、法国人那样藐视我们的长衫、马褂和长辫。

被西方列强踩在脚底下的清国人，心里有了自卑的阴影，被人高看一眼便受宠若惊。当然，李鸿章最后选择克虏伯大炮来装备清军，绝不仅仅是因为人家笑脸相迎，主要是在对各国火炮经过仔细比较之后而定的。19 世纪 60 年代，清政府主要从英、法购炮，尤其对英国的阿姆斯特朗炮情有独钟。不过，李鸿章早就跟德国人眉来眼去。1867 年统率淮军的时候，他就从广东沿海的走私商人那里买来一些克虏伯小炮，后来又陆续购买了克虏伯后膛钢炮。这种钢炮因在普法战争中击败法军而声名远播，李鸿章称赞说“取准及远，精利无匹”，从此跟克虏伯大炮结下一世情缘。

李鸿章跟德国人打得火热，不仅让英国军火商很恼火，也让赫德很失落。尽管赫德是个外行，但他依靠中国海关驻伦敦办事处主任金登干这个耳目，居然充当起中英军火贸易的掮客。李鸿章起初似乎言听计从，从 1875 年开始委托赫德购买蚊子船，接连不断的订单使得赫德的野心不断膨胀，企图垄断清政府的军火交易。清政府的驻外使节和法国人日意格，因可以接触到外国军火商而成为赫德排挤的对象。1878 年接到“镇北”等四舰的订购指令后，正在巴黎休假的赫德写信交代金登干要保密，不要把这个消息透露给日意格和中国驻英使馆，让这些人没有发言权。

赫德的野心不止于此，他还为自己设计了一个新职位——总海防司，相当于中国海军总司令。1879 年，赫德向总理衙门献上《试办海防章程》，建议继续添船购舰，成立南洋、北洋两支海军。同时，他向李鸿章表示，必须由他赫德担任总海防司才肯出力。按照赫德所拟的章程，用人、支饷、造械诸事均由总海防司定夺，南北洋大臣不得侵越。这样一来，中国海防大权就掌握在总海防司手里，像海关大权一样落入赫德之手。

有人跳出来分担海防建设的重任，但李鸿章并不乐意。让一个外国人骑到自己头上指手画脚，那可不是李鸿章的作风。不过，总理衙门可不管手下官员的感受，一看李鸿章创办水师久无成效，而海防又日益吃紧，慌乱之下决定委任赫德为总海防司，希望他能把海防办得像海关那样有声有色。

有一个人解了李鸿章之围，那就是他的幕僚薛福成。薛福成早年在曾国藩幕府干了七年，深得曾氏器重，1875 年被李鸿章请来做文案工作。丁忧期满被召回来的薛福成，一看到总理衙门的委任令，急忙给李鸿章写了一封论赫德不宜总司海防书。薛福成指出，赫德虽在华享受着高官厚禄，但他内心仍向着西人，由他总司江海各关税务已有尾大不掉之势，若再让他担任总海防司，则中国兵权、饷权皆落入他一人之手，届时他朝建一议暮陈一策来迷惑总理衙门，既借总理衙门之权牵制南北洋大臣，又借南北洋大臣海防之权牵制总理衙门，数年后恐怕不好驾驭他。

薛福成

这番鞭辟入里的分析让李鸿章打消了顾虑，不再害怕得罪赫德和总理衙门，数日后择其要点函告总理衙门。总理衙门幡然悔悟，但又不好出尔反尔，怎么让赫德知难而退呢？薛福成早有一计，让总理衙门告诉赫德说兵事非可遥制，总海防司须亲赴海滨专司练兵，总税务司一职须由他人代之。薛福成断定赫德贪恋利权，必不肯舍此而就彼，则其议不罢而罢。鱼和熊掌不可兼得，赫德果然选择放弃总海防司一职，继续享受着海关总税务司超级丰厚的待遇。

以前办淮军时，李鸿章就注意跟洋人打交道时必须权自我操，现在办海军也是如此。清国军队的近代化建设，不仅需要能统筹全局的领导人才，还需要一大批训练有素的将弁。有了利器，还得有人会操作，否则形同废铁。李鸿章培养近代军事人才的途径，一是“请进来”，二是“走出去”。

李鸿章不能容忍像赫德那样妄图篡夺中国军事大权的外国人，但他并不排斥中国军队里有外国教官。从创办淮军开始，他就不惜重金聘请很多外教。后来清政府大量购买克虏伯大炮，克虏伯陆续派技术人员来华指导，但李鸿章并不满足于此。他希望中国人能走出去取真经，因此要求克虏伯为中国培养火炮专家，这样中国才会继续购买它的军火。克虏伯怎舍得失去这个 VIP 客户呢？

只好乖乖就范。

19 世纪 70 年代下半期以后，克虏伯兵工厂里拖着长辫子的中国学生多了起来。谁能想到，其中有一个人后来竟然调转炮口对准清政府，而后成了中华民国的陆军总长、国务总理乃至临时执政。这个牛人是李鸿章的同乡，他的名字能被镌刻在中国近代史上，与他早年获得李鸿章的赏识有一定关系。

1885 年，李鸿章仿照西方军事学院，在天津创办中国近代第一所陆军学堂——北洋武备学堂。次年，他来这里考察的时候，学堂进行了马、步、炮、工程各科的综合演练。炮科演练的内容是炮击海面活动的浮靶，学员第一炮没打中，接下来的几炮一样糟糕。李鸿章忍无可忍，生气地站起来。就在这时，有一个学员指挥的小组第一炮就打中浮靶，接下来每发必中，振奋了李鸿章的精神。

演练结束后，李鸿章接见了这个沉着冷静的指挥员。得知这名 21 岁的炮兵学员是自己的合肥同乡，他的祖父等许多家族成员曾是淮军官兵，门户观念很深的李鸿章非常高兴。接着，李鸿章又考了一些军事问题，这个年轻人对答如流。李鸿章兴奋地称赞说，这是一个可用之才。

李鸿章记住了这个学员的名字——段祺瑞。一年后，李鸿章亲自主持学堂第一届学员的毕业考试，段祺瑞获得最优等的成绩。在李鸿章给朝廷上呈的奏章中，段祺瑞、冯国璋、王士珍、曹锟等后来的民国大人物，被列为“屡考优等生”之列，其中段祺瑞名列榜首。段祺瑞毕业后，被派往旅顺港监修炮台。

1888 年冬，一份拟派赴德国学习军事的留学生名单，被呈送给李鸿章批准。看到五位留学生中有三人是山东籍，仅有二人是安徽籍，李鸿章顿感不悦。李大人没忘记那个姓段的老乡，于是大笔一挥，划掉一名山东籍人选的名字，然后换成了段祺瑞。虽然这种做法颇有感情用事之嫌，但段祺瑞确实有两下子，给李大人长脸了。经过严格的考试，段祺瑞以第一名的成绩获准去德国留学。

1889 年春，德国人瑞乃尔要回国去研究新技术，李鸿章就让他带领段祺瑞等五人赴德学习军事和造炮技术。瑞乃尔 1870 年来华，是克虏伯最早派到中国的技术人员，后被李鸿章聘为教习。此人略通汉语，工作异常出力，被清廷授予三等宝星勋章。

段祺瑞

在受聘于李鸿章的外籍科技顾问中，瑞乃尔并不是唯一来自克虏伯的人。克虏伯先后为清政府输送了100多名科技人员，有的在军营讲授克虏伯炮的使用、安装以及炮队的编排与训练，有的在军工企业讲解制炮原理，或协助翻译科技资料，或代为采购机器设备。虽然有个别人的表现不好，甚至是在刺探情报，但大多数人还是蛮卖力的。这博得了晚清洋务派官员的好感，比如张之洞比李鸿章还倚重克虏伯的科技人员，袁世凯也曾从克虏伯聘请了一批人才。

李鸿章的笔把段祺瑞送出了国门，而段祺瑞也没有辜负期望，扔下年轻的妻子和年仅一周岁的儿子，在异国他乡埋头苦学两年。第一年，段祺瑞等五人在柏林军校学习军事理论与操练课。那里可不是嬉戏玩乐的地方，学习任务繁重，体力消耗也大，考核气氛很紧张。有一个叫商德全的同伴，曾因劳累过度患病吐血。五人通过考核后，1890年便来到鲁尔区埃森的克虏伯兵工厂实习。

具有清国特色的奇装异服，尤其是脑后那条长长的辫子，让清国留学生成了被围观的“风景”。有一天，段祺瑞遭受耻笑后，怒气冲冲说要剪掉辫子。辫子可是大清顺民的标志，清廷自然不允许，怒发冲冠的段祺瑞只得作罢。当其他同伴完成学业回国后，段祺瑞奉命在克虏伯兵工厂继续深造半年。1890

年冬，当他跪拜在李鸿章大人面前时，自然逃不过一番凌厉的审视。当李鸿章确认他的长辫不是假货后才和颜悦色地说，你的责任是报效国家而不是剪辫子。不久，李鸿章委派他为北洋军械局要员。

并不是所有的留德学生都像段祺瑞那般勤学苦练。1876 年，第一批被李鸿章派去德国留学的七名淮军下级军官中，卞长胜、王得胜、朱耀彩三人很不成器，不仅自己不肯好好学习，还想拉可堪造就的同伴下水。这三个兵油子在国外狂妄自大，吃喝玩乐，不守规矩。德国人对待清政府首批留德学生，本来敬如上宾，一看他们不知自爱，转而鄙夷厌恶，尤其对那三个害群之马，恨不得一脚踹回国。

这七人刚去德国留学的时候，清廷并未派专人监督他们，次年李凤苞带领福州船政学堂学生去欧洲留学后，李鸿章就让他去德国检查他们的学业。李凤苞发现这些人表现确实不佳，曾跟德国友人解释说："在营员弁，本非上品。"德国友人想不通中国人为何要派这种人来留学，提醒道："如果以这种说法告诉德国海军部，必然更被薄视。去国七万里留学军事，怎能如此轻率？"

卞长胜等人丢了天朝的脸，简直就是在打李鸿章的脸。这次留学计划，是李鸿章与克虏伯派来的教官李劢协促成的。李劢协 1873 年来华，三年任期届满要回国，于是李鸿章搭上顺风车，让他选派中国军官跟着去德国学习。不料，这批学员的学识素养不够高，比如德语很差，不能听说，只能学得皮毛，无法深得精髓。七人中，卞长胜、朱耀彩被提前撤回国，杨德明在归国途中病故，其余者回国后的表现并没有特别突出。

虽然李鸿章把晚清第一批官派留学生送往美国，但在那里却得不到急需的军事人才，后来就把目光转投欧洲国家。1874 年 11 月，新任美国驻华公使艾忻敏前往天津拜会总督大人时，李鸿章曾向他询问美国政府是否准许中国人入读西点军校。艾忻敏随即把这一要求报告美国政府，并建议允许少数合格的中国人进入美国军事院校学习，学员可从留美幼童当中选拔。艾忻敏认为这将增强中国对美国的友好与信任，但美国政府拒绝了这一建议。德国政府却认为，接纳中国留学生有利于德国在华利益，因而表现出较大兴趣。

当时德国以陆军见长，而清政府的海防建设方兴未艾，海军人才缺口更大。把第一批留德学生送出国门后，李鸿章并没有闲着，筹划着一个更加周密的留学方案。待留学章程、学员名单、经费开支拟定后，李鸿章与沈葆桢于1877年1月13日联名上奏清廷，建议派遣福州船政学堂30名学生分赴法、英学习造船和驾驶技术。这一主张，沈葆桢早在1873年就提出来了，后受日本侵台事件干扰而搁置一旁。如今南洋大臣、北洋大臣齐心协力，趁着海防建设热潮重提此事，很快就获得清政府批准。

1877年3月31日，船政学堂第一批留欧学生从福州马尾港出发，搭乘轮船经由香港转赴欧洲。这批学生已有一定外语基础，并且略通造船和驾驶技术，承载着李鸿章和沈葆桢的海军强国梦，漂洋过海去异邦取真经。其中，不仅有后来成为著名海军将领的刘步蟾、林泰曾、方伯谦，还意外出了个名闻天下的思想家、翻译家。

这个偏离武官之路的海军留学生，就是后来翻译过《天演论》的严复。这个年少时会晕船的人，因为家里穷得叮当响，不得已报考能解决生存问题的船政学堂。学堂章程规定，学生的饮食及医药费全部由学堂供给，每月还能领到四两银子补贴家用，学习期间成绩优异者还有奖金，学成后以水师员弁擢用。当时学子多以求取科举功名为正途，对这类新式学堂不屑一顾，而对于无地可耕、无工能做的少年严复来说，如此待遇颇为诱人。

林泰曾

严复

给困顿中的严复提供这条出路的人，最初是左宗棠，后来是沈葆桢。1866年6月25日，闽浙总督左宗棠奏请在福州设立船政局来自主造船，同时还要创办中国第一所近代海军学校——求是堂艺局。7月14日，朝廷批准了这个建议，命左宗棠办理此等急务。就在左宗棠准备大干一场的时候，一纸调令打乱了他的计划，朝廷需要这位军事奇才去平定西北内乱。在北上赴任陕甘总督之前，左宗棠选好了一位接班人，那就是林则徐的女婿沈葆桢。此时，前江西巡抚沈葆桢因母亲去世在家守制，以重孝在身为由再三推辞，却拗不过左宗棠和朝廷的厚望。

为了避免受地方官员掣肘，左宗棠举荐沈葆桢出任首任船政大臣，朝廷准其专折奏事。沈葆桢认为“船政根本在于学堂”，福州船政局“创始之意不重在造而重在学”，非常重视海军人才的培养。1866年冬，求是堂艺局开始招生，在福州街头和乡村的显要位置遍贴告示，公开招收13岁至16岁资性聪颖、粗通文字的少年，全国各地的青年学子均可报考。后因考生较少，招生年龄放宽到12岁至20岁。

虽然前来报考的学子不太多，但学堂的入学考试可一点都不马虎，须笔试、面试及体检层层过关，不仅考查文采、智力和思维能力，还要看是否身体健康、反应敏捷，对视力的要求尤为严格。沈葆桢出的笔试题目是《大孝终身慕父母论》，拨动了丧父不久的严复的心弦，提笔作了一篇情文并茂的数百字论文。或许是严复的文思很好，又或许是他的情真意切打动了丧母的沈葆桢，总之他以第一名的成绩被录取了。

虽然笔试题目仍然很传统，但进入学堂以后，严复等 105 名学生新奇地发现了一个迥异的世界。他们的老师可不是一板一眼的老儒生，而是风趣直率的外国人。当时法国的造船技术世界第一，因此学堂聘请法国人来教授制造专业，而英国的海军那时候横霸世界，驾驶和管轮专业自然是向英国人请教。学生们在洋教习面前可以直白地说笑，大声地说出自己的见解，不断得到表扬和鼓励。他们要学习数学、物理、化学、天文、地理等，而这些从未在私塾里接触过的知识，竟然装在英文或法文原版教材里，授课时也全部用英文或法文。所以，他们一开始碰到的最大障碍是语言关，必须从字母咿呀咿呀学起。

1867 年夏，求是堂艺局从福州城中迁至马尾新校舍，从此改名为“船政学堂”。制造专业的校舍位于船政衙门前方，故称“前学堂”；驾驶和管轮专业的校舍位于后方，故称“后学堂”。用今天的眼光来看，前学堂培养的是军队技术人员，而后学堂培养的是军队指挥官。严复在后学堂学习英文和航海驾驶，本应成为一名军舰指挥官，后来却走上军事教育的文职路。

1871 年，严复以最优等成绩毕业于船政学堂航行理论科，随后到航行实践科上舰实习，最后被分派到“扬武”舰服役。这是福州船政局建造的第七号舰，1871 年开工后于次年完工，为中国第一艘自制的近代化巡洋舰。1876 年 2 月，严复曾随该舰由烟台驶往日本。驶入日本内港时，“扬武”号气势昂藏，引来日本人的艳羡和骇异。《万国公报》称赞舰上的船政学生“精进正未可量”，此行开了中国军舰访问外国的先例，“中外皆欢欣鼓舞而乐观厥成焉”。当然，欢欣鼓舞的不包括日本人，此举虽然壮了中朝之威，却也激发了日本人赶超的决心。

南方的海军人才茁壮成长，北方却殊乏可用之才，李鸿章只得将求援之手向南伸出。1876 年 8 月，严复等四名船政学堂毕业生被李鸿章聘到天津，准备接收从英国订购的四艘蚊子船。其中，先到的两艘是“龙骧”号和“虎威”号，

福建水师旗舰“扬武”号

次年抵华的是“飞霆”号和“策电”号。严复在天津等来了“龙骧”号和“虎威”号，与李鸿章一起参加了验收工作。不过，当“飞霆”号和“策电”号姗姗来迟时，严复已经身在英伦。

当李鸿章让李凤苞就拟定的第一批船政留学生名单再做审查时，严复的命运被改变了。挑选赴欧留学生的时候，有一部分学生因成绩不佳不予选派，或者受社会风气影响不愿出国，致使驾驶专业的留学生缺额。李凤苞提议让严复等二人回闽充数，李鸿章同意了。李鸿章对来津的严复等四名船政学生颇有好感，评价他们“洋学、船学均有涉历，才器大可造成”。此番决定把严复送去英国留学，李鸿章看好他是个可造之才。

1877 年 5 月 7 日，载着第一批船政留学生的轮船抵达法国马赛港。学习制造的人员留下了，严复、刘步蟾、林泰曾等人则继续前行，去往当时的“日不落帝国”。迈出了第一步，脚便不由自主地顺着惯性往前迈，清政府后来又陆续派出去几批海军留学生。截至辛亥革命前夕，清政府共派出 107 名船政学堂学生，取经的足迹遍及英、法、美、比、德、荷、西、日等八个国家。这批精挑细选的高素质海归，引领了中国海军一个新时代。

1877 年 5 月 13 日，严复等人首次到驻英公使馆拜访郭嵩焘。谁也没有料到，严复日后会与这位六旬老人成为忘年交。1878 年正月初一，六名在伦敦郊区格林尼治的英国皇家海军学院学习的中国留学生，前往公使馆给郭嵩焘拜年。其中严复最为健谈，给郭嵩焘留下很深的印象，事后郭氏不忘在日记中记上一笔。严复的语言特长、思考能力颇受郭嵩焘赞赏，郭氏经常邀请他去公使馆交流，甚至让他出席一些外交场合。

在第一批 12 名留英学生中，并非所有人都能进入英国皇家海军学院深造。这个培养英国海军军官的“摇篮”，本来容不下任何外国学生，后来成为日本海军元帅的东乡平八郎就曾遭拒，此次允许中国留学生入内培育实属破格录取。当然，外来的孩子终究比不上亲生儿，海军学院不允许中国留学生跟英国学生享受同等待遇，不能接受完整的、系统的海军教育，只能上一些速成的课程，就连吃住都不能跟英国学生在一起。

即使不能得到世界一流军校最好的教育资源，严复等六名拿到入场券的中国留学生，也多少尝到了一点香喷喷的螃蟹味道。在 1877 年 9 月 27 日的入学考试中，严复、方伯谦、林永升、叶祖珪、萨镇冰、何心川被录取了，黄建勋、江懋祉、林颖启却没能迈过这道门槛。此前，同来英国的刘步蟾、林泰曾和蒋超英，经郭嵩焘与英国外交部交涉，已于 8 月直接被派往英国皇家海军地中海舰队实习，并获准享受军官的伙食和床位待遇。

1880 年 8 月，严复收拾行囊北上，由福州乘船到上海，转乘招商局的轮船抵达天津。一年前，以头等成绩在英国皇家海军学院毕业的严复，奉命立即回国担任福州船政学堂教习。本来英方计划让严复上英舰实习一年，这位优秀毕业生却被火速召回国就职，从此失去驾驶战舰驰骋大海的机会。不过，严复的命运早前已经被人安排好了。1878 年 8 月，郭嵩焘致函英国外交部，请求让严复继续在海军学院学习一学期，使之能够胜任清政府虚位以待的教习职位。

当时中国的海军建设，不仅南方缺人，北方更是如此。在左宗棠和沈葆桢忙于创办学堂之时，急功近利的李鸿章则忙于订购坚船利炮，等到舰船来了却苦于无人可驾驭，只得借才于闽省。李鸿章发现，南人北调不是长久之计，往返调动颇费时日，且南北水土异宜，北洋亦应以学堂为根本，就地培养海军人才，以备异日之用。

说干就干，1880 年 8 月 19 日，李鸿章奏请在天津机器局内开办北洋水师学堂，三天后获得朝廷批准。身为海军留学生项目的促成人之一，李鸿章对那些远在海外的学子了如指掌，根据每个人的特长设计好了相应的职位。在 1879 年 10 月写给船政留学生监督李凤苞的信中，李鸿章看好刘步蟾、林泰曾将来能调管大型军舰，而严复担任学堂教习最为相宜。郭嵩焘也曾向李鸿章推荐严复，说此人不但海军业务学得好，英语也很精通，可堪大用。

北洋水师学堂刚获批，李鸿章就把严复从福州船政学堂挖过来了。据说严复初次见李鸿章的时候，李大人正在“咕噜噜”地吸水烟，就指着水烟袋叫他翻译。李大人顺手拈来的一试，竟把这位颇有翻译天赋的才子给难倒了。英语词汇里没有“水烟袋”这玩意儿，严复翻译不出来。李大人可不管这些，毫不客气地说：你的英语还没学到家。严复回去以后发奋钻研，后来在《天演论·译例言》中指出“译事三难：信、达、雅”，给自己也给后人制定了翻译的“三高”标准。

李鸿章吸水烟

严复到天津担任洋文正教习不久，北洋水师学堂里便有传闻，说他卧室的床铺后面隐藏着一个地铺，他经常以蚊帐为遮幕，躺在里面吸鸦片。此事后来传到李鸿章的耳朵里，李大人恼怒不已。虽然李鸿章吸水烟，但他从不吸鸦片。严复是侯官人，在今天是福州人，跟林则徐是同乡，李鸿章就拿这个训诫他。李鸿章要严复好好向乡贤前辈林则徐学习，说林大人是禁烟英雄，你这个严侯官怎么跟林侯官不一样呢？李鸿章痛心地说："汝如此人才，吃烟岂不可惜！此后当仰体吾意，想出法子革去。"

严复在给堂弟严观澜的信中说："中堂真可感也！"然而，感动归感动，严复却没有毅力去戒掉烟瘾，仍旧抽得十分讲究。晚年在给友人的一封信中，严复懊悔地说："恨早不知此物为害真相，致有此患。若早知之，虽曰仙丹，吾不近也。寄语一切世间男女少壮人，鸦片切不可近。世间如有魔鬼，则此物是耳。"

这位被后世奉为"启蒙思想家"的人，却是"思想上的巨人，行动上的矮子"。严复在英国留学的时候，有一次教师让几十名学生穿短衣练习挖土筑垒，规定在一小时内挖出一个深三尺左右的掩体，结果中国留学生累得筋疲力尽，而完成的工程量最少。严复意识到西方人的体质比中国人强，与他们从小注重体育锻炼、养成良好生活习惯密不可分。1895 年，他在政论文章《原强》中倡导"鼓民力、开民智、新民德"，将增强国人的"血气体力之强"视为国家富强之基。颇具讽刺意味的是，他自己却终日被鸦片这个"魔鬼"缠身，病恹恹地卧在床榻上吞云吐雾。

严复在北洋水师学堂干了二十年，最后爬到相当于校长的总办位置上，直到 1900 年学堂毁于八国联军之手，才与海军教育事业告别。甲午战争尾声阶段，他跟堂弟严观澜抱怨说，自己在北洋当差味同嚼蜡。与一起留学归来的同学相比，严复既没能轰轰烈烈地驾驶战舰厮杀疆场，也没能风风光光地成为权臣李鸿章的机要幕僚，他的黄金岁月是在冷冷清清的学堂度过的，尤其是甲午战败灭了大清海军的威风，被边缘化的日子就更落寞了。

严复颇有怀才不遇的怨恨，但在李鸿章看来，或许战场、官场并不适合这位才子的气质，讲台才最适合他散发思想的光芒。虽然郭嵩焘很赏识严复，但他与严复交往一年后，即发现这位才子身上携带着悲剧的因子。1878 年 7 月

16 日，郭嵩焘在日记中忧心忡忡地写道：严复的才分，“吾甚爱之，而气性太涉狂易”“负气太盛者，其终必无成，即古人亦皆然也”。不幸言中，严复果然一辈子郁郁不得志。

严复一开始是沿着武职官阶升迁的，但在以文治天下的社会，武官的地位不如文官高大上。没有科举功名的严复，懊悔早年误入歧途，学了偏门，以致混不进主流。喝了一肚子洋墨水的严复，1885 年捐了监生，四次参加乡试均名落孙山。1898 年戊戌变法期间，光绪帝开设经济特科以选拔洞达中外时务之人，病急乱投医的严复又去应试，后因变法失败特科被废而成了笑柄。

在改革意识刚刚唤醒的时代，传统意识还是很强势的，不是你喝了几滴洋墨水、学了几天洋军事就能根除的。像严复那样的一批海归，出国经历对他们来说，并不是给他们镀了一层金，反而是在给他们抹黑，没有自豪，只有痛苦。严复在家书中时常流露出痛苦，这种痛苦源于他不是正途出身，没有科举功名就不被主流社会接纳。边缘人的痛苦，促使很多人后来成了变革者。

李鸿章是体制内的人，但他看到了这个体制的漏洞，有心想去修修补补。除了在力所能及的范围内送出官派留学生，他还建议清政府鼓励自费留学，激励更多人去国外学习海军，由出使大臣就近照料，在他们学成归国后参加考试时，要酌定等第，予以职衔，对自费生与官派生一视同仁。李鸿章不是激进的改革者，没有魄力拿起铁锤砸碎旧体制，只能在体制内寻觅小的切入口，靠他自己及其所能影响的政治集团去寻求突破。

1880 年 12 月 6 日，招商局“丰顺”号轮船从天津出发，10 日拂晓抵达上海。船上载有 200 多名中国海军官兵，其中有未来的北洋海军提督丁汝昌，此时他的身份是北洋海防督操、记名提督。这位淮军出身的海军将领，此时意气风发，料想不到十五年后，自己会以服鸦片自尽向国人谢罪。跟他在同一条船上的，还有管带林泰曾、副管带邓世昌、二副杨用霖等人，后来都因在同一场战争中悲壮死去而名留史册。

当然，那场战争离他们还有点遥远，他们现在要做的不是去想象未来的惨烈，而是满怀希望去英国接回能保家卫国的巡洋舰。清政府从国外订购的军舰，以前都是花重金雇洋人驾驶来华，此次经李鸿章与赫德反复争辩，终于得以派自己人去接回来。节省经费固然是一个考虑，而锻炼本国海军人才，更是李鸿章心之所向。1879 年“镇北”等四舰在英国完工后，李鸿章就想由资质优良的船政留学生驾驶回国，不假手于西人，金登干却以学业未精等理由拒绝。

1881 年 2 月 27 日上午 9 时，吴淞口内的南洋水师各军舰皆升旗发炮，声势震天。在上海停留了两个多月的赴英接舰团，于南洋水师的壮行声中再次起航，乘坐招商局改装一新的“海琛”号驶往英国。七天前，他们接到一封命令出发的越洋电报，那是丁汝昌从英国发来的。为了节省开支，丁汝昌头一年年底先乘法国商轮赴英筹划接舰事宜，稍有眉目再招大部队奔赴英伦。

4 月 22 日晚，“海琛”号轮船在雨雪纷飞中抵达伦敦，24 日清晨驶入泰恩河，来到米切尔船厂所在地劳沃克。风尘仆仆的中国海军官兵，终于见到了建造中的“超勇”号和“扬威”号巡洋舰。英国阿姆斯特朗公司承接了这笔订单，但它只做最擅长的舰上火炮的设计与制造，而把舰体转包给米切尔船厂建造。4 月 30 日，“海琛”号驶抵纽卡斯尔，驻泊于阿姆斯特朗公司所在地埃尔斯维克。迎风招展的三角黄龙旗，奇装异服的清国水兵，一路观者如堵。

如约而至的中国接舰团，并没能立即接回久盼的军舰。因遇到材料涨价、设计修改、罢工、鱼雷艇问题等一系列麻烦事，英国船厂无法如期交舰。因中日关系紧张，在天津望眼欲穿的李鸿章勃然大怒，中间人赫德的日子也不好过，连连向船厂催问巡洋舰到底何时能起航。赫德警告说，若再拖延，震怒的李鸿章恐将下令不予提货。

1881 年 7 月 14 日、15 日，终于等来试航的好天气，测试结果让所有人都松了一口气。8 月 2 日，中国海军官兵正式登舰接收。次日凌晨，驻英公使曾纪泽在海军留学生洋监督日意格等人的陪同下，从伦敦乘火车抵达纽卡斯尔。下午 2 时，在鼓乐声中，曾纪泽亲手将黄龙旗升上二舰的旗杆。中国龙旗第一次在英国上空飘扬，二舰礼炮齐鸣，英国观众亦欢呼祝贺。

人群中少了两双中国水兵的眼睛，他们还没等到这一天就病逝了，安安静静地躺在纽卡斯尔圣约翰公墓里。他们叫袁培福、顾世忠，名字很普通，一眼看得出中国特色。六年后，这块墓地又添了三个中国水兵——陈受富、陈成魁和连金源。他们千里迢迢来接“致远”舰和“靖远”舰回家，自己却再也回不了家。

异域短暂的停留，有伤感，还有让人意想不到的一丝浪漫。1881 年 8 月 9 日，“超勇”号和“扬威”号起航回国，有一位叫池仲祐的随行文案不胜惆怅。他在日记中叹道：“匆匆一别，再晤何期，未免有情，谁能遣此矣！”让他割舍不下这段情的，是一个名叫 Annie Fenwick 的英国少女，他在日记中称之为“意腻”。

“扬威”舰

书香门第出身的池仲祐，与英国绅士家庭出身的意腻，结识于纽卡斯尔。两人意趣相投，时而鸿雁传书，时而见面聊天，情意在礼尚往来中发酵。离别的日子终究来了，池仲祐没有忘记长眠于此的兄弟们，请意腻代为照顾圣约翰公墓里的中国水兵。意腻答应了，依英国习俗在中国水兵的墓上栽了花。那是一种黄色的花，花语是“给那些永远不能还乡的人”。

长眠在异国他乡的中国水兵，虽然永远不能还乡了，但家乡的人偶尔还会来看看他们。1911 年 6 月，一艘名叫“海圻”号的巡洋舰，载着前来参加英王乔治五世加冕礼的中国使者抵达朴次茅斯军港。使命完成后，“海圻”号顺便回了趟娘家——阿姆斯特朗公司，进行为期一个月的维修。率舰而来的海军部第二司司长程璧光，曾专程去圣约翰公墓吊唁，并重修了中国水兵的墓碑。

一个世纪以后，中国记者发现有两座墓葬保存完好，其余三座虽有损坏，但黑色大理石墓碑仍依稀可辨。让人感慨的是，其中一座墓碑下面有一丛黄花开得正艳。

更让人感慨的是，“海圻”号出来一游，来时奉的是清政府之命，回时听的却是民国政府之命。1899 年到中国服役的“海圻”号，这次回英国母厂大修后，顺便访问了美国、古巴，然后沿原航线回国。途中听闻辛亥革命爆发，程璧光召集全舰官兵在甲板训话，让他们决定是否参加革命。1912 年 5 月，海外易帜的“海圻”号回到上海，完成了一次传奇的万里远航。

如果李鸿章活着看到这一幕，他不知有何感想。他生前勉力维系的大清王朝，最终还是被革命的风暴吹倒了。或许这不是李鸿章预料得到的，临终前让他死不瞑目的，是担心遭受八国联军蹂躏的大清，有朝一日会被列强瓜分殆尽。为了避免这一天的到来，他一生忙忙碌碌，当起了大清的裱糊匠，为这间破屋东补西贴。这不，1881 年 11 月，一路历经惊险的“超勇”舰和“扬威”舰驶抵大沽口，李鸿章又忙叨叨地亲自到港检阅军舰、慰问官兵。

“超勇”“扬威”这两艘撞击巡洋舰，虽然存在适航性差、防护薄弱等不足之处，却是当时世界上最新式的军舰，舰上装备的新型后膛炮足以穿透铁甲舰。比“超勇”“扬威”早些开工的同级巡洋舰，有一艘本由智利海军订购，后来转售给日本，舰名叫“筑紫”。中日军备竞赛，已愈演愈烈。历经周折，北洋水师总算有了一点雏形，但李鸿章还是高兴不起来。他知道考验还在后头，亲手缔造的舰队很快就要悲壮起航了。

第四章

大清的悲剧：惹不起，也躲不起

李鸿章有一套治国理念，那就是“外须和戎，内须变法”。中国虚弱无力，若还想逞强，只会自取其辱，与其这样，不如避战求和，能争取和平就不要打仗。

法狼来了，战还是不战？

1881 年 7 月 12 日，法国驻华公使宝海在给外交部部长的信中写道："现在，我们在这里只是靠 1860 年远征的余晖而存在着。然而，这种余晖已很遥远了。而我们欧洲不幸的战争又使它大为减色。但是，一旦东京成为法国的属地，我们所处的局面立即就会发生根本的改观。"

宝海所说的"东京"，跟日本没关系，那是指越南北部地区，越南人称之为"北圻"。1871 年，法国在普法战争中失败，向德国割地又赔款，丧失了在欧洲大陆的霸主地位。为重振法兰西民族的自信和荣誉，法国加快了海外殖民扩张的步伐，冀图失之东隅，收之桑榆。

从第二次鸦片战争攫取的利益，已经满足不了法国的胃口，饥渴的眼睛瞄准了中国的西南方位。那里有中国一个古老的属国，曾经名为"安南"，1803 年被嘉庆皇帝赐名"越南"。在公元 968 年独立建国之前，越南中北部曾为中国的直属领土，时间长达一千多年。15 世纪初，越南还一度被明朝统治了二十年。在越南沦为法国殖民地之前，中越之间一直保持着宗藩关系。

在传统的中华文化圈内，中国被奉为"天朝上国"，周边属国如越南、琉球、朝鲜等，众星拱月般围绕着它转。中国不侵占这些卫星国的领土，也不干预人家的内政，只是有时会派使臣前去册封、宣谕、凭吊等。不过，这些国家的君主即位，须得"天朝上国"册封方为正统，还须定期遣使向中国进贡。讲究礼尚往来的中国，自然不会白拿人家东西，也会赏赐大量财物给朝贡国。这种宗藩关系主要看重从属的名分，中国对属国并无实质的统治权。

当然，国与国之间永远是利益当先。人家小国向你俯首称臣，主要是希望你不要以大欺小，在它有难时还能帮一把，比如派兵助它平定内乱或者抗击外敌入侵。中国要想做老大，本身必须实力够硬，才能镇得住这些小国，以保边境风平浪静。当天朝上国的脸面被鸦片战争撕破后，这只纸老虎成了真老虎捕食的猎物，自身尚且难保，遑论保护属国。人家一看你靠不住了，自然萌生了离开你怀抱的念头。

跟中国山水相连、唇齿相依的越南，自 18 世纪下半叶被法国盯上后，就没有安宁日子过了。法国一再要求开放通商和传教的权利，但越南跟它的宗主国一样闭关自守，下令驱逐乃至处死西方传教士。1858 年 6 月 27 日，就在《中法天津条约》签订的同一天，法国联合西班牙发动侵越战争。1862 年，越南在西贡签订了《同法国和西班牙的友好条约》，向人家割地又赔款。1874 年又在西贡签订了《法越和平同盟条约》，法国以承认越南为独立国来否定中越宗藩关系，将越南纳入它的“保护”之下，实际上是让越南投入它的怀抱俯首听命。

1875 年，法国将条约内容照会清政府，要求驱除中越边境的黑旗军，禁止中国军队进入越南，允许在云南开口通商等。法国人的眼中钉黑旗军，是由中国人刘永福领导的一支民间武装。这支以七星黑旗为战旗的武装，原是 19 世纪五六十年代活跃于两广边境的一支农民起义军，1867 年在清军的攻势下退守越南北部。黑旗军不与越南官府为敌，消灭越南当地的黑势力，占据一块地盘自力更生，日渐得到越南政府的认可，没想到日后竟成了抗法先锋。

法国人与黑旗军结下仇怨，缘于黑旗军挡了法国人的道。19 世纪 60 年代，法国热衷于从越南寻找一条通往中国的水路，这样就不必再以英国的殖民地香港作为中转站，可以径直进入中国开展贸易。法国探测队经过两年的勘察，1868 年向政府报告说，中越贸易的水上通道是红河。法国政府从此将目光锁定越南北部，想打通那条流经中越两国的红河，进入“不啻百宝之罗列”的云南。这句读来让人垂涎欲滴的话，出自法国探测队队长安邺之口。这位被誉为

“法国有史以来最勇敢的和最热心的探险家”，还直白地说过“云南物产富饶，俨一利薮”。

法国人垂涎云南，可是要想通关，先不说中越两国政府同不同意，还得看一个人点不点头。这个人，就是黑旗军的首领刘永福。黑旗军的根据地在越南西北边境保胜，那是从越南取道红河与云南通商的必经之地。1873 年 9 月，法军侵入越南北部，强行要求红河通航，遭到越南政府拒绝。11 月，为迅速打通这条黄金航道，海军上尉安邺率兵攻占河内、海阳等红河沿岸地区。所向披靡的安邺，没想到竟栽在黑旗军手下，成了刀下鬼。

12 月 21 日上午，听说河内城外有一些越南兵在叫骂挑战，安邺与副手各带十余名士兵就出城去教训他们。那天是礼拜日，安邺仓促间只集合了这点人马，但他曾经有过以不足 200 人击溃 7000 名越军的经历，根本不把这些前来挑衅的越南兵放在眼里。看到原本张牙舞爪的越南兵作鸟兽散，安邺决定追杀以解恨，追到纸桥附近才发现中了圈套，1000 多名黑旗军正等着他们自投罗网。安邺作战时掉进一个陷坑，在射光手枪里的子弹后，被围上来的黑旗军割下头颅，与数名同伴的头颅一起在越南北方诸省示众。安邺之死让法国在北圻的侵略行动踩了急刹车，刘永福被越南政府授予三宣副提督衔。

法国人想来抢自己的地盘，刘永福虽是一介农民，对付法军尚且有点谋略，而清政府却一时不知如何是好。收到法国关于越南的照会时，清政府正为“马嘉理事件”忙得焦头烂额。当时英国也盯上中国的西南边陲，想从云南打通滇缅陆路通道。总理衙门所能做的，就是申明越南是中国属国，中国对越南的宗主权毋庸置疑。至于通商一事，总理衙门推说云南距北京路途遥远，本衙门不能轻易决定如何办理，待北洋大臣李鸿章完结马嘉理一案，再去察看该省边界各处情形，然后再商办此事。

清政府不想与法国发生正面冲突，未公开提出抗议，亦未明确否认西贡条约，采用拖延战术来敷衍了事。此后，越南还照旧遣使向中国朝贡，并请求清军入越助剿法军。当时西北有俄国虎视眈眈，东南有日本蠢蠢欲动，清政府不想再去招惹法国。不过，法国可没有耐心继续僵持下去，1880 年 11 月照会中

曾纪泽

国驻法公使曾纪泽，表示法国要在越南依西贡条约行事。当时曾纪泽还兼任驻英、俄公使，正忙于与俄国就修改崇厚擅订的《里瓦几亚条约》进行谈判，因此想以承认法国的保护权来阻止它吞并越南，要求法国声明“系照约保护该国，而无兼并之意”。

当然，法国不会听曾纪泽的话。1881 年 7 月 22 日，法国议会通过了关于开通红河、经管东京的议案，增拨 248.7 万法郎的军费，用以加强在越南北圻的海军力量。法国此前已占领南圻，此时决定向北圻扩张，打通从越南直达中国的通道。早在 1879 年 6 月，法国驻越南海防领事土尔克就说必须占领北圻，因为它是一个理想的军事基地，一旦欧洲各强国企图瓜分中国时，法国将是那些最先在中国腹地的人。

越南北圻与中国接壤，若落入法国之手，等于中国的西南藩篱被撤。本来邻居是一只羊，现在来了一只狼，中国岂能高枕无忧？曾纪泽在给李鸿章的一封信中指出：“法人之夙志，非徒并越，而特欲以越为根脚耳。粤边之煤矿，滇中之金矿，无不垂涎。此间人之著作，多可为证。”法国的狼子野心，不是吃了一个越南就能满足的。

1881 年 9 月，已结束中俄谈判的曾纪泽到巴黎全力交涉，就法国议会同意增拨军费一事走访外交部，坚决反对经红河通商云南，并再次申明越南是中国属国。但是，曾纪泽知道仅靠外交斡旋是不行的。他写信向总理衙门建议说：“法之图越，蓄谋已久，断非口舌所能挽救。吾华海防水师渐有起色，如拨派数艘移近南服，敌人有所顾忌，或可不至于剥肤噬脐之悔。”

曾纪泽了解到法国两党政见不合，外又有强邻窥伺，必不敢轻易发动一场大规模战争，只想以低成本拿下越南。因此，曾纪泽建议清政府积极备战，以凛然不可犯之势，让法国心生怯意，知难而退。时人看曾纪泽言辞激烈，遂将他划入主战派，但他私底下跟人说他“不欲启衅之心，未始不与合肥同也”。

曾纪泽所说的“合肥”，自然是指合肥人李鸿章。当时有“李主和、曾主战”之说，曾纪泽不以为然，认为自己主张“实力备战以保和局”，本意跟李鸿章一样不想轻启战端。曾纪泽提出的策略是，阳为主战，阴为主和，主战愈烈，则求和愈易。

与曾纪泽有所不同的是，李鸿章想求和，但不想备战。李鸿章太清楚本国的军事实力，担心积极备战会引火烧身，让法国误以为中国真的想大打出手，就把矛头从越南掉转过来对付中国，到时吃亏的定是中国。李鸿章觉得，越南不值得中国这样舍身相救。根据探听回来的情报，李鸿章认为越南早有异心，见中国值多事之秋，颇想依附法国人，后又害怕被法国鲸吞蚕食，才回过头来向中国求援。

越南未向宗主国打报告，就擅自与法国签订条约，李鸿章认为是咎由自取。既然越南与法国已立约，恐非中国所能劝阻，此时法国看似不急于吞并越南，李鸿章建议清政府采取不即不离之策，随时设法调停。所谓“不即不离”，就是中国既不放弃对越南的宗主权，又不因越南问题而与法国失和。李鸿章还想以夷制夷，劝英国与越南签订通商条约，以此牵制法国。

法国想打通红河航道，除了要与清政府周旋，还有一大障碍须除掉，那就是用大刀砍了安邺脑袋的黑旗军。1882 年初，法国交趾支那舰队司令李维业率兵数百北上，前去驱逐黑旗军。此时法国政府将海外扩张的重点放在埃及，在越南采取守势，因此指示海军部赶走黑旗军就行，不要占领红河附近地带，只需以少数军队在沿岸一二处驻守，保证红河畅通无阻即可。法国政府担心攻占北圻会引来中国的军事干预，但李维业没有听从上级指示，于 1882 年 4 月 25 日挥师攻打河内。

越南政府连连催请黑旗军驰援，刘永福在檄文中写道：“永福，中国广西人也，当为中国捍蔽边疆；越南三宣副提督也，当为越南削平敌寇！”1883年5月19日，黑旗军在纸桥大败法军，李维业被击毙。跟安邺一样，李维业的头也被砍下来示众，旁边一块木牌上写着：“侵我中华者戒！”立了大功的刘永福，被越南政府晋升为三宣提督，加封一等义勇男爵。法国则恼羞成怒，议会于5月27日以全票通过一项决议，将为其“光荣健儿”复仇。

看到法国悍然出兵北圻，清政府急忙在中越边境部署兵力，但又下令不可衅自我开。曾纪泽在巴黎向法国外交部提出强烈抗议，法国政府十分恼怒，决定通过驻华公使宝海与清政府直接交涉。1881年通过谈判成功修订《里瓦吉亚条约》，迫使俄国把吞下去的一部分中国领土又吐了出来，这次虎口探食让曾纪泽在西方赢得“天才外交官”之誉。因此，法国政府避开这位咄咄逼人的中国公使，将外交谈判的重心转移至中国，担子自然就落到李鸿章身上。

晚清被洋炮轰开大门的时势，造就了李鸿章的外交事业。鸦片战争以前，中国没有近代意义上的外交机构。1842年签订的中英《南京条约》规定开放广州、福州、厦门、宁波、上海等五处通商口岸，清政府被迫于1844年设置五口通商大臣（南洋通商大臣的前身），来管理这些口岸的通商和交涉事务。李鸿章任江苏巡抚时，曾兼任五口通商大臣。

为维持天朝上国的虚荣，清廷不愿让外国公使进京议事，设置五口通商大臣意在将“夷务”囿限于地方。然而，这种一厢情愿的迷梦被第二次鸦片战争的炮火轰碎了，1860年签订的《北京条约》给了外国公使驻京的权利。再也无处可遁的清廷，次年就在北京设立总理衙门来处理涉外事务。总理衙门相当于外交部，但在里面办事的人多是传统士大夫，大都害怕跟洋人打交道，也不太懂近代外交，于是得找个可靠的人来当挡箭牌。这个人，就是李鸿章。

自从中年率淮军踏入华洋杂处的上海，李鸿章的下半生就再也摆脱不了洋人的影子，终日周旋于列强的代言人之间，练就了一身不怯场的功夫。尤其是1870年担任北洋通商大臣后，身在“国门”天津的他对待想进京办事的外国使节，顺应朝廷的意思，能挡则挡，能处理就处理，渐渐形成“外事不决问李鸿章”的局面。他在天津的衙署俨然成了大清的“外交部”，总理衙门几乎每办一件事都要征求他的意见，驻外人员经常向他汇报并听取指示，他俨然成了大清的“外交部部长”。

李鸿章外交着装（1896 年访问英国期间留影）

当中法为越南闹得快兵戎相见的时候，总理衙门又把这个刺球抛给李鸿章。只不过，当时李鸿章不在直隶总督任上，只担任北洋大臣一职，而且职位前还得加“署”（代理）字。怎么，李大人被降职了吗？不是。1882 年 4 月 19 日，李鸿章 83 岁的老母亲在湖广总督李瀚章处病故。按当时的丁忧制度，遭遇丧父丧母的官员须辞职，回籍为父母守制 27 个月，期满能否官复原职，那可说不准。丁母忧的李鸿章若不是朝廷倚重，夺情让他移孝作忠，穿孝百日后继续为国家效力，那他此时就只是一介平民罢了。

在直隶总督兼北洋大臣的高位上坐了十二年，李鸿章何尝不恋恋难舍呢？早已习惯由李鸿章抛头露面处理棘手事务的清廷，一时半会儿又哪里找得出这样的能臣呢？于是，关于丁忧期间的人事安排，李鸿章和清廷都颇费思量。最终，直隶总督一职由李鸿章的老部下张树声署理，北洋大臣一职由李鸿章穿孝百日后署理。李鸿章探听到慈禧太后的打算是，服阙后仍由他出任直隶总督，张树声则回任两广总督。吃了定心丸的李鸿章，遵照清廷的指示，以署北洋大臣的身份驻扎天津，督率所部各营认真训练。苦心经营多年的北洋水师，李鸿章仍牢牢掌握在自己手中，别人想来捡个现成的便宜，没门！

1882年11月27日，李鸿章与宝海在天津开始谈判。宝海1880年6月就任法国驻华公使时，曾在天津受到李鸿章的礼遇。宝海评价说，李鸿章是当时中国最重要的人物之一，他的智慧、眼界和权威，使他成为洋务派当中最有威信和最强有力的领袖之一。

前一年年底，宝海在与李鸿章的会晤中了解到，中国不愿事态继续扩大，不希望因此而损害中法关系，希望法国政府有所克制。宝海觉察出清廷对法国侵越所表现出的温和克制，与曾纪泽在巴黎的强硬态度形成鲜明对照，而前者才是清政府的真实想法。因此，法国决定冷落中国驻法公使曾纪泽，由宝海与中国国内的温和派交涉。

总理衙门问宝海，为何法国外交部对曾纪泽的照会不予答复？宝海回答说，因为曾纪泽傲慢、言辞不当。宝海解释说，法军占领河内并非法国政府的命令，乃是前线部队擅自行动，他愿意与中国官员坐下来协商越南问题。总理衙门看宝海态度平和，觉得事情可能会有所转机，便让李鸿章出面与他谈判。

几乎与宝海同时来到天津的，还有一个叫尚布里的法国骑兵上尉。此人是法国陆军部特派员，周游世界专门搜集情报。李鸿章盛情款待尚布里，并邀请他检阅自己直属部队的一小部分。那是12000名全副武装的精兵，他们的装备采购自欧美，由一流的欧洲教官训练，能够熟练操作手中的武器。李鸿章说，他还有大约6万名这样的士兵。

尚布里震惊了！他不知道，中国人最会搞形象工程。李鸿章所谓的“一小部分”士兵，其实是他的全部主力。不明真相的尚布里，迅速将所见所闻告诉宝海。在李鸿章的“协助”下，宝海还发现天津军火库一带近来异常忙碌，码头每天堆满大炮、辎重车、各种规格的弹药和各式武器，运往人们不知道的地方。

被李鸿章的障眼法蒙蔽了的宝海，不得不重新评估大清的军事实力。李鸿章还暗示宝海，其部队的主要装备购自德国，顾问也主要请自德国。这可刺中了法国人最敏感的神经！领教过克虏伯大炮威力的法国人，还没有从普法战争失败的阴影中走出来，他们尝够了被德国人踩在脚底下的滋味。不久前，德国驻华公使曾私下向宝海表示，德国支持法国吞并越南，更支持他对华持强硬态度。宝海现在觉得这个宿敌肯定没安好心，想促成中法战争以削弱法国。

瞻前顾后的宝海，只能使出缓兵之计。他和李鸿章协商出一个解决争端的办法：中法共同保护越南，即在云南、广西界外与红河中间之地划定界限，北归中国巡查保护，南归法国巡查保护。李鸿章对“共同保护”的解释是，“彼此不取其地，外人如有谋蚕食者，彼此各出力援助”“外人如有犯越北境者，中国出兵援之；犯越南境者，法国出兵援之”。

想让法国把吃进去的南圻吐出来，李鸿章知道是不现实的。只要能保住北圻，法国人鞭长莫及，中国的西南边疆危机还能缓一缓。李鸿章的想法是，承认法国侵占南圻的既成事实，然后通过划界来井水不犯河水，使越南不至于被法国全部吞并。这样做，一来中法不伤和气，二来中国边疆可期永固。

一直鼓动法国政府侵占北圻的宝海，此时为何会放弃这块垂涎已久的肥肉呢？1883 年 3 月 16 日，他在给法国外交部部长的信中解释说：“当时东京正受到两支中国军队的入侵，而这对于行使安南政府 1874 年赋予但一直未获批准的权利来说，确实比任何其他问题都更为严重……这个允诺的第一个效果是使中国的部队撤离东京，退至边境，从而使我们在众多敌人包围而陷于灭顶之灾的河内驻军解脱出来。”因此，在 1882 年 12 月 27 日签订的《李宝协议》中，第一条就是要求清军从中越边境撤兵，第二条则要求中国政府驱除黑旗军，同意开辟保胜为通商口岸。

不过，宝海的辩解于事无补，他的饭碗已经丢了。11 天前，法国外交部部长函告他，由于他对中国做了一些不能答应的让步，他的驻华公使职务被解除了。李鸿章的遭遇比宝海好一些，虽然朝野对他有不少批评，就连英国人金登干都认为他“让步太多，所表现的软弱招致法国以为中国将不会反抗”，但清廷还是考虑接受《李宝协议》。

宝海与李鸿章的谈判仅耗时一个月，双方均有速战速决之意。宝海急于求和的原因，一是对中国的军事实力有所忌惮；二是李维业的部队孤军深入，法国政府的救援不得力，困守孤城的李维业部岌岌可危。宝海是担心法军一时寡不敌众，李鸿章则是害怕夜长梦多，拖久了法国必会添兵益饷，不如赶紧划定界限永保和平。

李鸿章太天真了，以为一纸草约就能束缚豺狼的手脚。当形势变了，法国的政策也跟着变了。1883 年 2 月 21 日，法国政局发生变动，狂热推行殖民扩张政策的茹费理再次上台组阁。当时英国已将法国势力排挤出埃及，茹费理内阁就将注意力转移至越南，加大对北圻法军的增援力度。3 月 27 日，法国派兵攻占红河入海处的南定。

本想枕着《李宝协议》安眠的清政府，又被法国的大棒打醒了，神经又紧张起来了。慌了手脚的清政府，又得找李鸿章来救急。当时李鸿章正请假回家安葬母亲，北洋大臣一职暂由张树声署理。4 月 21 日，清廷谕令李鸿章速回北洋大臣署任。5 月 1 日，清廷又命他速赴广东督办越南事宜，所有广东、广西、云南防军均归他节制。李鸿章不想离开自己的势力范围去南征，要求暂住上海观察南北军情再作打算，清廷只好同意了。

为摸清中国政府的意图和准备，法国派特使脱利古前去调查。脱利古乃法国驻日公使，1883 年 6 月 6 日抵达上海，两天后与李鸿章开始谈判。脱利古重申法国要武力吞越的强硬立场，并威胁说中国若欲稍侵法国从 1874 年西贡条约获得的权利，则法国断不退让分毫，即使与中国失和，亦在所不惜。李鸿章说：我国不曾公开承认西贡条约，越南为我国属国已数百年，而贵国为我国友邦，法越之间有冲突，我国从旁调停劝解，贵国何必与我国遽开兵端？脱利古说：眼下情形只论力不论理，我国政府叫我不得认越南为中国属邦，法越之间的事与中国无关。

见李鸿章在宗主权问题上不肯让步，脱利古也就不再纠缠，转而直奔主题。他逼李鸿章明示中国政府会不会出兵助越，如不助越，须写一份文书作为凭据。李鸿章说：此时法越交兵，中国未必助越，但法国若不与中国妥商办法，则无论最终你们如何处理，中国必不肯承认。在中国是否出兵这个问题上，法国外交部给脱利古下达了务必弄清楚的命令，而李鸿章模棱两可的说法让他交不了差。气急败坏的脱利古拂袖而去。

李鸿章感到事态严重，向总理衙门报告说："南北海防，必须及时整备。脱意甚恶，难保不挑唆生衅。"脱利古则致电茹费理说：李鸿章在抗拒我们，而且摆出一种最傲慢的态度。脱利古还煽风点火说：清政府的策略是要使我们麻烦、厌倦，使我们在越南疲竭，以至于法国的舆论后来不堪其烦，转而反对现在的内阁。

为了准确掌握法国政府的态度，李鸿章让曾纪泽留意法国舆情，随时秘密告知。在7月1日的谈判中，李鸿章跟脱利古说自己将奉旨回津，他可以到天津继续谈判，或者进京与总理衙门交涉。脱利古称自己未接指令，不能北上。他恫吓李鸿章说，法国已陆续往北圻调兵15000人，若中法及早议定，则不再添兵，否则后事难言。

7月2日，李鸿章向总理衙门报告说，脱利古语多矫强，赫德亦言脱使要求无厌，此议难望有成，不必再与他在沪商议。第二天，曾纪泽致电李鸿章，说法国议员对北圻事件感到后悔，将在议会质问政府。曾纪泽建议李鸿章对脱利古态度强硬，或者径直赴津不理睬他，使法国政府在议会无言以对。

7月5日，脱利古致电法国外交部部长："李躲避了，他今天早晨动身赴天津。他的离去可以看作是在中国进行的谈判的破裂。……总理衙门、李鸿章和曾侯三方面通同一气玩弄我们。当我们向李说话时，他要我们去问曾，曾又要我们问李，总理衙门则要我们问曾、李二人。"

脱利古只猜对了一半，实际上，这暗示着清政府尚无定见，三方代表正通过各自的渠道寻求解决之道。李鸿章在国内与法国代表周旋，曾纪泽则多次面见法国总理和外交部部长，提出种种方案，但均被拒绝。法、英在争夺殖民地时矛盾重重，曾纪泽就想让英国出面调停，但终未获得成功。曾纪泽还向英、法报界披露事实，希望获得国际舆论的支持，但也是毫无作用。总理衙门身为中枢机构，则要听取各方意见，不能草率做决定。

越南有事，中国管还是不管？朝堂吵得一塌糊涂。主战派搬出"天子守在四夷"的古训，说我朝"以琉球守东南，以高丽守东北，以蒙古守西北，以越南守西南”，可谓唇亡齿寒，须“保藩封以安中夏”。法国将越南纳入囊中后，必会得陇望蜀，进犯中国。法国蓄谋已久，必非笔争舌战所能止兵，中国唯有积极筹战筹防，方能使之有所忌惮。中国若坐视越南被吞，会让其他属国寒心，也会引发列强效仿法国。反之，中国若能打败法国，则国威重振。

主战派摩拳擦掌，主和派则战战兢兢。李鸿章认为：“法国自同治十年（1871 年）受德人惩创，上下卧薪尝胆，无日不图报复，正欲借拓地立威，称雄西土，其藐视越南，岂肯甘心释手？况因愤添兵，亦无中止之理。我以虚声吓之，彼未必即相震慑；我以重兵临之，则内地益形空虚，似非两全之策。”再者，越南已有心归降法国，中国若代为力征而兵连祸结，实在不划算。

掂量过大清家底的李鸿章，知道惹不起法国。法国是当时第二大海军强国，而中国的海军刚刚起步，就贸然去挑战老牌帝国，那显然是以卵击石。李鸿章说，法国“船械之精，操练之熟，海上实未可与争锋”“断非中国水师所能敌”。他对陆军还有点信心，认为我众彼寡、我主彼客，若器械精良、粮饷充备，可与法国一战。但他马上又悲观地说：“一时战胜，未必历久不败；一处战胜，未必各口皆守。”中国兵弱饷乏，久战终必不支，战端一开，既添近忧，又贻后患。

李鸿章的脑海中有一套治国理念，那就是“外须和戎，内须变法”，或者说“外敦和好，内要自强”。李鸿章有一个非常明确的思想，就是想求得中国二十年无事，利用这段时间搞好国内建设，增强国力。中国虚弱无力，若还想逞强，只会自取其辱，“每有一次构衅，必多一次吃亏”。与其这样，不如避战求和，能争取和平就不要打仗。

然而，在乱世之秋，和平成了奢侈品。你不打人家，人家未必就不打你，求和是要付出代价的。朝中一些被称为“清流派”的文人认为，放任法国对越南的侵略就是示弱，会使其他属国失去对天朝的信心，姑息也会使敌人贪得无厌，所以大清应该向法国宣战。他们嘲笑李鸿章说，法国奸计妇孺皆知，唯独李中堂一无所知。他们还说，决定战争胜负者，不在于武器，而在于胆气和美德。他们把李鸿章比作秦桧，进行恫吓。

清流派敢肆无忌惮地批评重臣，主要是当权者慈禧太后纵容出来的。自1861年联合恭亲王奕䜣发动辛酉政变后，慈禧太后和慈安太后一起垂帘听政，开启了长达二十年“两宫同道而治”的政治局面。慈禧太后“优于才”，喜欢大包大揽，而慈安太后“优于德”，刚好乐得清闲，两人倒也相安无事。这两个寡妇在一帮满汉重臣的辅佐下，开创了“同治中兴”之业。慈禧太后精于制衡之术，一边要拉拢重臣来为她效力，一边又要时不时敲打他们，以免形成尾大不掉之势。以“敢于弹劾大臣为贵”的清流派，便是她扶植起来牵制重臣的一枚棋子。

当然，这个政治派别的形成，不全是慈禧太后一人之力，朝堂派系之争也起着推波助澜的作用。清流派成员多为中青年御史、翰林，“上自朝政之阙，下及官方之邪，微及闾阎之困”，无不随时指摘。这些人大多手中无实权，只能起着舆论监督的作用。不过，口舌不可小觑，它一样有杀伤力。口水能吹捧人，也能淹死人。这把无处不在的软剑，慈禧太后一来震慑以奕䜣为首的枢臣，二来牵制手握地方军政实权的督抚。

太平天国运动以前，地方势力不足以威胁中央，督抚虽贵为地方大员，但每花一分钱都要向户部报告，也只能控制自己辖区内的军队。从偏远广西兴起的太平天国运动，竟然震得龙庭摇摇欲坠。为了早日除掉心腹之患，清廷不得不赋予曾国藩、李鸿章等督抚比以往大得多的权力。曾、李等汉臣的势力随着军功水涨船高，日益形成内轻外重的格局。眼看地方势力坐大，兵、财、权都掌握在这些重臣手中，他们跺一跺脚就能震颤朝堂，慈禧太后哪里还坐得住？她就放纵清流派变成“青牛党”，用牛头、牛角、牛尾到处顶人。

李鸿章一边跟法国人谈判，一边还要应付清流派的攻击，被搞得不胜其烦、不堪其扰。他无奈地跟朋友抱怨说，不当事之徒草率妄言，轻议政事，继之臧否人物，大多言语欺凌不堪。李鸿章是在一线办实事之人，要考虑怎样才能把事情办好，而清流派不用亲自去处理那些事，只需动动嘴皮子骂人，爱怎么高谈阔论都行。他们的评价标准，不是技术指标，主要是道德指标。他们喜欢标榜道德，却不去反思传统道德放在今天来看是有问题的，偏要拿这个东西作为武器去批判改革者。其实，这是一种倒退的行为，也是一种不道德的行为。

就在李鸿章四处奔走求和之时，清流派却斗志昂扬，自然对他指指戳戳。在中国人的思维里，似乎主战派就是爱国者，主和派就是卖国者。用这个来定性一个人爱国或卖国，显然太绝对化了。主战者很多是局外人，嘴上说说而已，不用拿真刀真枪去拼命，也无须对战争后果负责，还能博得爱国的美誉，何乐而不为？真正涉局之人，却不能意气用事，必须掂量手中的筹码，尽量避免无谓的牺牲。

李鸿章扔下脱利古北上后，法国趁越南国王去世后政局不稳，于8月兵分两路扩大战果，一路沿红河进攻黑旗军，另一路由海上进攻越南首都顺化。8月15日，东京远征军总司令波滑率军水陆并进，向黑旗军发动大规模进攻。跟安邺、李维业一样，波滑也中了黑旗军的圈套被包围，差点丢了脑袋，仓皇逃回河内。不过，东京分舰队司令孤拔指挥的战事顺利，于8月20日占领顺化的屏障顺安要塞，迫使越南政府投降。8月25日在顺化签订的《法越新订和约》规定，越南承认并接受法国的保护权，越南的外交事务包括与中国的关系，由法国掌管。

9月，有了顺化条约撑腰的脱利古，离开上海去天津找李鸿章谈判。李鸿章重申："越南数千年为中华属国，无论法国如何逼胁立约，中国断不能认。"法军在越南进攻黑旗军时，曾发现一些清兵，脱利古因此指责中国派兵暗助越南。李鸿章并不否认，说中国"认定越为属国，必应设法保护，驻兵越境，乃中国应有之权"。李鸿章明确表示："法国外托敦睦友谊之虚名，内谋侵占土地之实事。我亦愿保和局，法国如能通融办理，固所甚愿；如必恃强欺凌，中国未能多让也。"

脱利古曾拿日本来威吓李鸿章，说由法国保护越南对中国有好处，将来中日两国交战，日本就不能从北圻进入中国了。李鸿章说："日本蕞尔小国，安能由东京（指北圻）来犯中国！此真是笑话了！"李鸿章究竟是不想落入脱利古的圈套，才这样故意藐视日本的，还是真的小看了日本，我们不得而知。不过，日本当时趁火打劫，一直在打朝鲜的主意。11年后，日本将战火从朝鲜烧到中国本土，李鸿章的北洋水师全军覆没，那时他真的笑不出来了。

脱利古见李鸿章不肯松口，就进京去找总理衙门交涉，但还是没达到让中国放弃越南的目的。不久，脱利古宣布回日本，中法谈判破裂。法国对越南志在必得，之所以屡派代表与中国谈判，主要是想用唇舌捆住清军的手脚，使法军不用太费劲就能占领越南。法国的策略是以军事为主、外交为辅，先用武力把越南吞进肚子里，然后逼迫中国承认既成事实。相反，中国幻想用唇舌吓退法国，因此以外交为主、军事为辅，消极备战以求和。

战争，很快就要来了。中国想躲，终究躲不掉，只能硬着头皮迎战。1883年10月31日，法国议会以325票对155票通过了一项议案，决定采取各种措施武力夺取越南。既然法国非要侵占北圻，清政府认为中国用兵名正言顺，便派大批清军入越，并公开支援黑旗军。11月12日，中法正规军在海阳首次交火。12月14日，孤拔率领法军对红河南岸的越南山西发起总攻，清军、越军和黑旗军联手应战。这场大规模的山西之战，被视为中法战争的开端。战争，真的来了。

来吧，我让你先开枪

1884年4月17日，李鸿章的心腹德璀琳抵达天津，把一封密函交给他。德璀琳晚年加入英国国籍，但他此刻是个德国人，时任粤海关税务司。此前他在津海关税务司的位子上坐了七年，前不久被英籍上司赫德调去广州，接替患病的美国人吴德禄。赫德想借法国人之手，除掉这个威胁到自己地位的下属。

德璀琳有一个权势显赫的靠山——李鸿章，这让赫德感到不安。海关洋员庆丕说，总税务司不喜欢有李鸿章撑腰的德璀琳，这在海关是一个公开的秘密。不过，赫德并非从一开始就排斥德璀琳，相反，他对德璀琳的第一印象很好，说他看上去是一个愉快、聪明的年轻人。当然，这是19年前的老话了。那时候，德璀琳才23岁，赫德也才30岁。如今二人早已步入中年，岁月销蚀的不仅是他们的容颜，还有他们曾经融洽的上下级关系。

最能销蚀职场关系的，莫过于权力斗争。作为李鸿章倚重的顾问之一，德璀琳免不了要插手很多中国政务，而他的上司赫德同样喜欢干预中国朝政，日子久了难免起冲突。下属不仅有野心，还很能干，上司自然有危机感。德璀琳的“德国倾向”，也让赫德坐立不安。虽然德璀琳主要是为个人前途奋斗，但如果方便的话，也会顺便关照一下母国的利益。赫德担心，德国的在华势力将因德璀琳而增长，英国的势力则将衰退。

1884 年 3 月，当德璀琳从欧洲休完假，赫德便让他径赴广州担任粤海关税务司。赫德此举，不仅把德璀琳从李鸿章身边调开，还想借刀杀人。中法已在越南交战，赫德认为法国人或许会占领广州，届时可借助法军驱逐这位德籍税务司。谁知人算不如天算，德璀琳途经香港时，与停泊于此的一支法国舰队相遇，巧的是与其中一名舰长是熟人，很快就带着对方委托的密函回到天津，帮老靠山李鸿章出谋划策。李鸿章旋即向总理衙门提出要求，又将德璀琳调回天津办理要务。

奕䜣

李鸿章此时办理的要务，自然是跟中法战争有关。1883 年年底，清政府好不容易鼓起勇气与法国交战，谁知清军太不争气，在越南连连败北。1884 年 4 月 8 日，慈禧太后利用清流派盛昱的一道奏折大做文章，将以奕䜣为首的五位军机大臣全部罢黜，重组以礼亲王世铎为首的军机处新班子。

奇妙的是，有一个人不在军机处当值，却是实际的掌权人。此人就是慈禧的妹夫奕譞，也是光绪帝的生父，为避嫌不便公开主持大政。因此，慈禧下令军机处遇有紧要事件，须会同醇亲王奕谖商办，俟光绪帝亲政后再另行安排。奕谖向来是慈禧的心腹，慈禧更看重的是忠心，能力是次要的。这次“甲申易枢”，被时人讥笑为“易中驷以驽产，代芦菔以柴胡”，也就是以劣代优。

奕谖

这场突如其来的政坛风暴，满朝文武一时惊疑惶惑，不知慈禧是不是吃错药了。李鸿章也心悸不已，叹道：“更事较多之亲旧一朝同罢，汲引乳臭陋儒……物先腐而蠹生，恐弄成明季世界，可为痛哭流涕者也。”恭亲王奕䜣向来与李鸿章声气相通、心心相印，都认为中国现在很弱，没有实力打赢人家，所以极力主和。在这一点上，慈禧应该是没有异议的，问题是奕䜣揽权让她如鲠在喉。越南战事连连失利，这让她找到铲除奕䜣势力的机会。

奕劻

虽然有不少人为奕䜣求情，就连始作俑者盛昱都觉得处罚太重，恳请太后收回成命，但慈禧决意判这个小叔子政治死刑。在枢庭主事23年的奕䜣，被毫不留情地开去一切差使，乖乖在家“养疾”。总理衙门的掌门人，换成郡王衔贝勒奕劻。此人才干平庸，又好搞权力寻租，却一路加官晋爵，最后被封为庆亲王，而且是世袭罔替的铁帽子王，子孙承袭爵位不会被降等。

慈禧给军机处旧班子安的罪名是因循、萎靡，然而新班子上台后，并未给这个国家注入朝气蓬勃的新鲜血液。当时已有人担忧“枢垣大为调动，时局一大变，然所用者，似非戡乱之人，恐恣意更张，国事隐坏”。奕譞上台前是“鹰派”，主张对洋人强硬，掌权后方知当家难，摇身变成了“鸽派”。在对法问题上，只要有一线求和的希望，清廷决不会放弃。马车换了，但轨道没换，一切照常行驶。

得知德璀琳手里有一封法国人的求和密函，李鸿章立即致电总理衙门，得到的答复自然是赶紧去办。其实，这只是一封私人信函，并非法国官方的公函。这封密函的发件人，是法国“窝尔达”号巡洋舰舰长福禄诺。此人1879年即率舰来华，久居天津，与李鸿章认识，曾参与北洋水师章程的制定。他跟德璀琳说，法国拟调兵船入华，将夺踞一大口岸为质，若两国早日讲和，他可电请本国止兵。

李鸿章闻讯大惊。若果真这样，中法战争就不光是在越南动武那么简单的事了，战火还可能蔓延到中国本土。虽然他说过“谋画之始，断不可轻于言战，而败挫之后，又不宜轻于言和”，但形势有时逼着人不得不低头。4月20日，他致函总理衙门：“与其兵连祸结，日久不解，待至中国饷源匮绝，兵心、民心摇动，或更生他变，似不若随机因应，早图收束之有裨全局矣。”清廷当即密谕他“保全中法和局，通盘筹划，酌定办法，不可迁延观望，坐失时机”。

当然，和谈是有条件的。福禄诺提出的前提条件是，曾纪泽一日不离开法国，则法国一日不与中国和谈。福禄诺要求清政府撤换驻法公使曾纪泽，因为他屡以动武恐吓法国，而且花钱收买报纸，制造反法舆论，还撰文揭法国伤疤。对这个要求，清政府很快以实际行动满足法国。4月28日，曾纪泽被免去驻法公使一职，保留驻英、俄公使之职。

福禄诺以胜利者的口吻说，时势至此，中国无法限制或阻碍法国对越南实施保护权，不如早日放手吧。他还诱惑说，由法国管理越南，中国可从中得到好处。知道中国人爱面子，他承诺说将来法越拟订约章时，会在措辞上保全中国的体面。当然，中国也该有点表示，将来与法国订立通商章程和税关规则时，须允许法越与中国南部省份通商。

福禄诺施压说，法国欲向中国索赔兵费，且拟占地为抵押，中国若及早和谈，那还有得商量。他提醒说，跟北京一样，巴黎的官员也有主战者，不同的是，法国已取得胜仗，所以中国不应藐视法国，法国主动寻求和谈并非示弱。他还威胁说，中国南边三省素有内匪，法国如接济这些乱党，则中国边疆必永无肃清之日。

福禄诺不忘在信中声明，这只是他的私见，并未请示本国政府。这个人好大胆，竟敢背着政府搞外交！原来，福禄诺在法国海军部任过职，与政界人士交往甚密，了解法国政府的意图，所以敢冒这个险。他清楚李鸿章在中国政坛的地位，而且知道李鸿章对防务向来是重北轻南，反对为了越南劳民伤财，于是就通过德璀琳与李鸿章搭上线。看到李鸿章急火火催德璀琳赴津，他觉得清政府有可能会接受他的条件，便大胆向本国政府献言献策。他建议法国加强军事部署，同时加大抵制曾纪泽的火力，并制造要索取赔款或踞地为质的舆论，通过外交讹诈不战而胜。意外捡了个锦囊妙计，法国政府如获至宝，一一照办。

获悉密函的内容后，清廷让李鸿章赶紧与福禄诺详细会谈，“总期中法邦交从此益固，法越之事由此而定，既不别贻后患，仍不稍失国体”。为避免将来当替罪羊，李鸿章请求明示“何者可行，何者难允”。清廷提出四条基本原则：一是越南世修职贡，为我藩属，这一点断不能更改；二是可允许法国在越南境内通商，如欲深入云南内地则不可，将来流弊必多；三是黑旗军屡挫法军，不可遂了法人心愿将其驱除，更长法人骄矜之气；四是此次法人侵占越南，衅自彼开，若再索偿兵费，既不合情理，亦违背国际公法。

一直在计算战争成本的法国政府，想趁着打胜仗的有利时机，从谈判中得到不用动武即可获得的好处。看到清政府也有和谈意向，法国政府便授权给海军中校福禄诺，由他负责谈判。5 月 6 日，在法国驻天津领事的陪同下，福禄诺开始与李鸿章谈判，当天便达成草约。清廷阅后批示说："均尚无伤国体，事可允行。"5 月 11 日，李鸿章和福禄诺在天津签订《中法简明条款》（又称《李福协定》）。

这份速战速决的协定，让法国政府欢天喜地。茹费理致电福禄诺，赞扬该条约"打开了通向这个古老世界的狭窄通道"，取得了意料之外的胜利。他还高兴地称赞了李鸿章，说"这位政治家是用和我们自己相同的观点去考虑两国的利益的"。当时除英国之外，欧洲舆论都在祝贺法国，就连罗马教廷也来凑热闹。看来，法国从条约中得到不少好处。

仗着北越战事胜利之余威，法方在谈判中处于优势地位，迫使中方做出很大让步。当时福禄诺的上司利士比少将，率领十余艘军舰坐镇上海。福禄诺一到天津就向李鸿章声明，法国舰队半月内保无动静。这既是一个让人安心的保证，也是一个让人揪心的威胁。李鸿章致电总理衙门说，福禄诺声称"彼不能改易一语，无可再商，此为止兵一约，不得不速"。

《中法简明条款》规定，中国对法越已订未订各约一概不能过问，但法越议改条约时，决不能插入伤碍中国威望和体面的字样。怎样才算无损天朝上国的颜面呢？清廷想要越南继续朝贡称臣，便命令李鸿章将来与法方议定详细条款时，须注明"越南册贡照旧"。但李鸿章知道，法国碍难照准。既然中国承认法国对越南的保护权，则越南就沦为法国的保护国，法国怎会允许它脚踏两只船，继续认中国为宗主国呢？李鸿章只好把这个难题扔给驻德公使兼署驻法公使李凤苞，让他与法国外交部商议此事。

赔款也有伤天朝上国的颜面，清廷坚决不允。李鸿章据理力争，福禄诺以退为进，提出一个以通商替代赔款的方案。双方最终约定，中国须开放毗连越南北圻之边界，允许法越在那里与中国内地自由贸易，将来中法议定商约税则时，应于法国商务极为有益。李鸿章认为，既然规定在中越边境通商，自然是不准法国深入云南内地贸易，因此并未违背朝廷的命令。

其实，李鸿章内心并不太反对边境贸易，认为通商未尝没有益处。谈判之前，他曾开导清廷说："滇境通商，他日果得人妥办，于国民决无大损，可于各海口通商之事验之。"说这话的时候，他肯定想到了繁华的上海。不过，考虑到清廷关心政治安全远甚于经济利益，他马上安抚说："法人既得越南，形隔势阻，岂能遽入滇粤，但使妥订约章，划界分守，当能永久相安，可于中俄接壤之事验之。"

清政府向来视内乱为心腹大患，福禄诺便承诺说法国会尊重并保护中国南省毗连越南北圻之疆界，防阻一切外来侵略。福禄诺还暗示说，这样中国便可以从南方抽出大批军队，去应付受到某个邻国威胁的其他地方的危机。李鸿章一听就明白了，福禄诺所指的是朝鲜危机。朝鲜也是中国古老的属国，日本一直虎视眈眈，近年动作频频。清政府急于与法国求和，也是担心法日一旦联盟，会对中国形成南北夹击之势。

福禄诺戳中清政府的心病，又马上开出一剂解药，承诺说法国将拒绝接受任何与中国交战之国提出的联盟建议。清政府如释重负，自然愿意与法国交好，却没有意识到法国人挖了一个陷阱。局外人赫德看出法国人耍了小聪明，那条关于法国将保障中国南部边疆安全的约定，俨然把中国置于被保护国的地位。赫德说："这条约是我所见到的最奇特的文件，露在表面上的完全不是真的，真正的意义却在表面上一点也找不到！……它容许法国在越南为所欲为，比法国国会的方案还有驰骋的余地。我认为它给了法国一张在越南的空白支票，而且是法国'保护'中国的第一步！"

《中法简明条款》是由德璀琳促成的，赫德一时羡慕嫉妒恨。精明的李鸿章当然有所察觉，毫不客气地跟总理衙门说，"总税务司赫德不以德璀琳议和为是""有幸灾乐祸之心"。赫德认为，德璀琳的活动虽然成功了，但这个条约令人憾惜。不过，一旦这个条约被顺利履行，毫无疑问，德璀琳在中国政坛的权势会膨胀不少。赫德闻到一种不妙的气息，担心自己的得意日子快完了，还给亲信金登干描绘了一个暗淡的前景："也许有一天你会接到命令，把伦敦办事处移到柏林。"

希望李、福谈判不成功的，不止赫德一人。1884年5月4日，谈判还没开始，就有人要李鸿章的命。一个名叫梁鼎芬的翰林院编修，参劾李鸿章“骄横奸恣、罪恶昭彰”，有六项可杀之罪，请求朝廷降旨将他明正典刑。次年中法战争一结束，慈禧就拿梁鼎芬等二人开刀，予以官降五级的严厉处分，罪名是“诬谤大臣”。慈禧这是在杀鸡儆猴，让那些不满战争结局的人闭嘴。

据说这一劫是梁鼎芬自找的，因为有人给他算过命，说他只能活到27岁，必须遭遇“非常之厄”才有后福。在天子脚下当官的梁鼎芬，当然知道李鸿章在朝堂的分量，就执意在太岁头上动土，麻烦惹得越大越好。事前曾有亲人劝阻，但梁鼎芬置之不理，被降职不久后辞官不干。因没有安家费，梁鼎芬孤身南下谋职，将家眷托付给好友文廷式照顾。哪知这一走，梁鼎芬的头上多了顶“绿帽子”，从此跟夫人劳燕分飞。赔了夫人又折官，称得上“非常之厄”了吧？

若说梁鼎芬弹劾李鸿章完全是为了一己之私，那也不尽然。在中国的政治文化中，向来有两个简单化的标签：主战即爱国，主和即卖国。作为主和大臣，而且又抛头露面，李鸿章早就成了众矢之的。在梁鼎芬眼里，他那一箭是在射“卖国贼”，自然箭头要涂上毒辣辣的药。当时向李鸿章射箭的，不止梁鼎芬一人。《中法简明条款》一签订，中国不战而弃越南，朝中舆论大哗，指责李鸿章弃地如弃弁髦，罪不可赦。

慈禧是个很有心计的女人，既重用李鸿章，又时不时敲打一下，免得他尾巴翘到天上去了。慈禧特地将那一堆劾章发给李鸿章看，李鸿章当然吓出一身冷汗。自1861年慈禧上台后，李鸿章的后半生一直陪着这个女人，实在很不容易。虽然这个女人给予他很大的信任和权力，但李鸿章从不敢得意忘形，一直小心翼翼地看她的脸色行事。别说忠心耿耿的李鸿章了，就连一代枭雄袁世凯都说：“余在万军之中，心极坦然，独朝见皇太后时，不知汗从何处来，而如此之心怯也。”

群情汹汹，李鸿章快刀斩乱麻，迅速跟福禄诺达成协议。文如其名，《中法简明条款》确实很粗线条，在一些关键问题上模糊处理，约定三个月后再拟定详细条款。哪知还没等到那一天，这纸协议就染上鲜血，中法再次爆发军事冲突，战争扩大化。起因是，关于中国从越南北圻撤兵的时间，《中法简明条款》并未写明日期，执行时中法存在分歧。而这个过失，源于李鸿章和福禄诺种下的祸根。

5 月 17 日，即将回国复命的福禄诺，带着一份照会去拜访李鸿章。两人的最后一次会谈，没有私人情谊的惜别伤感，充满了政治利益的火药味。福禄诺这次来，主要是催中国赶快撤兵。福禄诺下了最后通牒，说法国 20 日后将派兵至谅山一带及北圻与两广接壤各地接防，40 日后将到保胜及北圻与云南接壤各地接防，逾期仍滞留北圻的中国军队将遭驱逐。

福禄诺咄咄逼人，李鸿章听了很不舒服，说："兹既议和，应俟详细条款定后再议办法，今汝国商令限期退兵，语近胁制，我实不敢应允，亦不敢据以入奏。"对这个要求，李鸿章当面予以拒绝，并让福禄诺亲笔划掉照会上的撤兵日期。李鸿章说：越南本为中国属国，我军驻扎北圻边境防范土匪并无不妥，跟法国有何干系？李鸿章劝法军不要深入谅山、保胜等地，以免惹嫌疑，倘若非要前往巡边，切勿与清军接战生衅。李鸿章警告说，因相距过远，朝廷难以遥控前线部队，请法军不要急于前进，遇到清军时也不要开战。

《中法简明条款》签订后，朝议已然沸腾，若再看到法国人如此蛮横，恐怕再起波澜。李鸿章怎么办呢？瞒。他认为自己已经拒绝福禄诺的照会，没必要将此事上报朝廷。第二天，他赶紧写信给淮军出身的广西巡抚潘鼎新，说法国将派兵前去北圻接防，我军断不可冒失而引起误会。李鸿章以为自己摆平了这件事，哪知福禄诺求功心切，跟法国政府谎称李鸿章同意他的要求，结果惹出一场兵祸。

6 月 13 日，法国陆军中校杜森尼率兵向谅山进发。23 日，法军在谅山南部的北黎附近发现清军，要求马上撤兵。淮军出身的清军将领万重暄派人送去信函，解释说中国驻军已知法国要来巡边，但未接到朝廷的撤兵命令，希望法方去跟总理衙门交涉，只要上级命令一下达，我们马上撤回中国边界。不可思议的是，法军明知前去接防免不了要跟清军打交道，居然没有配备中文翻译，以致看不懂这封信函。

两个小时后，中方又派使者前去交涉，希望法军给予足够的时间让清军转移，以免发生冲突。但杜森尼告诉中方使者，上级命令他不许停止前进。杜森尼要求见清军主将，中方使者就带万重暄到法军营地附近商谈。杜森尼傲慢地让下属去接见，并要求中方代表进营地谈判。万重暄不愿意，说“款议已成，何得复生枝节”，随后离去。杜森尼等得不耐烦，便杀死中方使者，扬言三日内定要占领谅山，下令部队继续前进。当法军进入清军驻地观音桥，一场激战随之而来，法军伤亡数十人，清军伤亡300多人。次日，清军得到增援，隐蔽在丛林中射击法军，并包抄其退路。法军急忙撤退待援，清军并未追击。

关于“北黎事件”的责任，中法各执一词，互相指责。平心而论，双方都难辞其咎。从执行者层面来看，双方将领沟通不畅，颇为意气用事。不过，他们只是奉命行事的棋子，背后的决策者才是操盘手。法国急于占领北圻，未给中国充足的撤兵时间。清政府则因内部声音不一致，对于撤兵不情不愿，事发前得知法军在向清军阵地逼近，却下令“不准稍退示弱，亦不必先发接仗”，若“衅自彼开，唯有决战”。夹在执行层与决策层中间的李鸿章和福禄诺，则因一己私念瞒骗政府，以致事态演变至不可收拾。

法国谴责中国出尔反尔，条约签了跟没签一样，要求中国承担违约责任。7月12日，法国向清政府发出最后通牒，要求中国履行《中法简明条款》，立即从北圻撤兵，并赔偿2.5亿法郎（约合3570万两白银），限一周内答复，否则法国将采取行动自取担保品和赔款。据报载，当时法国税收减少，而军费开支巨大，财政入不敷出，想咬中国一大口来填补窟窿。

清政府认为“北黎事件”是出于误会，请法国新任驻华公使巴德诺早日赴京津，跟中方代表就《中法简明条款》议定详细条款，以免和局破裂。但巴德诺在上海逗留，不肯北上谈判。一直伺机插手此事的赫德，便前往上海会晤巴德诺。总理衙门得到的答复是：“偿款万不能免，而名目可不拘定。”赫德劝清廷接受这一要求，说现在若不答应，以后法国索赔定是有增无减。这等于是承认自己理屈，清廷坚决不同意。

在对法谈判中，清廷有一条原则是“不损国体，不贻后患”。赫德未能替中国据理力争，令总理衙门很失望。“北黎事件”发生后，法国人敏感地注意到李鸿章显出惊慌的样子，猜到这是朝中反对派的“成绩”，李鸿章将不再是事态的主持人。此时，李鸿章正遭受朝野百般指责，就连清廷也不满他办事有含混之处，给法国制造衅端提供了借口。既然李鸿章不再是理想的谈判代表，清廷得找另一只替罪羊去跟巴德诺谈判。7 月 19 日，清廷任命署两江总督曾国荃为全权大臣。

不过，这位从战场杀出来的总督大人，长于在前线冲锋陷阵，却短于在谈判桌上周旋。一开始，曾国荃死守清廷划定的底线，没有答应法国人任何要求。曾国荃只是一遍遍地重复总理衙门的指示，没能提出什么新的建议，这让巴德诺挠头不已，称之为毫无意义的、徒劳的谈判。面对巴德诺无数次的赔款要求，曾国荃一直驳斥这是无理的、非正义的。最后，眼看谈判要破裂，曾国荃妥协了，表示愿意给法国一笔抚恤金——50 万两白银。曾国荃自作主张，清廷非常恼怒，下旨申饬他“实属不知大体”，此举“于事无补，徒贻笑柄”。

据说这个“馊主意”出自李鸿章。当初曾国荃不想接受任命，“过来人”李鸿章就劝他以国事为重，不要计较个人毁誉得失。曾国荃缺乏外交谈判经验，赴上海前曾向李鸿章请教。李鸿章告诉他，无论别人如何诽谤他，都

曾国荃

要根据具体情况妥善处理。李鸿章出谋划策说，刚开始要先辩解，待谈及赔款一事，可用“腾挪之法”，万不得已时，可以抚恤伤亡将士的名义给予数十万两赔偿，这似乎无伤国体。他嘱咐曾国荃，不要为他人所牵制，也不要畏惧各国公论。

法国同意谈判，将最后通牒的期限延至 8 月 1 日。眼看期限快到了，而谈判又很不顺利，巴德诺一度愤而退席。李鸿章很着急，他给曾国荃发密电说，此事断不能空言转圜，不如先答应给抚恤金，然后再缓磨数目，否则一旦决裂，马尾船厂万不可保，他处亦兵连祸结。殊不知法国人的胃口很大，岂是 50 万两银子就打发得了的？曾国荃抗旨做出的让步，在巴德诺眼里却近乎戏弄。巴德诺说法国无法接受这份小小的赔偿，这个解决方案简直是笑话。

清廷希望美国能出面调停，但遭到法国拒绝。中法谈判破裂时，法国已完成军事部署，将目标锁定在中国东南沿海。6 月 26 日，“北黎事件”发生后的第三天，法国将它在中国和北圻的舰队合编为远东舰队，任命海军中将孤拔为司令。7 月 13 日，向清政府发出最后通牒的第二天，法国海军殖民部长就命令孤拔：“遣派你所有可调用的船只到福州和基隆去。我们的用意是要拿住这两个埠口作质，如果我们的最后通牒被拒绝的话。”次日，孤拔率舰队离沪南下。

此前，孤拔选定的目标是旅顺、威海、南京、吴淞、福州和厦门，提议同时进攻这些地方，使清政府措手不及。但福禄诺建议不要把战火引到北方，那里是李鸿章的势力范围，而李鸿章求和是真诚的，中国唯有他拥有解决问题的权力。茹费理还担心在华北采取军事行动会引来列强干涉，便拍电报给孤拔：“我们不明白突然袭击旅顺和威海卫这两个正在建设中的港口有什么好处。只要有可能，我们就应该照顾直隶总督。我们对我方军舰尚未到福州河感到遗憾。”

茹费理看好的目标是台湾。他认为，台湾是最良好的担保品，最容易守，又最不费钱。的确，台湾物产丰富，又是中国东南锁钥，进可威逼江浙闽粤，退可据岛固守，成为法军的海上基地。台湾孤悬海外，防御力量薄弱，法军易于攻占。若攻打长江以北的口岸，则法国现有兵力不足。更要命的是，那些地方遍布列强的触角，一旦伤及他们的利益，法国就捅了马蜂窝。

法国“踞地为质”的战略是公开的，从政界到新闻界，很早就在嚷嚷要这么干，好跟中国讨价还价。清廷虽然一心想求和，但和平需要“两厢情愿”才行，所以也有所防备。“北黎事件”发生前，清廷就敕令沿海督抚做好海防工作。“甲申易枢”后，清廷一度想扫除萎靡不振之风，派慷慨激昂的清流健将去海疆办军务，召病休的主战派左宗棠入值军机处。

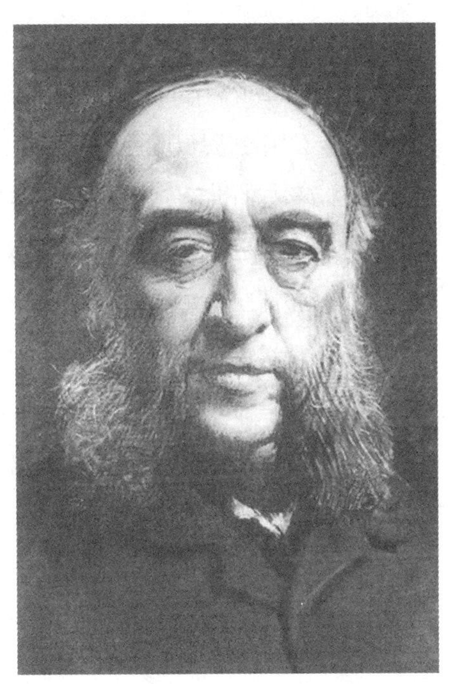

茹费理

在清流派的新贵中，有一个人跟李鸿章颇有渊源。此人叫张佩纶，时年 36 岁，时任翰林院侍讲学士。5 月 8 日的一道谕旨，彻底改变了他的人生轨迹。这一天，他被指派去会办福建海疆事宜，很快又被赏加三品卿衔。同一天，他的“同党”吴大澂和陈宝琛，分别被指派去会办北洋和南洋事宜。这三位会办大臣，均被授予专折奏事的权力，也就是可以直达圣听。两周后，山西巡抚张之洞调署两广总督，也就有权节制广东水师。这样一来，北洋、南洋、福建、广东四支近代化水师，全部被安插了清流派的人。

孤拔

朝廷的人事安排，向来颇具用心。清廷此举的动机，不仅时人议论纷纷，就连后世学者也猜测不已。有人从张佩纶等人后来的遭遇，说这是清廷在整治清流派，故意派这帮高谈阔论的书生典兵，让他们尝尝纸上谈兵的苦头。当然，这是事后诸葛亮的推论。虽然清流派的张狂令很多人反感，但清廷若想打压他们的气焰，有的是办法，何至于把军国大事当儿戏？

或许，先从正面来解读表层的动机，再剖析背后深藏的目的，才能看出清廷的深意。李鸿章等官员早就在议论，清流派诸君“皆鲠直敢言，雅负时望，然阅历太少，自命太高”，若“能使在外历练，所成当未可限量，实为当今储才切要之图”。对此，清廷应该也是看在眼里，心里有所打算。值此国家危难之际，而清流派又斗志昂扬，清廷便有了磨砺成全之意。至于安排他们去哪里任职，清廷绝非心血来潮随意指派。眼下地方防务几乎全由湘淮系把持，清廷需要第三种势力来平衡，非湘非淮的清流派可资利用。张佩纶等四人被安插进四大水师，清廷在里面就多了四双眼睛，颇有将海军大权收归中央之意。

意气风发的清流派新贵们，很快带着棋子的使命出发了。路过天津时，张佩纶不忘去拜访一位前辈——李鸿章。张佩纶的父亲生前在安徽与太平军作战时，与回籍办团练的李鸿章意气相投，结为患难之交。童年丧父的张佩纶，中进士点翰林后才去跟李鸿章攀交情。李鸿章看到故交有后，又是才子，满心欢喜。张佩纶敬重先父老友，从未弹劾过李鸿章，而李鸿章也有心笼络这位清流健将，两人私交甚好。李鸿章丁母忧期间，张佩纶不惜得罪署直隶总督张树声，拒绝赴津帮办北洋水师事宜，认定李鸿章才是值得他追随的人。

此次南下办海防，张佩纶一介书生毫无经验，自然要去请教老前辈李鸿章。6 月 21 日，李鸿章偕张佩纶、张之洞和吴大澂三位新贵，乘坐轮船去察阅奉天和旅顺炮台。他们站在鼓浪前进的“超勇”舰上，看着“扬威”“威远”“康济”诸舰尾随其后，不断演变鱼贯、雁行阵式，还在海上进行打靶表演，想必十分惬意。然而，就在他们抵达旅顺口的那一天，“北黎事件”爆发，中国东南沿海很快成了火药桶。那里战争一触即发，张佩纶等人走了霉运。

7 月 3 日，张佩纶抵达福州马尾。钦差大臣大驾光临，当地官员岂敢怠慢？

第二天，闽浙总督何璟率属员到接官亭恭请圣安，然后接张佩纶进城，驻节北门皇华馆。这在当地是盛事一桩，一时轰动无比。据《申报》报道，人人莫不争先一睹钦差大臣的风采，“人山人海，毂击肩摩”，好不热闹。当然，盛宴款待是免不了的，觥筹交错令人忘却忧愁。

欢乐总是短暂的，该来的总是会来的。7 月 14 日，法国领事通知说，今日将有两艘法舰驶入闽江，目前中法尚未决裂，中方拦阻即是背约。次日，清廷指示福州当局去跟法国领事交涉，说中法并未失和，双方应谨守条约，切勿生衅，请法国兵轮勿再进口，以免百姓惊疑。但法舰置之不理，以“游历”为名陆续开来，有一艘还去了基隆。就连孤拔司令的座舰，也大摇大摆地开进马尾军港。

张佩纶心急如焚，不断给朝廷拍电报，建议塞河阻道，或者先发制人，以免失机养患。但清廷游移于和战两端，下令不能衅自我开，以免授人口实。按当时的国际惯例，外国军舰驶入他国港口，数量不能超过两艘，停泊时间不能超过两周，违者即行驱逐出口，不肯出口者立即开战。中法虽未宣战，但在越南已有战争事实，中国有理由根据国际公法禁止法舰入港，驱逐或扣留不听劝阻的法舰。但清政府居然开门揖盗，允许十余艘法舰闯入本国军事要地，而且盘踞 40 余日，在自己眼皮底下完成军事部署，不能不说是世界战争史上的奇闻。福建水师和福州船政局，就这样长期暴露在法舰的火力圈内。

在中国海关任过职的美国历史学者马士认为，中国人对此束手无策，并不是因为实力不够，而是因为他们在应付有关国际公法问题的时候，就像是初学弈棋的人在比赛中遇到国手一样，不知道如何命令孤拔的舰队离港。马士的观点有几分道理，但似乎没有抓住问题的关键。那个让清军坐以待毙的紧箍咒，是清廷一直在掩耳盗铃，不肯正视中法已处于交战状态的事实，将结束冲突的希望寄托于谈判桌上，敌不犯我，我绝不犯敌，敌犯了我，我才抗敌。

中国消极防御，像个谦谦君子，束手等着挨打，法国自然毫不客气。法国远东舰队的部署是：陈兵马尾港，控制闽江口，威胁福州城，进攻台湾岛。8 月 2 日，停泊在闽江的法国舰队接到命令，准备去破坏基隆港的防御工事和市街，并占领附近煤矿以供应舰队燃料。4日，利士比副司令率舰抵达基隆，与在此已经等候两个星期的一艘法舰会合。当天下午，利士比派一位传令官上岸，将一封劝降书交给中国守军。当时负责台湾防务的官员，绝非等闲之辈，岂肯当个不战而降的窝囊废？

这个令法国人头疼的对手，便是李鸿章的老部下刘铭传。6月26日，法国远东舰队成立的那一天，清廷起用淮军老将刘铭传，赏了他一个巡抚衔，命他督办台湾事务。解甲归田13年的老将重出江湖，于7月16日抵达基隆。战争迫在眉睫，留给他备战的时间已经不多了。20天后，磨刀霍霍的法军动手了。

8月5日上午，法舰开始轰炸基隆炮台。清军仓促构筑起来的炮台，一个小时就被摧毁了。在强力炮火的掩护下，法国海军陆战队抢滩登陆，占领基隆炮台及其附近高地。刘铭传当时在沪尾（今淡水），接到告急信后，便驰赴基隆督战。眼看正面交锋非上策，他便命令清军退守后山，纵敌上岸。次日下午，法军向基隆市街推进时，他就指挥守军三面包围。法军丢盔弃甲，伤亡十余人，匆匆逃回军舰。

基隆首战小捷，不久后的马江海战却一败涂地，张佩纶的官运也走到了尽头。8月23日清晨，太阳从东面山头升起，波光粼粼的闽江美如金色绸缎。孤拔早早地起床，像往常一样，穿上中国绒制服，戴上白色草帽，走到甲板上去，仔细观察停泊在前方的中国军舰。下午1时56分，震耳欲聋的炮声划破江面的静谧，孤拔打响马江海战。福建水师仓促应战，毫无招架之力，一艘又一艘军舰被击毁。

此刻，钦差大臣张佩纶在哪儿呢？站在马尾的中岐山上观战。马尾港传来第一阵炮声时，张佩纶刚从何璟发自省城的电报中得知，法国已于今天上午发出战书。孤拔不向近在咫尺的张佩纶等人宣战，派人把战书递交给远在福州城的何璟，待马尾前线接到通知时，已几乎没有备战时间。法方所谓的提前四小时宣战，形同于不宣而战。不过，明知谈判已经破裂，战争随时可能爆发，中方却一直未严阵以待，也是在自取其辱。

江面上枪林弹雨，浓烟烈焰，水柱冲天，血肉横飞，金色绸缎被染成红布。

不到一个小时，除两艘军舰负伤逃跑后自沉，中国其余九艘军舰全部被击沉击毁，还有一批旧式师船也难逃厄运。法军是大赢家，无一舰被击沉，用6条人命换来清军700多条性命。有些清兵本不必死，却被法军绝了生路。他们从燃烧的舰船上跳入水中逃生，有法舰故意在江面横冲直撞，让浪花吞没之，或者以竹竿猛击之，或者以机枪扫射之。

惨淡经营十余年的福建水师，是当时中国水师的老大，规模、实力均居首位。然而，一场糊涂仗，打得它几乎全军覆没。结局必定不妙，张佩纶早有预感："株守遂已一月。请先发，不可。请互援，不可。机会屡失，朝令暮改。枢泽勇怯无常，曾李置身事外。……然内谋不决，酿至法大举入犯，则沿海各督抚舍香老外，无一有天良者。将奈之何？吾不忧敌而忧政也！"

在给侄子张人骏的这封信中，张佩纶牢骚满腹，却颇有先见之明。马江海战惨败的原因，后世史家长篇累牍，而张佩纶言简意赅，寥寥数语即切中要害。家书露真意，张佩纶毫不掩饰对朝廷和同僚的不满。就连他一向敬重的李鸿章，张佩纶这回也颇有怨言。张佩纶想不明白的是，李鸿章何以如此怯战，而且见死不救。自法舰开始闯入闽江，朝廷就命令南北洋水师援应，结果张佩纶眼睛望穿了也不见一舰来援。唯有老友香帅张之洞，派"飞云""济安"两舰援闽。

北洋大臣李鸿章敢抗命不从，自然找得出理由："北洋轮船皆小，本不足敌法之铁舰大兵船。现在防务吃紧，法舰三船留屯烟台口外，每日升火作欲动之势。旅顺孤悬海外，必须严备……若一抽调，旅顺必不能保。……敌情叵测，防务北重于南，似宜慎重，非敢畛域。倘必令旅顺兵船远去，设有疏虞，咎将谁执？"

法国舰队以部分兵力牵制南洋、北洋等地区，使得中国沿海督抚不敢派舰援闽。北洋水师要拱卫京畿门户，这个理由太强大，李鸿章很容易就说服了朝廷。至于南洋水师，曾国荃和陈宝琛给出的理由是："船小而少，适以饵敌。"他们认为，派去增援的舰船恐怕进不了闽江，中途就会遭法舰阻截，甚至被抢走。南北洋大臣袖手旁观，军机处掌权人奕譞表示理解："近观南北洋不肯拨船援闽，非曰恐为敌抢，即曰难敌铁舰，所虑诚是。”

马江海战还没开始，满朝文武就认定必输无疑，无人肯为之赴汤蹈火。7 月 27 日，李鸿章在给太常寺少卿张荫桓的信中说：“马尾船厂危于累卵，幼樵（张佩纶）屡电尚盛称军威，亦不自量力之甚矣。”嘲笑归嘲笑，李鸿章不能坐视不管，四天后给总理衙门献上一策，为马尾船厂指出一条生路。他说，既然我国兵轮不敌法舰，不如全部调离马尾，留一座空厂给法国，事定必会物归原主，否则一经轰毁，从此海防之根本无存，力难兴复。

两害相权取其轻，总理衙门认为这个主意不错，8 月 2 日指示张佩纶事急可这么办。不过，这个无奈之举未被付诸行动，马尾船厂毁于一旦。8 月 24 日，孤拔本打算派海军陆战队去占领福州船政局，但听说里面有守军千余人，又有传闻说中国人早在船厂埋下大量地雷，于是决定摧毁这座当时远东最大的造船厂。从上午 10 时到下午 3 时，法国的炮弹雨点般地落下来，船厂成了一片火海，曾发出五次剧烈的爆炸声。厂房和造船设备严重受损，有一艘即将下水的新制铁肋船，也被敌炮击穿 90 余孔。

本该在马尾督战的会办大臣张佩纶和船政大臣何如璋，前一天在马江海战结束后就逃跑了。这两人都是翰林出身，从未亲历过战争，被惨烈的海战吓坏了，各自潜逃到十余里外的地方避战。何如璋做得更绝，第二天派人回船政局取出三万余两库银，然后押着银子躲进省城。这么丢脸的事，怎么好意思跟朝廷坦白交代呢？而且，临阵脱逃不只丢脸，还可能丢脑袋。怎么办呢？妙笔能生花，张佩纶在奏折里说，海战时自己“登高督战”，后闻知“居楼已碎”，不得已“改扎山村”。

不明就里的清廷，9 月 7 日命何如璋进京汇报，船政大臣一职由张佩纶兼署。不过，张佩纶的官运到顶了，不久就一路下滑，直至跌进谷底。9 月 19 日，清廷下旨惩办福建官员，申斥张佩纶“于议和时屡请先发，及奉有允战之旨，又未能力践前言”，将他革去三品卿衔，并交部议处。部议的结果是，张佩纶降二级留任。比起被革职的何璟、何如璋，张佩纶的处罚算是轻了。清廷薄惩张佩纶，是念在他“力守船厂”的份上，说他“尚属勇于任事”。不久张佩纶被人告发，恼羞成怒的清廷不仅革了他的职，还将他发往军台效力赎罪。

身败名裂的张佩纶，1885 年被发配到张家口充军，三年后戍满释回。一起被谪戍张家口的，还有何如璋。张佩纶给李鸿章写信说：“途中读书看山，了无怨尤愤懑之意，唯上负殊恩，审观时局，殊切隐忧。”在张佩纶最失意的时候，李鸿章并没有落井下石，反而格外关爱他，不仅送去禄米，还满足精神需要。为了缓解张佩纶的寂寞，李鸿章第二年保荐章洪钧出任宣化府知府。张家口离宣化府府署不太远，李鸿章跟张佩纶说，调章洪钧去是想“为戍客添谈助”。

章洪钧也是翰林出身，在京师供职时与张佩纶结为好友，后被张佩纶推荐给李鸿章当幕僚。张佩纶戍边前路过天津，章洪钧毫不嫌弃，还来跟老友道别。出任知府后，章洪钧经常派马车去接张佩纶来饮酒聊天，还在府署东隅辟出五间雅静的屋子，名曰北海轩，设榻专门款待他。李鸿章颇感欣慰，说“宣署有北海轩可供啸傲”，张佩纶“无妨常往”。张佩纶的两个儿子到张家口以后，也经常被章洪钧请去府署，跟章家孩子一起玩耍。

不过，没等到好友被释放的那一天，章洪钧就染上疫病撒手人寰，随后又有四位家人离世，满门哀戚。失去主心骨的章家，全靠张佩纶帮忙操办丧事。李鸿章写信称赞张佩纶说，“戍客为死友主持后事，血性风义少有”“匍匐往救，处分详明，无愧患难生死之交”。在另一封信里，李鸿章又称赞道：“朋友为五伦之一，今始见矣。”有情有义，让张佩纶在李鸿章的心中加分不少。

1888 年 5 月，张佩纶戍满回京师。早在一个多月前，李鸿章就从自己的俸禄里拿出千两银子，资助一贫如洗的张佩纶置办归装。李鸿章对故人之子真够意思，可见也是个有情有义之人。不仅如此，李鸿章还将爱女李经璹嫁给张佩纶，让人跌破眼镜瞧不明白。时年 22 岁的李经璹，人长得漂亮，又敏而能诗，李鸿章一直舍不得让她出嫁。出人意料的是，李鸿章最后为掌上明珠挑的金龟婿，竟是一个死过两任夫人的鳏夫，而且这个 40 岁的中年男人长得并不帅，还是个刚充军归来的罪犯！

张佩纶官场失意，情场却得意，让吃不到葡萄的人感觉酸溜溜的。官场、情场皆失意的梁鼎芬，写诗揶揄说：“篑斋学书未学战，战败逍遥走洞房。”不过，婚姻真是“如鱼饮水，冷暖自知”，人人不看好这桩不般配的婚姻，可是张佩纶和李经璹婚后却琴瑟和谐，最后还因为有了一个名扬海内外的孙女，至今仍被人津津乐道。那个让他们名留史册的孙女，就是作家张爱玲。不过，他们过世得早，连孙女长什么模样都没见过。

在张佩纶“谤满天下，众不敢贤”的时候，李鸿章慧眼识人，拉了他一把。不过，这桩婚姻并没有让张佩纶东山再起，李鸿章一直留他在身边当“贤内助”。张佩纶跟张之洞的幕僚叹道：“不婚犹可望合肥援手，今在避亲之列，则合肥之路断矣。”中日甲午战争期间，张佩纶被御史端良参了一本，说他“居北洋幕中，妄干公事”。清廷以张佩纶“不安本分”为由，让李鸿章即刻撵他回籍。不过，张佩纶并未回直隶丰润老家，而是携眷移居南京。

张爱玲

李鸿章和张佩纶翁婿二人，晚景都不太好。张佩纶一世的清名，尽毁于中法战争；而李鸿章一生的声誉，尽毁于中日甲午战争。个人的命运被国运裹挟着，难免有几分无奈。1901 年 11 月，拼着老命签订完《辛丑条约》后不久，78 岁的李鸿章油尽灯枯，带着满腔遗恨离开人世。他眼中的佳婿张佩纶，晚年因不得志借酒消愁，一年多以后也驾鹤西去，留下一对年幼的儿女。李经璹 37 岁就守寡，心有戚戚，终日闭门教子，在亲戚间留下孤僻的名声，1912

年病逝于上海。

李鸿章未曾谋面的外曾孙女张爱玲，1920 年生于上海，因做过“汉奸妻”而惹人非议，1995 年孤独地死于美国。她在作品中塑造的各色人物，被家族成员对号入座，自己也就成了家族声讨的“罪人”。好在她遗传了外曾祖父的基因，那就是承受误解和骂名的能力。祖父辈是所谓“历史罪人”，家族带给她的不是荣耀，而是苍凉。晚年，她与先辈们在心灵上达成和解：“我没赶上看见他们，所以跟他们的关系仅只是属于彼此，一种沉默的无条件的支持，看似无用、无效，却是我最需要的。他们只静静地躺在我的血液里，等我死的时候再死一次。我爱他们。”

以战求和，“消防员”与“和事佬”齐出动

1884 年 12 月 14 日，福州城热闹非凡，街坊店铺都摆设香案，放炮燃香，好像在迎神。下午 2 时许，一队人马威风凛凛地进城了，“恪靖侯左”四个大字在旗帜上飘扬。队伍分列两行，个个肩荷洋枪，步伐整齐。主将相貌堂堂，乘肥马，执长鞭，头戴双眼花翎，身穿黄绫马褂，有如天神降临。

“战神”来了，福州人扶老携幼来围观，就连深闺女子也出来一睹风采，一时人心大定。三个多月前，法国远东舰队在闽江大打出手，如今还在台湾海峡游弋，搅得福州人一夕数惊，想睡个安稳觉都难。再大的神灵也虚不可见，人们只能求个心理安慰，都不如眼前这位“战神”来得实在，尽管他已是 72 岁的老人了。

“战神”是谁？湘军老将左宗棠。论出身，他只是一介举人，却能够入阁拜相，全靠赫赫战功。按清朝惯例，未入翰林院者不授大学士。左宗棠却破例了，1873 年以陕甘总督协办大学士，次年晋升东阁大学士。1878 年，他因收复新疆立了大功，由一等伯爵晋封二等侯爵。在晚清重臣中，他是继曾国藩之后第二个活着封侯的汉臣。他的政敌李鸿章，生前得到的恩宠有过之而无不及，

但直到死后才被追封为一等侯，虽然比他高一个等级，但那已是身后哀荣。

福州——林则徐的故乡，左宗棠并不是第一次来。1866年，时任闽浙总督的他，刚着手创办福州船政局，就被调任陕甘总督，赴西北剿捻。清廷许诺说："届时甘肃必早底定，朝廷不难令左宗棠赴闽，共观厥成。"如今左宗棠回来了，见到的不是丰硕果实，而是千疮百孔的烂摊子。远东第一大船厂，百日前遭受法军重创，瘫痪在那里呻吟流血。

1884年8月26日，马江海战后的第三天，清廷下诏对法宣战。这个决定，并不那么好做。8月初，法军在基隆烧了第一把战火，把慈禧太后烧哭了。慈禧六神无主，召来心腹奕譞，哭诉道："不愿再经咸丰故事，但亦不愿大清江山由我而失，由我示弱。"奕譞壮起男子汉的胆说："可以打。"慈禧附和道："打就打到底。"

话虽如此，国家大事毕竟不是叔嫂间的私事，慈禧又召御前大臣、军机处、总理衙门、六部九卿和翰詹科道集议。慈禧说："和亦后悔，不和亦后悔。"理由是，和就示弱，不和又会割地赔款，损伤不少，也赔不起，或许还会引起内乱。时任军机大臣的左宗棠说，中国不能永远屈服于洋人，与其赔款，不如拿赔款做战费！

这番硬气的话，把慈禧感动得泪汪汪。这位收复过六分之一国土的老臣，向来是她的一颗定心丸。每当她重用左宗棠，时人就猜到清廷的风向变了。1884年6月19日，清廷任命左宗棠为军机大臣的第二天，李鸿章就忧心忡忡地致电广西巡抚潘鼎新："左相进京，正议主战，内意游移。"《中法会议简明条款》签订后，非议之声汹汹，清廷有点动摇了。

这并不是左宗棠第一次入值军机处。三年前，中俄因伊犁问题闹得不可开交时，清廷就曾任命他为军机大臣兼总理衙门大臣，并让他管理兵部事务。进京之前，他还有买房定居的打算，不久万念俱灰。刚介耿直的他，在官场根本混不开，说话办事容易得罪人。时在中枢掌权的恭亲王奕䜣，就对他很不感冒，很多同僚也不待见他。干了几个月，他就病倒了，请了好几次假，还说要告老还乡。

左宗棠是个军事奇才，早年给湖南巡抚当师爷的时候，就有朝臣评价说：“国家不可一日无湖南，即湖南不可一日无宗棠也。”大清栋梁曾国藩已死，能支撑残局的人屈指可数，清廷岂肯放左宗棠走？法国正增兵越南，对中国西南边境构成威胁，清廷就给他安排了一个去处，让他出任两江总督兼南洋大臣。清廷的意图说得很明确：“以尔向来办事认真，外国怕尔之声威，或可省事，故以此累尔。”

李鸿章无奈地说过：“洋人论势不论理。”的确，腰板挺直的左宗棠，令“势利眼”的洋人惧他三分。有一次，两江总督左宗棠带数百名护兵出巡，有人告诉他：“照租界章程，凡结刀持械而往者，例须先向工部局请得照会，方能通过。”左宗棠大怒：“上海本中国地，外人只租借尔。以我中国军人行中国地，何照会之有？”他命令护兵荷枪实弹、刀剑出鞘，昂然而行。租界当局非但不敢干涉，还命令巡捕沿途照料，并告诫说：“左公中华名将，今以驰驱王事过此，慎毋犯其怒也。”那天，上海租界换升龙旗，洋兵执鞭清道，鸣炮13响，恭谨有加。这是从未有过的稀罕事，一时观者如堵。

在外国人眼中，左宗棠是个好战分子。其实，左宗棠是“理性鹰派”，虽然主战，但是慎战，而不是好战。他认为“能守而后能战，能战而后能和”，因此主张“攘夷之策，断宜先战后和”。在这一点上，李鸿章与他背道而驰，主张能和就和，能不战则坚决不战。身为大清没有名分的“外交部部长”，李鸿章比谁都了解外情，断定大清最后绝对打不过洋人，与其一败涂地再挨宰，不如和和气气献上小菜一碟，损失可能更小一些。

李鸿章是个唯武器论者，中国船不坚炮不利，那是不争的事实，让他捏着鼻子唱不了高调，只能唱唱和平歌。“鸽派”只看见硬件，而“鹰派”更看重软件，比如士气，所以常常强调“民气可用”。虽然身体衰弱不堪，但左宗棠精神抖擞，在担任两江总督的两年间，数次抱病巡阅江海防，终日忙于整顿防务。这位老将心里明白，要打胜仗，光靠士气是不行的，战备须扎扎实实的，不可因陋就简。

中法开战前，左宗棠看黑旗军孤立无援，中国将有唇亡齿寒之虑，身为南洋大臣不想袖手旁观。1883 年 8 月，他向清廷主动请缨，想率兵赴滇越援边，但未获得批准。此老不顾年迈体弱，想把余生抛掷沙场，哪怕丢了性命也在所不惜。用他的话来说就是："衰朽余生，得以孤注了结，亦所愿也。"在这一点上，李鸿章又跟他截然不同。就在三个月前，清廷让李鸿章速赴广东督办越南事宜，但他推辞不去。李鸿章在给张佩纶的信中抱怨说："若以鄙人素尚知兵，则白头戍边，未免以珠弹雀。枢府调度如此轻率，殊为寒心。"

左宗棠不能亲自出马，就让老部下王德榜招募兵勇，打着"恪靖定边军"的旗号去援边。清廷对法宣战后，他再也坐不住了，求奕譞出面代为请旨，让他领兵南下。既然与法国撕破脸了，清廷再也无所顾忌，这回他得偿所愿。1884 年 9 月 7 日，他奉旨以钦差大臣督办福建军务。在常人看来，此老真是劳碌命，不懂得享福。以前他常年在外征战，晚年有幸被调入京师当大官，哪知他不在温柔富贵乡安度余生，偏偏要跑去战火连天的地方受罪。

身经百战的左宗棠当然知道，打仗需要兵马、粮饷和武器，不是唱唱高调就可以的。但是，清廷只拨调 11 营兵勇归他节制，而且都是"恪靖"旗下的湘军，还明令禁止他再请调江南防军。饷银也是一大问题，因为湘军不是体制内的军队，主帅得自筹军费。9 月 15 日，他陛辞请训时，慈禧承诺说每月拨银 10 万两。如今一个多月过去了，这笔钱连个泡影都没有，整装待发的部队嗷嗷待哺。他不得不上折讨债，说太后您可是做过承诺啊，赶快让户部把钱拨下来吧！

不过，这点钱哪够养一支军队？左宗棠也不全指望朝廷，一路南下，一路觍着脸求援。有一个人，他再怎么看不顺眼，也必须去试试。后来他跟亲信说：我老矣，不复如往年能抬杠，到天津与李二抬杠不中用。"李二"是谁？直隶总督兼北洋大臣李鸿章。李鸿章在家排行老二，不喜欢他的人就称之为"李二"。甲午战争期间，有好事者还写了一副对联骂他："杨三已死无苏丑，李二先生是汉奸。"

虽然在北洋碰了壁，不过，下一站是江南，左宗棠还有点信心。现任两江总督兼南洋大臣是曾国荃，他也是湘军老将，跟左宗棠算是自己人。10 月 14 日，左宗棠抵达江宁。两人一见面，执手相顾，均已白发斑斑，唏嘘不已。左宗棠就跟曾国荃套近乎，说：“老九之兄死矣，我便是老九之兄。”曾国荃也流露一点情意，说：“您此去闽海，协兵协饷是小弟事。”

左宗棠在江宁逗留十余日，与曾国荃研究部署江南防务，防范法国舰队北犯长江沿岸。就在不久前，台湾风云突变，法国舰队占领基隆，但在沪尾遭到刘铭传守军重创，随后封锁台湾海峡。此前，法国打算先占领台湾北部，然后挥师北上，攻陷旅顺和威海卫，迫使清政府就范。不料，这盘棋被刘铭传给毁了。刘铭传审时度势，果断弃基隆保沪尾，让法舰从此困守基隆，无力再北上进犯。

台湾风云发生在10月初，当时左宗棠还在南下的路上，并不了解战场的真实情况。抵达福州的第三天，他听信老部下刘璈等人的一面之词，上折参劾刘铭传受亲信李彤恩蛊惑，率大部队往援沪尾，而弃基隆于不顾，后又坐守台北不图进取。左宗棠说，侵台法兵不过四五千，舰船不及20艘，而基隆和沪尾的驻军数以万计，陆战绝对有优势，却因刘铭传任用非人、运筹未协，以致坐失机宜。

被人指责“懦怯株守”，部下李彤恩又被革职查办，刘铭传自然要跳出来辩解。他上疏指责说，左宗棠不加访察，就听信挟嫌倾陷、颠倒是非之言，所参并不属实。其实，基隆和沪尾的守军并不多，总共才4000余人，战前又因疫疠盛行，六七成将士病倒，能战者仅千余人。基隆港口早就被法军占据，清军所能恃者仅山险，根本无法驱逐法舰，而沪尾距台北仅30里，一旦有失，则台湾府城亦不保。清军主动撤出基隆后，法军即上岸扎营，往攻沪尾者不足千人，否则必定倾巢出动，沪尾难保不失。

随后取得的沪尾大捷，让刘铭传很快摘得“福建巡抚”的官帽，终于挤进封疆大吏之列。不过，这个战利品来得实在不易，可以说是用脑袋换来的。弃基隆是一步险棋，按大清律例，失地当斩。做这个决定的时候，刘铭传也很纠结，但兵力实在不足以兼顾两地，必有所弃而后有所取。他做决策的依据是，“以洋人论，则基隆重而沪尾轻；以中国论，则基隆轻而台北重”“若台北有失，则全台大局不可问”。

刘铭传不愧是淮军名将，这步棋让很多人看不明白。绕进棋局出不来者，不仅有身陷其中的法国人，就连他的老部下也看晕了，痛哭流涕地求他收回成命。诸将不肯拔队撤退，刘铭传气得拔刀砍案，威胁说："不舍基隆，台北不能保也。违者斩！"他不再多加解释，说：军家大计非若辈所知，他日果获重谴，我一人担当，决不连累你们。

法军正在大举进攻基隆，刘铭传却率领大部队跑了，台湾百姓岂能不愤怒？据赫德接到的报告，刘铭传撤至板加的时候，遭到当地百姓围攻。堂堂一介爵帅，竟然被人抓住辫子，从轿中拽出来痛殴，还被人指着鼻子骂"汉奸""懦夫"。撤师基隆的消息传开后，朝野一片非议，指责刘铭传把要隘拱手让人。尽管谤书盈箧，但刘铭传坚称军情瞬息万变，战守机宜非旁观所能尽知，亦非隔海所能臆度。

法国人本以为攻占台湾轻而易举，就像是一场军事旅行而已。想起不久前那场马江海战，他们不费吹灰之力就打垮福建水师，夺得台湾海峡的制海权，他们的心就轻飘起来。法国舰队兵分两路，剑指基隆和沪尾。孤拔率主力部队进攻基隆，不料刘铭传避其锋芒，跑去沪尾对付兵力较弱的法军，把他们打得再也不敢登陆作战。基隆煤矿是法国舰队眼馋已久的"加油站"，但他们惊讶地发现挖煤设备已被拆除，矿井被人放水淹没了，一万多吨存煤也被毁掉了。

沪尾大捷让刘铭传有功折过，但湘系认为他是在避敌自保，失地辱国应当治罪。人的动机很复杂，不排除刘铭传有保存淮军实力的想法。撤军前，他曾接到老上司李鸿章的建议："兵单力弱，可守则守，不可守则不勉强争此孤注。"不管刘铭传有没有听进去，他最终的决策是一箭三雕，既保存了实力，又守住了沪尾，还把法军拖在了基隆。

不管湘系怎么骂，刘铭传这步棋的效果不错。法军后来视基隆如鸡肋，食之无味，弃之可惜。有法国军官抱怨说："我军在这悲惨堡垒的驻屯，实在可怜到了极点。"就连孤拔也承认说："基隆的占领，是一个错误。"清廷也不糊涂，体谅刘铭传仓促赴台，兵单饷绌，虽失基隆，尚能勉支危局，功罪自不相掩。当左宗棠参倒李彤恩后，又不识趣地参劾刘铭传时，清廷恼怒得将原折掷还，还传旨申饬。

当然，刘铭传也不是省油的灯，反咬左宗棠的亲信刘璈一口，最后把他参得被流放黑龙江。湘军老将刘璈时任台湾兵备道，在刘铭传来之前负责主持台湾军务，对台防做过一番整顿和部署。刘铭传空降台湾后，对刘璈重南轻北的布防不以为然，而刘璈也不想好好配合新长官，两人渐渐闹到水火不相容的地步。坐镇北洋的李鸿章忧心不已，担心同室操戈误大事。他哀叹道："孤岛久困，内哄外患，万难久支，一旦决裂，不可收拾。"

左宗棠坐镇福建后，虽令湘淮系的矛盾愈发凸显，但也稳住了闽台局势。马江海战后，福建海防尽失，人心惶惶。左宗棠抵达福州的时候，特意举行了隆重的进城仪式，以安抚受惊的心灵。当然，左宗棠不会只玩虚的，他还拿出实际行动加强海防，比如修复长门和金牌炮台，在闽江口用铁索拦江，用垒石填塞江面，沿港遍布水雷，等等。左宗棠信心满满地说："如狡寇果来，势难插翅飞过。"的确，法舰见福建防备森严，果真不敢轻举妄动。

令左宗棠头疼的是，法国舰队封锁台湾海峡，台湾守军孤立无援，刘铭传连连告急。法舰在东南沿海纵横驰骋，阻止中国军舰南下援台，而且在台湾各港口盘查中外船只，不仅禁止兵械入台，就连文书都扣押销毁。左宗棠知道，目前军务重在援台，而援台之兵难在渡海，无船则纵有雄兵亦不能飞渡。明渡肯定不行，他就用声东击西之计，让南洋水师派兵轮佯攻台北，暗地里则让老部下率领"恪靖援台军"，扮作渔人黑夜偷渡上岸。

法军仗着坚船利炮横行霸道，左宗棠早在江宁停留的时候，就奏请朝廷敕令南北洋大臣派兵轮援台。左宗棠奏称，此折是他与曾国荃会衔发出的，曾国荃愿意调派南洋兵轮五艘，并将商请李鸿章抽调北洋兵轮四五艘，两支舰队在上海会齐后赴台。不过，曾国荃后来辩称，左宗棠办事向来一意孤行，从未深思能行与否、利钝成败，这是他一人的主意。

左宗棠刚离开江宁，曾国荃就跟李鸿章诉苦说，南洋只有三船可派，且都不是法船的对手，去了万难安全脱身。李鸿章把这番话上报朝廷后，曾国荃被革职留任。清廷指责曾国荃出尔反尔，申饬道："前据左宗棠奏，已与曾国荃商派南洋五船赴援，何以又称只有三船？台湾信息不通，情形万紧，犹敢意存漠视，不遵谕旨，可恨已极！”曾国荃辩称，他所说的三船特指快船，并不是说南洋只肯派三船，而舍不得派五船去援台。

其实，曾国荃有点口是心非。此前，清廷一再要求南北洋大臣派兵轮援闽，但他和李鸿章都不想送羊入虎口，一直找理由搪塞。这次台湾军情紧急，左宗棠不容他们再袖手旁观，一道奏折把他们逼上梁山。养兵千日，要用时却指望不上，清廷早就一肚子火，这回就拿曾国荃开刀，警告他人不得再迁延观望。

当然，曾国荃有点委屈。早年南款北让，南洋水师起步较晚，现仅有十几艘军舰，一下子抽调五艘，江南防务难免空虚。优先发展的北洋水师，却成了李鸿章的政治本钱，舍不得拿去战场挥霍。不过，受到严惩的曾国荃不敢再抗命，乖乖派出五舰援台，让提督衔总兵吴安康统带南下。李鸿章的运气则好得多，只派了“超勇”“扬威”二艘巡洋舰，而且它们还没走上战场，就因朝鲜突发政变而被调回。直至中法战争结束，北洋水师毫发无损。

没了北洋二舰相伴，南洋五舰更显势单力薄，不敢贸然赴闽援台。这支舰队在上海逗留许久，说是要整备部件、添安炮位、侦探敌情，以便相机乘隙稳慎前进，方不致挫败取辱。其间，吴安康被人参劾“在沪游宴”，清廷下旨交部议处。1885 年 1 月 18 日，吴安康终于率领舰队离沪南下。这则消息很快就传开了，连欧洲的报纸都报道了，法国远东舰队自然也被惊动了。孤拔命副手利士比坐镇台湾，然后亲率数舰北上截击。

2 月 13 日清晨，法舰在浙江檀头山洋面发现南洋五舰，孤拔下令以最快的速度追上去。“开济”“南琛”“南瑞”三艘巡洋舰全速逃跑，借海上浓雾的掩护甩掉法舰，驶入镇海甬江口内。“澄庆”“驭远”二艘炮舰因航速较慢，就近躲入石浦湾。因法舰吃水较深无法入内攻击，孤拔便下令封锁石浦港，次日夜里派二艘鱼雷艇去偷袭。2 月 15 日凌晨 3 点多，鱼雷艇发动攻击，击伤“驭远”舰尾部，但随后遭到舰上枪炮反击，被打得受伤搁浅。让法国人诧异的是，几个小时后，“澄庆”“驭远”二舰竟然放水自沉，舰上人员已经逃之夭夭。

清廷大发雷霆，责骂二舰的管驾员弁既未并力御敌，又不小心保护军舰，以致失事，殊堪痛恨。清廷命曾国荃查明真相，予以严参惩办，不准稍涉回护。曾国荃后来报告说：二舰御敌甚力，但尾艄已被鱼雷轰伤，伤处靠近火药舱，万一被轰燃，不但全舰人命均成灰烬，且恐祸延居民，殃及商船。舰上水手勇丁素未经过战阵，“驭远”舰副队总李时珍首先逃走，其他人相率凫水潜逃，管驾蒋超英和金荣力阻无效。因不想舰炮被敌掳去，两位管驾遂放水自沉。他们本想与舰同沉，后被弁勇强拉上岸。

这是一桩有争议的谜案，很多人并不赞同曾国荃的说法。有人说，二舰官兵畏战，所以弃舰自保。也有人说，二舰知道抵御不住法舰，自沉乃是权宜之策，以免资敌。还有人说，法军并无攻击“澄庆”舰的作战记录，它是被“驭远”舰误伤击沉的。也有参与袭击行动的法国海员猜测，极有可能是二舰太过慌张，以至于敌我不分，相互射击，误伤友军。但不管真相如何，结局是确定的：李时珍被抓获正法，蒋超英和金荣被革职充军。

逃往镇海口的南洋三舰，命运好一些。当这些不速之客闯进来的时候，淮军出身的浙江巡抚刘秉璋并不欢迎，担心它们会引狼入室。三舰冒冒失失躲进来，又畏畏缩缩不敢跑出去，闹得当地人心惶惶。曾国荃早就请示过朝廷，命吴安康将三舰驶回上海，一来保全军舰，二来防卫长江。哪知三舰刚从虎口逃生，在镇海口躲藏多日不敢动弹，直到2月26日探明口外没有法舰才起航，但很快又惊惊慌慌折返。刘秉

刘秉璋

璋暗骂三舰管驾贪生怕死，“如鼠畏猫，欲钻入墙洞，可耻”。既然请不走“瘟神”，刘秉璋只好同舟共济。

2月28日，法舰发现南洋三舰的藏身之处，当晚孤拔就率领四舰驶抵镇海口外。次日下午，一艘法舰在甬江口北侧挑衅，遭到招宝山炮台反击，随后南洋三舰开炮相助，把法舰打得受伤而退。这一仗打得颇为奋勇，时人对中国军舰的印象大为改观。《申报》称赞道：“据述战事情形，三船与岸上炮台并力相击，绝不似一见法船舍命狂逃者，可知诸船皆属能战。”此后，法舰又数次来犯，但因中方应对得当，均无功而返。

那时候，法国远东舰队忙得很，不仅要阻截中国军舰，还要查禁大米。1885年2月下旬，法国宣布将大米列为战争禁运品，并派军舰在长江口巡查过往船只，禁止大米从上海港运出。粮食乃民生之本，法国在军事陷入困顿之际，置人道主义于不顾，使出这个损招遏制中国。当时华北地区的粮食主要靠南方供应，法国此举意在阻止南粮北运，制造粮荒以迫使清廷早日妥协。

大米毕竟不同于枪支弹药，法国向国际社会解释说，交战国有权规定哪些东西属于禁运物资，况且其他国家有过禁运粮食的先例。这项大米禁运政策一出笼，清廷希望法国的死对头德国能出面干涉，但德国外长说不允许法国搜查船只有碍国际公法，俾斯麦首相也说这是法国在战争中采取的正当措施。当时有一部分漕粮由美国轮船公司承运，清廷指望美国政府站出来维护本国商人的利益，不料人家也表示要尊重法国所享有的交战国权利。

在国际纠纷中，宣布中立是一个很好的挡箭牌，可以坐山观虎斗。清廷想打“以夷制夷”的牌，得找对国家才行。当时对大米禁运政策抗议最强烈的，是法国的老冤家英国。英国最早入侵中国，在华利益远多于他国。自从法国在华闹事后，英国的商业利益就受到损害了，而英商又是中国漕粮的主要承运者，这回英国政府再也不想容忍了。英国不承认法国有禁运大米的权力，并威胁说要开放香港的武器贸易市场来报复法国，也就是将对经香港运往中国内地的军火开绿灯。法国驻英公使则恐吓说，如果英国这样做，法国将扩大交战国权利的威力。

英法两国互不示弱，口水仗打得相当激烈，有人一度担心中法战争会演变成英法战争。不过，法国仍一意孤行。大米禁运消息传开后，中国部分城市出现恐慌，传言城里的存粮即将告罄，有的粮商趁机抬价，有的则囤积居奇。世间之事总是有人欢喜有人愁，有人大发战争财，有人则走了霉运。禁令一出，法舰立即展开搜查行动，中外船只都得接受检查，有的已经装好米粮，也卸载下来不敢运出。仅江浙两省被困在上海港口的米粮就达数百万斤，粮商只能心痛地看着宝贝发霉。

就在中法战争陷入胶着状态之际，一个秘密渠道被打通了。1884 年 10 月，大清海关巡逻舰“飞虎”号在台湾海面为灯塔运送给养时，被法国舰队以“破坏封锁”的名义扣留。这是一艘铁肋木质巡逻舰，1868 年从英国购入，为大清海关舰队最早的成员之一。在中国近代海军的队伍中，有一支非常奇特的舰队，它悬挂的不是黄龙旗，而是别具一格的海关旗。大清海关舰队始建于 1868 年，舰艇大多购自英国或香港，用于执行查缉走私、打击海盗、领航与巡逻等任务。

“飞虎”号被扣后，海关总税务司赫德出面讨要，但孤拔声称只有接到法国政府的命令才能释放。喜欢搞“业余外交”的赫德，意识到这是一个能接触到茹费理的天赐良机，由此敲开中法谈判的新大门。赫德认为，中法双方打了个平手，现在已到最后一局，正在打决定胜负的最后一墩牌，而所有王牌都已经出完，只有他手上还有一张小王牌，该是他出牌的时候了。

1885 年 1 月 7 日，赫德致电金登干，叫他立即从伦敦前往巴黎，去见时任法国总理兼外长的茹费理，要求他下令释放“飞虎”号。当然，这只是一个引子，赫德的用意在别处。次日，赫德指示金登干说，若有机会与茹费理会晤，应趁机向他提议重启中法和谈。至于谈判的条款，赫德已拟好一个初步协议，并授予金登干签字的权力。很快，金登干传来好消息，说茹费理愿意与他进行私人会晤。

一场决定中法战争走向的秘密外交，就这样由两名英国人偷偷拉开帷幕。或许，“偷偷”用词不够准确，用“悄悄”更贴切。赫德和金登干不是一般的英国人，他们有另一重身份是大清海关的雇员，这意味着他们也得听中国主子的话。朝鲜“甲申政变”发生后，清廷担心日本寻衅滋事，而目前中国对付法国已很吃力，何况这回是后院起火，恐怕会危及东三省乃至京畿。清廷赶紧派李鸿章当“消防员”，一边加强北洋防务，一边妥善对日交涉。此时，清廷极欲恢复中法和谈，以免日本有恃无恐。赫德自愿当“和事佬”，清廷自然十分乐意。

当时国际环境险恶，中国就像坐在火山口，稍有不慎就会被烧焦。早在1883年6月，赫德就看出中国的处境很不妙：“中国如仅单独对付法国，我以为它能够好好地打一阵，但是一旦中法真正开火，日本就会跟法国合作，在法国所能派出的一万人之外，再添上三万兵力，朝鲜也许会叛变，三合会等等也许会在内地造成扰乱，俄国也许又在边境上拿去一大块，前途真是够严重的！”

牵一发而动全身，这正是清廷所担心的。中法战争期间，清廷一直在打探日、俄的动向，担心它们趁火打劫，甚至与法国结盟。有传言说俄国想侵占中国东北和新疆，而日本早就想染指朝鲜，更是按捺不住地见缝插针。有人在中国背后捅刀子，法国当然拍手欢迎。清廷对法宣战后不久，法国曾向日本承诺要资助朝鲜的亲日派开化党100万日元，还要派舰队去支援他们发动政变。虽然这一计划后来流产，但法日一直没有放弃寻找合作的机会。

清廷有一套官方的情报系统，而身为大清海关掌门人的赫德，也利用海关系统的文书报告制度等多种渠道，触摸到中国和列强的脉动。虽然中、法在战场上打得还算热闹，但赫德知道这是表象，其实两国政府都留有一手，从未放弃和平解决争端的意愿。清政府不想为了越南拼个鱼死网破，而法国政府也只想打一场局部战争，以最小的代价获取最大的利益。在曾纪泽的牵头下，两国政府曾接受英国的调停，终因分歧太大而宣告失败。现在，轮到赫德出场了。

赫德的身份很特殊，首先他是中国的高官，能代表清政府说话，同时他又是英国爵士，能获得英国政府的支持，也容易得到法国政府的认可。向来担当中法谈判重任的李鸿章，此前的表现并不尽如人意，目前又有对日交涉的急务在身，这回就被晾在一边了。1885年2月21日，赫德在给金登干的信中说："目前的谈判，完全在我手里，我要求保守秘密，并不受干预，我自守机密，总理衙门也如此，皇帝已有旨，令津、沪、闽、粤各方停止谈判，以免妨碍我的行动。"

这次由赫德主导的中法和谈，两国政府都要求严格保密，直到时机成熟再公开谈判。赫德成了两国政府都信任的唯一中间人，这自然令他十分满意。他本人也极力维持这种特权，把事情全都抓在自己手里，不让李鸿章知道实情，甚至向总理衙门瞒报部分情况。尽管李鸿章被排斥在局外，但他并不甘心作壁上观。用赫德的话来说就是，李鸿章特别不老实，虽然皇帝命令他与伊藤博文伯爵（日本为朝鲜事件而派来的特使）谈判，并且要他撇开法国问题，他却在多管闲事。

就在中法谈判即将达成协议之际，战场上却出现逆转。3月下旬，冯子材、王德榜等清军将领协力合作，在中越边境取得镇南关—谅山大捷。这股冲击波传到法国后，茹费理被迫辞职。不过，台湾战场却风云又起，孤拔亲率舰队攻陷澎湖列岛。刘铭传曾经说过："综计全台防务，台南以澎湖为锁钥，台北以基隆为咽喉。"如今澎湖、基隆均沦陷，台湾局势非常凶险。越南战场也不容乐观，虽然清军一时占上风，但法国决定大举增援前线，议会通过了增拨军费和兵力的议案。

中法谈判濒临破裂，赫德十分着急，希望双方迅速签约，以免功败垂成。尽管镇南关—谅山大捷振奋人心，但清廷不认为前途是光明的，仍坚持与法国议和。3月30日，在茹费理辞职的当天，曾纪泽也建议清廷乘胜即收："谅山克，茹相革。刻下若能和，中国极体面，虽稍让亦合算。"李鸿章也致电总理衙门："茹退不必专为越事，但新执政必反旧执政所为，且谅山已复，若此时平心与和，和款可无大损，否则兵又连矣。"

清廷的态度让赫德比较放心，只是担心法国政府会变卦。好在法国总统格雷与茹费理的看法相近，便抢在新内阁产生之前速战速决。法国外交部政务司司长毕乐与中国特任议约专使金登干，4月4日在巴黎签署《中法停战条件》。这份和议草约的主要内容是，中国允将批准1884年在天津订立的《中法会议简明条款》，法国允派一名大臣至天津或北京商定条约细则及撤兵日期。《中法停战条件》签订后，两国政府应下令停战，法国还应解除对台湾的封锁。

4月6日，清廷发布上谕，称中法现议修好，各路清军将择期停战。次日，清廷下发停战令，给足自己面子说："法人现来请和，于津约外别无要求，业经允其所请。"越南宣光以东地区定于4月15日停战，宣光以西地区晚十天停战，两路清军各自撤回广西、云南边界。台湾也定于4月15日停战，届时法国将解除封锁。当然，防人之心不可无，因担心法国挟诈背盟偷袭，清廷要求各地严加防范。

主战人士正想乘着镇南关—谅山大捷的春风，一鼓作气痛击法军，不料被当头浇了一瓢冷水。张之洞、冯子材等人反对撤兵，但清廷不为所动。此次大捷主要缘于法军轻敌冒进，带有很大的偶然性，而打持久战是要靠实力的。这场战争打到现在，清政府已经囊中羞涩，协饷省份也连连哭穷。据两广总督张之洞奏报，仅广东设防、援台、援越等项开支就耗银2500万两。这场战争波及的不只两广，清政府每时每刻都在消耗大量财力，不得不举借大量外债。

在越清军的日子很不好过，不仅拿着窳劣的武器，有时连饭也吃不上。据记载，因粮食供应不足，有清兵用步枪向越南百姓换口粮。清军的后勤保障也很差，主要靠马帮运输军需物资，而法国利用越南的内河航道，用轮船快速补给。更悲哀的是，清军为越南保家卫国，却被视为不受欢迎的人。自从1884年年初清军在北越大败后，越南阮朝掐灭了对大清的幻想，于6月6日同法国签订《甲申和约》，彻底投入法国的怀抱。阮朝将清廷颁赐的中文玺印、册封诏书等交给法国代表当众销毁，以示与中国断绝宗藩关系，还四处张贴告示要严惩协助清军的官民。

李鸿章早就说过，越南看中国衰弱，有意另攀高枝，不值得出手相助。越南是中国西南边疆的屏障，这一点李鸿章不是不知道，但他认为越南已跟法国订立条约，虽然签约时有逼胁的成分，但越南君相既肯允行，各国又无非议，条约已然生效，中国无权代为改毁。中国为了保住宗主国的虚名，不惜与法国大动干戈，在李鸿章看来是不明智之举。

清廷后来也看开了，在基隆和澎湖失陷后，明白“越地终非我有，而全台隶我版图”，孰轻孰重一目了然。当然，中国援越不只是为了保住宗主权，也是为了保护边疆，但当自身无力再保护属国，只能明智地选择先保护自己。用李鸿章的话来说就是：“台湾郡县也，越南藩服也。以余度之，宁失藩服，毋损郡县。”在华夷秩序已然崩溃的形势下，“宁失藩服，毋损郡县”是一种不得已的选择，中国被迫从“大一统”的天下观转向近代国家观。

中法最后一程的谈判以《中法会议简明条款》为基础，而这个曾被攻击得体无完肤的条约，是由李鸿章一手缔结的，由他来做收尾工作再合适不过了。不过，赫德仍牢牢掌握谈判的主导权，李鸿章似乎成了一个摆设。《中法停战条件》签订后，本应由中国全权大臣李鸿章与法国驻华公使巴德诺商定详细条款，但赫德担心事情被搞砸了，说服清廷同意由金登干在巴黎继续充当谈判的主角。虽然清廷有时会征求李鸿章的意见，而他对每条约文也都详加研究，但他主宰不了大局。

张之洞曾致电李鸿章，希望他在谈判中为国力争，但李鸿章无奈地回复说：“款议始终由内主持，专倚二赤；虽予全权，不过奉文画诺。公徒责望，似未深知。”“二赤”，自然是指赫德。张之洞后又致电说：“画押宜慎，关系国家万年之计。赫德不足论，仍须公主持，勿贻后悔。”李鸿章再次重申自己无能为力：“事由中制，非鸿所能主持。”“中”，自然是指清廷，而其中的关键人物自然是慈禧。

跟李鸿章一样，赫德也只是马前卒，慈禧才是真正的拍板人。5 月 20 日，赫德在发给金登干的电报中夸赞说：“在这次谈判中，每一项提议都是事先经过太后亲自主持考虑和批准的，她很勇决，力排反对之议，主张和平。”当法国欺人太甚的时候，慈禧也曾绝地反击，但那是被逼无奈的自卫。这个务实的女当家知道，大清经不起大折腾了，搞不好会散架。如今法国想把大棒换成橄榄枝，慈禧自然乐于接受。

1885 年 6 月 9 日，李鸿章会同总理衙门大臣锡珍和邓承修，与法国全权代表巴德诺在天津签订《中法会订越南条约十款》（又称《中法新约》）。法国获得它想要的一切，比如让中国承认法国对越南的保护权，进而把中国势力清除出越南，法国可以在中越边境开埠通商乃至修建铁路，等等。中国得以体面结束这场战争，不用向法国赔款，也收回了基隆和澎湖，但从此不得再干涉越南事务，彻底失去这个古老的属国。

很多人评论中法战争时，喜欢说“法国不胜而胜，中国不败而败”。不过，从全局的角度来看，这个说法有失偏颇。先不说两国综合实力悬殊，单拿军事方面来说，清军的武器装备不如法军精良，尤其是海军的差距更大。据统计，1882年的时候，法国就拥有38艘铁甲舰、9艘岸防铁甲舰、50艘巡洋舰和炮舰，还有60艘鱼雷艇，总吨位达50余万吨。这是法国推行炮舰外交的资本。中国海军当时还是个少年，要想打败世界老二的巨无霸，显然不切实际。

中法战争期间，清军所取得的几次大捷，无一是海战，都是陆战。清军将领几乎都是从陆战起家，善用计谋诱使法军出现失误，然后用人海战术以多胜少。不过，这种侥幸的取胜不可能常有。“压轴戏”镇南关—谅山大捷，也只是局部的胜利，并没能扭转整个战局，还将引来法国更大的反扑，再打下去恐怕又是败局。台湾战场对中国更是不利，不仅两个战略要地失陷，就连刘铭传守军也快撑不住了，已濒临山穷水尽的绝境。权衡利弊，清廷见好就收，以免后悔莫及。

作为善后专家，李鸿章明知会被拍砖，却不得不硬着头皮去求和，甚至去签订不平等条约。蒋廷黻在《中国近代史》一书中认为，不打就赔当然不对，但明知打不了还打，打了赔更多就更不对。这正是李鸿章所采取的现实态度。所以每一次危机来临，他都主张不要轻启衅端，要维护和平发展的环境。他知道没有军事实力支撑的傲慢是多么危险，便大胆地将战争的后果告诉朝野，并孜孜不倦地提供权宜之计。相对于兵戎相见，他更相信灵活的、柔软的东方外交艺术。他就这样忙于修修补补，既没有时间，也没有勇气去查找旧制度腐烂的根源。

李鸿章是个复杂的多面体，虽然也忧国忧民，但小日子照样过得不错。有一个人比他纯粹，见国运日衰痛苦不堪，宁愿战死沙场而不愿苟活。中法和约签订后，左宗棠悲愤无比，以“衰病日剧”为由，请求开缺回籍休养。如此时局令左宗棠心灰意冷，不过，他晚年确实病得很重。抵达福建后，这个老人有点水土不服，再加上心血过亏、风邪入里，导致身体羸瘦，饮食锐减，手腕颤摇，头晕眼花，痛痒交作，咯血时发。战争时期为了震慑法军，他不得不强打精神当“消防员”，如今已经不用再装了。

虽然清廷赏假一个月，但左宗棠再次上折请辞，说他身体真的吃不消。如今中法战争结束了，孤拔也于6月11日在澎湖病逝，清廷可以放这位老臣走了。8月13日，清廷批准左宗棠可以交卸差使，回籍安心调理身体，待病体稍痊就进京供职。当这道谕旨以日行四百里的速度送达时，已是9月3日了，左宗棠行将就木，再也无力生还湖南。两天后，台风来袭，福州下起倾盆大雨，左宗棠临终前连声呼道：“诃诃！出队！出队！我还要打。这个天下，他们久不要。我从南边打到北边，我要打，皇帝没奈何。”

在生命垂危之际，左宗棠涕泪俱下地口授遗折，其中有言自责道：“越事和战，中国强弱一大关键也。臣督师南下，迄未大伸挞伐，张我国威，怀恨生平，不能瞑目！”这位老臣殷殷劝道：“方今西域初安，东洋思逞，欧洲各国环视眈眈。若不并力补牢，先期求艾，再有衅隙，愈弱愈甚，振奋愈难，虽欲求之今日而不可得。”他还向慈禧和光绪帝建议，要及早抓好海军、铁路、矿务、船炮各政，以求富强之效。

左宗棠病逝那天，福州城经过狂风暴雨的摧残，东北角城墙崩裂两丈多宽。据当时人记载：“全城百姓一闻宫保噩耗，无不扼腕深嗟，皆谓朝廷失一良将，吾闽亦失一长城。”灵柩出发时，福建督抚、将军、学政等官员均来送行，福州百姓无不泣下沾襟，一律闭门罢市，有绅士和学子举行路祭。据《申报》报道：“远近观者，如海如山，路为之塞。”该报评论说：若非左公德泽及人，曷克令人爱慕如此。

福州人以一场隆重的丧礼，满怀敬意地送走这位“战神”。左宗棠以一老迈病躯，坐镇福州防止法军来犯，若不是部下老拦着，他早就亲自上阵了。他派遣的“恪靖定边军”和“恪靖援台军”，都不辱使命。他不如李鸿章识时务，在李鸿章眼里是老糊涂，但他的精神气在那个羸弱的时代，不啻给中国人一盏希望的明灯。

灯灭了，天更黑了。继曾国藩之后，湘军最有权势的将领又倒下了，再也无人能与李鸿章抗衡，湘淮系权力的天平更加失衡。湘军更加衰落了，而李鸿章一手培养的淮军正当壮年，是大清最主要的国防力量，淮系官员也比比皆是。手握淮军和北洋水师两支重兵，又有庞大的淮系官僚网络作为后盾，李鸿章在朝中的地位一时无人能撼动。然而，更大的权力也意味着更大的责任，九年后一场毁灭性的战争，让他的政治本钱输得精光。

第五章

日本来了：老鼠身材，老虎野心

李鸿章在那个时代是弄潮儿，绝对属于敢吃螃蟹的人，可惜是个“行动上的巨人，思想上的矮子”。

餐桌上的麻辣外交

1876年1月24日，这一天是光绪元年腊月二十八，李鸿章在直隶总督署特地准备了一桌酒席。第二天即是除夕，他打算用这顿准年夜饭，好好款待日本驻华公使森有礼，来一场餐桌上的外交。

森有礼来保定，当然不是为了吃喝玩乐，而是有要事相商，此行跟朝鲜有关。海对岸的朝鲜半岛，就像一块小鲜肉，让日本垂涎欲滴。每当国内大一统，日本的心就狂野起来，想趁势征服朝鲜。不过，朝鲜的背后有中国撑腰，日军曾被唐朝和明朝的军队打退。现在形势变了，中国日薄西山，而日本蒸蒸日上，故又动起朝鲜的心思。

1592年丰臣秀吉发动侵朝战争后，日朝两国一度断绝外交关系，后来虽然恢复邦交与贸易关系，但有点不正常。比如，日本不能直接派使臣到朝鲜首都，只能由对马藩藩主充当日本国王的使者，对朝贸易也被局限于釜山倭馆。明治维新后，日本想挣脱这些绳索的束缚，让朝鲜进一步打开国门，但朝方以不合旧制为由拒绝。

江户时代，德川幕府将军掌握实权，以“日本国王”或“日本国大君”的头衔搞外交，很多外人不知道该国元首是天皇。1867年，15岁的睦仁亲王在父亲孝明天皇驾崩后即位，而后被倒幕派高抬出来，迫使德川庆喜将军奉还大政，次年改年号为明治。明治政府数次遣使向朝鲜递交国书，但朝方一看上面有“皇”“敕”等字样，那可是宗主国中国才能使用的字眼，于是拒绝接受这种新的外交关系。

日本国内“征韩论”再度喧嚣，1875 年先是派“云扬”舰和“第二丁卯”舰到釜山海域，以军事演习威慑朝鲜，后又派它们和“春日丸”舰前往朝鲜西海岸，秘密侦察朝方军事要塞的布防情况。9 月 20 日，日本小艇在进行测量与侦察活动时，惊动了江华岛草芝镇炮台的朝鲜守军，随后朝军与“云扬”舰交火。因遭到抵抗无法在草芝镇登陆，“云扬”舰次日转而袭击顶山岛，摧毁当地军事设施和民宅。22 日，日军陆战队一举攻占永宗镇，大肆烧杀抢掠，当晚还设宴祝捷。24 日，三艘日舰满载战利品离开江华湾，四天后回到长崎。

“云扬号事件”发生后，日本政府根据井上良馨舰长的报告书，声称该舰在寻找饮用水的情况下突遭朝军炮击，不得不自卫反击。1876 年 1 月，日本向朝鲜兴师问罪，派出以陆军中将兼参议黑田清隆为首的使团，以及数艘载着一千多名士兵的舰船，前往江华岛威逼朝鲜政府与之缔约。鉴于朝鲜是中国的属国，日本不得不顾及清政府的态度，便派新任驻华公使森有礼去交涉。

1876 年 1 月 10 日，森有礼向总理衙门递交节略，并威胁说：“本大臣窃祈朝鲜国以礼接我使臣，不拒我所求，以能永保平和也。若不然，事遂至败，则韩人自取不测之祸必矣。”三天后，总理衙门表态说：“中国之于朝鲜，固不强预其政事，不能不切望其安全。”言外之意是，如果朝鲜的安全受到威胁，中国不会坐视不管。总理衙门希望日本遵守《中日修好条规》，其中第一条即规定“两国所属邦土，亦各以礼相待，不可稍有侵越”。按照缔约人李鸿章的说法，当初将这项内容列入条约，就是为了“预杜”日本的侵略。

森有礼与总理衙门交涉不清，于是烫手山芋又扔到李鸿章手里。1 月 20 日，李鸿章派去的迎接队伍抵达京师，森有礼十分高兴，总理衙门也松了一口气。总理衙门当天发密函指示李鸿章，让他留意开导森有礼，勿令有所借口。此前与森有礼往来的相关文件，总理衙门也抄录给李鸿章参酌，意在统一口径以免贻人口实。李鸿章回复说会跟总理衙门保持一致，但他同时指出朝鲜事态严重，如果解决不好，日后定成大乱。

在准备丰盛筵席的同时，李鸿章不忘适当示威。迎接森有礼的时候，他故意多派洋枪队沿路巡逻，以张声威，使之不敢藐视中国。至于森有礼到底有何观感，那就不得而知了。这位日本公使年仅29岁，却已周游世界两圈，在英国和美国留过学，而且出任过日本驻美公使，可不是没见过世面的毛头小子。

森有礼（1871年摄）

那天的酒席，从下午3点吃到晚上10点，一场交锋就在酒酣耳热间展开。除了李鸿章和森有礼两位主角，列席人员还有翰林院编修黄彭年和候补同知黄惠廉，以及日本公使馆一等书记官郑永宁。让人称奇的是，这场会谈是用英语进行的，被日本《近时评论》杂志叹为“最惊悍、最疑惑、最惭愧之一大奇报”。李鸿章对英语一窍不通，全靠黄惠廉帮他翻译，故该刊指责森有礼故意欺负李大人，在“应答之际，偶谋其便”。

席间谈到中朝关系时，森有礼想否定两国的宗藩关系，说《中日修好条规》中并无明示朝鲜系中国属国的条款，各国也说朝鲜不过向中国朝贡、受册封，中国不收它钱粮，不管它政事，所以不算属国。李鸿章反驳说：“高丽属中国几千年，何人不知？和约上所说所属邦土，土字指中国各直省，此是内地，为内属，征钱粮，管政事；邦字指高丽诸国，此是外藩，为外属，钱粮、政事向归本国经理，历来如此，不始自本朝，如何说不算属国？”森有礼不知如何应对，便不再纠缠这个问题，说此事讨论再多终无结论，辩论亦已成无益之事。

接下来，话题转移到“云扬号事件”。郑永宁指责朝鲜变本加厉，从前不过拒绝接待日本使臣，近来日本兵船到海边取淡水，它竟开炮伤坏日船。李鸿章认为“取淡水”只是借口，便毫不客气地说：“贵邦遣炮船前往测量朝鲜海面，彼何能无向炮船发炮之理哉？由此可见，贵邦实无诉苦之情由，亦无伐朝鲜之口实，毕竟朝鲜发炮之举，实系贵邦自所招致。况该炮船进入公法上所禁止之近海三英里之内，加之陷城、杀人、掠财等事，今又要遣使责朝鲜理非，此系何为？”

森有礼说李鸿章似乎有所误会，现有两条理由可以证明此事错在朝鲜：“第一，我炮船并非专为测量海水而赴朝鲜，不过偶欲求船中用水而将船靠近岸边，遂先测量海水深浅，以保船只进退无碍。且船桅悬有我国之旗，朝鲜人固当认识，居然不顾国旗之所在，突然向该船发炮。第二，阁下所云我国炮船进入公法所禁止之近海，还请思之。夫公法，遵守之国可用之，而如朝鲜不知公法为何却厌恶之之国，则不可用之。”

“云扬号事件”发生后，朝鲜对中国秘而不宣，而按惯例是应该知会清政府的。当时朝鲜的统治者，名义上是国王李熙，实际上是闵妃。在妻子掌权之前，李熙也没有实权，大权由生父李昰应把持。兴宣大院君李昰应掌权时，厉行闭关锁国政策，但恪守中朝宗藩关系。1873年12月，李昰应被赶下台。此后，朝鲜的外交政策有所转变，开始疏离中国。

清政府对“云扬号事件”的了解，最初只能依赖日方提供的片面之词。森有礼说“云扬”舰遭炮击时悬挂着日本国旗，而事实上国旗是第二天才悬挂上去的。为了博得国际舆论的同情和支持，日本政府捏造谎言以蒙蔽真相。听到森有礼的辩解后，不明真相的李鸿章口气软了下来，说：“虽是如此，但日本总不应前往测量，是日本错在先，高丽遽然开炮，也不能无小错。日本又上岸毁它的炮台，杀伤它的人，又是日本的错。高丽不出来滋扰，日本只管去扰它做什么？”

郑永宁威胁说："日本臣民俱怀愤恨，要与高丽打仗。森大人说从前看高丽能谨守，不与外国相通，尚是可爱之国，今可恨了。"李鸿章巧妙劝告说："既知是可爱，便不要去扰他。日本是大国，要包容它小国。"郑永宁说："森大人也是此意，所以压住本国不要用兵，自请到中国，以为高丽是中国属国，必有上策令高丽与日本和好。"

李鸿章说："高丽非不欲与日本和好，但恐各国相因而至，中国若代日本说项，将来各国都要中国去说，所以料得高丽未必答应。"森有礼信誓旦旦地说："西洋各国均无必通高丽之意。"李鸿章说："这谁保得？"森有礼说："我可保。"李鸿章说："须日本国家保得。"森有礼说："日本国家亦可保。"

为取得李鸿章的信任，森有礼不惜拍胸脯担保，但其实在他心里，连盖有国玺的条约都吹弹即破。他还说："据我看来，和约没甚用处。"当时李鸿章一看这架势，猜到日本有撕毁《中日修好条规》的想法，赶紧说："两国和好全凭条约，如何说没用？"森有礼说："和约不过为通商事可以照办，至国家举事，只看谁强，不必尽依着条约。"李鸿章说："此是谬论，恃强违约，万国公法所不许。"森有礼说："万国公法亦可不用。"李鸿章说："叛约背公法，将为万国所不容。"

为了说服这位只认"强权即公理"的年轻公使，李鸿章指着桌上的酒杯，打了一个形象的比喻："'和'是和气，'约'是约束人的心，如这酒杯围住了这酒，不教泛溢。"森有礼并不服气，说："这个和气，无孔不入，有缝即去，杯子如何拦得住？"李鸿章无奈地说："森大人年少气盛，发此谬论。郑署使是我们立约时的人，须要详细告他。"

"郑署使"即郑永宁，在森有礼上任之前署理日本驻华公使。《中日修好条规》谈判期间，他曾担任日方翻译官。李鸿章问起签约人伊达宗城的现况，森有礼说："伊达现在退居林下，朝廷给他俸禄。自来和约立约之人去了便靠不住。"李鸿章反驳说："约书奉有谕旨，盖用国宝，两国臣民子子孙孙当世守之。"森有礼不以为然，说立约时固然双方合意，但时过境迁，早晚非改不可。李鸿章只好给他套上紧箍咒，说："未及十年换约之期，不能议及变通。”

森有礼拿这个条约说事，是想否认朝鲜是中国所属邦土，以割断中朝之间的宗藩关系。他说：“条约虽有‘所属邦土’字样，但语涉含混，未曾载明高丽是属邦，日本臣民皆谓指中国十八省而言，不谓高丽亦在所属之内。”他还举例说，因为条约中并未载明两国所属邦土的界限，以致日本误以为台湾生番系中国化外之地，这才发生 1874 年侵台事件。他的结论是，若仍存此类无用之条款，恐日后重蹈前辙，故不应永存现在之条约。

李鸿章回应说：“将来修约时，‘所属邦土’句下可添写十八省及高丽、琉球字样。”他还以为琉球尚在中国手中，殊不知日本拿着《北京专约》当宝，上年已派兵进驻琉球，并命令琉球改用日本年号，不得再向中国朝贡。不出几年，日本就完全吞并琉球王国，将其改为冲绳县。琉球不甘心亡国，曾向中国求援，但清政府爱莫能助，光靠抗议根本阻遏不了日本。

自从日本违约侵台后，李鸿章就不太信任这个变化多端的国家，现在一看森有礼这种不把条约当回事的态度，不得不提醒说日本不可再次犯错。他苦口婆心地劝道：“凡事不可一味逞强，若要逞强，人能让过，天不让过。若天不怕地不怕，终不为天地所容。”森有礼则辩解说：阁下和贵政府误会了，“我政府之目的，良善正直”，只想与朝鲜通好，而不是想侵略朝鲜。

不过，森有礼一边吃着美味佳肴，一边扬言若朝鲜不肯与日本通好，日本定要开仗。李鸿章说：“高丽与日本同在亚细亚洲，若开起仗来，高丽系中国属国，你既显违条约，中国怎样处置？我们一洲自生疑衅，岂不被欧罗巴笑话？”森有礼说：“欧罗巴正要看我们的笑话。”

虽然“脱亚论”当时尚未在日本流行，但留过洋的森有礼显然崇尚西方文明，认为中华文化圈已经落后了。此次会谈刚开始不久，李鸿章曾问他如何看待亚洲和欧洲的开化程度，他当时就说：“倘定开化度最高为十度，则亚细亚在三度之上，而欧洲不在七度之下也。”

在李鸿章的主观愿望里，总希望以地缘关系拉拢日本，叫它不要与亚洲邻国为敌，而应联手对付西方列强。不过，日本的战略目标不同，它想称霸亚洲，傲视邻国而非平起平坐。后来日本又兴起“脱亚论”，耻于与中国和朝鲜为邻，以“近墨者黑”为借口，不跟这些落后的国家共兴亚洲，而要脱亚入欧，与西方文明国家共进退，携手西方列强恃强凌弱。

李鸿章劝日本不要与朝鲜动武，但森有礼推脱道：“这也没法，日本百姓要去打仗，恐国家止不住。”李鸿章提了一个巧妙的问题：“日本是民政之国，抑君主之国？”郑永宁答道：“是君主之国。”这下让李鸿章抓住破绽了，戳穿日本政客的借口说：“既系君主之国，则君与大臣为政，如何任听百姓违了条约行事？尚得为君主之国乎？”

森有礼和郑永宁无言以对，不再拿战争威胁，但要求清政府设法让朝鲜接待日本使臣。李鸿章说：“日本炮船被击，固有不平之气，高丽炮台被毁，兵士被杀，谅亦有不平之气。高丽国虽小，其臣民之气一也。正在气头上，即旁人解说亦无益。我劝日本此事且可缓议，俟一二年彼此气平后再通好也不迟。”

森有礼不满地说：“西国人言日本办事性过急，中国办事性过缓，急性遇着缓性，难以商量。”李鸿章说：“事有宜急宜缓，如学机器技艺等事，此宜急者也；如两国相争，急则不相下，缓则气自平，所全者大。”恰好当时日本政府由缓征派掌权，主张先整顿内政，暂缓对外兴兵，森有礼就顺着李鸿章的话说，日本就算得了朝鲜有何益处，原是怄气不过。

李鸿章趁热打铁，搬出俄国吓唬日本说：“高丽地瘠，取之诚无益。且闻俄罗斯听见日本要打高丽，即拟派兵进扎黑龙江口。不但俄国要进兵，中国也难保不进兵。那时乱闹起来，真无益处。”他还写了一张“徒伤和气，毫无利益”的字条交给郑永宁。森有礼看完问道：“此指与高丽伤和气而言？”李鸿章明确警告：“若真要打仗，非但伤高丽和气，连中国也怕要伤和气。”他在字条末尾处加上“忠告”二字，说：“我为两国相好，开心见诚奉劝，非有别意。”

森有礼和郑永宁说，日本可暂时压住不打仗，但求中堂大人务必转告总理衙门，设法劝服朝鲜与日本通好。李鸿章说：“总署回复你的节略，明是无法可设，但你既托我转说，我必将这话达到，看从缓商量可有法否。”此行目的已达，森有礼高兴地说：“自到贵国以来，未觉如此之愉快，今宵必可高枕快眠也。”这场长达七小时的餐桌外交，到此结束。

落伍，缘于傲慢与偏见

第二天上午，李鸿章带着黄惠廉等人，登门做了礼节性回访。当天的气氛比较轻松，李鸿章和森有礼先聊了二三细事杂话，然后谈到日本的服饰变革，进行了一场很有意思的对话。

在上日的酒席上，李鸿章曾问森有礼：“中西学问何如？”森有礼毫不客气地说：“西国所学，十分有用。中国学问，只有三分可取，其余七分仍系旧样，已无用了。”李鸿章接着问：“日本西学有七分否？”森有礼说：“五分尚没有。”李鸿章说：“日本衣冠都变了，怎说没有五分？”郑永宁插嘴说：“这是外貌，其实在本领尚未尽学会。”森有礼解释说：“敝国上下俱好学，只学得现成器艺，没有像西国从自己心中想出法儿的一个人。”李鸿章说：“久久自有。”

因上日会谈的主题是“云扬号事件”，这场题外话就此打住，当天没事接着聊。李鸿章看不惯日本人西装革履，说他对日本近来改革之举很赞赏，唯独对其改穿欧服一事感到不解。森有礼解释说：我国旧式服装宽大而舒适，极适合追求安逸之人，但全然不适合勤劳之人，在今天这个时代甚感不便，改为新式以后获益良多。但李鸿章抬出老祖宗压人，说服装旧制是对祖先遗志的一种追怀，子孙应该万世珍存才是。森有礼反驳说：如果我们的祖先尚在，无疑也会做同样的事情，比如大约一千年前，他们看到贵国服装的优点就加以采纳。

这顿时激起李鸿章的民族自豪感，又找到一条反对日本易服的理由：“贵国祖先采用我国服装是最贤明之举。我国的服装织造方便，用贵国原料即能制作。现今模仿欧服，要付出莫大的冗费。”森有礼不以为然，把中国服饰贬低一通，说它不如欧服精良和便利，比如发辫长垂、鞋大且粗，并不适合日本人民。欧服确实比较昂贵，但森有礼说勤劳是富裕之基，怠慢是贫枯之原，日本不愿意怠慢致贫，而想要勤劳致富，所以舍旧就新，现在的投资将来可期得到无限回报。

以前日本拜中国为师，如今却瞧不起这位老师，让李鸿章的民族自尊心很受伤。面对这个叛逃的“学生”，李鸿章无可奈何，只剩下最后一招——道德谴责。他尖锐地质问森有礼：“阁下对贵国舍旧服仿欧俗，抛弃独立精神而受欧洲支配，难道一点不感到羞耻吗？”森有礼理直气壮地说：“毫无可耻之处，我们还以这些变革感到骄傲。这些变革绝不是受外力强迫的，完全是我国自己决定的。正如我国自古以来对亚洲、美国和其他任何国家，只要发现其长处就要取之用于我国。”

李鸿章断然表态：“我国决不会进行这样的变革，只是军器、铁路、电信及其他器械是必要之物和西方最长之处，才不得不采之外国。”森有礼反唇相讥，说将来之事谁也不能妄下断言，比如贵国四百年前不会有人愿意改穿现在这种服饰。这话戳到李鸿章的痛处了，他赶紧声明这是中国人自己进行的内部变革，而不是采用外来的欧俗。森有礼不依不饶，说你们的变革乃出于强迫，当初贵国人民并不喜欢。李鸿章马上摆正政治立场，说此乃基于我国人民对大清殷切的忠诚。

这个问题太敏感了，李鸿章不敢再聊下去，马上转移话题。服饰不纯粹是为了遮体美观，有时甚至成为一种政治符号。想当年清军入关后，强制推行“留头不留发，留发不留头”的剃发令，把剃发易服作为归顺清朝的标志之一，很多人因此丧了命，最终用武力战胜了文化习俗。很多年以后，清朝的男人们个个拖着外国人眼中的“猪尾巴”，却再也没有人觉得它丑陋，待革命一来要改朝换代的时候，反而舍不得这条辫子。剪不剪辫子，又成了是否革命的政治符号。

当然，李鸿章没料到三十多年后辫子就被剪掉了，还在为这个“辫子王朝”拼命打补丁。他与森有礼的这场对话，在他眼里是无关紧要的闲聊，而日方却不这么看，将英文会谈纪要呈报外务卿。当时两国都在进行近代化改革，成果在甲午一役得到检验，日本是大赢家。一棍惊醒梦中人，天朝的子民痛彻心扉，从此不停追问为什么。后人想知道的是，洋务大咖李鸿章，究竟是以一种什么心态在主持改革呢？这场闲聊出卖了他，后人可以管中窥豹。

李鸿章在那个时代是弄潮儿，绝对属于敢吃螃蟹的人，可惜是个“行动上的巨人，思想上的矮子”。洋务派是经世致用派，务实而不务虚。在学习西方物质文明方面，李鸿章大胆而果决，但在对待西方精神文明方面，并不比同僚超前多少。李鸿章是洋务派官僚的一个缩影，他们虽然接受了一些西化的东西，但并不觉得中华文明已被西方文明压倒了，仍视之为世界文明的中心。张之洞曾这样描述当时官方正统的观念：中国是宇宙的中心，而儒学是其中芬芳的花朵。

大航海时代造就一个又一个欧洲强国，它们的战舰和商船纵横四海，到世界各地去寻找财富、开辟市场，将整个人类社会卷入全球化时代。当工业革命的浪潮席卷欧洲时，中国依旧陶醉于“万方来朝，四夷宾服”的荣光之中，没有意识到天朝上国已被甩到时代的后面。当内向封闭的传统农业国家碰上对外扩张的新兴工业国家，时代的错位导致不可避免的冲突。

1792 年 9 月，英国伯爵马戛尔尼率领一个庞大使团，乘坐配有 64 门火炮的“狮子”号战舰，连同东印度公司的两艘船只，从朴次茅斯军港出发前往中国。广东官员向乾隆帝奏报，英吉利国王因前年陛下八旬万寿时，未曾派人进京叩祝，今特遣使进贡。奏折后面还附有一封信，那是东印度公司董事长弗兰西斯·培林爵士写给两广总督的通知函，语气极为恭顺恳挚。当然，那不是原汁原味的英文函，而是被修饰过的中译函，有些表述已经变了味。

乾隆帝阅后龙颜大悦，以为天朝之威声名远播，又引来一个不知名的小国倾心向化，不远万里前来朝贡。为了给“外夷”留下美好的第一印象，乾隆帝确定体恤优礼的接待方针，事无巨细地指示下面官员妥善办理。当然，这位政治家不忘一手施恩一手示威，饬令沿海督抚整肃军纪，务须旗帜鲜明、甲仗精粹，接待英国使团时不可意存苟简，亦不可迹涉张皇，以肃观瞻而昭体制。

从现代眼光来看，乾隆帝十分重视国家形象，也懂得展示软实力。可惜的是，这位处于康乾盛世末年的老皇帝，不晓得世界格局正在发生变化，而且误会了英国使团的来意，以致错失一次中英和平对话的机会。英国使团其实是来叩关的，那些精心准备的礼物并不是贡品，而是展示工业革命成果的道具，以吸引中国主动打开国门，为英国对华贸易提供便利和优惠。

马戛尔尼

带着“华夷”框架眼镜的中国，让英国使团受宠若惊，又很不舒服。自 1793 年 6 月进入中国境内后，他们便受到各地官员异乎寻常的热情款待，还源源不断地收到免费供应的物资。这让他们很意外，因为按照外交惯例，使团的出访费用一般得自理。当然，也有让他们不快的事情，比如他们换乘的中国船只被插上“英吉利贡使”的旗帜，礼品清单上的礼物被改为“贡物”。

习惯以“华夷观”处理对外关系的中国，并未意识到自己冒犯了英国。马戛尔尼使团出发前，英国内务部长曾告诫说，要尽量服从中国朝廷的礼仪，既不要损害本国君主的尊严，又不要被礼仪上的小事束缚住手脚。英国政府很期待这次访华成果，因此马戛尔尼使团尽量配合中方的安排，尽管觉得事情有点不对劲。不过，一场有关国家尊严的礼仪之争，最终让英国使团马失前蹄。

以前各国贡使觐见大清皇帝时，跟中国官员一样要行三跪九叩之礼，中方便按惯例这样要求英国使团，但遭到马戛尔尼断然拒绝。马戛尔尼认为这是一种屈辱，坚持要用参见英国国王的礼节觐见乾隆帝。双方僵持不下，后来马戛尔尼提出一个折中方案：若要他向乾隆帝三跪九叩也可以，只要中方也派一位跟他级别相当的官员，穿着朝服在英国国王的画像前行此大礼。当然，这个“非分”的方案被中方否决了。

乾隆帝龙颜大怒，对英国使团的热情骤然降温，下令降低接待规格，以常例对待即可。他认为这帮“无知外夷”不识抬举，此前对他们过于优待，以致他们妄自骄矜。不过，为了让场面不至于太难堪，中英双方最后互有妥协。觐见乾隆帝时，中国人要双膝跪地叩头，而马戛尔尼及其随员则单膝下跪，并俯首向地。这种形式上的相似性，起码让中方的面子还过得去。

礼仪之争撕破了因误会而生的温情面纱，中英外交观念的分歧暴露了出来。中国选择了逃避和断交，觉得英国人异言异服，居心叵测。在热河避暑山

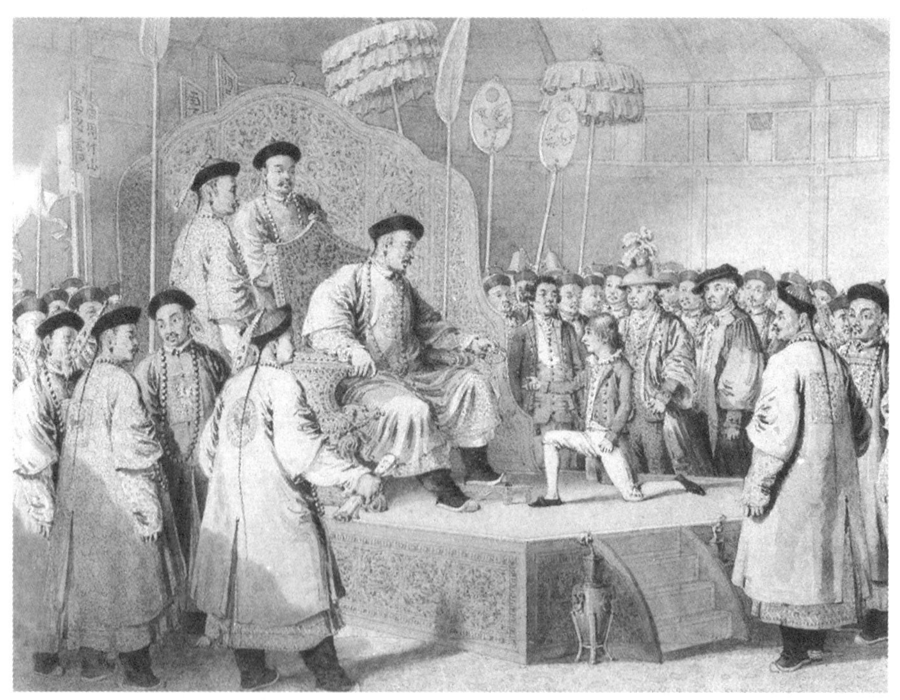

马戛尔尼使团觐见乾隆帝

庄庆祝完乾隆帝的 83 岁生日典礼后，清政府很快就下了逐客令，认为英国使团已完成祝寿和进贡的使命，该打道回府了。始料未及的是，祝寿只是个由头，英国使团还没切入正题呢！待马戛尔尼将出使目的和盘托出后，迎接他们的是一场更冷的冰雹。

马戛尔尼向乾隆帝递交国书后，期待有一场外交谈判，以充分阐述英国的要求，但中方不给他这个机会。无奈之下，他只好以书信的形式，通过军机大臣和珅代为转达英国的六项要求。大意是，中国增开舟山、宁波、天津为通商口岸，允许英国在北京设立商馆和使馆，允许英商在舟山附近一处岛屿存货和居住，允许英商选择广州城附近一处地方作为居留地，并为英商减免一部分税收和杂费。

马戛尔尼曾在英国的海外殖民地任过总督，所提要求中有些明显带有殖民主义色彩，难怪引起乾隆帝的警惕和不满。结果是，天朝以傲慢的姿态驳回所有要求，一点谈判的欲望都没有。马戛尔尼使团垂头丧气地离开中国，随员安德逊有个精彩的总结："我们的整个故事只有三句话：我们进入北京时像乞丐，在那里居留时像囚犯，离开时则像小偷。"

虽然使命未能完成，但马戛尔尼使团并非一无所获，他们搜集了大量中国的情报。在此之前，西方对遥远中国的印象，是一个富庶、优雅的文明古国，让人仰慕和神往。但是，马戛尔尼使团修正了这种认知。他们带回去的消息是，那是一个金玉其外、败絮其中的国度。他们发现所谓的康乾盛世只是假象，贫困落后的景象触目皆是，靠棍棒维系的专制统治让那里一片黑暗，而缺乏公共意识和人道主义关怀的文明，也让人没有多少好感。

马戛尔尼看穿中国的虚弱本质，说："中华帝国只是一艘破败不堪的旧船，只是幸运地有了几位谨慎的船长才使它在近 150 年期间没有沉没。它那巨大的躯壳使周围的邻国见了害怕。假如来了个无能之辈掌舵，那船上的纪律与安全就都完了。"他断言，这艘大船不会立刻沉没，将像一个残骸那样到处漂流，然后在岸上撞得粉碎，永远不能修复。

四十多年后，英国用一场战争狠狠地教训了中国，把它强行拉入由西方主宰的国际秩序当中。任何一种国际秩序，都是由强国制定规则，因此不可能做到真正平等。用现代观点来看，朝贡关系也是一种不平等的国际关系，只不过形式上的不平等大于实质上的不平等，而西方国家所推行的条约体系，很多时候则是形式上的平等掩盖了实质上的不平等。

在中英贸易中长期处于逆差的英国，后来发现了一种吸金的“宝物”——鸦片。他们用这种毒品麻醉了中国人，卷走了中国的巨额财富，而后为了保护这种非法贸易，以维护自由贸易为名，发动了一场非正义的战争。在英国派往中国的战舰中，有一艘被命名为“复仇女神”号，是专门为这场战争而秘密生产的。英国拿出这第一艘铁壳战舰，狠狠打了清军水师一顿。

英国出兵没超过两万，却把泱泱大国打趴在地，顿时民族自信心爆棚。或许因为赢得太轻松了，这场战争现在几乎被英国人遗忘了。鸦片战争后签订的《南京条约》，不仅实现了马戛尔尼使团的夙愿，还让英国人攫取了更多权益。有人苦涩地说：鸦片战争前，我们不给他们平等待遇；鸦片战争后，他们不肯给我们平等待遇。更悲催的是，大英帝国的这次“小打小闹”，推倒了第一张多米诺骨牌，最终导致了中华帝国的崩溃。

鸦片战争不仅震动了中国，也震撼了日本。1840 年 6 月，荷兰船给日本带去了鸦片战争的消息，有关情报从长崎传递到江户幕府，给了同样闭关锁国的日本很大冲击。次年，幕府首席老中（最高行政官）水野忠邦在给心腹的一封信中写道：“此虽他国之事，但亦应为我国之戒也。”在水野忠邦主持的天保改革中，1825 年发布的《异国船驱逐令》被废除，代之以《燃料淡水供给令》，只要外国船只有求，即可供应燃料、淡水和食品，以免与列强发生冲突。

本来马戛尔尼结束对中国的访问后，还想带使团去日本叩关，后因英国与法国在交战，恐遭法舰袭击而作罢。假如马戛尔尼使团真的去了日本，以日本的民族性格来看，说不定真会打开国门呢。那样的话，日本的近代化进程会更早。当然，历史没有假如，只被现实推着走。

1853 年，日本也走到历史大转折的关口，被四只蒸汽船惊醒太平梦。7 月 8 日，江户湾浦贺港突然来了四艘“黑船”，那是美国派来叩关的军舰。这些舰身被涂成黑色的军舰，像怪兽一样喷出漆黑的浓烟，而且发出轰鸣，日本百姓被吓坏了。

数日后，美国东印度舰队司令佩里在日本人的护卫下登陆，将美国总统的亲笔信转交给日本官员。江户幕府并不感到意外，去年首席老中阿部正弘已接到来自长崎的报告，知道美国将派舰队前来缔约。江户幕府要求美国给予一段时间考虑，跟佩里约定明年再予以答复。

美国舰队离开后不久，俄国舰队也来了，但所提要求被日本拒绝了。为了抢在俄国人的前头，佩里赶快率领一支更大规模的舰队访日，于 1854 年 2 月再次抵达江户湾。3 月 31 日，美日签订《神奈川条约》。尽管这是一个不平等条约，而且引来俄、英、荷等国的效仿，但后世的日本人并不恨佩里，反而感谢他促使日本对外开放。

佩里有点粗暴地踢开了日本的国门，但日本人不仅没有把他当成侵略者，反而视之为开国的恩人加以纪念。日本“脱亚论”的首倡者福泽谕吉说：“嘉永年间美国人跨海而来，仿佛在我国人民的心头燃起了一把烈火，这把烈火一经燃烧起来便永不熄灭。”直到今天，神奈川县横须贺市的佩里公园里，每年都有民间自发举办的开国纪念活动，人称“黑船祭”。

日本有一种尊强凌弱的传统，谁打败了它，它就向谁学习。比如唐朝的时候，中日在朝鲜半岛交过手，日本被打得落花流水，此后不断派人赴中国取经。这个势利眼的国度，对中国的态度并非一成不变，随着中国实力的变化起起伏伏。唐宋时期，日本对中国可以说是仰视，虚心学习中国文化的精粹。元朝的时候，忽必烈两次派兵出征日本均失败，日本便不再对中国另眼相看，而且觉得中国文化已进入蛮荒时代。到了明末，日本侵略朝鲜时又被中国教训了一下，此后龟缩两百多年。晚清中国一再挨打，日本就瞧不起中国了，尤其是甲午战争后，更是以胜利者的姿态俯视中国。

日本好学，这跟心态有关。每当外国文化大量涌入中国，我们经常会听到“文化侵略”的论调，但对日本人来说，没有什么比这个词更难以理解的。因为，如果将这种现象称为“文化侵略”，那么日本从古至今岂不一直处于被侵略的状态？在日本人听来，这当然很荒谬。日本在东亚是一个角，各种各样的“风”吹到这儿以后，就一层一层积淀下来了。日本人不在乎这是“东风”还是“西风”，只要人家东西好，就虚心学习，然后精益求精。

晚清中国的日子不好过，东邻日本也是危机重重。在江户幕府末期，日本曾出现一股“尊王攘夷”的势力，迫使幕府宣布废约、闭港、驱逐外国人。但是，在尝到被外国军舰炮轰的滋味后，这些人意识到“攘夷”这件事没戏，马上就改变策略，主张推翻幕府统治，先行统一日本，实行对外开放，学习西方以富国强兵。日本人的思维很有意思，比如长州藩的倒幕派领袖高杉晋作，他反对外国人入侵日本，自己可以冲到英国舰船上去放火，但他并不拒绝西方的文明，人家的东西照样要学。中国人不太一样，会把入侵者连同它的文明一块推出去，而日本人会区别对待。

在大家思变的时候，“少年天子”上台了，倒幕派积极公关，获得讨幕密诏。通过一场宫廷政变和一场内战，倒幕派清除了幕府将军的势力，明治天皇收回了祖辈旁落六百多年的权力。1868 年 4 月 6 日，明治政府公布《五条御誓文》，开启了明治维新的序幕。以天皇为首的政府号召臣民上下一心，破旧有之陋习，求知识于世界。1871 年通过废藩置县，日本结束了封建割据局面，加强了中央集权。

实现了大一统的日本，接下来该如何搞好建设呢？明治政府有点茫然。1871 年 12 月 23 日，肩负重任的日本使团从横滨出发，首站是美国，而后转赴英、德等欧洲国家。太政大臣三条实美送行时说：“内治外交、前途大业成败与否，在此一举。”这是一个高规格的使团，日本行政部门全都派员参加，以右大臣岩仓具视为特命全权大使，以木户孝允、大久保利通、伊藤博文等四人为副使，另有 40 多位政府官员同行。

岩仓使团的随行人员中，有 50 多名日本留学生，其中有 5 名女孩。派遣女留学生的提议，来自黑田清隆和森有礼。他们都见过美国女性的风采，惊叹于她们所展现的男女平等姿态，觉得日本应该派女子赴美留学。明治天皇说：我们派遣学生到外国去，不但要培养专家，还要培养优秀的母亲。首批女留学

岩仓使团出发前夕（右起：大久保利通、伊藤博文、岩仓具视、山口尚芳、木户孝允）

生出国前，明治天皇曾接见最年幼的津田梅子，对这个虚龄 8 岁的小女孩慰勉有加。尽管津田梅子后来终身未婚，但她将全部心力奉献于女子高等教育，以提高日本女性的自立能力和社会地位。

中国的洋务运动发轫于 1861 年，比日本明治维新早七年，留学事业却落后很多。洋务运动刚兴起那一年，德川幕府已派人去荷兰学习海军。尽管幕府不许各藩自行派遣留学生，但是，长州藩仍于 1863 年派伊藤博文、井上馨等五人偷渡去英国。明治维新后，日本留学生的数量更是直线上升，到 1873 年已有上千人。而那一年，中国才刚派出第二批留美幼童，总共才 60 人。

有趣的是，中日两国派出去的留学生们，生命轨迹在海外有过交集。例如，日本首批女留学生之一山川舍松，当年在美国希尔豪斯中学读书时，跟詹天佑是同学，每次总是考第一，而詹天佑总是屈居第二。1878 年中学毕业后，山川舍松入读纽约州一所女子大学，詹天佑则考入耶鲁大学。山川舍松还认识另一位耶鲁大学毕业生——谭耀勋，两人 1874 年结识于谭所寄宿的美国家庭。

山川舍松与另一位留美幼童的故事，则令中国人唏嘘。甲午战争后，身为日本陆军大臣大山岩夫人的山川舍松，曾帮助过被日军俘虏的北洋海军都司蔡廷干。蔡廷干 1873 年赴美留学，甲午战争期间被俘，而清廷认为他是驾驶鱼雷艇潜逃，下旨拿获即行正法。蔡廷干被关押在大阪一个寺院里，甲午战后不愿被遣返回国，担心会受到清政府惩办，就请以前的美国老师诺斯罗普博士帮忙。诺斯罗普曾经也是山川舍松的老师，当时正在日本，便去拜访大山岩等高官，让蔡廷干得以暂居日本。1905 年，经直隶总督兼北洋大臣袁世凯保奏，蔡廷干被销去罪名和免除处罚，成为袁氏的幕僚。

世事难料，中日两国留学生的命运，跟国运息息相关。1881 年，跟中国留美幼童一样，日本首批女留学生也接到回国的命令。她们当中两个年纪较大的女孩，刚到美国不久就受挫回国，只有津田梅子、山川舍松等三人留下来完成学业。如今十年留学期满，政府便发来归国指令，但山川舍松等人要求延期一年，毕业后再回去报效祖国，明治政府批准了。因此，美国大学授予亚洲女性的第一个学士学位便花落日本。清政府则固执己见，不顾果子即将成熟，强行斩断根茎，徒收一地青涩。

1882 年 6 月，在瓦萨学院举行的毕业典礼上，山川舍松穿着和服登台演讲，日本驻美总领事特地赶来出席。这位日本新女性的发言不一般，主题为“英国对日本的外交政策”，说倘若英国根据不平等条约在日本继续实行治外法权，那么日本人将会为了国家的独立而与之对抗。《芝加哥论坛报》报道说，山川舍松“以精神饱满、明快的口吻，而且是纯粹的盎格鲁—撒克逊口音演讲，在当日博得最狂热的喝彩”。

这么多年过去了，山川舍松不忘当年岩仓使团的一大使命：与美、英等缔约国进行谈判，修改幕府末期签订的不平等条约，“确立与列国并肩之基础，奠定独立不羁之体制”。不过，岩仓使团到处碰壁，意识到国家弱小则改约无期。虽然这个使命未能达成，但另一个使命却硕果累累。岩仓使团花了一年多时间，先后考察了 12 个欧美国家，博采众长供日本参考。此行耗资百万日元，占明治政府 1872 年财政收入的 2% 以上，但日本是个“好学生”，学费再高昂也舍得付出。

岩仓使团一到欧美，就被西方工业文明震住了，自卑感油然而生。有成员形容他们“简直像乡下姑娘来到了上野火车站，看到行走着的时髦女郎时，愈觉得自己土里土气，恨不得钻进地洞里去”。在他们眼里，西方工业文明成果灿然夺目，一见“始惊，次醉，终狂”。但是，内阁顾问兼参议木户孝允仍然很有自信，在美国写信给国内官员说：“日本人绝非与今日欧美之人有异，唯在学与不学。”

毫无疑问，日本人选择了学。殖产兴业、富国强兵和文明开化，被确立为明治维新的三大政策，日本近代化风帆高速起航。而在民间，一场自由民权运动也在发酵，推动明治政府制定宪法和开设国会。1889 年 2 月 11 日，《日本帝国宪法》正式公布，并于次年第一届帝国议会召开当天施行。

日本走上了君主立宪制的道路，转型为一个近代化的民族国家，而晚清中国仍旧是一个王朝，虽然一只脚已经迈向近代化，脑袋里装的却还是家天下。有人说，从改革目的来看，中国是在防止坠落，而日本是在寻求崛起。中国一向视西方玩意儿为奇技淫巧，现在放下身段向西方学习，只不过是为了师夷长技以制夷，防止从世界中心的地位坠落。东邻日本冷眼旁观，看出世界格局已然大变，而中国闭目塞听，仍然昏睡在天朝上国的迷梦中。日本不愿重蹈中国覆辙，要在挨打之前变强大，而变为强者的捷径，就是向强者学习。

在明治政府派出岩仓使团之前，德川幕府就曾数次遣使赴美、英、荷、法等国，亲历者留下了若干观察性的文字。上海作为晚清第一批对外开放的通商口岸，也成为日本与中国通使经商的首选地。1862 年至 1867 年间，德川幕府曾四次派使团赴上海。通过这个近代化色彩颇浓的窗口，日本不仅可以观察到中国现状，还能管窥西方文明。

1862 年 6 月 2 日，吴淞口驶入一艘西洋式三桅帆船，前桅悬挂荷兰三色旗，中桅悬挂英国米字旗，后桅悬挂日章旗。这原是一艘英国商船，前不久被德川幕府买下来，更名为“千岁丸”号。这艘由英国人驾驶的日本官船，除了载有煤炭、人参、海参、漆器等贸易商品，还有一个由51名日本人组成的使团。因当时中日尚未签订通商条约，日货须借外国壳才能在上海经销，所以这艘船上还有一个荷兰人，是被雇来充当货主的。

6月3日，“千岁丸”号由汽船拖曳入黄浦江，在法租界内荷兰驻上海领事馆附近码头抛锚。就在几天前，最后一批淮军刚从十六铺码头上岸，李鸿章正在琢磨如何让这支“土包子军”变得摩登。洋气十足的上海，成了李鸿章和日本人睁眼看世界的一个绝佳窗口。不过，李鸿章眼睛只盯着洋人的坚船利炮，想的是如何用这种东西来武装淮军，而日本人看得更远，想的是国家的发展道路。

一进入上海，日本人发现这里俨然是洋人的天下：津港里外国商船穿梭竞逐，市街上外国商馆鳞次栉比，一队队外国水兵下船执行任务，苏州河上的外白渡桥只对外国人免费开放……在日本使团成员高杉晋作眼里，“上海之势可谓大英属国矣”。他感叹道：“绝非隔岸之火……孰能保证我国不遭此事态？险矣哉！”

晚清社会的衰颓，也让日本人触目惊心：上至官员，下至百姓，乃至军队，

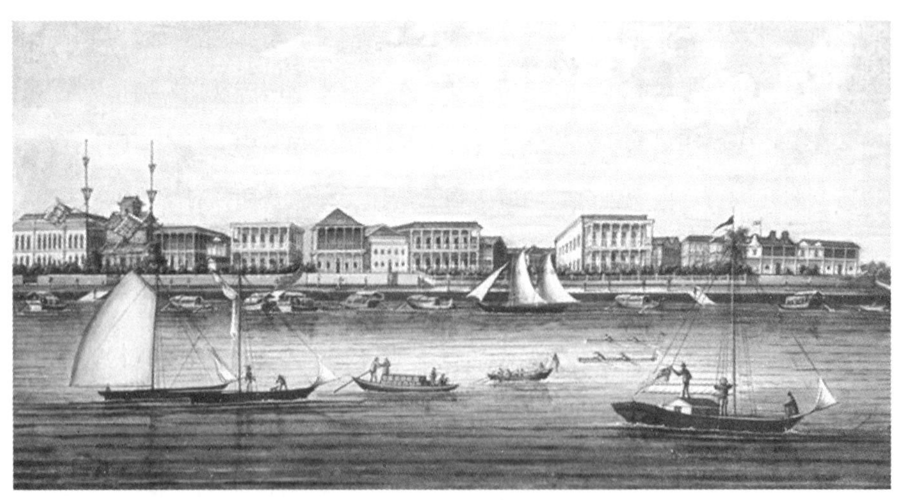

19世纪70年代的上海滩

都在吸食鸦片；城市卫生状况不堪入目，到处是垃圾、粪堆，而郊区更是恐怖，棺材、死尸到处乱扔；饮用水非常不干净，所有脏东西都往江里扔，江上漂浮着死猫死狗乃至人尸，数万艘船只排泄的屎尿搅浑了江水……

早在 1858 年，德川幕府老中堀田正睦就指出："中国拘泥于古法，日本应在未败前学到西洋之法。""千岁丸"号上海之行加深了日本的危机感，意识到不可再像中国那样因循苟且。有一件事情，让日本人很不解。高杉晋作在上海街头寻访书店，想买一本在日本非常畅销的《海国图志》，发现此书竟然绝版了。真是墙内开花墙外香，魏源这本苦心之作在中国出版后反响不大，而一传入日本就被人家奉为好书大加研读，据说翻刻的版本达 22 种之多。

19 世纪 60 年代，对中日两国近代化进程来说，都是一个重要的时间节点。如果说以前更多只是意识的觉醒，那么进入这个时期以后，两国的近代化改革都在用脚走路。区别在于，中国人的脚走得浅，而日本人的脚走得深。1866 年，清政府第一次派考察团出国，游历了法、英、荷等 11 个欧洲国家。这一年，31 岁的赫德要回国完婚，顺便建议总理衙门派同文馆学生随行，一览英国风土人情。当然，赫德的真实意图不止于此，他想先通过这一步，最终促使清政府派驻外使节。

向来以"天下共主"自居的中国，只有"万方来朝"的惯例，没有平等外交的概念，哪肯屈尊派使驻外呢？互派使节，意味着天朝上国迷梦的幻灭。不过，第二次鸦片战争后，英、法等国依据条约派使驻京，也一再催促清政府派使前来。赫德也从旁劝说，反复强调派使驻外对中国大有益处，但总理衙门认为此非急切能办之事，能拖则拖。

赫德一看九头牛也拽不动，便打消一蹴而就的痴念，决定先以考察团的名义，带中国官员去欧洲各国走走，增进政府间的了解和友谊，促使清政府改变主意。随着中外交涉日益频繁，总理衙门苦于洋人知己而己不知彼，早就尝到信息不对称的苦头，也有派人出国看看的念头。于是，双方一拍即合，由奕䜣牵头促成此事。

斌椿

但是，问题又来了：派哪位官员带团出去呢？在那个年代，中国人思想还不开窍，视出洋为畏途。最后，有一个叫斌椿的满人，被选定为考察团团长。此人当过知县，现在帮赫德办理文案，被赫德亲切地称为“斌老爷”。虽已年过六旬，但斌老爷向来喜欢远游，又乐于结交洋人，遂不顾亲友劝阻，欣然远赴欧洲。因斌椿级别过低，清政府赏加三品衔，挂名总理衙门副总办，以壮观瞻。

1866 年 3 月 7 日，北京春寒料峭，斌椿考察团起程。考察团的规模不大，除了海关人员和仆役，主要成员有斌椿和儿子广英，还有三名同文馆学生。他们不负有外交使命，要做的事是用眼睛和毛笔当摄像机，用奕䜣的话来说就是：“沿途留心，将该国一切山川形势、风土人情随时记载，带回中国，以资印证。”斌椿不辱使命，逐日记录所见所闻，最后以一本《乘槎笔记》交差。

中国首个官方考察团出动，这条新闻被欧洲媒体炒得很热，所以斌椿等人一抵达就成为焦点人物。这些有官方背景的中国客人，点燃了欧洲各国政府的热情，为他们安排各种参观活动，有的连国家元首也出来会见。因赫德的关系，考察团在英国逗留最久，受到的礼遇也很高。斌椿在那里拜访过英国外交大臣，会见过“常胜军”前统领戈登，还出席过一场盛大豪华的宫廷舞会，甚至受到维多利亚女王的非正式接见。

欧洲民间对中国考察团的到来，主要持一种好奇的心态。每次出游，斌椿等人的东方面孔和奇异装束，总是引来围观者蜂拥蚁聚。有精明的商人抓住商机，利用他们的人气大赚一笔。例如，他们在巴黎一家照相馆照过相，人家就拿着底片翻印照片，很多人争先购买。不过，他们也遇到过淳朴的人，比如在瑞典首都斯德哥尔摩泛舟游览时，船主对他们殷勤有加，见同文馆学生彦惠忽感腹痛，立刻就上岸找药，而当地人也慷慨献药。游罢归来，船主说："贵国从无人至此，今大人幸临敝邑，愿效微劳。"说完，船主翩然荡舟而去，未收一分渡资。

官方的脚步总是赶不上民间，斌椿考察团发现已有同胞在欧洲闯荡，虽然身影还很稀少。欧洲称斌椿是"中土西来第一人"，当然是指官方代表而言，其实中国百姓早就有人去讨生活了。这些"欧漂"华人，见到从祖国来的官方代表团都很高兴，感觉像是遇到亲人。有个叫王承荣的宁波人，在巴黎开着一家"天顺号"商铺，销售中国货和日本货。此人会讲英语和法语，还娶了一位法国太太，是个混得不错的商人。斌椿考察团在巴黎的时候，王承荣登门拜访，十分热情。

当时去欧洲淘金的中国人，不仅有商人，还有各色艺人，表演杂技、戏剧等。中国人看腻了的节目，一搬到异域，便勾起猎奇心理，颇受欧洲人欢迎。斌椿考察团在伦敦的时候，遇到过一个靠外貌吸引眼球的奇葩组合。6月23日那天，有二男一女来访，其中一男身高两米多，另一男则是不足一米的侏儒，而随行女子曾是上海娼妓。高个子男人自称是湖北人，名叫詹九五，曾捐纳知府衔，所以头戴四品顶戴来见斌椿。

从1866年5月2日抵达法国马赛，到8月19日循原路返回中国，斌椿考察团在欧洲待了三个多月，走马观花地游历了十余个国家。这种浮光掠影的考察，自然不可能有多么深刻。但是，这些乘坐过电梯的中国人，为处于暗室中的清廷打开了一扇小窗，发现西方世界其实并不那么可怕，那个充斥着新奇玩意儿的地方还蛮精彩。

1868年，清政府的步子迈得更大了，派出一个外交使团出访欧美，负有政治使命而不再是旅游团。使团成员的身份很有意思，为首的是三位办理中外交涉事务大臣，其中一人是美国卸任驻华公使蒲安臣，另外两人是清政府记名海关道志刚和礼部郎中孙家谷。从表面上看，三人头衔相同，地位应该相当，但其实美国人蒲安臣说话最有分量，志刚和孙家谷主要起牵制作用。清政府最擅长平衡术，各派一名英国人和法国人担任协理，以消除英、法两国的猜忌。

中国近代第一个外交使团，就以这样颇具国际化色彩的面目出现。将外交重任交给外国人来担当，清政府既有苦涩和无奈，又有点耍小聪明的得意。1858年签订的《天津条约》届十年修约之期，清政府担心英、法、美、俄等有约国借机索要多端，若不允准则又派军舰来启衅端。为了解燃眉之急，总理衙门希望派人去跟有约国政府搞好关系，以免被他们的驻华使节糊弄而引来麻烦。

身为大清的"外交部"，总理衙门因在国外无帮手而深受其苦，醒悟道："近来中国之虚实，外国无不洞悉；外国情伪，中国一概茫然。其中隔阂之由，总因彼有使来，我无使往。"虽然已经意识到遣使的必要性，但总理衙门一时又找不到堪膺重任的外交人才。就在这个尴尬的时刻，有一个人适时出现了，让总理衙门眼前一亮，很快拍板让他挑起重担。

这个人就是美国政治家、外交家蒲安臣。1846年从哈佛大学法学院毕业后，蒲安臣曾在波士顿当律师，后相继成为马萨诸塞州参议员、美国国会众议员。这位坚定的废奴主义者，是美国共和党的创始人之一。1861年，蒲安臣被林肯总统任命为美国驻华公使，任期六年。在任期间，蒲安臣积极执行美国国务卿西华德提出的"合作政策"：在有关中国的重大问题上，尽量与各国协商合作，并适当照顾中国的利益，以外交手段代替武力争夺。这种八面玲珑的非暴力合作态度，颇得清政府好感。

1867年11月，蒲安臣即将卸任回国，在总理衙门为他举办的饯行宴会上表示，以后遇有各国对中国不公之事，他必定十分出力，就像是中国派他为使臣一样。总理衙门灵机一动，顺水推舟请他出使欧美。当年马戛尔尼不肯行三跪九叩大礼，伤了大清的国威和尊严，以致清帝后来避而不见西方使节，也不肯派出常驻使节，担心礼制遭到破坏。由西方人蒲安臣带中国使团出访，则有望避开敏感的礼仪之争。

清政府就外交礼仪列了一堆规矩，要求蒲安臣使团奉命行事。比如，使团最好不要与西方国家元首相见，若偶然相遇了，望蒲安臣转告对方，说彼此概免行礼，俟将来议定礼节再照办。若有国家欲照西方礼节优待使团，蒲安臣应事先发表声明："此系泰西之礼，与中国体制不同，因中国无论何时，国体总不应改，不必援照办理，不得不预为声明。"清政府担心的是，一旦蒲安臣使团以西方礼节觐见某国元首，将来人家的驻华使节也要以西方礼节觐见大清皇帝。

这种话出自一个政府之口，让人听起来觉得太天真，就像一个不谙世事的小孩。当然，这种一厢情愿的想法在现实行不通。人家要以高规格接待你们的使臣，那是对你们国家的重视，有哪个国家会傻乎乎拒绝呢？人家国家元首都出来接见了，难道你们的使臣还能不顾外交礼仪，以傲慢的姿态应付人家？蒲安臣又不傻，当然不会为了死守天朝的礼制而把事情搞砸了。

1868年2月25日，蒲安臣使团从上海乘轮船出发，首站是美国，而后转赴英、法等国。为了与国际接轨，使团设计了一面黄底蓝镶边龙旗，权当中国国旗使用。传统礼制就像一面铁幕，隔离了中国与西方世界，因此蒲安臣每到一处，就着力重塑中国的国家形象。蒲安臣努力向西方社会传递一个信息，说中国已经睁开眼睛，开始走上和平与进步的道路，向西方文明招手的日子即将来临。

外交使团毕竟不同于考察团，蒲安臣一行在欧美各国穿梭时，受到的待遇有冷有热。了解西方外交规则的蒲安臣，除了向西方展示一个正在走向开放的中国形象，还及时帮清政府处理一些正在发生的国际纠纷。蒲安臣此行所取得的最重要成果，是1868年7月28日在华盛顿与西华德签订《中美天津条约续增条约》(又称《蒲安臣条约》)。这是中国近代史上首个比较平等的条约，中美在派领事、宗教信仰、移民、求学与办学等方面享有同等权利，两国公民在对方境内均享有最惠国待遇，美国政府还声明绝不干涉中国内政。

1870年，蒲安臣在访俄期间感染肺炎，于2月23日在圣彼得堡病逝，终年50岁。据志刚记载，蒲安臣因忧虑中俄关系，担心自己处理不好，乃日夜焦急，致病势有加无已，抱憾离世。清政府感念蒲安臣"远涉重洋，不辞劳瘁，办事诸臻妥协”，追赠一品衔和一万两抚恤金。马克·吐温为蒲安臣写的悼词是：“他对各国人民的无私帮助和仁慈胸怀，已经越过国界，使他成为一个伟大的世界公民。”

蒲安臣病故后，使团由满人志刚主持，继续访问了比利时、意大利、西班牙等国，于 1870 年 10 月回到北京。这个外交使团的出访，让西方看到清政府的思想防线在不断缩短。但是，外交使团来了，又匆匆走了，常驻使节还不来，最后一公里防线还很难攻破。对派遣驻外使节这个问题，李鸿章基于现实需要，内心也是赞同的。

1870 年，日本要求与中国缔结修好条约，李鸿章在次年 1 月 21 日上呈的《遵议日本通商事宜片》中建议：“中外既定和约，均宜各派官员往驻该国，庶消息易通，势力均敌。若有来无往，听凭该国使臣簸弄胁制，究非长策。近年奉诏迭次派员往泰西各邦通好，业与从前隔阂情形小异。唯华人往西国绝少，中国暂未便派员久驻。日本近在肘腋，永为中土之患。……将来与之定议后，似宜由南洋通商大臣就近遴委妥员，带同江浙熟习东洋情形之人，往驻该国京师或长崎岛，管束我国商民，借以侦探彼族动静，而设法联络牵制之，可冀消弭后患，永远相安。”

李鸿章从地缘政治考虑，视近邻日本为头号假想敌，因此建议首先派遣驻日公使。不过，清政府并未采纳这个意见，一直拖着不往任何国家派常驻使节。1875 年，一起突发事件终于把清政府“拉下水”，被迫派出使节前往英国赔礼道歉，然后在伦敦建立中国历史上第一个驻外外交机构。

事情的起因便是“马嘉理事件”，那是 1875 年 2 月发生在云南的一桩涉外命案。为了开辟一条从缅甸进入中国内地的通道，英国 1874 年派陆军上校柏郎率领一支近 200 人的武装探路队，从缅甸前往云南境内勘察路线。为此，英国驻华公使威妥玛照会总理衙门，称有英国考察队将赴云南考察商情，英国驻华使馆将派翻译官马嘉理前往中缅边境迎接，请求发给护照。总理衙门曾警告说边境不靖，但又不敢驳回英国人的请求，只好发放“游历”护照，并要求沿途官员妥为照料。

1875 年 1 月，在云南官兵的护送下，马嘉理一行平安到达缅甸，与柏郎的队伍会合。英国使馆原先的入境申请只提及三四名英国官员，而马嘉理又未将返程时间和路线事先知会中国官员，就带领一支浩浩荡荡的武装队伍进入云南，结果惹来祸端。因风闻云南官员和边民要拦截他们，马嘉理先带数名中国随员前去探路，结果于 2 月 21 日在云南蛮允户宋河畔与当地人发生冲突，连他在内共五人被劫杀。不久，柏郎一行也遭中国人包围截击，被迫返回缅甸。

英国抓住“马嘉理事件”大发虎威，以撤使、绝交、开战等动作威吓清政府，既要求查明真相，又趁机要求扩大在华利益。一陷入外交困境，清廷就会找“和事佬”。身份特殊的赫德，成为调停中英争端的首选。经过一番徒劳无功的斡旋，赫德又把李鸿章推上台前，让他去跟威妥玛谈判。

1876 年 8 月，钦差大臣李鸿章乘坐轮船，与赫德前后脚抵达烟台。余怒未消的威妥玛正在那里避暑，当然，用来恫吓李鸿章的军舰早已停泊在海面上。俄、美、法、德等驻华公使闻风而至，紧盯中英谈判的进展，对威妥玛吃独食的行为是又嫉妒又欣羡。李鸿章又施展了一下“以夷制夷”的拿手把戏，当然，最终还是免不了要签一个不平等条约。

因英国虚张声势，谈判前夕战争阴云密布，竟有数千“粉丝”阻拦李鸿章前往烟台，以免被扣为人质。当时有天津士绅贴出倡议信，号召大家出来请愿，求总督大人不要去烟台冒险。虽然感念天津父老的拳拳关爱之情，但李鸿章不能不去。万一战争爆发，列强乘机一起出兵，到时中国再去谈判议和，必将极为被动。

不管李鸿章怎么劝说，还是有一些铁杆粉丝作为代表，组团包船紧随其后到了烟台。他们向英方代表梅尔士提出严正交涉，宣称天津商民决不答应英国人将李总督扣为人质，并递交了一封抗议信。梅尔士表示，会将他们的诉求转告威妥玛公使。赫德担心这些人会干扰谈判，赶紧叫东海关税务司德璀琳来灭火。德璀琳跟他们说，李大人是在烟台决定和平或战争的问题，只有他留在这里才能取得和平。最后，这群粉丝被天津知府领了回去。

这场意外的小插曲，可见李鸿章在直隶总督任上表现不错。在危机时刻，他以外交手腕平息了事态，却因为1876年9月13日签订了《中英烟台条约》，在历史上又多了一条罪状。其中有一条规定是，清政府钦派出使大臣应克期起程，携带清廷对“滇案”表示惋惜的国书前往英国道歉。早在前一年8月，郭嵩焘就被任命为出使英国的钦差大臣，后因谈判尚无结果而延期出国。1876年12月，郭嵩焘率使团从上海出发，于次年1月抵达英国。

驻外使节，在今人眼中风光体面，而在当时却被视同流放之人，诸官避之唯恐不及。郭嵩焘出使之前被拍了不少砖头，有人还写了一副刻薄的对联骂他：“出乎其类，拔乎其萃，不容于尧舜之世；未能事人，焉能事鬼，何必去父母之邦。”大家觉得郭嵩焘是翰林出身，本属士人中的隽秀人物，现在居然要跑去“蛮貊之邦”干这种事，反差实在太大了。

郭嵩焘是湖南湘阴人，这件事对他的同乡刺激最大，有人骂他丢了湖南人的脸。当时湖南人很怪，有一批人思想很开放，也有一批人极端反开放，卫道士的味道特别浓。湖南保守人士群情激奋，扬言要开除郭嵩焘的省籍，还要砸他的宅子。就连湘军大佬刘坤一也想不通，在给湘阴人左宗棠的信中说，不知郭嵩焘将来“何面目以归湖南，更何以对天下后世”。

在那个昏昧的年代，郭嵩焘是一个孤独的先行者，因倾心西学、思想超前而备受非议。1856年，他在帮曾国藩筹措军饷时去过上海，对西方的器物和制度有了感性认识，对洋人的印象不同于时人所谓的“蛮夷”。他发现洋人生活中的礼仪、规范可圈可点，而号称“礼仪之邦”的中国似乎风范不再，比如供洋人役使的华人“状貌狞异，气焰嚣然”，倒不如礼数周全的洋人可爱。

郭嵩焘出使英国的时候，洋务运动已开展十几年，但国人对西方的认识还很浅薄。面对谤毁遍天下的局面，郭嵩焘多次请辞不肯出使，但清廷好不容易逮着一个人才，死活不肯让他溜掉。1876年9月6日，在李鸿章与威妥玛的谈判进入尾声之际，两宫太后在养心殿东暖阁召见郭嵩焘，对他慰留有加。

当58岁的郭嵩焘以年老多病为由再次请辞时，慈禧太后急忙劝道：“此时万不可辞，国家艰难，须是一力任之。我原知汝平昔公忠体国，此事实亦无人任得，汝须为国家任此艰苦。旁人说汝闲话，你不要管他，他们局外人，随便瞎说，全不顾事理。你看此时兵饷两绌，何能复开边衅？你只一味替国家办事，不要顾别人闲说，横直皇上总知道你的心事。”

慈禧又拿别人的遭遇开导郭嵩焘：“总理衙门哪一个不挨骂？一进总理衙门，便招惹许多言语。如今李鸿章在烟台，岂不亏了他，亦被众人说得不像样。”郭嵩焘很佩服李鸿章的外交手腕，应声道：“李鸿章为国宣劳，一切担当得起，此岂可轻议？”慈禧说：“然。这出洋本是极苦差事，却是别人都不能任，况是以前派定，此时若换别人，又恐招出洋人多少议论，你须是为国家任此一番艰难。”

慈安太后也劝道：“这艰苦须是你任。”以前召见大臣时，这位太后讷讷如无语者，此次谈话中附和慈禧五六次，可见她也很担心郭嵩焘甩手不干，留下烂摊子没人收拾。两宫太后的温情抚慰和殷殷瞩望，让郭嵩焘无法硬起心肠置身事外。

1877 年 1 月 21 日，郭嵩焘一行 30 多人抵达英国南安普顿，然后改乘火车前往伦敦。金登干已为他们租下一栋五层楼房，那是由英国著名建筑师设计的百年老楼，位于伦敦市中心波特兰大街 49 号。这里从此成了中国驻英外交机构的所在地，从大清公使馆一直延续到今天的中国大使馆。

当中国公使馆在伦敦成立时，英国人颇感新奇。郭嵩焘被英国一本幽默杂志画成一只带辫子的猴子，与英国狮子对视着；而他的如夫人梁氏的三寸金莲，也成为英国人的谈资。有一次，使馆随员的两位家人上街购物，其中一人被一名爱尔兰铁匠杖击头部，帽子被打落了。这两个中国人不敢计较，好在有四个行人路见不平，把那名铁匠扭送官府治罪。铁匠辩称自己不喜欢异教徒，打人只不过是他酒后开玩笑，但英国法院终以伤害罪判处两个月劳役。郭嵩焘曾请英国政府赦免此人，英国人称赞他这种做法极有风度。据说从那以后，英国人在路上再见到中国人，常常欢呼以示欢迎。

驻外使馆的设立，不仅有利于政府间的直接对话，也让侨民有了一个庇护所。1877 年，英国一家慈善医院收留了一名中国人。此人祖籍福建厦门，在

郭嵩焘

郭嵩焘的如夫人梁氏

英国贫病交加，想返归故里，却因没有路费不能成行，这家医院就帮他向中国公使馆求助。这个流落异国他乡的华人，最终在郭嵩焘的安排下，搭乘一艘英国远洋货轮回国。

对华人在海外无所依傍的情况，郭嵩焘出国前就有所了解，建议清政府在英国属地新加坡等处设立领事。郭嵩焘说南洋地区有数十万名华人，而他们与中国声息全隔，在当地遇到委屈或不公时，常苦于无处控诉，深盼有领事来维护他们的权益。刚到英国没多久，郭嵩焘就照会英国外交大臣，说中国要在新加坡等地设立领事，并拟派胡璇泽为新加坡领事。

胡璇泽是广东黄埔人，1830 年就去了新加坡，跟随父辈学做生意，并学习英、法、俄、日等多种语言，后来成为一位非常有名的富商，并深得当地侨胞乃至英国殖民当局的敬重。郭嵩焘出使英国途中，曾在新加坡会见过胡璇泽，认为他是中国驻新加坡领事的最佳人选。1878 年 3 月 22 日，中国第一个领事馆在新加坡开设，首任领事即是胡璇泽。1880 年病逝前，胡璇泽身兼中、俄、日三国驻新加坡领事，成为外交界一段佳话。

在海外设立领事馆保障本国侨民的利益，这对中国来说是一个观念的突破。那些跑到海外谋生的华人，以前被中国政府视为不忠不孝的叛徒，恨不得把他们抓回来重罚，乃至处以极刑。尊严受到伤害的中国政府，以前将他们蔑称为“莠民”“贱民”，对外宣称他们是天朝的弃民，采取任其自生自灭的漠然态度。

1603年，西班牙殖民者在菲律宾屠杀两万多名华人，很担心万历皇帝派兵来报复，没想到得到的答复是“中国皇帝宽怀大度”，况且那里的华人“多系不良之徒，亦勿容爱怜”。据统计，1639年至1762年间，西班牙人又发动过四次大屠杀，至少有四万名华人遇难。

清朝前期对待海外华人的态度，一样消极而冷血。1740年，荷兰殖民者在巴达维亚（今印尼雅加达）屠杀近万名华人，次年遣使前往中国示好。清政府对这桩惨案的回应是，被杀者是彼地土生的汉人，或者是违旨不肯回国者，“在天朝本应正法之人，其在外洋生事被害，孽由自取”。乾隆帝表态说：“莠民不惜背弃祖宗庐墓，出洋牟利，朝廷概不闻问。”清政府不管，荷兰人自己管，把当地总督撤职查办，然后逮捕入狱。

中国政府对本国侨民生命财产安全的漠不关心，让西方国家感到惊讶和不解。1858年中美谈判《天津条约》期间，美国人杜邦曾向直隶总督谭廷襄提议：“中国应派领事驻美，照料华人事宜。”谭廷襄说：“敝国习惯，向例不遣使外国。”杜邦说：“太平洋沿岸贵国人民为数众多，不下数十万。”谭廷襄说：“敝国大皇帝抚有万民，区区此类漂流海外者，何暇顾及。”杜邦说：“此类华人在美开采金矿，率皆富有，似颇有保护之价值。”谭廷襄说：“敝国大皇帝之富不可数计，何暇与此类游民计及锱铢。”

有位叫刘锡鸿的官员，其反对效法洋人派领事的观点颇具代表性：“盖洋人之设领事，原以保卫其众，今华民流落各国各岛者殊不乏人，新、旧金山则尤多，其人类皆无赖恶劣，不能谋生于乡里，然后逃之外洋，时有恃众与洋人为难者，亦有犯法为洋官拘禁者。若闻中国有领事往驻，必意为保卫若辈而设，一时赴诉冤抑，辨白曲直者，将填塞其门。领事据情转报，置之不理则若有所不可，筹而辨之则无事转以生事，尤恐领事中有未甚老练者，偶听一面诉词，便与洋人忿争，激成骑虎难下之势。”

有此等观念的刘锡鸿，1876 年被任命为驻英使馆副使，跟随郭嵩焘一起出国，从此成了郭嵩焘的梦魇。两人在国内交情不错，郭嵩焘曾这样评价刘锡鸿："于洋务颇有见地，而于世事多未谙悉，盖所见原自高人一等也。"能得到"洋务先知"郭嵩焘如此评价，可见此人并非一味排斥洋务的守旧派。在众人视出使为有辱名节之事时，刘锡鸿却毛遂自荐，托人求郭嵩焘向朝廷举荐他。

郭、刘出国前，慈禧曾叮嘱说："汝二人须要和衷。"然而，两人在国外却很不"和衷"，互相攻讦，水火不容。两人的矛盾，据说起因于刘锡鸿对郭嵩焘的不满，由头是郭嵩焘最初只举荐他为参赞而不是副使。刘锡鸿对此耿耿于怀，还跑去责怪郭嵩焘，措辞颇为愤激。郭嵩焘解释说："始拟派参赞由我，后派副使亦由我，太抵为公言之。"无奈，刘锡鸿不相信。

到英国不满一个月，刘锡鸿就赌气要辞职，原因是国书上没有他的名字，得不到副使的待遇。没想到这么一闹，清政府便改派他为首任驻德公使，身份跟郭嵩焘平等了。刘锡鸿接到消息后，顿时趾高气扬，更加任性妄为。他在英国时就跟郭嵩焘格格不入，甚至为了领薪水这等事破口大骂，拍桌子狂叫而去。后来到了德国，他跟郭嵩焘的矛盾并未减少，互相攻击得越来越厉害。

刘锡鸿经常向总理衙门打小报告，并搜集各种罪状参劾郭嵩焘。有些所谓"罪状"其实是基本的外交礼仪，例如在巴西使馆举行的茶会上，郭嵩焘随大家一同起立欢迎巴西国王入场，结果被刘锡鸿指责为有失大国体统，堂堂天朝不应为小国君主致敬。有些"罪状"则很搞笑，例如有一次参观炮台时，英国军官拿自己的大衣给郭嵩焘披上，结果刘锡鸿认为"即令冻死，亦不当披"。郭嵩焘因自己学不来外语，就让如夫人学习以便应酬，这在刘锡鸿眼里也有罪。

郭嵩焘痛悔自己看走了眼，其实刘锡鸿"于洋务太无考究"。碰到这么一个胡搅蛮缠的对手，郭嵩焘非常郁闷，但李鸿章叫他不要称病乞退，也不要公开与刘锡鸿决裂，以免让外人见笑。得知清廷要让郭嵩焘兼任驻法公使，李鸿章又写信劝他不要请辞求退，待三年任满后再回国。李鸿章提醒他，不要纠参刘锡鸿，以免惊动朝议，对他自己没好处。不过，郭嵩焘非要留清白在人间，跟刘锡鸿闹得势不两立，最终于 1878 年 8 月双双被撤职。

一个很有才华的外交官、思想者，因为一些细枝末节被人抓住小辫子，最终黯然归国，晚景凄凉。不过，郭嵩焘的悲剧在此之前已有预示，他奉命写成的《使西纪程》一书，1877 年出版不久即遭毁版。当初清廷要求他将各国风土人情、对外交涉事件详细记载，随时向朝廷汇报，以后外交人员即可洞悉各国事机，办事就不至于漫无把握。郭嵩焘就将沿途所见所闻及观感议论都记录下来，到伦敦后将两万多字的日记整理出来，寄给总理衙门作为参考。

收到总理衙门抄寄的日记后，李鸿章循览再四，称赞郭嵩焘“议论事实，多未经人道者”“崇论闳议，洵足启发愚蒙”。不过，像李鸿章这样的知音少之又少，不是所有的“愚蒙”都愿意被启发。当年口诛笔伐郭嵩焘的声浪震动朝野，指责他崇洋媚外，“有二心于英国，欲中国臣事之”。曾经叫他不要管别人说闲话的慈禧，也顺应舆情下令毁禁《使西纪程》。

这本触怒朝野的禁书，踩到了“夷夏之防”的红线。郭嵩焘撕掉天朝上国虚饰的外表，称赞西方文明具有极大的优越性：“西洋立国二千年，政教修明，具有本末，与辽、金崛起一时，倏盛倏衰，情形绝异。”他还警告说：“诚得其道，则相辅以致富强，由此而保国千年可也。不得其道，其祸亦反是。”

洋务运动谨守“中学为体，西学为用”的原则，不敢触及政治和文化层面的改革。在郭嵩焘眼里，这是一场舍本逐末的改革，仅靠坚船利炮并不能使中国富强，反而会导致自蔽。他在给李鸿章的信中说，专制国家只知道富国强兵，而西方诸国知道富民的重要性，因为富民才是国家强大的基础，国家再强大，若民生枯竭也于事无补。他不赞同李鸿章迷信坚甲利兵的做法，强调学习西方不应局限于军事，更重要的是冶铁、采煤、铁路、对外贸易、电报等实务，以及政治制度、法律、新式教育等。

李鸿章的回答是，无人敢主持。李鸿章与郭嵩焘虽是同年进士，但在洋务见识方面却输一筹。李鸿章曾跟人说，郭嵩焘“虽有呆气，而洋务确有见地”，“当世所识英豪，与洋务相近而知政体者，以筠仙为最”。不过，冲在洋务运动第一线的李鸿章知道，郭嵩焘的想法太激进，不能按他说的去做。李鸿章有他自己的方式，那就是不高谈阔论，只是量力而行，踏踏实实去做，循序渐进地改革。

总理衙门为郭、刘窝里斗而头疼不已时，曾几次征询李鸿章的意见。李鸿章当然心有所偏，说郭嵩焘虽然性格多疑执拗，但他在任上的才干、口碑都很好，而听说刘锡鸿名望卑下，似乎不能胜任使节之职。然而，“免刘保郭”只是李鸿章的一厢情愿，他无力对抗一边倒的反郭声浪。清廷本来还想将郭嵩焘查办治罪，遭到李鸿章、曾纪泽等人的反对才不了了之。刘锡鸿对李鸿章怀恨在心，1881 年参劾他“跋扈不臣，俨然帝制”，被清廷指斥为“肆意倾陷”，后被革职。

郭嵩焘 1879 年回国后，没有听从总理衙门回京的指示，从上海直接返回湖南，哪知在家乡一样不得清净。他和家眷乘坐的两艘帆船受南风阻滞，从武昌开始就由湖广总督李瀚章派来的一艘小火轮拖带，结果长沙士绅闻之色变，认为非通商口岸不能让洋船开进来，就在通衢大道上张贴传单指责郭嵩焘“勾通洋人”。郭嵩焘一行后来赶上北风，不用再让小火轮拖带，这才躲过被阻拦进城的厄运。郭嵩焘抵达长沙后，得知有这么一出戏，觉得可恼又可笑。

郭嵩焘在唾骂声中出使，本想引进西方治国之术，挽救风雨飘摇的大清王朝，无奈铩羽而归。与同僚相比，郭嵩焘思想最为开放，最有见识，也看得最远。正因为他走得太远，所以知音寥寥，也没被重用。李鸿章叹息说，以郭嵩焘如此品学识议，不容于今之世，国运真无可挽救。

1891 年 7 月，郭嵩焘孤独地在家中病逝，临终前嘱咐一般亲友概不通知。李鸿章奏请朝廷给郭嵩焘赐谥，并宣付国史馆为他立传，结果被一纸谕旨驳回，理由是“郭嵩焘出使外洋，所著书籍，颇滋物议”。义和团运动期间，还有人不放过郭嵩焘，奏请开棺戮尸以谢天下。不过，郭嵩焘生前自信地预言：“流传万代千龄后，定识人间有此人。”

在 1876 年那场保定的餐桌外交上，李鸿章曾问森有礼有何良方振兴中国，森有礼说：“若要振兴如此大国，非先得与此大事业相匹敌之一大势力不可，此或系稳当之论。然如今贵国若不更出三十名李鸿章，此事难行。”这话让李鸿章很受用，微笑着说：“其故如何？敝邦现有一百个李鸿章。”森有礼说，或许如此，但这等人未掌大权，又能如何？

森有礼这番话有阿谀奉承的成分，既有几分道理，又不全然准确。洋务派官员虽然人数不占优势，但只要掂量一下那几个代表人物的分量，比如奕䜣、曾国藩、李鸿章、左宗棠、张之洞，就知道他们在朝中很有话语权。问题出在他们的观念没有更新，一直守护着原有的政治体制和文化传统，看见有风从窟窿漏进来了，就拿起针来缝缝补补，不敢正视整个体制已经不行了。

郭嵩焘的悲剧源于，众人皆醉他独醒，而他又不装聋作哑，偏要大声嚷嚷，结果触犯众怒。浮于表层改革的洋务运动，最终败给全面改革的明治维新。大清的改革，既需要务实的李鸿章之辈，也需要务虚的郭嵩焘之辈。可惜的是，后者往往被忽略，乃至被打压。

日本人曰：中国军舰像巨兽，日本军舰像玩具

1886 年 5 月 14 日，醇亲王奕譞从北京通州乘坐长龙座船，沿北运河南下天津。以他如此尊贵的身份，自然少不了前呼后拥的随员，此行多达 230 余人。当时火车还普遍被视为洪水猛兽，京津之间尚未修建铁路，此行出动了数十艘旧式船只。北运河实施了临时交通管制，所有渔船、驳船一律靠西岸，让出主航道，确保醇亲王船队畅行无阻。

16 日上午，醇亲王船队抵达天津，北洋大臣李鸿章乘坐小轮船出迎，驻津文武官员在红桥码头恭候，各军头目领队在 20 里外沿途跪接。奕譞此次大驾光临，不是来游山玩水的，而是奉慈禧太后之命，前来巡阅北洋水陆各军。前一年 10 月，奕譞被任命为总理海军事务大臣，也就是海军衙门的掌门人。

海军衙门独立于兵部之外，是领导全国海军事务的中央机构。早在几年前，就有数位官员相继提议设立水师衙门或海部，以知兵重臣统理全国海防。他们认为海防有异于陆防，若分省设防，则事权不一，呼应不灵，不能成事。1883

年，总理衙门增设海防股，次年打算在沿海七省专设一海防衙门，让李鸿章出任海防大臣，专驻烟台。但李鸿章不愿远离京畿，也不愿成为众矢之的，就婉言拒绝了。他提议在京城设立海部，由总理衙门兼辖，不受他部掣肘，令由中出，事不旁挠，亦避免外重内轻。

一场“甲申易枢”的意外，暂缓了海军改革的步伐。中法战争期间，法军在陆上和海上同时发起攻击，中国陆军尚能张军威，而水师却太不给力了，短板效应非常明显。战后检讨战争的教训时，清廷决定以大治水师为主，要求沿海督抚各抒己见，从而掀起第二次海防大筹议。这次聚焦于如何加强海防建设，所达成的一个共识是，有必要设立全国统一的海军指挥机构。

1885 年 8 月，李鸿章抓住这次机会，再次提议设立海部：“西国设立水师，无不统以海部，即日本亦另设海军卿以总理之。今虽分南北两洋，而各省另有疆臣，迁调不常，意见或异，自开办水师以来，迄无一定准则。任各省历任疆吏意为变易，操法号令参差不齐，南北洋大臣亦无统辖画一之权，遂至师船徒供转运之差，管驾渐染逢迎之习，耗费不赀，终无实效，中外议者多以为訾。或谓宜添设海部，或谓宜设海防衙门，有专办此事之人，有行久之章程，有一定之调度，而散处之势可归联络。若专设有衙门，筹议有成规，应手有用款，则开办后诸事可渐就绪，至办之愈久愈有裨益。一切详细纲目，须参考西国海部成例变通酌定，南北一律永远遵循，斯根柢固而事权一，然后水师可治。”

不久，李鸿章奉诏入京密商设立海部之事。他在京逗留 20 多天，被慈禧单独召见五次，还跟醇亲王和军机大臣广泛接触。10 月 12 日，慈禧为长达三个多月的海防大筹议画上句号，做出几项重要的决策。至此，海军衙门进入筹备阶段，人事任命如下：醇亲王奕譞总理海军事务，所有沿海水师悉归节制调遣，庆郡王奕劻和李鸿章会同办理，正红旗汉军都统善庆和兵部右侍郎曾纪泽帮同办理。10 月 24 日，海军衙门宣告成立。

此次海防大筹议的果实，收获最多者当属李鸿章，不仅捞得一个京衔进入中枢，而且确立了北洋水师优先发展的地位。国防经费是一个常数，若数支水师雨露均沾的话，全都成了长不大的小不点。京畿地区的安全自然被列为首位，清廷就把国防战略重心放在北方，优先精练北洋水师成了国策。虽然以前北洋水师事实上已得到优先照顾，但毕竟有点不够理直气壮，现在别人也就不好再说什么了。

不过，也有不识趣的人跳出来，指责李鸿章拥兵自重，应开去海军衙门会办大臣的差使。此人是兵部左侍郎黄体芳，与张之洞、张佩纶、宝廷并称为“翰林四谏”，敢言人所不敢言者。1886年1月20日，黄体芳弹劾李鸿章自办洋务以来，糜国帑以亿万计，百弊丛生，毫无成效，而且拥兵自卫，议和则必占人先，议战则必落人后。黄折中北洋水师“并非中国沿海之水师，乃直隶天津之水师；非海军衙门之水师，乃李鸿章之水师”，被传诵一时。

这篇清流派的犀利力作，宣泄了朝野对李鸿章的不满情绪。但慈禧不为所动，再度为李鸿章撑开保护伞，下旨将黄体芳交部议处，罪名是“妄议更张，迹近乱政”。吏部有心袒护黄体芳，说他本应降一级调用，但因出于公心而非挟嫌弹劾，照例可以抵销议处。结果慈禧大发雷霆，严旨申饬吏部堂官，批评他们所议过轻，殊未允当，黄体芳当降二级调用。

慈禧在大发雌威的同时，也不忘巧妙地敲打一下李鸿章。慈禧将黄体芳的折子抄给李鸿章阅看，并以光绪帝的名义叫他认真办事，免遭物议。上谕还提出殷切期望：“海军为目前第一要务，该大臣当仰体朝廷格外成全、优加倚畀之意，实力实心，确切筹办，总期他日成效昭然共睹，方足以餍众望而答殊恩。”这是在给李鸿章施加压力，让他不忘隆恩浩荡，更加卖命工作。

为了让朝廷放心，李鸿章就奏派大臣来检阅北洋海防，把成绩单晒在阳光下。1886年5月12日，慈禧下令将这个任务交给奕譞。在奕譞的随行人员当中，有一个人格外抢眼，他就是慈禧的宠监李连英。鉴于明朝宦官专权的历史教训，清朝自顺治年间就明令禁止太监干政，而且规定太监不许擅出皇城。1869年，慈禧的宠监安得海以置办同治帝大婚用品为由，获得允准后招摇出京游乐，结果遭山东巡抚丁宝桢诛杀。据说丁宝桢的胆量来自同治帝的密谕，因为安得海不把这个小皇帝放在眼里。

此次李连英出京，有人说是慈禧指派的，也有人说是奕譞主动要求的，以释慈禧的猜忌之心。身为光绪帝的生父，奕譞不敢得意忘形，反倒诚惶诚恐，谨小慎微，以免招来不测之祸。他以一首古歌词作为治家格言："财也大，产也大，后来儿孙祸也大。借问此理是若何？子孙钱多胆也大，天样大事都不怕，不丧身家不肯罢。财也小，产也小，后来儿孙祸也小。借问此理是若何？子孙钱少胆也小，些微产业知自保，俭使俭用也过了。"这么一位懂得自律的王爷，难怪深得慈禧信任，后来又扶他的孙子溥仪当皇帝。

慈禧是个喜怒无常的主子，身边太监频繁更换，唯有李连英久宠不衰，这跟他为人低调有很大关系。这次陪醇亲王出巡，李连英显然是作为慈禧的观察员出现，身份非同一般，却表现得非常谦卑。他一路上低眉敛目，说是太后派他来伺候醇亲王的，白天为王爷提烟杆站班，晚上还要帮王爷洗脚。他也不跟任何官员接触，让有心巴结的钻营之徒大失所望。这趟差事让他的声誉提升不少，也让慈禧颜面有光，说没白心疼他。

尽管醇亲王和李连英都刻意低调，但李鸿章丝毫不敢怠慢。奕譞颇有自知之明，说他虽然管海军，但并不懂海军。为了展示自己操劳多年的成绩，也为了日后得到上司更多的支持，李鸿章竭力献上一场完美的演出。这次巡阅了旅顺、烟台、天津等地的海陆防，旅顺口和大沽口还举行了大规模的实弹操演，给了奕譞新鲜而强烈的刺激。奕譞对此表示满意，李鸿章当然也很高兴。

这次南洋水师也派舰来会操，奕譞却心有所偏，以"合尚嫌单，分则更少"为由，坚定了向北洋水师大力倾斜的决心。奕譞认为，北洋水师肩负拱卫京畿的重任，而李鸿章所部各队分布各隘，力量并不见厚，应继续加大建设力度。这次巡阅拉近了两人的心理距离，李鸿章在中央又多了一个强有力的后盾。

一切看上去很美好，然而李鸿章高兴得太早了，不久后发生了一起不愉快的事件，给北洋水师的未来蒙上了阴影。1886 年 8 月，"定远""镇远""济远""威远"四舰开进长崎港，在那里刮船底并重新上漆，以防除海洋污损生物。在军舰进行必要的保养期间，舰队官兵上岸观光购物，不料与日本警民发生流血冲突，引来一场外交纠纷，滋长了日本的仇华情绪。

慈禧在颐和园仁寿殿前乘舆照，前右为李连英

北洋军舰不在国内保养，干吗跑去日本呢？主要是因为国内尚无可供铁甲舰停泊的大型船坞，只能去香港或长崎维修，此举被西方报纸嘲笑说“有鸟无笼”。后勤保障设施跟不上海军的发展，李鸿章也很着急，但只能一步一步来完善。当初他迟迟不购买铁甲舰，也有出于“有船无坞”的无奈。1880 年，旅顺海军基地开工，船坞工程于 1883 年春动工，至今尚未竣工。

1885 年，英俄两国因阿富汗问题闹得剑拔弩张，战争大有一触即发之势。为防止俄国军舰南下增援，英国于 4 月派军舰侵占朝鲜南部的巨文岛。俄国威胁说，若英国不放弃巨文岛，它也要占领朝鲜某地或其他岛屿。1886 年 7 月，李鸿章听说俄国在觊觎朝鲜东北部的永兴湾，就派记名提督丁汝昌率“定远”等六舰去附近海域巡防，而后前往符拉迪沃斯托克（海参崴）去接正在参加中俄勘界会谈的吴大澂。“超勇”“扬威”二舰等待吴大澂办完事后再回国，丁汝昌则率其余四舰赴日本维修，不几日便发生了所谓“长崎事件”。

8月13日晚，数名带着醉意的北洋水兵去一家妓馆寻乐时，与日本人发生纠纷，馆主叫警察来摆平。北洋水兵不服气，跑去当地派出所理论，其中一名“定远”舰水兵挥刀砍伤一名日本警察，被捕后移送中国领事馆，其他人逃逸。这名水兵被捕时头部和手部受了伤，中国驻长崎领事蔡轩次日去找长崎县知事，就治疗问题进行交涉。长崎县知事要求中方加强对水兵的管理，蔡轩说丁汝昌已下达约束令。

8月15日放假，数百名北洋水兵上岸游玩，丁汝昌下令不许带械滋事，还派人沿途巡查监督。然而，悲剧还是发生了。当晚又有北洋水兵与日本巡警发生冲突，随后引发一场大规模混战。这回北洋水兵吃了大亏，遭到数百名日本警察围追堵截和砍杀；当地居民也向他们泼沸水、扔石块、掷瓦片，甚至手拿刀棍参与袭击。日方还切断海陆交通，防止北洋水兵逃上岸或者来增援。

关于中日双方的伤亡人数，历来众说纷纭。据10月22日李鸿章向总理衙门报告，中方死者8名、伤者42名，而日方死者2人、伤者27人。中方显然比日方伤亡更惨重，李鸿章的法律顾问伍廷芳分析认为：“受伤部位被创形迹或刀或木，水手死伤因利器所致，足见日人先已蓄谋，有心戕害。”当然，日本矢口否认蓄意谋害北洋水兵，将责任归咎于北洋水兵挑衅闹事。

伍廷芳指出，“长崎事件”既无日本官府主使实据，应视为地方斗杀之案，本于中日两国友谊无伤，可惜日本政府处理失当。日本近年凡事效仿西法，本应按国际惯例第一时间照会中国驻日公使，先不管责任在哪一方，对此事表示惋惜，中方也以婉言照复，然后双方推诚商议，自不难冰释前嫌。但日本政府却不顾邦交礼仪，对中方毫无照会惋惜之举，接到中方的抗议后，只是同意派员查办此案。

两国政府都很重视此案，司法和谈判双管齐下。两国都重金聘请了外籍律师，还成立了长崎联合调查委员会，展开数十次会审。在走司法程序的同时，两国代表也多次会谈，但双方各执一词，互不让步。有留英背景的伍廷芳向李鸿章建议：“如两国商议意见大相径庭，似应请友邦公正大员调处，或由两国公请一员，或各请一员。若两员调处意见仍不相符，再由该二员公请一评理之人评断此案。”

但是，不管中方提出什么方案，日本都不肯接受，还以恐将失和相恫吓，并进行军事准备。中国驻日公使徐承祖向李鸿章抱怨，日本人狡黠，故意拖延审判，还常说无耻无理之言，除非与之断交，否则别无他法。伍廷芳也提议，若日本强词夺理，中国即使不遽动武，也应撤使绝交。不过，这些建议未被李鸿章和清廷采纳。中法战争去年刚结束，朝鲜问题又火烧眉毛，清政府不想跟日本大动干戈。

伍廷芳

李鸿章看出此案一时难了，但又不想与日本决裂，遂采取停审的冷战方式。他相信此事错在日方：“长崎之哄，发端甚微。初因小争，而倭遂潜谋报复，我兵不备，致陷机牙。观其未晚闭市，海岸藏艇，巡捕带刀，皆非向日所有，谓为挟嫌寻衅，彼复何辞？”他说日本自知理短，断不敢再生事端贻人口实，而中国断无不坚持到底之理。

不过，李鸿章向清廷承认北洋水师存在纪律问题：“弁兵争杀肇自妓楼，约束之疏，万无可辞。”但他又辩护说：“弁兵登岸为狭邪游生事，亦系恒情。即为统将约束不严，尚非不可当之重咎，自不必过为急饰也。”他认为：“武人好色，乃其天性，但能贪慕功名，自然就我绳尺。”纵容人性的弱点，成了他笼络军队的法宝，却也成了管理的一大漏洞。

早年创建淮军的时候，李鸿章就注重诱之以利，用丰厚待遇驱使士兵为他卖命，而不像曾国藩那样倡导忠义血性的养成。一支重利轻义的军队，就像一个缺乏超我意识的人，由本能和欲望所主宰，有利可图时趋之若鹜，具有很强的战斗力，却也容易屈服于心中的魔鬼，做出自我毁灭的举动。

“崎案”悬而未决，对日本有点不利。当时日本想跟中国修约，提高进口关税，好不容易把清廷说动了，有意跟它商谈，却被此事搅黄了。当日本驻华公使再次提出修约要求时，李鸿章以“暂置勿论”回复，让日本政府很着急。1887年1月28日，日本宣布接受德国驻日公使所提的“伤多恤重”方案，同意以此了结此案。

早在前一年11月，徐承祖就提出这个方案，但遭到日本拒绝。当时日方不断要求增添新证据，这对中方极为不利，使得作为证人的大量北洋官兵无法回国，还要向英籍律师支付高昂的律师费。徐承祖知道日本想以拖制胜，但又拿它没办法，只好做出很大的让步，提议用“彼此抚恤、伤多恤重”的方式结案。也就是说，不再追究孰是孰非，双方根据伤亡情况确定赔偿方案，然后给予对方应得的抚恤金。

井上馨

徐承祖跟李鸿章说，因中方伤亡人数更多，自然能得到日方较多的赔偿，这样稍可安慰伤亡者，也让中国尚能体面下台。李鸿章转达总理衙门的意见，认为这样做“尚不失体”，让他与日本政府交涉。不过，日本外务大臣井上馨不肯接受，冷冷地说：“既重邦交，何不各自抚恤？”后来清政府果断停审并中止谈判，中日关系非常紧张，经德国驻日公使从中斡旋，日本政府这才同意谈判。

1887 年 2 月 4 日凌晨，中日双方经过长达五小时的谈判，最终达成协议。双方将“长崎事件”定性为“因言语不通，彼此误会”而引起，至于是否要拿凶惩办，由两国政府自行决定，互不干涉。关于抚恤金方面，日本应付中方 52500 日元，中国应付日方 15500 日元。此外，北洋官兵在长崎的医疗费 2700 日元，由日方支付。

2 月 8 日，中日两国代表徐承祖和井上馨签订《长崎事件议定书》，为这起扯不清的血案画上句号。然而，每一起事件放到历史长河中来看，都不是句号，而是逗号，会引发一连串的后续效应。对中国来说，“长崎事件”完结了，但对日本来说，一切才刚刚开始。让李鸿章想不到的是，日本后来竟把逗号续写成感叹号。

3 月 14 日，明治天皇发布敕令：“立国之务在海防，一日不可缓。”天皇不是发一发空头文件就算了，而是以身作则，拨内帑 30 万日元作为海防经费。超过十分之一的皇室开支都拿出来做贡献了，首相伊藤博文借此大做文章，在达官贵人的社交场所鹿鸣馆发表了慷慨激昂的演说：为完成日本开拓万里波涛的帝国伟业，必须建设一支强大的海军，希望全体国民效法天皇之举，踊跃捐献海防金。经新闻媒体大肆渲染，日本国内掀起“海防献金”高潮，半年内捐款高达 203 万日元。

“长崎事件”成了日本扩军备战的催化剂。日本人认为，北洋舰队到访长崎是在炫耀武力。日本人对欧美军舰早已司空见惯，这是头一回目睹来自中国的铁甲巨舰，码头上挤满了看热闹的人。有人忍不住感叹：“没想到清国有这样的巨兽！日本的军舰简直像玩具……”当时北洋舰队确实威风凛凛，尤其是那两艘 7000 吨级的“定远”舰和“镇远”舰，号称“当今遍地球第一等铁甲船”，搞得日本举国震动。

日本人羡慕嫉妒恨，伺机大肆杀害北洋官兵，宣泄内心的不安和敌意。对这起流血冲突事件，清政府客观地称之为“长崎兵捕互斗案”，而日本不怀好意地称之为“长崎暴动”或“长崎清国水兵暴行事件”。两国政府最后和稀泥了事，没有追究事故责任，而日本人却认为向中国做了妥协。日本政客利用这起事件，大肆宣扬“中国威胁论”，为军备扩张寻找借口。

“鼠身虎心”角逐朝鲜

中国人不必太责怪李鸿章弄巧成拙，因为即使没有“长崎事件”，日本人一样会穷兵黩武，那是他们既定的国策。据成书于公元720年的《日本书纪》记载，神话传说所谓第一代天皇——神武天皇，曾在建都诏书中宣称：“兼六合以开都，掩八纮而为宇。”这句话后来被提炼为“八纮一宇”，意为“天下一家”，暴露出日本想统治世界的野心。二战期间，这个口号被用于宣扬大东亚战争的正当性。

日本自称是神国，天皇是天照大神万世一系之神裔，全世界都应臣服于天皇的脚下。幕府末期有个叫佐藤信渊的经世家，在1823年成书的《宇内混同秘策》中宣称：“皇大御国乃天地间最初成立之国，为世界万国之根本，故若能经纬其根本，则全世界悉可为其郡县，万国之君皆可为其臣仆。”这个著作等身的学者，难道没看过《日本书纪》吗？这部日本留传至今最早的正史，是由天武天皇下令编成的，可是全书用的是汉字。一个连文字都借用他国的国家，竟敢宣称是“世界万国之根本”，可谓荒谬至极。

佐藤信渊当然看过《日本书纪》，还把书中的神话传说加以宗教化，强调日本是“天神降临所生的皇国”。如此张扬日本国家的神圣性和优越性，目的是为对外侵略寻找依据。他所说的“宇内混同秘策”，就是要让日本来“混同世界，统一万国”，成为世界霸主。他把侵略目标首先锁定中国，认为日本只要能吞并这个大国，泰国、印度等其他国家必会匍匐称臣。

佐藤信渊在世时影响力不太大，明治维新后却大放异彩，被西乡隆盛、大久保利通等政客所推崇。木户孝允、伊藤博文、山县有朋、井上馨等明治重臣，则深受另一位思想家的影响。此人叫吉田松阴，提出所谓“失之于欧美，补偿于邻国”的“海外补偿论”。他主张：“我与俄、美媾和，既成定局，断不可由我方决然背约，失信于夷狄。但必须严章程，厚信义，在此期间善蓄国力，征服易取之朝鲜、中国。在贸易上失之于俄美者，应由朝鲜、中国之土地以为偿。”

根据这种“懦夫＋强盗”的逻辑，吉田松阴勾画出一幅日本对外扩张路线图：对西方列强暂为隐忍顺从，“乘间垦虾夷，收琉球，取朝鲜，拉满洲，临印度，以张进取之势，以固退守之基”，进而“收满洲逼俄国，并朝鲜窥清国，取南洲袭印度”，最终并吞五大洲。

中国人习惯称这个岛国为“小日本”，被自己的傲慢迷住了双眼，不知道人家长着老鼠身材，却有着一颗老虎野心。被倒幕势力抬到前台的明治天皇，没有一丝一毫不食人间烟火的“神仙气”，一上台就遵循弱肉强食的丛林法则。明治政府对外宣称，日本“断然同意缔结和亲条约之事”，同时要“大力充实兵备，使国威光耀海外万国，以对答祖宗先帝之神灵”。

德川幕府跟西方列强所签的“和亲条约”，其实是不平等条约。明治政府心里跟明镜似的，但它知道目前惹不起西方列强，撕破脸只会给自己惹来麻烦，只能通过谈判来修改条约。稳住与西方列强的关系后，日本通过富国强兵政策来锻炼肌肉，并寻找机会秀一秀，在适当时候重拳出击，待一举成为东亚霸主后，再耀武扬威全世界。

自古以来，日本对外侵略的第一站，不是朝鲜就是中国。16世纪末，日本的实际统治者丰臣秀吉就放出话来，要借道朝鲜长驱直入明朝，“使其四百州尽化我俗，以施王政于亿万斯年”。朝鲜拒绝日本的无理要求，丰臣秀吉随即出动大军入侵，掀起一场长达数年的腥风血雨。直到丰臣秀吉病逝于京都，遭受中朝两军重创的日军再也无心恋战，这场造成数十万军民伤亡的战争才匆匆结束。丰臣秀吉未完成的宿志，成了日本人念念不忘的念想。

日本很想一口吞掉朝鲜和中国，但明治初期还没有那个气力，只能采取蚕食的策略。日本首先要做的，是破坏东亚地区固有的华夷秩序，也就是挑战以中国为中心的东亚国际秩序。中国历来被视为东亚的老大，但自1871年《中日修好条规》签订后，中日两国平等的国际地位得到确认。

日本这是一箭双雕，在争取与中国平起平坐的背后，还隐藏着一个不可告人的意图："日清平等后，朝鲜自然列于下位，从中国回来，路过朝鲜王城，再签订日朝条约。利用所谓远交近攻之策，使清廷无法援助朝鲜。"这是日本为侵略朝鲜而制定的所谓"日清交涉先行"策略。

日本的如意算盘打得真精，不料在朝鲜屡屡碰壁，颇费一番周折才搞定。兴宣大院君李昰应掌权时，日本用国书敲不开朝鲜国门，急得差点动武。眼瞅世界快被西方列强瓜分完毕，雄心勃勃的日本很着急，担心再晚一步就分不到半点羹了。1871年12月15日，新任外务卿副岛种臣说："日本在大陆上所能掠取的国家只有中国和朝鲜两个国家……这应成为我们的指导原则。"

至于侵朝时机，日本内部存在分歧，急征派和缓征派吵得不可开交。副岛种臣和陆军元帅西乡隆盛等急征派，主张威胁朝鲜立即打开国门，否则就出兵讨伐。岩仓具视、大久保利通等人出访欧美后，则意识到日本应先学习西方的富强之术，搞好建设再对外扩张。1873年，岩仓使团要员陆续赶回日本，阻止以急征派为主的留守政府采取过激行为。大久保利通说："如果发动日朝战争，欧美列强将干涉我国内政，结果我国将会变为第二印度。"最终，明治天皇偏向缓征派，西乡隆盛等急征派官员辞职。

缓征派掌权不久，朝鲜发生宫廷政变，让日本看到了可乘之机。大院君被赶下台后，国王李熙亲政，实际上大权由闵妃把持。大院君是保守的事大派[1]，主张效忠大清，对日、美、俄等国一概不理。为打击大院君所培植的势力，闵妃掌权后想改变闭关锁国政策，主张与日本缓和关系。

这是一个难得的机会，日本抓紧开展炮舰外交，软硬兼施以迫使朝鲜早日

1 事大党，又称守旧党，是李氏朝鲜末期亲清派朋党。——编者注

开国。1874 年侵台事件了结后，日本“南进”策略一时不能得逞，就把注意力又转向朝鲜，希望在“北进”方面有所突破。1875 年 7 月，日本外务省驻釜山理事官森山茂建议武装侵朝：“现在，由我们奋起示威，以雄狮之势行动。他们必将遵循我们之要求……温文尔雅地对待他们，我们必将失去成功之日。”随后日本态度转硬，拒绝与朝鲜继续外交斡旋，而后又发生“云扬号事件”。

1876 年 2 月 26 日，日本利用“云扬号事件”达到目的，迫使朝鲜签订《江华条约》，终于撞开这个“隐士王国”的大门。这扇大门原本只向中国敞开，法国和美国曾用炮舰去轰，全都无功而返，不意日本先挤了进去。日本用这个不平等条约，让朝鲜开放通商口岸、允许日朝自由贸易、让渡领事裁判权等。日本已学会用西方列强那一套来欺凌邻国，而它自己从未放弃与西方列强修约的努力。“己所不欲，勿施于人”的儒家古训，已被日本抛诸脑后。

日本在朝鲜吃到螃蟹，美国看着眼馋，想搭顺风车进去尝鲜。1878 年 12 月，美国海军少将薛斐尔奉命率“提康德罗加”号战舰远航亚非，意欲寻找和开拓新市场，其中一站就是朝鲜。1880 年 4 月，一路走走停停的“提康德罗加”号抵达长崎，想借助日本与朝鲜达成通商条约。美国驻日公使希望日本提供帮助，而日本当然想吃独食，但又不想得罪美国，便答应帮忙当中介。

事情进展得并不顺利，朝鲜官员拒绝将美国国书上呈国王，把它退还给日本外务卿井上馨，表明朝鲜无意与美国通商。美国驻日公使很恼火，想请日本再次转递国书并对朝施压，但遭井上馨拒绝。日本当然不希望美国得逞，所以敷衍了事。薛斐尔开始怀疑日本的诚意和能力，转而请求中国出手相助。日本不热衷此事，中国当时却很希望促成美朝缔约，把“以夷制夷”的外交策略推广到朝鲜。

这是无奈之举。早在 1874 年日本侵台时，钦差办理台湾事务大臣沈葆桢就致函总理衙门：“据洋将日意格云：日本尚有五千兵在长崎，台湾退兵后将从事高丽。法、美与高丽前隙未解，必以兵船助之，高丽不足以敌三国。若中国能令高丽与法、美立约通商，则日本势孤不敢动兵，高丽之民得以保全。即使日本妄动，高丽力亦足支。”

同治帝

明治天皇

当时李鸿章还有点小瞧日本，写信跟沈葆桢说不用太担心："东洋平秀吉昔以全力伐之，师老财殚而退，兹故惮于发难。若得志于台，难保不纵情再往。唯高丽地势险、人心齐，即三国之力未必能操全胜。况美无远略，法多内患，实不暇此。"所谓"平秀吉"，即丰臣秀吉。李鸿章以为日本会以史为鉴，殊不知人家野心未泯，将曾经的失败化为前进的动力，正磨刀霍霍向弱邻。

总理衙门向同治帝密奏："查日本觊觎朝鲜，匪伊朝夕，外国新闻纸屡言之，且亦非独日本也。此次日意格所言，未必无因。若日本果欲逞志朝鲜，兼有法、美相助，势难漠视。至与法、美立约通商之说，从前各国屡有此意，历经臣衙门婉转阻止。今既有所闻，谊应从实告之。拟请旨饬下礼部酌量密咨朝鲜国王，豫筹办理。"

18岁的同治帝大笔一挥："依议。"跟朝鲜国王李熙一样，这个少年天子也自上年开始亲政。同治帝比李熙小四岁，因两国存在宗藩关系，地位就比李熙高。过去四海清平的时候，中国几乎不干涉属国的内政外交，如今狼烟四起，被迫采取一些干预措施。不过，人家虽然尊奉你为老大，却未必肯听你的话。这不，朝鲜坚决不肯开放门户，让同治帝碰了一鼻子灰。

朝鲜国王李熙

还是日本的少年天子更有手腕，居然让顽石点头了。凑巧的是，当时中、日、朝三国的君主年纪都不大，明治天皇跟李熙同龄。不过，当明治天皇打开朝鲜国门的时候，同治帝已在黄泉游荡了一年，他的继任者光绪帝才刚 5 岁。明治天皇的胃口越来越大，1879 年公然把琉球吞进肚子里，第一次让大清帝国尝到失去属国的滋味。中国“以琉球守东南”的传统国防观念，就此被日本打破。

清政府感到恐慌，一旦连朝鲜这个藩篱也失去，日本就会踩着这个跳板进犯中国。闵妃集团走亲日路线，日本在朝一支独大，中国深感忧虑。1879 年 6 月，因病在家休养的丁日昌建言道：“朝鲜不得已而与日本立约，不如统与泰西各国立约。日本有吞噬朝鲜之心，泰西无灭绝人国之例。将来两国启衅，有约之国皆得起而议其非，日本不致无所忌惮。若泰西仍求与朝鲜通商，似可密劝勉从所请。”

通过“以夷制夷”制造势力均衡的局面，让朝鲜在夹缝中求生存，中国一时也找不到比这更好的保全之道了。清廷认为丁日昌的建议不错，就让李鸿章与朝鲜大臣李裕元通信，婉为开导。李裕元曾任领议政，相当于宰相，现任领中枢府事，在李熙和闵妃面前很得宠。此人曾两度出使中国，1876 年开始与李鸿章有书信往来。清廷不便出面干预朝鲜内政，就让李鸿章通过“私人外交”打开局面。

1879 年 8 月，李鸿章接到朝廷的命令后，很快就给李裕元去信说：“近察日本行事乖谬，居心叵测，亟宜早为之防。……往岁西人欲往贵国通商，虽见拒而去，其意终未释然。万一日本阴结英、法、美诸邦，诱以开埠之利，抑或北与俄罗斯勾合，导以拓土之谋，则贵国势成孤注，隐忧方大。……为今之计，似宜用以毒攻毒、以敌制敌之策，乘机次第亦与泰西各国立约，借以牵制日本。……若贵国先与英、德、法、美交通，不但牵制日本，并可杜俄人之窥伺，而俄亦必随即讲和通好矣。”

在那个弱肉强食的时代，如果说日本是明火执仗的强盗，那么俄国就是偷偷摸摸的窃贼。这个窃贼可不是小偷小摸，而是大偷大摸，19 世纪五六十年代趁火打劫，通过不平等条约割占中国北方 140 多万平方公里的领土。经过这种巧取豪夺，俄国竟与朝鲜、日本成了近邻，使得东北亚局势火上浇油。这只大熊还没有吃饱，想南下谋取一个不冻港作为海军基地，增强它在远东地区的军事部署。

俄国熊的南下政策，让朝鲜心惊胆战，也让日本坐立不安。万一朝鲜先被俄国侵占了，则日本不仅难以实现称霸世界的雄心，就连自身处境也岌岌可危。整天面对一个喜欢舞枪弄棒的邻居，日本怎能不提心吊胆呢？由武士翻身做主的明治政府，也带有好斗的凶悍气质，只许自己杀人放火，不容别人在门前耀武扬威。

李鸿章认为日、俄想要朝鲜的领土，而英、美等国只想跟朝鲜通商，所以两害相权取其轻。但他知道朝鲜闭关自守的思想根深蒂固，就跟李裕元分析了一通世界大势，说“西人恃其慓锐，地球诸国无不往来，实开辟以来未有之奇局。自然之气运，非人力所能禁遏”。用今天的话来说就是，全球化势不可挡。他让朝鲜以中国被动挨打为鉴，趁现在无事时许以立约，泰西各国喜出望外，也就没有格外要求，否则城下之盟的后果更惨。

李鸿章指出中朝是利益共同体，两国唇齿相依，朝鲜之忧即中国之忧。不过，他这封满腔热忱的私函却遭到冷遇，李裕元并不赞同他的观点。李裕元回信说，所谓以毒攻毒、以敌制敌之策并不可行：“神皇之尝百草，遇毒而百死，而辄复起，非神皇而效其为，则一遇毒而能起者鲜矣。今要制敌，而我先受敌，要攻毒，而我先中毒，窃恐一遇毒而不复起也，奚暇以制敌乎？”

这个比喻蛮贴切，但问题是，你朝鲜不想引狼入室，而狼非要进来，你挡得住吗？你已经放日本这只狼进来了，在那个追求“利益均沾”的蛮横年代，你架得住群狼的攻势吗？正如中国驻日公使馆参赞黄遵宪所言：“今地球之上，无论大小，国以百数，无一国能闭关绝人者。朝鲜一国，今日锁港，明日必开，明日锁港，后日必开，万不能闭关自守者必矣。”

黄遵宪这话放在今天同样适用，没有哪一国能躲过全球化浪潮的席卷，不管你是自愿加入还是被迫卷入。工业文明带有野蛮性，对资源和市场的渴求没有止境，人类恨不得把地球发掘一百遍。疯狂生产需要疯狂消费，商人希望地球 360 度无死角，政客出动军队扫除障碍，任何一个国家想关起门来过日子，都会发现没门儿！

李鸿章的说辞没有劝动朝鲜，一年后黄遵宪又苦口婆心，才让朝鲜心动了。1880 年八九月间，朝鲜修信使金弘集一行逗留东京，解决朝日之间一些悬而未决的问题。尽管日本不愿金弘集与中国驻日使节接触，担心中方有不利于日本的建言，但中朝双方还是进行了多次交流。黄遵宪不仅与金弘集进行过笔谈，还写了一本名为《朝鲜策略》的小册子送给他，没想到在朝鲜国内引起轩然大波。

黄遵宪认为朝鲜最大的威胁来自俄国，这个地球上“莫大之国”侵略成性，有囊括四海、并吞八荒之心，现在想向东扩张，必自朝鲜始。因此，“朝鲜今日之急务，莫急于防俄”，策略唯有“亲中国、结日本、联美国，以图自强而已”。这个提法与众不同之处在于“结日本”，日本人听了很开心。自从日本吞并琉球以后，朝鲜戒心大增，不肯好好履行条约，让日本很不爽。黄遵宪劝朝鲜与日本交好，说现在日本外强中干，又惮于中国插手，不敢也无力攻打朝鲜。

不久前，美国想借日本之手挤进朝鲜，李鸿章担心美日结盟，将会威胁中国在朝鲜的地位，因此想把美国拉拢过来。1880 年 8 月下旬，薛斐尔应邀抵达天津，与李鸿章会谈。李鸿章向薛斐尔表示，他将尽力促成美朝修好通商。黄遵宪在劝朝鲜联美时，自然说了美国一堆好话，说它以礼义立国，不贪别国土地和人民，不干涉别国政事，而且常扶助弱小，维持公义，使欧洲人不能肆意作恶。也就是说，美国是正义的化身，也是和平使者，朝鲜应与之结为友邦。

除了给朝鲜指点外交迷津，黄遵宪还指出一条变法自强之路，前景看起来还不错。《朝鲜策略》虽是奉中国驻日公使何如璋之命撰写的，却以“广东黄遵宪私拟”的名义出现，而非清政府发给朝鲜的官方文件。全文没有宗主国对属国居高临下的口气，而是设身处地循循善诱，让朝鲜高层读起来很有共鸣。不过，朝鲜很多保守人士并不买账，高举“卫正斥邪”的大旗，群起上疏抨击《朝鲜策略》，于 1881 年 3 月发表“岭南万人疏”时达到顶峰，最终遭到镇压。

既然朝鲜高层主意已定，事情就好办多了。为筹备与美国订约事宜，朝鲜多次派人会晤何如璋和李鸿章，请清廷帮忙促成朝美谈判。长期闭关锁国的朝鲜，对近代外交知之甚少，以前与日本签订《通商章程》时就吃了大亏，比如无关税。碰到这么一个“不谙世事”的谈判对手，日本自然不放过吃豆腐的机会，在条约中塞进一些有违国际法的内容。例如《江华条约附录》第十款，以“朝鲜国未曾与海外诸国通信”为由，规定以后倘有外国船舶遇难漂到朝鲜沿海，朝鲜应将漂民交由日本转送他国，这实际上侵犯了朝鲜的外交主权。

这次要跟美国谈判，朝鲜迫切希望中国帮忙，不仅仅是因为缺乏堪当重任的外交人才。以往与日本签约时，朝鲜对国际法一无所知，却有意撇开中国独断专行，吃了苦果也捏着鼻子认了，现在为何主动要求中国介入朝美谈判呢？朝鲜的小算盘有二：一是有中国撑腰，朝鲜希望能从谈判中获得更多权益；二是国内顽固派反对声浪不绝，朝鲜当局想把宗主国推上前台唱白脸，推卸自身一部分责任来缓解压力。

朝鲜当局希望清廷明降诏旨劝令开国，以弹压国人的反对之心，但清廷并不希望公开介入此事，想在幕后“密为维持调护”。李鸿章对此表示赞同，一是为朝鲜计，二是为中国计。他认为中国直接出面帮朝鲜谈判，反而会不利于朝鲜，因为西方列强必援引华约为参照，而华约当初乃受之胁迫而签订，各款多违万国通例，现在朝鲜于无事时主动缔约，不能再受其害。另外，中国若过度干涉朝鲜事务，会引起列强不满。

朝鲜这回赖上了中国，清政府虽然不想冲在前头，很多时候却不得不越俎代庖。因朝鲜迟迟不肯派出全权代表，李鸿章只得一边与朝方保持沟通，一边代为主持与美国全权代表薛斐尔的会谈。1882 年 4 月，双方在天津达成朝美条约草案。次月，薛斐尔转赴朝鲜做收尾工作，李鸿章则派出自己很器重的外交顾问马建忠，乘坐由丁汝昌率领的北洋军舰前去协调谈判。5 月 22 日，朝鲜全权代表申櫶和金弘集，与薛斐尔一同在《朝美修好通商条约》上签字。

马建忠是李鸿章很赏识的幕僚，1876 年被派去法国学习国际法，1879 年回国后被倚为左右手。此次受命赴朝鲜，他得帮李鸿章解决一个难题，争取把中朝宗藩关系写进朝美条约。中国原以为与周边属国的宗藩关系天下共知，不必解释就能得到世界认可，哪知近年来频遭质疑和挑战。日本最热衷于分化中朝宗藩关系，在《江华条约》的第一款即声明“朝鲜国自主之邦，保有与日本国平等之权”。李鸿章看穿日本别有用心，对朝鲜“先与立约通商，实则阴图侵逼”。与薛斐尔谈判朝美条约时，李鸿章要求写入“朝鲜为中国属邦，而内政外交事宜向来均得自主”的条款，因遭到反对暂时悬置，留待马建忠进一步交涉。

马建忠到朝鲜后感觉到寒意，发现朝方有意回避对这个条款的表态，对中国不够真心实意。国力的衰落削弱了宗主国的权威，朝鲜对中国转而持一种实用的态度，有需要时就拿来当保护伞，不需要时则把它的话当耳旁风。尤其是与日本缔约后，朝鲜多次派遣使节赴日考察，一部分官员对明治维新的成就羡慕不已，态度变得暧昧乃至亲日，蔑视乃至排斥中国。

朝鲜在“属国”与“自主”的问题上玩暧昧，而美国对中国的宗主国地位也一样含糊，有需要时才默认，但又拒绝正式承认。说到底，朝鲜也罢，美国也罢，都是在利用中国。不可否认，中国甘心被利用，也有出于自身利益的考量。朝鲜是中国东北的重要屏障，一旦落入某个国家之手，对中国的国家安全将是重大威胁。如果中国撒手不管，不仅中朝宗藩关系更加有名无实，而且切身利益将会受到更大损害。

美国想借助中国之力与朝鲜建交，但又拒绝把中朝宗藩关系写入条约，迫使马建忠另想他法。最后，马建忠代拟一份照会草稿，由朝方审阅后发给美国，声明朝鲜为中国属邦。这个方案被接受了，朝美双方成功缔约。与申櫶当年参与签订的《江华条约》相比，《朝美修好通商条约》对朝鲜主权的损害有所减轻，但仍是一个不平等条约。朝鲜的门户从此向世界敞开，英、德、意、俄、法等国纷至沓来，均以此为模板与朝鲜缔约。

朝美条约刚刚签订两个月，朝鲜就发生了一场兵变，影响了中国的对朝政策。1882 年 7 月 19 日，朝鲜首都汉城的武卫营和壮御营士兵领粮饷时，因不满政府已经欠饷 13 个月，而今发放的粮食中又掺杂米糠和砂石，气得砸毁仓库并殴打库吏。主管俸禄的是闵妃的堂兄闵谦镐，时任宣惠厅堂上兼兵曹判书，下令逮捕了带头闹事的四名士兵，准备判他们死刑。7 月 23 日，汉城上万名士兵哗变，由请愿营救同仁发展到武装起义，引来不少市民响应参加，次日就推翻了闵妃集团的统治，拥戴已经下野的大院君出来掌权。

“壬午兵变”惹恼了日本政府，差点引来一场朝日战争。咦，朝鲜内政与日本何干？确实有点关系。这场兵变的起因，不仅仅是朝鲜政府的腐败问题，还包括朝鲜人民的反日情绪。最早打开朝鲜国门的日本，不仅从对朝贸易中牟取暴利，还把手到处乱伸，甚至伸进军事领域，惹来朝鲜军民共愤。

1880 年，日本以赠送新式武器为由头，讨得朝鲜当局的欢心，然后鼓动朝鲜进行军事改革。次年 5 月，一支名为别技军的精锐部队成立，由日本军官担任教官。朝鲜当局把这支新军捧在手心里，裁汰和冷落以前由大院君创建的亲军营，最终酿成兵变。那天别技军正值放假，军营里只有 20 多名官兵，结果不堪一击，连日本教官都被打死。日本驻朝公使馆也遭围攻，最后花房义质公使烧毁使馆，带着使馆人员杀出一条血路，仓皇逃到仁川避难，而后搭乘英国船逃回日本。

十几名日本人在这场兵变中丧生，日本政府怒气冲冲，也想借题发挥。黑田清隆等主战派认为，侵略朝鲜的时机到了，应该马上出兵讨伐。不过，鉴于自身羽翼未丰，日本政府不敢遽然开战，先派花房义质去跟朝鲜谈判，谈不拢再发动战争。花房义质当然不会只身前往，带着1500名士兵气势汹汹赴朝，背后还有大军在国内待命。

得知朝鲜兵变及日本出兵的情况，清政府决定派兵赴朝平乱，避免事态恶化。清廷急需熟悉朝鲜事务的人，李鸿章偏偏这时候不在岗，正在老家为母亲服丧。清廷一面急召李鸿章回津处理，一面饬令署直隶总督张树声迅速调兵遣将。张树声也希望李鸿章早点回来，在给总理衙门的公函中说："朝鲜祸机早伏，变出非常，实非一介使臣、一旅偏师所能胜此重任。以李鸿章之宿望，不独朝鲜倚以为重，即日本亦久慑其名。值此危疑之际，似非李鸿章不能戡定。"

花房义质

黑田清隆

淮军老将吴长庆时任广东水师提督，正在登州帮办山东军务，很快奉张树声之命率六营淮军出征，乘坐北洋军舰于8月20日抵朝。中国出兵朝鲜，日本当然不欢迎。在清军抵达之前，花房义质率日军抢先进驻汉城，找朝鲜当局谈判，并撂下所谓"要求函件"，限令三日内答复。日本想速战速决，而朝鲜采取拖延战术，想请中国居中调停。花房义质很不满，8 月 22 日从汉城撤军以示谈判破裂，次日向朝鲜政府发出最后通牒，以诉诸武力相威胁。

日本的强硬让朝鲜感到恐惧，大院君赶紧请马建忠来调停朝日冲突。但他没有想到的是，一张诱捕他的网已经张开。此前经过多方调查，清政府断定大院君跟“壬午兵变”脱不了干系，曾在暗中推波助澜，引导兵变朝着他所希望的方向进行，最终从闵妃手中夺回政权。大院君上台后又走回老路，废除闵妃集团所实行的开放政策，“斥和攘夷”的思想再度抬头。若让他这么任性下去，中国所冀望的“以夷制夷”策略必然失败，就连眼前这场与日本的危机也难以化解。

8 月 26 日，吴长庆、马建忠和丁汝昌设局拿下大院君，送往中国交由清廷处置。此前马建忠跟花房义质接洽过，就扫除这个障碍后再开展朝日谈判达成默契。重掌大权的李熙也很配合，很快派人去跟花房义质谈判。8 月 30 日，朝鲜全权代表李裕元和金弘集，在仁川与花房义质签订《济物浦条约》和《修好条规续约》。除了要求朝鲜惩凶、赔款、谢罪等，日本还以保护公使馆为名获得驻兵权，侵犯了朝鲜的领土主权。

一场濒临战争边缘的危机，在这么短的时间内消弭，缘于当事国都有心避免开战。中国内忧外患已经够多了，清政府不想再惹麻烦上身，求和向来被列为第一选项。日本政府想趁机侵占朝鲜，但又担心打不过中国，最后采取比较务实的态度，争取以外交谈判获取最大利益。朝鲜国内虽有“斥和攘夷”的呼声，但一想到真的要跟日本人作战，很多人还是吓得腿软。朝鲜人为自己的盲目排外付出了代价，若没有中国从中斡旋，势必在日本的威逼下吃更多苦果。

以前中国是朝鲜的“后台老板”，而今被这场危机推上前台，从此怒刷存在感。大院君是个很有政治能量的人，李鸿章建议清廷不要放他回国，以免朝鲜政局再生变。清廷就把大院君软禁在保定，由直隶总督负责看管。在清军的介入和日本的施压下，一场以惩凶为名的打压行动，让朝鲜保守势力一蹶不振。中国在这场危机中的表现，收服了闵妃集团的人心。重掌大权后，闵妃集团开始走亲华路线。

朝鲜门户开放政策不变，各国势力陆续进来，中国不得不多费心思，确保在角逐中能够维持优胜地位。清政府开始强化中朝宗藩关系，积极干涉朝鲜内政，还仿效列强的做法，跟朝鲜签订不平等条约。清政府用西方的游戏规则，把朝鲜是中国属邦的内容写进条约，以此向世界宣示中朝宗藩关系。清政府还利用条约获取了一些特权，列强看着眼红也很快跟进，朝鲜成了各方势力竞相蚕食的对象。

中国在朝鲜公开施加影响力，日本也不闲着，暗中扶植亲日势力。中国在朝鲜的强势存在，当然让日本很不高兴。不过，中国陆海军正在迅速发展，日本军方有所忌惮，建议政府采取平和稳妥的外交策略。日本尽量避免与中国发生正面冲突，背地里则小动作频频，以帮助朝鲜独立为名，达到排华之目的。

越南战火熊熊燃烧后，日本嗅到了动手的机会。清军被法军打得很难看，中国的颓势再也遮掩不住，加速了朝鲜的离心力。驻朝清军将领袁世凯深感担忧，向李鸿章密报朝鲜新动向："初犹譬喻可悟，自中法兵端既开，人心渐歧，举止渐异，虽百计诱导，似格格难入。"袁世凯注意到背后有日本人在作祟："朝鲜君臣为日人播弄，执迷不悟，每浸润于王，王亦深被其惑，欲离中国，更思他图。"

袁世凯原是无名小卒，"壬午兵变"后随上司吴长庆入朝平乱，因表现出色深受李鸿章赏识。1884 年 11 月 12 日，李鸿章将袁世凯的密禀抄呈总理衙门察览，并发表自己的看法："该国王暗弱性成，其新旧党人趋向不定，近见法祸方亟，知我势难兼顾，难保不观望成败以为向背。日人又从旁煽惑，万一该君臣堕其术中，浸萌异志，肘腋之间隐忧甚大。……唯朝人生心，日人播弄，皆由法事而起。若法兵早解，我军不再挫损，可冀潜销隐患。否则事势变迁所极，真有不堪设想者。环顾大局，实增惴虑。"

李鸿章希望早日从中法战争脱身，偏偏当时战局对中国非常不利，一时半会儿结束不了。清廷在朝鲜的威望已大大下降，数月前又命吴长庆率领三营清军回国驻防金州，驻朝兵力少了一半。有人曾主张将清军全部撤回，但李鸿章认为不可，必须留人牵制驻朝日军，"以杜狡谋"。如今兵力单薄，偏遇山雨欲来风满楼，李鸿章让袁世凯“不动声色，坚守镇静，并随时侦探情形详细密报”。袁世凯通令清军各营衣不解带，并与朝军将领研究防范之策。

袁世凯和李鸿章的担心并非多余，日本果真蠢蠢欲动，认为驱逐中国势力的机会来了，极力撺掇朝鲜开化党发动政变夺权。所谓“开化党”，又称“日本党”或“独立党”，主张“外结日本，内行改革，联日排清，脱离中国，宣布朝鲜独立，实行君主立宪”。这帮人蔑视并痛恨中国，奉日本明治维新为楷模，希望朝鲜实现独立自主、文明富强。党魁金玉均的目标很远大：“如果说日本是东方的英吉利，那么我国就是亚细亚的法兰西！”

开化党想倚日本为外援，实现朝鲜的大国梦，而日本想借刀杀人，浑水摸鱼，所以一拍即合。1884年12月4日，开化党人在汉城邮政局落成仪式上起事，纵火并刺杀守旧派大臣，然后谎称清军作乱，让国王下旨请日军来助。李熙本就有心脱华自主，现又被吓得慌了神，赶紧用铅笔写了一道“日使来卫”的谕旨。很快，日本驻朝公使竹添进一郎率领200多名日军赶到，与开化党的武装力量一同包围景佑宫，控制住李熙、闵妃等王室成员。有日本撑腰的开化党人放手大干，杀害了多名守旧派大臣，成立了新政府，还公布了新政纲。

得知政变消息后，驻朝清军没有清廷的命令，一时不敢轻举妄动。然而，中朝之间的公文往来需要数天时间，驻朝清军若接到指示后再出手，恐怕就难以挽回大局了。袁世凯等清军将领起初很谨慎，先派人去王宫谒见李熙，但被开化党人拒之门外，后又致函竹添进一郎，告知清军应朝鲜臣民之请，将入宫保护国王，请日军撤出以免激成大变，但一直没有得到回复。事态紧急，袁世凯当机立断，承诺一人做事一人当，于12月6日率军攻入王宫戡乱。

开化党没有群众基础，又勾结日军发动政变，被朝鲜人视为犯上作乱，连一些士兵都临阵倒戈，结果只坐了三日天下。清军入宫平乱，事前接到朝鲜大臣的求援，事后也得到汉城百姓的欢迎。反之，日本人煽动并参与政变，引来朝鲜军民的愤怒，一场排日风潮随之涌来。日本侨民遭仇杀，驻朝公使馆也遭围攻。最后竹添进一郎自焚使馆，率领使馆人员、避难侨民和开化党人逃跑，从仁川搭“千岁丸”号逃回日本。

这一幕仿佛是“壬午兵变”排日场景的重演，但这一次日本人显然不再那么无辜。不过，日本政府把自己伪装成无辜的样子，极力掩盖事实和推卸责任。12 月 17 日，《东京横滨每日新闻》发表社论称，来自朝鲜的电报可疑者甚多，驻朝日军本来只需保护使馆和侨民，无须保护王宫及其他地方。这种报道显然不利于日本洗脱干系，所以日本政府采取舆论管制措施，规定国内报纸不得报道和评论有关“甲申政变”真相的内容。

袁世凯

日本政府还颠倒黑白，在国内掀起反华情绪。东京上野公园举行了由 3000 多名学生组成的所谓“清国膺惩大会”，不久后大阪也集合了 3000 多人的反华游行，各地还发起了所谓“义勇军结成运动”。日本脱亚侵华理论设计者福泽谕吉也在《时事新报》上发文嚷嚷，要求政府“断然诉诸武力，迅速收拾局面”，若日本能在对华战争中获胜，“将永被尊为东方之盟主”。

日本国内再现“征韩论”，立宪改进党向参议兼宫内卿伊藤博文呈送意见书，建议“干预朝鲜内政，并设法吞并之”，而“今日欲以武力对付朝鲜，则不得不考虑同中国发生纠葛；然为国家计，同中国发生纠葛，乃吾等所最希望者”。但日本政府认为还不到与中国开战的时机，就定下“军事退却、外交进攻”的策略，争取从谈判桌上获得最大利益。

日本通过混淆视听把自己打扮成“受害者”的形象，然后派外务卿井上馨为全权大使，带着 3000 名陆海军士兵助威，理直气壮地向中朝两国“问罪”。

当时中国派往朝鲜调查政变情况的官员吴大澂和续昌，未被授予与日本代表谈判解决中日争端的全权，因此井上馨拒绝与他们会谈，并且不让他们插手日朝谈判。

井上馨曾以全权副使的身份参与谈判《江华条约》，这回以所谓“使馆被焚”“侨民被害”为由，再次施展炮舰外交。他定下此次交涉的方针是，与朝鲜缔结媾和条约，不在乎该国赔款之多寡，只要能使日本免责即可。1885 年 1 月 9 日签订的《汉城条约》，让日本如愿以“无辜受害者”的形象出现，朝鲜须谢罪、赔款、惩凶、重建日本公使馆，并继续允许日本在朝驻兵。

朝鲜高官金允植有感弱国的悲哀，认为此次政变“日本政府阴主而暗助……既而举事不成，情状渐露，井上馨自顾有内缩处，故谈办之际，讳言曲直，只索数件事，草草磨勘，以存其国之体面而已。我国若有气力，当责其欺侮邻国，围宫逼君，匿庇罪人，遂非文过之罪，可以兴兵，可以征赔。奈委弱已甚，自顾亦缩，故不能声张，辨其曲直”。

伊藤博文

日本先把自己洗得干干净净，然后又派伊藤博文为全权大使赴华交涉。伊藤博文主张和平解决此次争端，认为“纵令并不希望和平解决，也知缺乏向中国挑战之理由，最终而不得不归于和平”。这种主张并未得到国内一致认同，比如以副使西乡从道为代表的军方就主张对华强硬。在伊藤博文的随行人员当中，有不少人肩负搜集情报的使命，为日后侵华做准备。

1885年3月14日，伊藤使团抵达天津。第二天，伊藤博文就去拜会李鸿章的德籍顾问德璀琳。德璀琳直言此次中日交涉颇为繁杂，恐怕双方难以达成共识。他建议伊藤博文直接进京向总理衙门提要求，即使总理衙门不允，鉴于此时中国落败于法国，李鸿章必求中日和局，会以同意朝鲜独立为条件与日本达成妥协。

西乡从道

3月16日，李鸿章应邀到日本驻天津领事馆赴宴。李鸿章说他也是全权大臣，可以跟日方在天津进行谈判。但伊藤博文说他要进京拜谒大清皇帝，亲自呈递日本国书。李鸿章婉言拒绝，说光绪帝年幼不能接见外国使臣，中国又有妇女不能接待外人的习俗，所以慈禧太后也不能代皇帝出来接见。不过，伊藤博文以“代君行事”为由，决意要先去北京交涉。李鸿章致电提醒总理衙门，说此人“貌似和平，内甚狡黠”，须“相机妥慎因应”。

日本的举动，让李鸿章惴惴不安。3月23日，李鸿章向总理衙门报告说：“日君谕于三月内出阅广岛、熊本两镇兵操，以备缓急。并伊藤、西乡带来水陆各弁，到处察探虚实，形迹殊属诡谲。”负责朝鲜外交事务的金允植也致函袁世凯，提醒说日使此行“意存叵测”。李鸿章对此表示担忧，希望朝廷能“熟筹因应之策，销患无形”。

虽然伊藤博文还没亮出谈判条件，但李鸿章先给总理衙门打预防针，料定日本此次“所欲必奢”。李鸿章判断，解决此事的关键“在法而不在日”。他分析说："伊藤等因我有法患，乘机徼利，无理取闹，情甚可恶！若法事速定，彼失所恃，尽可据理驳斥，即稍通融，当易就范。"

3月底，伊藤博文经过与总理衙门的两次会谈，确认李鸿章才有谈判的全权，继续在北京周旋下去是没用的。4月3日至18日，伊藤博文与李鸿章进行过六次谈判。伊藤博文提出的要求有三：一是以防止中日再次发生军事冲突为由，要求中国从朝鲜撤军；二是以驻朝清军进宫攻击日军为由，要求惩处中方将领；三是以清兵在朝鲜街市上伤害过日本商民为由，要求清政府赔款。

关于从朝鲜撤军的问题，李鸿章也不是没有想过，原因是将士久戍异国，早已"苦累嗟怨"，再加上"朝城各国官商毕集，口舌繁多，日人又从中播弄"，处境实在艰难，早日撤回的话，亦可避免惹来事端。清军驻扎朝鲜主要是为防范日本，如今日本要求中国撤军，李鸿章趁机让日本也撤兵，希望两国从此相安无事。

伊藤博文让清军先撤，说日本与朝鲜订有条约，一年后确认日本公使馆无须保护方可撤兵。李鸿章当然不干，伊藤博文就改口说："如中国可商撤，我约亦可酌改。"日本是以保护使馆为名取得驻兵权的，不可无故派遣大量日军驻朝，而中国作为朝鲜的宗主国，在这方面就没有那么多限制。日本知道驻朝日军在数量上不可能占优势，决意借此机会赶走清军，以后在朝办事就少了一大掣肘，所以愿意撤兵以换取中国的同意。

伊藤博文威胁说："如中国不肯撤，仍留多兵，日本亦须照数添兵。两国兵力不相上下，更易生事。"这是中国不希望看到的事，所以李鸿章同意撤军，但要求日军也同时撤走。不过，李鸿章担心一旦中国撤军，日本会趁机侵占朝鲜。对此，伊藤博文保证道："请勿恐之，我国素无吞并朝鲜该贫弱小国之念。日本原为贫弱之国，与之并合，势必更为贫弱。人各顾富强，我岂独愿陷入贫困？原掠取一国，必负担其疆土及其一切之责。"

李鸿章见伊藤博文信誓旦旦，就放松了警惕，想把潜在对手拉拢为朋友，便给了日本跟中国一样派兵保护朝鲜的权利。他说："我有一大议论，预为言明。我知贵国现无侵占朝鲜之意，嗣后若日本有此事，中国必派兵争战；若中国有侵占朝鲜之事，日本亦可派兵争战；若他国有侵占朝鲜之事，中日两国皆当派兵救护。缘朝鲜关系我两国紧要藩篱，不得不加顾虑，目前无事，姑议撤兵可耳。”

日本一直想破坏中国在朝鲜的特殊地位，如今李鸿章竟然主动跟日本分享特权，让两国在往朝鲜派兵方面拥有同等地位。李鸿章的愿望很美好：一是想警告日本不要侵占朝鲜，二是想联合日本对抗他国入侵朝鲜。在李鸿章给总理衙门的谈判记录中，伊藤博文很赞同这个提议，说：“中堂所论光明正大，极有远见，与我意相同，当谨识勿忘。”不过，日方的记载则是，伊藤博文以反对谈及他国之事为由婉拒。

据日方的谈判记录显示，李鸿章曾三次提议缔结中日密约，以成连横之势防御他国入侵朝鲜，但均遭伊藤博文拒绝。侵略朝鲜和中国是日本的既定目标，伊藤博文岂肯被这种条约捆住手脚？李鸿章的“联日”迷梦再次破碎，却给了伊藤博文一个捡便宜的机会，为日本争取到有事发生即可出兵朝鲜的权力。

在 4 月 12 日的谈判中，伊藤博文提出要求：“中日两国如经朝鲜请平内乱，各有派兵赴朝之权，唯彼此均应请示。”李鸿章表示反对，伊藤博文就以谈判破裂相威胁。三天后，清廷下达指示：在中日条约上注明“‘两国遇有朝鲜重大事变，各可派兵互相知照’等语，尚属可行”。李鸿章也找理由自我安慰：“夫欲防日本用兵侵夺其土地，既有先互知照之约，我亦可随意派兵；欲防西国用兵侵夺其土地，既有互相知照之约，我更可会商派兵。似于大局无所窒碍。”李鸿章料想不到，这个外交失误竟为甲午战争埋下祸根，中国将为此付出惨痛的代价。

在惩办清军将领和要求中国赔款的问题上，日本也是咄咄逼人。伊藤博文指责清军闯入朝鲜王宫伤及日军，还有一些清兵在街市上伤害日本商民。李鸿章一直据理力驳，说责任出在日本干涉朝鲜内政，清军入宫平乱合情合理，所谓清兵伤害日人之说并不可信。但是，伊藤博文死缠烂打，非逼李鸿章就范不可，意在洗脱日本的责任。

4 月 8 日，日本驻华公使榎本武扬登门拜访李鸿章，要求中国必须满足日

榎本武扬

方全部要求，否则伊藤博文将起程回国。李鸿章愤怒地说：“朝鲜事，中国并未办错，其错处全在竹添。若因此决裂，我唯预备打仗耳！”李鸿章的硬气来自中法已经签署停战协议，中国再无后顾之忧，可以全力对付日本了。榎本武扬的气焰顿时被打压下去，转而和颜悦色找台阶下，两天后还带着伊藤博文前来缓和气氛。

日本外交善于打舆论战，一直在制造中国的负面形象，比如在中国查明清兵是否伤害过日本商民之前，就将所谓“难民”的口述用英文翻刻成书。日本一直在寻求国际社会的声援，声称日本无意侵略朝鲜，而把扰乱和平的责任推到中国身上。伊藤博文拿准中国想早点息事宁人的心理，提出要请他国来裁断孰是孰非，迫使李鸿章做出让步。最后，李鸿章给伊藤博文发去一份照会，表示将行文戒饬驻朝清军官兵，还将派员调查清兵是否有滋扰日人之事，若属实则照中国军法从严拿办。虽然日本最终没有获得赔款，但这份照会显然不利于中国，日本再次被免于追究政变责任。

4月18日，李鸿章与伊藤博文签订《中日天津会议专条》。内容有三条：一是两国在四个月内从朝鲜撤兵；二是嗣后两国均不得派员训练朝鲜军队；三是将来朝鲜若有变乱重大事件，中日两国或一国要派兵，应先互行文知照，及其事定，仍即撤回，不再留防。画押之后，伊藤使团设宴欢庆。

第二天，李鸿章向总理衙门密陈对伊藤博文的看法："该使久历欧美各洲，极力摹仿，实有治国之才，专注意于通商、睦邻、富民、强兵诸政，不欲轻言战事并吞小邦。"这一年，李鸿章62岁，伊藤博文44岁，中日政坛两位重量级人物首次交手。两人背景相差很大，一个是从四书五经里钻出来的中式官僚，另一个则是喝过洋墨水的西式政客。虽然不满伊藤博文在谈判过程中"多端狡执，哓哓不休"，但李鸿章不得不佩服人家的才识。

历次与日本使节交手的经验，都让李鸿章感受到日本人的狡猾、善变，却因不想与日本为敌而又健忘、轻信。估计他不知道伊藤博文是吉田松阴的门生，心怀"失之于欧美，补偿于邻国"的梦想，只因日本的实力还撑不起这个野心，才选择"宁可失之迟缓，亦不可误于轻举"的对策。有学者感叹说，那次如果日本动手了，对中国来说可能是好事，日本很可能会败。

虽然李鸿章的威严让伊藤博文十年后"思之犹悸"，但这并未妨碍他出色地完成使命。回国途中，伊藤博文作诗一首自鸣得意："解纷不用干戈力，谈笑之间又缔盟。万里归舟风浪静，载将春色入京城。"英国《泰晤士报》也将功劳归于伊藤博文，称日本从此拥有与中国在朝鲜的同等地位。伊藤博文回国后受到明治天皇嘉奖，政治威望日隆，年底出任内阁总理大臣，成为日本历史上第一位首相。

就在中日角力的时候，朝鲜正在另谋出路，想抱俄国的大腿。"甲申政变"后，风传中日将于朝鲜半岛开战，亲俄势力趁机抬头，鼓动闵妃集团寻求俄国的保护。亲俄派认为，中日均不足以依恃，而俄国"据天下形胜，为天下最强，为天下最畏"，朝鲜应该托庇于这个强国。有一个叫穆麟德的德国人，时任朝鲜外衙门协办兼海关总税务司，实际控制着朝鲜的外交和海关，极力鼓吹"引俄拒清"，并促成朝俄密约的缔结。颇具讽刺意味的是，李鸿章1882年推荐幕僚穆麟德去朝鲜做高官，本指望他能协助清政府监管朝鲜，不料被反咬一口。1885年，朝俄密约事件暴露后，李鸿章迫使朝鲜解除穆麟德的要职。

为了牵制已有异心的李熙和闵妃，李鸿章决定释放大院君回国。"甲申政变"后借故回国的袁世凯，在出色完成护送任务后，被李鸿章推荐为中国驻扎朝鲜总理交涉通商事宜大臣。袁世凯全面加强对朝鲜的控制，并遏制日、俄等国势力的渗透，以铁腕防止中朝宗藩关系受损。有大臣怕袁世凯惹是生非提议换人，袁世凯因处境艰难也曾主动请辞，但都被李鸿章以找不到更合适的人选挡了回去。日本对袁世凯恨之入骨，曾多次派人暗杀他，直到甲午战争前夕才把他逼回国，此后在朝鲜为所欲为。

第六章

中日对决：一个成了破落户，一个成了暴发户

“我办了一辈子的事，练兵也，海军也，都是纸糊的老虎，何尝能实在放手办理？不过勉强涂饰，虚有其表，不揭破犹可敷衍一时。”

——李鸿章

中日军备竞赛，嘀嗒嘀嗒……

1885年4月19日，《中日天津会议专条》签订后的第二天，李鸿章提醒总理衙门："大约十年内外，日本富强必有可观，此中土之远患而非目前之近忧，尚祈当轴诸公及早留意是幸。"李鸿章对日本的判断十分准确，可惜没有引起足够的重视。

伊藤博文的眼睛也很毒，精准把握住了中国的软肋："中国以时文取文，以弓矢取武，所取非所用，稍为更变，则言官肆口参之。虽此时外面于水陆军俱似整顿，以我看来，皆是空言。缘现当法事甫定之后，似乎发奋有为，殊不知一二年后，则又因循苟安，诚如西洋人形容中国所说又'睡觉'矣。"

不幸而言中。中法战争结束后，中国赢得一个和平发展的战略机遇期，有几年时间确实采取了一些像模像样的措施，等到北洋海军有了几分模样，就再也无心好好经营，只想靠一个花架子吓唬人。

1888年12月17日，北洋海军成军，在编舰艇共计25艘，其中包括2艘铁甲舰和7艘巡洋舰，形成一支很像样的海上威慑力量，当时堪称东亚第一。早些时候，海军衙门和李鸿章等人参照英、德两国海军章程，结合中国国情制定出《北洋海军章程》，内容涵盖舰船管理、岗位设置、薪酬待遇、考核机制、军规军纪、后勤保障等。光从条文来看，北洋海军有心向世界一流海军看齐，但事实上却无力抗拒制度性腐败的侵蚀，终以不堪一击收场。

养海军须舍得砸钱，撇开舰艇的购买和保养不说，光是人员开支就得花一大笔钱。《北洋海军章程》对各级官兵的薪俸做了明确规定，比如提督每年的官俸（职务工资）是3360两，另有船俸（岗位津贴）5040两，两项合计8400两，平均月收入700两，即月薪超过10万元人民币。士兵的薪水也很高，比如一等水手月饷10两，正炮目月饷20两，鱼雷匠月饷24两，电灯匠月饷30两。当时一个海军技术兵的月收入，抵得上一个普通百姓的年收入。

海军是当时技术含量最高的军种，国家不仅得用高薪供养着，还得找高人来培训。在北洋海军的发展史上，有一个洋教官的身影让人无法忽略，他就是英国皇家海军军官琅威理。琅威理1843年出生于英国，14岁入读皇家海军学校，毕业后一直在海军服役。1863年，琅威理作为阿思本舰队的一员首度来华，19世纪70年代又两度受聘于金登干，率领中国在英国订购的两批炮艇抵华。

李鸿章一直在物色精通海军业务的外籍顾问，时任驻英公使的曾纪泽推荐说，琅威理"诚实和平，堪以留用"。赫德、金登干和英国海军上将古德，也极力推荐琅威理。李鸿章经过亲自接触，觉得琅威理确实不错，1879年便有意聘请，让他回国以后向海军部报批。等了三年，李鸿章才把琅威理盼来。

比李鸿章更盼望琅威理来华任职的人，是英国驻华公使威妥玛。威妥玛向英国政府报告："如果中国聘不到英国军官，就会在法国、美国、德国中寻找合适人选，那会极大损害英国在远东的利益。琅威理只不过担任教习职务，如两国开战，随时可将其召回。此事我们不愿意做，法国、德国和美国都抢着想干！他们早就准备好了人选，就等着李鸿章要人了。只要中国政府允许琅威理为清帝国服役，海军控制权迟早会落入我们手里！"

赫德也心急如焚，担心"要是琅威理不来，中国海军将完全落入德国人或美国人之手"。不过，英国海军部的顾虑是中国如有强大的海军，对英国是否有利。琅威理也犹豫不决，要求海军部把他在华工作期间算作他为英国海军服役期，以免影响他的升迁。赫德就让金登干找要员当说客，拿法、德、美三国的行动给海军部施压，强调由英国军官控制中国海军的重大意义。终于，英国海军部点头了。

1882年秋，琅威理来华任职，职务是副提督衔北洋水师总查，负责北洋水师的组织、操演、教育和训练工作。他的月薪起初是600两，1886年以后涨到700两，而他确实也对得起这份高薪。尽管英国政府有控制中国海军的意图，但琅威理的表现还是可圈可点，很有职业操守，严格按照英国海军那一套来培训北洋水师。丁汝昌评价说，在北洋水师所有洋员当中，琅威理让水师最得实益，人品亦最好。

不过，刚接手北洋水师不久，琅威理头疼得几乎要辞职。1883年2月9日，金登干向赫德报告："我收到琅威理的一封信，他在信中痛心地抱怨巡洋舰玩忽职守的状况，他说：'整顿将是非常费力的工作，因为有许多弊病要清除，并且现有的人员质量极差。'他已再次打电报给夫人，叫她不要来华。"琅威理还跟赫德抱怨说，他对所遇到的困难感到厌恶，他身边每一个人都是"占着茅坑不拉屎"的，他正在令人恼火的情况下学着忍耐。赫德当然不希望琅威理撂挑子，劝他继续坚持下去，提出正确的建议，然后耐心等待。

陆军出身的丁汝昌对海军一窍不通，一看琅威理这么认真卖力，也乐得当

北洋水师士兵在外籍教官的指导下操练枪法

个“甩手掌柜”。琅威理尽职尽责，北洋水师官兵不敢懈怠，军中流传有“不怕丁军门，就怕琅副将”的说法。在这位“魔鬼教练”的督导下，北洋水师的军事素质有很大提高。某天深夜，琅威理突然鸣警演习，诸将无不披衣而起，各司其事，从容不迫，镇静无哗。

1884 年中法战争期间，因英国宣布局外中立，现役军官不得为交战国服务，琅威理遂辞职回国。次年清政府要组建海军衙门，赫德致电琅威理：“你在此地声誉极佳，亟望你回来。什么条件才能来？”琅威理回电说：“我的职位：全权指挥舰队编制和监督军舰修造所。”赫德催促琅威理赶紧来华：“不要放过这一机会，它将再次把一切掌握在我们手中。”琅威理回电说，他同意接受安排，将于 1886 年 1 月重返中国。

在第二次签订的聘用合同中，李鸿章要求琅威理承诺在五年内把中国海军提升至国际水准，并答应在战时帮助中国作战，除非作战对象是英国。醇亲王巡阅北洋海防后，以琅威理训练水师有功，奏请朝廷授予二等第三宝星勋章，并赏加提督衔。不久后发生“长崎事件”，北洋水师官兵群情激奋，要求与日本一战。“定远”等四舰一度进入临战状态，官兵们褪去炮衣，将炮口对准长崎市区。琅威理主张“即日行动，置日本海军于不振之地”，但没被李鸿章采纳。

日本近代海军起步比中国早，自从 1853 年美国舰队叩关以后，德川幕府就开始重视海防建设。日本意识到自己是一个四面环海的“海国”，必须拥有与这一特征相称的军备，固有的国防观念必须有所改变。1872 年，日本废除兵部省，分设陆军省和海军省，强化了海军作为独立军种的意识。日本海军官员野心勃勃，经常提出庞大的建舰计划，往往因财政无力支撑而缩水。

进入 19 世纪 80 年代，日本紧盯中国海军的发展，看得又眼红又心焦，便咬牙勒紧裤腰带，大力推进海军扩张计划。1882 年，日本海军卿川村纯义拟定一个八年建舰计划，建议政府以增税来扩充海军经费。明治天皇批准了这项预算高昂的计划，政府决定从酿造业、烟草业等新增的税收中拨出专项资金，而海军省也从部门经费中挤出钱来投入海军建设。

就在日本有条不紊地扩充军备时，“长崎事件”更加刺激了他们发展海军的狂热，强化了与中国军备竞赛的意识。从此，“一定要打胜‘定远’”成了日本海军的流行语。日本军国主义无处不渗透，就连小孩子也玩起打击中国军舰的游戏：一组孩子扮演中国舰队，另一组孩子扮演日本舰队，进行捕捉“定远”舰和“镇远”舰的战斗。

日本海军省想方设法筹钱壮大海军，奕譞所主持的海军衙门却忙着搞“副业”，挖空心思挪用军费给慈禧修园子。封建国家不靠法治靠人治，虽有祖制祖训、部院规章、御史谏官和朝野清议的约束机制，但统治者很善于巧立名目避开束缚。海军衙门成立后，清廷等于多了一个账户，多了一条资金调度的渠道，便于神不知鬼不觉地把专款挪作他用。有人戏称海军衙门为“颐和园工程处”，而三海工程也挪借了不少海防经费。究竟有多少钱被挪去大兴土木，现在没人算得清这笔糊涂账，虽然有些钱后来又指定专款归还了，但海军的良性发展已然受到影响。

在这场将海防经费进行“乾坤大挪移”的闹剧中，李鸿章的角色颇为尴尬。身为海军衙门会办大臣，他不得不迎合上司奕譞，跟着这位“皇帝老子”的指挥棒转，况且讨好了慈禧，也有好果子吃。但他同时又是北洋海军统帅，海防经费被挪用了，没有奶吃的军队岂能茁壮成长？李鸿章深知道太后要修园子他阻止不了，也知道发展海军确实需要钱，不得不在夹缝中左右逢源，有时积极表示赞同，有时也找理由婉辞，有时又以海防名义筹款报效。

海军衙门初创时，曾引起日本的恐惧，在议院中议论纷纷。这时，驼背的副岛种臣挺直了身子，微笑着劝大家不要担心：“谓中国海军之可虑，则实不足以知中国也。盖中国之积习，往往有可行之法，而绝无行法之人；有绝妙之言，而绝无践言之事。”他指出，中法战争期间，中国水师一败涂地，中国人觉得很没面子，战后大张旗鼓设立海军衙门，又仿照西法制定海军章程，一切看起来很完善了，就觉得大功告成，海军也就止步不前了。中国人贪慕虚名，何曾注重过实效，又何曾有欲与日本争衡于东海之志？

副岛种臣的话不幸而言中。1890 年，北洋海军发生“撤旗事件”，把琅威理挤走了，此后管理日渐松懈，规章制度形同虚设。事件的起因，缘于海军指挥权之争。2月，北洋舰队南巡期间，丁汝昌率领“致远”“经远”等四舰到南海一带操巡，“定远”“镇远”等舰留在香港操修。3月6日，右翼总兵兼“定远”舰管带刘步蟾突然降下提督旗，换升总兵旗。琅威理责问道：“提督离职，有我副职在，何为而撤提督旗？”刘步蟾理直气壮地说：“海军惯例如此。”

《北洋海军章程》规定：设提督一员，统领全军；设总兵二员，分左、右翼，各带铁甲战舰为领队翼长。凡北洋兵船，无论远近，均归提督调度，仍统受北洋大臣节制调遣。提督在何海口，该口北洋兵船概听提督一人之令，总兵不得与提督平行。提督他往，则听左翼总兵一人之令；如左翼总兵他往，则听右翼总兵一人之令。

刘步蟾的底气来源于，章程明文规定北洋海军只有一名提督，所以只承认丁汝昌的提督地位，不认可琅威理拥有同等地位。琅威理又气又恼，认为自己有提督衔，就应该享有提督的待遇。在北洋海军的公文中，不是常有“丁、琅两提督”的表述吗？1887年前往英国接回“致远”等新舰时，琅威理率领舰队返航时，不是一路升着提督旗也没异议吗？这次丁汝昌2月24日率舰前往南海后，舰队在香港这边也一直升着提督旗，突然换旗不就是挑衅吗？

琅威理满腹委屈，当天致电李鸿章，询问丁汝昌不在舰队时应升何旗。第二天，李鸿章给左翼总兵兼“镇远”舰管带林泰曾等人发去指示：“章程内未载，似可酌制四色长方旗，与海军提督有别。”当时规定提督用五色长方旗，诸将用三色长方旗，而没有四色长方旗。李鸿章倒挺会变通，既坚守只有一个提督的原则，又想用折中的办法调和双方矛盾。然而，这回不是和稀泥就能了事的。

6月，北洋舰队返回威海后，琅威理跟丁汝昌一起去天津找李鸿章评理。李鸿章肯定了刘步蟾的做法，琅威理就拿辞职相威胁，说他太没面子，如果不给他提督实权，工作将无法继续。但李鸿章的态度很明确，说：你要辞就辞，我决不受此要挟。琅威理恼羞成怒，带着妻小回英国后，逢人就诉说他在中国受辱。

冰冻三尺非一日之寒，琅威理第二次受聘期间，与中方的关系便不如第一次那么融洽了。1889 年年初，请假回国的琅威理在拜访英国首相时说，如果发生战争，中国人不会信任他，不放心由他来指挥舰队，要是为了英国利益的话，他可以暂时放弃国籍。琅威理当时认为，中国迟早会因朝鲜问题与俄国开战，日本也会站在俄国那边，而俄国是英国的老对手，他帮中国打仗也就等于帮英国。

李鸿章虽然倚重洋员，但他一直心怀警惕，担心权力外流，强调权自我操。琅威理不想当个没有实权的顾问，想成为能够控制北洋海军的指挥官，而这恰恰刺中了李鸿章敏感的神经。1890 年 8 月，驻英公使薛福成致电李鸿章，说英国外交部已介入调查琅威理辞职一事，可能下令让中国的英籍雇员全部告退。薛福成希望此事有所转圜，于邦交有益。但李鸿章强硬表态："琅威理要请放实缺提督，未允，即自辞退，向不能受此要挟。外部等或未深知，望转达，似与邦交无涉。"

李鸿章看轻了这件事的后果，不知道英国政府很看重琅威理这颗棋子。李鸿章向英国驻华公使华尔身澄清：未曾与英国首相约定过琅威理与丁汝昌官职平行，中国海军称琅威理为提督，乃客气用语。李鸿章说的是事实，"提督衔"并不等同于"提督"，前者只是华而不实的虚衔，后者才是实职。不过，很多外国人并不明白这一微妙的区别，误以为北洋海军有两个提督，就连琅威理也没搞清楚自己的身份。英国认为中方没有给出像样的解释，而英国人也不可能获得中国海军的控制权，便终止了双方的合作关系。英国拒绝了李鸿章另聘英籍海军顾问的请求，并召回部分在华受雇人员，还宣布不再接纳中国海军留学生。

琅威理在给英国海军部的报告中认为，"撤旗事件"乃是林泰曾、刘步蟾、罗丰禄、严复等"福建帮"故意排挤他的阴谋。琅威理的管理非常严格，待人又不够宽宏大量，早就让北洋海军官兵很不爽。很多军官毕业于福州船政学堂，以福建人居多，在军中拉帮结派，被称为"闽党"。琅威理曾向李鸿章建议"兵船管驾，不应专用闽人"，更加招来大家的愤恨。

赫德早就看出琅威理的地位不稳，1889 年 8 月在给金登干的信中写道："有谣传说海军丁提督即将退役，并且他说过其继任者无法与琅威理共事。中国和中国人一直在各方面试图展开自己的双翅，他们自然想设法单独飞翔。”不过，赫德认为琅威理的辞职未免操之过急，1890年10月在给金登干的信中指责道：“当他在香港对扯下旗帜的事发出第一次咆哮时，事实上他是面对公众‘破釜沉舟’，特别是同海军军人对立了。正如我以前说过的，他是宁要个性而不要策略。”

琅威理一直对自己在北洋海军的处境不太满意，以前就向金登干和赫德流露出退意，这次一怒之下甩手不干了，其实也是他郁积多年的不满情绪的总爆发。《北华捷报》就琅威理辞职事件发表社论称，外国军官除非不顾职责，愿同中国军官同流合污，否则就会受到猜忌、阴谋与排挤；现在琅威理已去，中国海军“混乱的狂欢”即将开始。

果不其然，少了琅威理的严厉督导，北洋海军官兵嗨起来了：禁令成了一纸空文，官兵们纷纷把眷属接到海军基地，晚间一半人离舰住在岸上；丁汝昌和方伯谦在办公地点刘公岛上盖房出租，前者还自蓄家伶夜夜笙歌，后者则在舰队常去之地金屋藏娇，两人曾为一妓女争风吃醋；每年冬天舰队例巡南洋时，官兵们就跑去香港、上海的妓院和赌场鬼混；军舰有时被用来跑运输、搞走私，日常维护经费则被管带们克扣，以致零件损坏、机器生锈无人问津；舰队日常训练废弛，操练流于形式，演习就像演戏……

以前琅威理在的时候，有些不良行为已经出现，在他离开后变本加厉。赫德说：“琅威理走后，中国人自己把海军搞得一团糟。琅威理在中国的时候，中国人也没有能很好地利用他。”没有纪律约束的军队，就是在自毁长城。北洋海军官兵多是老乡、亲戚、朋友，军纪沦陷于人情社会那一套，旧式军队的恶习也都沾染了。整个社会体制是旧的，新的东西最后也会被同化掉。在外人看来依然船坚炮利，实际上表面钢筋铁骨的船体已散发出腐烂的味道。一支金玉其外、败絮其中的军队，在和平年代还能当当摆设，一到战场还能龙旗飘扬吗？

就在中国海军自甘堕落之时，日本海军正在突飞猛进。两国海军都是国际化的产物，日本也请英国人帮忙训练，但他们学得更认真踏实。同样是学习西方和变法，两国的出发点却不一样：中国是被逼的，视为权宜之计，觉得到了这一步，不得不这样了，那就这样做吧，走一步算一步；而日本是既然决定要去做，那就一步一步地照着来，所以明治维新的每一项政令和措施都能落到实处。

跟日本相比，中国不是个“好学生”。中国总有点大国心态，自尊心太强了，向人家学得差不多了，就急于当家做主。北洋海军还只是半桶水的时候，就把琅威理赶跑了。独立自主固然好，时机还不成熟就提前自主，结果就比较麻烦。有学者叹息说，甲午战争期间，假如琅威理还在北洋海军的话，说不定中国不会输给日本，至少海战不会败得那么惨。中日开战后，北洋海军损失惨重，清政府赶紧让琅威理来救急，可惜为时已晚，人家最后也没来。

日本的做法比较高明。据英国皇家海军上校英格斯回忆，他在日本海军当总教官的时候，日本政府曾封他为贵族，使他拥有足够的权力和地位，有跟日本高级将领接触的机会。当日本人认为有理由独立行走时，欧洲军官便体面地告退。日本海军从世界一流的训练中受益无穷，坚持走英国教官为他们铺出的路，不仅使舰队保持着英格斯离开时的面貌，而且更趋完善。

1891 年，为了对中国海军进行摸底，日本以“修好”为名邀请对手来访。李鸿章一来有心与日本交好，二来有意建威销萌，就让丁汝昌率六艘主力舰访日。从 6 月 28 日抵达马关，到 8 月 6 日离开长崎返航，北洋舰队在日本出尽了风头，而日本政府也给予高规格接待。隆重的礼仪给足中国面子，不仅日本亲王、军政高官纷纷出来招待，就连明治天皇也接见了丁汝昌和六位管带。

日本政府是个“双面人”，虚情假意的背后，是一双双嫉恨的眼睛。7 月 16 日，为了答谢日方的热情接待，丁汝昌经李鸿章批准后，在泊于横滨港内的“定远”舰上举行茶会，招待日本国会议员、记者等各界人士。日本法制局长官尾崎三良的观感，很能代表大多数日本人的心情：“同行观舰者数人在回京火车途中谈论，谓中国毕竟已成大国，竟已装备如此优势之舰队，定将雄飞东洋海面。反观我国，仅有三四艘三四千吨级之巡洋舰，无法与彼相比，皆卷舌而惊恐不安。”

这次出访日本的六艘军舰——“定远”“镇远”“致远”“靖远”“经远”“来

远”，可谓北洋海军的精华。为了威慑日本，李鸿章也真是拼了，把看家宝贝都亮出来了。可惜日本不是吃素的，受了刺激以后不仅没收敛，反而跟北洋海军杠上了。1893 年 2 月 10 日，为推动海军预算案在国会得以通过，明治天皇发布名为《和衷共同》的诏敕，声称“国家军防者事关重大，苟缓一日，或遗百年之悔”，决定从今往后六年，每年将从内帑拨出 30 万日元作为造舰费用，文武官员也要献出十分之一的薪俸。危机感促使平民也踊跃捐款，举国为海军建设添砖加瓦。

日本海军犹如一架制造精良的时钟，嘀嘀嗒嗒地前进着，很快就赶超北洋海军了。1891 年那次访日之行，竟成了北洋海军最风光的一次回忆，此后就像一架停摆的时钟，再未添购一艘新舰。那年 6 月 1 日，李鸿章正在进行三年一次的北洋海防大巡阅，户部却以“部库空虚，海疆无事”为由，奏请南北洋海军两年内暂停购买枪炮、船只和机器，把省下来的军费交给户部充饷。北洋海军初具规模，李鸿章兴致勃勃，本想再上一层楼，却遭当头棒喝，只能凭栏叹息。

周馥

幕僚周馥曾提醒李鸿章：北洋海军已耗资千余万，只买了这么几艘舰艇，用外国标准来看根本不成一队，一旦有战事，肯定敌不过人家；朝中大臣均是书生出身，少见多怪，我们平时请求扩充海军，他们一定会说费钱又没用，等到战败的时候，又会把责任推到我们头上；与其到那时有口难辩，不如现在就向朝廷声明海军宜扩充，经费不可省，时事不可料，各国交谊不可恃，请让有关部门赶紧拨款；即使要不到钱，将来战败了，我们还能有立足之地，否则别人会骂我们误国。

李鸿章叹道："此大政，须朝廷决行，我力止此。今奏上，必交部议，仍不能行，奈何？"在很多人眼里，李鸿章权倾朝野，但其实他的权力并没有那么大。那个腐败的时代，充满官僚主义陋习、地方主义观念和派系的明争暗斗，使得李鸿章办起事来碍手碍脚。另外，树大招风，李鸿章出于自保，也不能让自己显得太强大。

据清人笔记《国闻备乘》记载，甲午战争期间，黄海海战后不久，慈禧派翁同龢去天津找李鸿章，责问他何以怠误至此。翁同龢一见面即提及北洋海军，但见李鸿章怒目而视，半天才开口说："师傅总理度支，平时请款辄驳诘，临事而问兵舰，兵舰果可恃乎？"

翁同龢是翁心存的儿子，历任同治、光绪两朝帝师。翁同龢深得光绪帝信赖，自光绪帝1889年亲政后，就成了政治红人。翁同龢历来与李鸿章不和，有人说他公报私仇，故意为难和整治李鸿章，对甲午战败负有一定责任。当然，面对李鸿章的指责，翁同龢辩解道："计臣以撙节为尽职，事诚急，何不复请？"李鸿章说："政府疑我跋扈，台谏参我贪婪，我再哓哓不已，今日尚有李鸿章乎？"翁同龢顿时哑口无言。

最理解李鸿章处境的人，莫过于他的对手伊藤博文了。面对日本国内急于挑衅中国的情绪，伊藤博文主张先韬光养晦，麻痹中国的神经，只要风平浪静一两年，中国的言官必会参劾变法之事，谋国者又不敢有所作为了。严复忧心忡忡地说，中国再这样歌舞升平下去，不出二十年就要像老牛一样，被外国人牵着鼻子走了。

赫德对中国的惰性也看得很清楚，1895年在甲午战败之际失望地说："恐怕中国今日离真正的改革还很远。这个硕大无朋的巨人，有时忽然跳起，哈欠伸腰，我们以为他醒了，准备看他做一番伟大事业。但是过了一阵，却看见他又坐了下来，喝一口茶，燃起烟袋，打个哈欠，又睡着了。”

日本组合拳：情报战 + 偷袭战 + 外交战 + 舆论战

1886年仲春，上海马路两旁的树竞相吐露新芽，给这个五光十色的城市增添了一抹绿意。在一个飘着细雨的日子，有个皮肤黝黑的日本人没有打伞，手里拎着一口箱子，一下船就直奔英租界河南路。

此人叫荒尾精，时年27岁，精通汉语。武士家庭出身的他，毕业于日本陆军士官学校，如今是陆军中尉。从这所名校出来的学生，一般都做着将军梦，但荒尾精志不在此，渴望辞去军职赴华施展抱负。陆军大臣大山岩就问他：“目今青年有为之士，大都争往欧美留学，足下何以独欲赴固陋之极的中国呢？”荒尾精说：“唯其因为大家都醉心欧美而置中国于不顾，所以我想到中国去。”

荒尾精的抱负是，帮日本早日“略取中国，然后施仁政，以图复兴亚细亚”。在部队服役期间，他郁闷地叹道：“中国距日本仅一衣带水，然身似笼中之鸟，无法展翅高飞，徒然对四百余州魂牵梦萦，呜呼！”后来，陆军当局把他调到参谋本部中国课，允许他接触大量有关中国的机密文件，1886年安排他赴华开展谍报工作。

日本是个视谍报如命的国度。英国作家理查德·迪肯在《日谍秘史》一书中写道：“从19世纪60年代末起，日本开始高度注意谍报活动，几乎在与日本人生活有关的所有领域里搜集情报，陆军、海军、民政机构、教育、工业无所不包。在世界历史上，可能从来没有一个国家建立过如此包罗万象，有着如此广泛基础的谍报系统。他们绝不放过任何一件事情，也不容许任何草率行事的行为。他们猎取到的一切情报，都是有条不紊地循序获得的，有些来自公开的渠道，但是大部分则是尽可能地避人耳目，通过秘密活动搞到的。”

日本人不以当间谍为耻，即使出身豪门贵族，也都不怕吃苦，不计酬劳地为国效力。从1862年“千岁丸”号驶入中国开始，日本就从未放弃对这个近邻的窥视，但零星的资料满足不了军方的胃口。1871年3月，参议江腾新平在《对外政策意见书》中建议：“日本应尽快派出间谍人员，潜入中国各地搜集情报，一等时机成熟，立即发动战争。”此后，日本间谍横行中国。

日本间谍非常善于伪装，有的在外表上下功夫，把自己装扮成中国人；有的则掩饰自己的内心，骗取中国人的信任。1886年那个春天，荒尾精一到上海就急于去拜访的人，名叫岸田吟香。此人当过记者，后弃文从商，在东京开办乐善堂，1878年跑到上海开设分堂。这家店以卖药为主，兼营图书出版发行。温文尔雅的岸田吟香，广交文化名流，还乐善好施，在上海口碑很好。这位中国人口中的“东瀛儒士”，背地里为日本政府提供情报和建议，还为日本浪人提供栖身之地。

荒尾精拜会岸田吟香时，这位老前辈就摊开中国地图，指点他去九省通衢之汉口铺开谍报网。在岸田吟香的帮助下，荒尾精很快招来一批日本浪人，在汉口开设乐善堂分堂。汉口乐善堂“以商养谍”，内员在店里操持生意赚钱，外员则乔装打扮赴各地搜集情报，成为盘踞华中地区的日谍核心机构。荒尾精自诩说，汉口乐善堂是“日本志士的梁山泊”。

1890年4月，荒尾精回国述职，将数万字的《复命书》呈给参谋本部，受到高度评价。为培养更多间谍人才，日本政府决定拨出4万日元予以补贴。9月，荒尾精带领从日本征召的150名学生赴上海，在英租界成立所谓“日清贸易研究所”，实际上是一所情报学校。89名毕业生中，大多参加了甲午战争。据日方记载：“该所的毕业生，几乎全部抱着献身祖国的志向，有的担任军事翻译，远赴前线；有的带着秘密使命，潜入敌境，血染草原。”

甲午战争的前一年，日本情报战紧锣密鼓地展开，而中国浑然不觉。1893年4月，日军参谋次长川上操六亲赴朝鲜，实地考察一个月之久。5月12日，川上操六抵达天津，受到李鸿章热情接待。李鸿章毫无防备之心，沿用炫耀实力以威慑日本的一贯做法，敞开大门展示本国军事秘密。在天津期间，川上操六参观了天津机器局，走访了天津武备学堂，观摩了清军步兵战术操练，还

川上操六

神尾光臣

登上北塘炮台观看了炮兵操演。川上操六还以郊游的名义，在日本驻华公使馆武官神尾光臣的陪同下，悄悄察看了天津周围的地形，得出“天津西面利于进攻”的判断。

李鸿章不知道，川上操六还有一个上不得台面的身份——日本对华谍报的总负责人。这是李鸿章的悲哀，也是中国的悲哀。那年6月中旬，川上操六还到上海、南京等地窥探虚实。在一帮清朝文武官员的陪同下，川上操六参观了江南制造总局、金陵机器制造局等军工厂，以及吴淞炮台等重要军事设施。川上操六还在荒尾精的陪同下，视察了日清贸易研究所，7月初才返回日本。

据日方记载，经过这两次实地调查，川上操六“不仅看穿了中国的极端腐败，而且对其陆军的强弱如何，甚至对其地形、风俗人情之微，均得到详尽观察，从而确信中国之不足畏，增强了必胜的信念”。为了获得中国军事要塞的第一手资料，川上操六还派驻华公使馆两名武官抵近侦察，详细搜集作战所需的各项数据。

日本间谍如苍蝇满天飞，在中华大地四处寻找裂缝来叮，而大清王朝依旧醉生梦死。1894 年正值慈禧太后六十大寿，这个已退居幕后却仍遥控着光绪帝的女人，打算好好乐一乐。京师里，紫禁城、西苑三海、颐和园、万寿寺等处，均已修缮一新，各地官员也忙着孝敬老佛爷。一场纸醉金迷的狂欢，需要真金白银来打造，据说耗银接近 1000 万两。仅从颐和园宫门至紫禁城西华门这段道路，沿途就搭建有龙棚、龙楼、经棚、戏台、牌楼、亭座等诸多应景之物，一下子就烧掉 240 万两银子。

慈禧的万寿盛典将于 11 月初举行，举国歌舞升平，不知大难临头。那年春天，朝鲜爆发东学党起义，清廷对即将到来的中日大战毫无思想准备。这场农民战争声势浩大，朝鲜政府招架不住，就向清政府求援。向中国借兵一事，朝鲜内部一度争执不休，担心引来日军跟进，最后迫于形势才痛下决心。日本则早已蠢蠢欲动，一再怂恿袁世凯建议李鸿章出兵，还让驻天津领事出面劝说李鸿章。袁世凯和李鸿章太轻信了，以为日本真的没有其他企图，只会派少量兵马赴朝保护使馆而已。

陆奥宗光

日本人挖了一个陷阱，李鸿章真的跳了进去，精明人也有糊涂的时候。以狡猾外交手段闻名的日本外务大臣陆奥宗光，战后在《蹇蹇录》一书中得意扬扬地写道：“日本政府虽然从一开始一直处于被动者的地位，但在万不得已的时候却毫不犹豫地做出决定，决心采取最后的手段，而中国以为只需在声势上先声夺人就可吓住日本以及朝鲜，而一旦日中两国之间的纷争无法解决时，中国却缺乏诉诸干戈的决断力。中国是如此的态度，而朝鲜政府则从事大主义的观念出发，觉得只要依附中国，就一定可以稳如泰山，他们做梦也没有想到日本竟然会战胜中国。他们就陷入了如此的谬误之中而不可自拔，直到平壤、黄海两大战役结束之后，才幡然醒悟过来，实在是令人啼笑皆非。”

李鸿章最大的失误，不在于出兵朝鲜，而在于对日本的野心估计不足。东学党起义的消息传来后，日本报纸议论纷纷，一些扩张主义者大造舆论，催促政府出兵。有些报纸歇斯底里地煽动战争，有的用诗歌形式宣扬“日本刀”和“日本魂”，有的叫嚣“宣扬国威此其时，百年大计在一战”，有的公然鼓吹灭亡朝鲜。当时日本深陷经济危机，政治动荡不安，伊藤内阁被议会的不信任案搞得焦头烂额，对外征战是一个转移国内矛盾的良方。陆奥宗光认为这是日本控制朝鲜的良机，川上操六等军方人士也摩拳擦掌，就等着中国上套。

6月2日，日本外务省接到驻朝公使馆发来的急电，称朝鲜政府已向袁世凯提请中国出兵援助。陆奥宗光如获至宝，把电文拿到内阁会议上讨论，阁员一致同意出兵朝鲜。伊藤博文立即请川上操六和参谋总长有栖川宫炽仁亲王来参会，对出兵朝鲜做出秘密决议，然后进宫请示明治天皇。明治天皇随即召见陆军大臣大山岩、海军大臣西乡从道等重臣，然后当面下达敕令，决定以保护侨民为由向朝鲜派遣军队。

当天夜里，陆奥宗光把川上操六请到官邸来，与外务次官林董一起讨论出兵计划。他们认为，此次出兵必然会与清军发生对抗，估计清军不会超过5000人，日本应派兵6000人至7000人，若中国进一步增加兵力，日本也应增派一个师团，确保居于必胜的地位。

6月5日，日本根据上年颁布的《战时大本营条例》，成立以天皇为首的战时最高统帅机构。这一天，明治天皇批准向朝鲜派遣混成旅团，还向驻广岛的第五师团下达动员令。正在休假的日本驻朝公使大鸟圭介，也搭乘“八重山”号军舰从横须贺出发，偕三四百名海军官兵返回汉城（今韩国首都首尔）。这一切调兵遣将，都发生在日本接到清政府的出兵照会之前，而日本出兵也没有事先知照清政府，违背了《中日天津会议专条》相关规定。

眼看中日两军前后脚到来，农民起义军便放弃“驱兵入京”的计划，同意与政府谈判。朝鲜政府担心引来外敌入侵，草草答应农民起义军提出的改革方案，双方于6月10日在全州达成停火协议。次日，农民起义军撤出全州，然后在其控制区内成立政权机构。

大山岩

打架的人和解了，来劝架的人就应该散了嘛，不料有人赖着不走，还不断派人来闹事。存心来搅局者，自然是日本。李鸿章所派兵力并不多，仅让直隶提督叶志超和太原镇总兵聂士成率领1500名淮军赴朝，另派“济远”“扬威”二舰赴仁川、汉城保护中国商民。日本则陆陆续续派来7000余名军人，让中国、朝鲜及其他国家深感疑虑和不安。

陆奥宗光在《蹇蹇录》中写道：“不管我国政府出兵的名义以及真意怎么样，他们虚妄地认为，日本政府的这一举动是要在平地搅起一场波澜，伺机侵略朝鲜。因此，比起对待日本来，他们对中国怀有更多的同情。这些在朝鲜的欧美外交官、领事官等应该会将自己的推测等报告给了各自的本国政府，此外，那些商人等，就越发从坏的角度来无端地打量和判断日本人的行为，无疑他们也会将这些见闻感想投寄给本国的各家报馆。”

日军不请自来，让朝鲜政府心生恐惧，要求日本赶快撤兵，但无论如何抗议也赶不走这只狼。中国觉察出日本居心叵测，便依照天津专约的规定，要求日军与清军一同撤出朝鲜。迫于舆论压力，日本一边跟中国进行谈判，一边琢磨着以什么借口留在朝鲜。终于，日本想出一个绝妙的点子：以促进朝鲜的内政改革为由，要求中国与日本联合掌控朝鲜，而这一主意必遭中国否决，届时日本就有理由独享朝鲜。

日本这招相当高明，打着促进朝鲜文明开化的幌子，迎合了西方列强的价值观，从而扭转了国际舆论的风向。西方列强虽然默认中国是朝鲜的宗主国，但内心却巴不得朝鲜早日摆脱中国，成为一个可以任由它们摆布的所谓独立国家。日本抓住西方列强这种心理，极力把中国塑造成阻碍朝鲜进步的“恶邻”，而把自己标榜成拯救朝鲜的“善邻”。日本甘当挑战中国的急先锋，西方列强自然乐得坐享其成，可怜李鸿章还四处求告，指望他们能劝动日本撤兵。

一遇到战争危机，李鸿章不是想着如何备战，而是幻想借助国际调停来化解。他力请俄、英、美等国向日本施压，谁知日本技高一筹，以精心包装的漂亮说辞打动人心，打了一场反败为胜的外交战。比如美国驻日公使谭恩在给政府的报告中，一直把朝鲜危机的责任推到中朝两国头上，并强调日本毫无侵略朝鲜领土的意图。

美国政府曾对日本拒绝从朝鲜撤军表示不满，但谭恩仍不遗余力地为日本辩护，用日本的那套漂亮谎言来打消疑虑：“日本在朝鲜的目的并不是要制造战争，实质上是为了确保朝鲜的主权、独立、和平、秩序和良好的政治，以避免再次发生叛乱。日本期望消除官场腐败、贪污和各种弊政的根源。朝鲜政府应该实行我们建议的改革，中国的含糊态度妨碍了这些改革，并危害东亚的和平。叛乱并没有完全平息，它的根源依然存在。日本此时撤兵是不明智的，一旦未来的和平得到保证，日本会即刻撤兵，不存在任何与朝鲜发生战争的忧虑。”

日本是个喜欢傍大款的国家，自从国门被美国率先打开后，就紧抱“美国大哥”的大腿。陆奥宗光当时就断定，美国不会反对日本的对朝政策：“美国是一个历来与我国的友谊最为深厚、最为友善的国家，特别是出于他们固有的政策，他们不喜欢对远东地区发生的事情说三道四。很清楚，他们此举，也只是出于人类普遍的对于和平的祈愿和难于拒绝朝鲜方面的恳求，此外并无其他的目的。”

陆奥宗光在《蹇蹇录》中得意地写道：“日中两国之间破裂已现，最终兵戎相见，我将此事通知了各国驻日本的代表，欧美各国中，英国、德国、意大利、荷兰、西班牙、葡萄牙、丹麦、瑞典、挪威均发表声明，表示持中立立场，俄国、法国、奥匈帝国虽未发表声明，但实际上却向我国发文表示坚守中立。”

列强所谓中立，其实等于暗中支持日本。各国都有自己的小算盘，但在日本把中国势力驱逐出朝鲜这一问题上，它们有着共同的利益。明治维新后的日本，尊奉弱肉强食的丛林法则，成了一个侵略成性的国家。猛兽出笼的日本，张牙舞爪急于打头阵，列强乐得旁观它如何收拾中国，反正有了战果可以要求利益均沾，只要日本别动它们既得的奶酪就行。德、法两国公使曾私下对陆奥宗光说，中国还没有从往昔的迷梦中清醒过来，必须给予其重重的一击来促使其醒悟。

李鸿章没有看清列强之间有利益重合，幻想着它们能互相掐起来，不料是把中国的命运交到一群强盗手里。个人有道德，而国家无道德。外交官最善于做表面文章，表面上宣称要维护东亚和平，背地里却纵容日本破坏和局。可惜李鸿章没有看穿这一点，把鸡蛋全搁在一个破篮子里。难怪梁启超给他盖棺定论：“李鸿章之外交术，在中国诚为第一流矣，而置之世界，则瞠乎其后也。”

李鸿章死抱着和平解决的幻想不放，置光绪帝加强备战的谕令于不顾，想方设法谋求和谈的空间。7 月 14 日，日本驻天津领事荒川己次向陆奥宗光报告：伍廷芳和罗丰禄被李鸿章秘密授予了谈判的使命。次日，荒川己次再次报告：李鸿章好像倾向于同意日本的一些原则，而伍廷芳说，李鸿章能解决朝鲜问题而无须考虑北京的态度。16 日，陆奥宗光回复荒川己次：李鸿章的建议应以最明确具体的形式，并通过适当的、公认的渠道传达给日方，否则日本政府将不予考虑。不过，李鸿章拒绝了这个要求。

7 月 20 日，大鸟圭介向朝鲜政府发出最后通牒，要求下令驱逐清军，限定最晚于 7 月 22 日答复。当晚，日本又照会朝鲜，要求废除一切中朝条约。日本不是不知道，日军才是朝鲜最不欢迎的人。早前朝鲜政府就派人跟大鸟圭介交涉，要求日本尽早撤军，不要干涉朝鲜内政，由朝鲜来自行推进改革。主人一再下逐客令，日本却厚着脸皮赖着不走，最后干脆撕破用来遮羞的面纱，把刀枪架在朝鲜的脖子上，逼朝鲜乖乖听话。

日本已经图穷匕见，李鸿章却仍在释放和平鸽。7 月 22 日，北洋海军营务处总办罗丰禄告知日本驻天津领事馆，李鸿章决定派他作为秘密特使，赴东京面见伊藤博文首相。李鸿章要求日本政府保证在罗丰禄到达东京之前，在朝日军不要采取敌对行动。在伍廷芳的安排下，荒川己次当天下午到津海关道盛宣怀的衙门密谈。盛宣怀告诉荒川己次，中国军队派往朝鲜是为了做样子，而不是为了打仗。

7 月 24 日，陆奥宗光给荒川己次回电说："尽管到目前为止，中国与日本的敌对行动还没有开始，日本政府也不能保证他们在朝鲜之军队放弃敌对行动。因为在朝鲜，目前仍不断发生政治事件。然而，日本政府也不特别反对罗来日本。"日本这是在玩障眼法，以模棱两可的说辞麻痹李鸿章。就在前一天，日军突袭朝鲜王宫，劫持不听话的国王李熙，成立以大院君为首的傀儡政权，接下来要对付的就是清军。

日本悍然发动朝鲜政变，子弹已经上膛了，李鸿章的秘密谈判也就流产了。日本外交档案记录的这场秘密外交表明，李鸿章在进行一次极其冒险的外交试探，但我们迄今不知是否有人授权给他。按说如此重大的外交事件，必须有清廷的最高指示，然而从军机处、总理衙门发给李鸿章的指令来看，都是要他做好开战的准备。那么，这就出现了一种可能：李鸿章自行决定与日本进行高层接触，要不惜一切代价避免中日发生军事对抗。这种越过皇帝、军机处和总理衙门擅自开展的外交活动，在那个年代可谓是惊人之举，让人不得不重新评估李鸿章的决断能力。

尽管朝廷内部主战的声调渐趋高涨，血气方刚的光绪帝也下令不惜一战，但有一点李鸿章似乎很有把握：倘若能以外交手段驱散战云，他一定有办法说服朝廷。日本步步紧逼，李鸿章却步步退让，有多种原因让他不想开战。首先他心里明白，慈禧六十大寿的庆典在即，这个强势的太后绝对不想让一场战争来败兴，这给了他敢于挑战光绪帝权威的底气。早前日本间谍就向政府报告，中国正在全力准备太后的万寿庆典，并无战争意向。日本钻了这个空子，狠狠打了中国一顿，也给慈禧来了一巴掌。

李鸿章对内敌很威武，对外敌却蔫蔫的。他不是媚外，而是惧外。让他硬不起来的，既有国力的虚弱，也有心理的恐惧。外敌环伺，一旦兵连祸结，中国恐被瓜分，这是他最担心的，所以一再避免衅自我开，只求苟且偷安。他手握淮军和北洋海军两张牌，这是他在政坛立足的本钱，从来不肯轻易出手。他知道日本是中国的心腹大患，所以时不时让北洋舰队去遛一圈，吓一吓日本人，让他们不敢来犯。

在北洋海军原地踏步的时候，日本海军穷追猛赶，现在实力已经不相上下，甚至可能超过中国了，就想抓住这个机会赌一把。7 月 17 日，日本召开第一次大本营御前会议，正式决定发动中日战争。日本韬光养晦够了，现在要亮剑了，但李鸿章不敢接招。他知道自己的家底，一打就露馅，所以不愿意打。

1894 年 5 月，北洋海防又迎来三年一度的大检阅，李鸿章事后在奏折中说了一些壮观的场面话，然后不无幽怨地指出："西洋各国以舟师纵横海上，船式日新月异。臣鸿章此次在烟台、大连湾亲诣英、法、俄各铁舰详加察看，规制均极精坚，而英尤胜。即日本蕞尔小邦，犹能节省经费，岁添巨舰。中国自光绪十四年（1888 年）北洋海军开办以后，迄今未添一船，仅能就现有大小 20 余艘勤加训练，窃虑后难为继。"

李鸿章巡阅北洋海防期间，曾调集北洋、南洋、广东部分舰艇举行联合操演，英、法、俄均派军舰来围观，日本当然更不会放过这种机会。据参加演习的广东水师"广甲"舰管轮卢毓英记载，日舰明显居心不良："各国均派兵舰沿途随队阅看，并皆扬旗升炮遣使来贺大典。独日舰既不扬旗升炮，又不作贺，唯紧随吾军之后，推测我军舰之速率，并派人来观我军之炮弹。"

卢毓英后来参加过甲午战争，战后记述此事时，指责李鸿章和奕劻身为海军高层领导，对日本太缺乏防范意识。他在《卢氏甲午前后杂记》中评论道："李相及庆王既不责其傲慢无礼，又许其来观，虽足见其大度优容，宁不为各

身穿中式服装的日本间谍宗方小太郎

国所笑乎！”或许李鸿章是想敲山震虎，利用军事演习这个机会来威慑日本，可惜反被别有用心的日本利用了。

除了利用这种公开场合搜集情报，日本还派出间谍深入北洋海军基地，探访整体的布防情况。在汉口乐善堂和日清贸易研究所都待过的宗方小太郎，1894年6月奉命冒死从烟台潜入威海卫。这条军事要道被中国严密封锁，日本情报机关称之为“死线”。宗方小太郎冒充中国人成功穿越“死线”，还在汉奸的帮助下，登上刘公岛俯瞰整个军事基地，找出布防的薄弱环节，为日军将来的入侵提供最佳线路。

北洋舰队的一举一动，都在日本间谍的监视之中。为了避免引起中国的注意，日军参谋本部制定了一套暗语：“上等品”指“旅顺口附近之兵”；“中等品”指“大连湾附近之兵”；“谷类”指“步兵练勇”；“杂货”指“炮兵”；“买卖不如意”指“北洋舰队不出威海”；“草帽辫行市如何”指“北洋舰队出威海进行攻击”；“近日返沪”指“威海舰队之防御移至旅顺”……中国的军事机密就这样被伪装成普通的商业信息，源源不断地落入日本军方的手中。

7月23日，一个晴朗的日子，尽管朝鲜上空战云密布，北京城内仍是一片天下太平的景象。再过几天就是光绪帝的万寿节了，紫禁城里到处洋溢着喜庆的气氛。远在千里之外的日本佐世保海军基地，却是另一番忙忙碌碌的景象，20余艘舰艇分两批出动，驶往朝鲜截击中国军舰。日本联合舰队一路寻寻觅觅，等着中国军舰稀里糊涂撞上炮口。

日本在中国到处放苍蝇刺探情报，而在国内却严密封锁消息，连一只苍蝇也飞不进来。日本在全国实行新闻大检查，严禁报纸刊登任何军事消息，比如兵员、军舰、弹药、粮食的数量，以及军队调动、船舶征发、军事部署等情况。日本联合舰队这次出动更是严格保密，航行时实行严格的灯火管制，除向导舰和旗舰之外，各舰均熄灯前行。

李鸿章不知道朝鲜已落入日本手中，也不知道日本海军已大举出动，仍按预定计划增派2000多名援兵，雇用三艘英国商船分批运往朝鲜牙山。7月24日，英国商船“爱仁”号和“飞鲸”号先后抵达牙山湾口外，船上清兵分别换乘驳船登陆。在那里执行巡护任务的，有前一天抵达的“济远”舰和“广乙”舰。当天下午，前往仁川送交电报的“威远”舰回到牙山，带回日军前一天已发动政变的消息，并探知日本舰队将于次日大举抵朝。

第三批援兵已搭乘英国商船“高升”号前往牙山，但“济远”舰管带方伯谦决定不等了，先赶紧回国，路上若相遇就让它返航。7月25日凌晨4时，“济远”“广乙”二舰驶出牙山湾口，不料上午7时在丰岛海面撞见日舰。那是日本联合舰队第一游击队的三艘巡洋舰，一直在搜寻中国军舰的踪迹，这回总算逮着机会了。7时45分，日舰“吉野”号率先向北洋二舰开火，七分钟后“济远”舰发炮还击。日本不宣而战，挑起丰岛海战。偷袭，从此成为日本惯用的伎俩。

从吨位、航速、装备等方面来看，“济远”“广乙”二舰均不如日舰，结果伤亡惨重，被迫分头撤逃。三艘日舰穷追不舍，“秋津洲”号去追击东撤的“广乙”舰，“吉野”号和“浪速”号则尾随西撤的“济远”舰。不久，“济远”舰竟然升起白旗和日本海军旗，还向擦肩而过的“高升”号打出含糊不清的旗语。“高升”号误以为这是一艘日本军舰，在向他们表示礼节性的问候。

“浪速”号发现“高升”号载有清兵，便挂出“立即停轮”的信号旗，并鸣放两发空炮以示警告，英籍船长高惠悌见状赶紧停船。“济远”舰趁机加足马力逃跑，但“吉野”号紧追不舍，并用右舷炮连发六炮射击。“济远”舰水手李仕茂、王国成用后主炮回击四炮，有三炮命中“吉野”号，使得敌舰不敢再追，26 日得以回到威海卫。

负伤而逃的“广乙”舰，则在朝鲜十八岛附近搁浅。舰上官兵伤亡 30 余人，管带林国祥率领残部 70 余人登岸，并纵火焚舰以免资敌。这艘由福州船政局建造的 1000 吨级巡洋舰，原是广东水师的主力舰之一，战前与“广甲”舰、“广丙”舰一起被北洋调用，竟成了甲午战争中损失的第一艘中国战舰。

日军虏获的第一艘中国军舰，是“操江”号通信船。这艘由江南制造总局建造的木壳木肋轮船，排水量仅为 640 吨，已有 25 年舰龄。7 月 24 日，这艘“老爷船”载着文书、军械和 20 万两饷银，从威海卫驶往牙山。次日，这艘仅能勉强对付海盗的老旧舰船，在丰岛海面发现日舰后赶紧调头回驶，但还是被“秋津洲”号追上了，最后挂白旗投降。舰上 82 名清兵被俘后备受凌辱，经常被游街以侮辱中国，其中一人死在佐世保监狱中，其他人在甲午战后被遣返回国。

“高升”号并非中国军舰，命运却一样很悲惨。“浪速”号在 400 米开外用大炮恫吓着，舰长东乡平八郎还派人登船检查，来人随后命令“高升”号跟着日舰走。船长高惠悌抗议无效后表示服从，但船上运载的 1100 多名仁字营淮军不愿当俘虏，营务处帮办高善继说：“我辈自请杀敌而来，岂可贪生畏死？吾家身受国恩，今日之事，有死而已。”骆佩德、吴炳文二位营官也表态说：“公死，我辈岂可独生？”

虽然做好视死如归的准备，但淮军官兵还是抱有一线希望，请日舰放他们返回始发港。因为“高升”号悬挂的是英国国旗，而且 7 月 23 日从天津起航时，中日两军尚未交战，两国至今也未宣战，日军所提要求是无理的。但是，日军不肯善罢甘休，一看这些清兵坚决不当俘虏，就连发数炮击沉“高升”号。日军只搭救落水的欧洲人，而那些在水中挣扎的清兵，则成了机关枪扫射的对象。附近的法、德、英三艘军舰，帮忙救起一些人。全船仅有 200 多人生还，有 871 名清兵和 62 名中外船员丧生。

噩耗第二天传到李鸿章的耳朵里，他迅速会见英国驻天津总领事宝士德，猛烈抨击日本在和平时期炮击中立国的船只，希望英国舰队有所行动。宝士德事后说，李鸿章很善于在日本人侮辱英国一事上做文章。当时英国舆论一片哗然，不少报纸谴责日本的暴虐行径，指责日本违反了国际法，要求英国政府进行报复。英国政府也向日本提出抗议，并要求调查真相。英国远东舰队则主张向日本舰队问罪，并扬言要为东亚海域内的英国船只提供武装护航。

东乡平八郎

陷入国际舆论谴责的风暴眼，日本政府一开始慌了神，打算老实认错并承担责任，在英国提出任何要求之前给予补偿。日本担心招来西方列强的干预，尤其害怕英国会采取报复行动，甚至与中国结盟。不过，日本很快又要出文过饰非的把戏。海军大臣西乡从道被伊藤博文痛斥一顿后，召见军令部官房主事山本权兵卫。随后山本权兵卫修改了联合舰队发来的报告，把开战的责任推给中国海军。

山本权兵卫

日本军方颠倒是非，政府也全力补救。驻英公使青木周藏一再强调，“必须制造日本行动的正当性”。日本全方位展开危机公关：一是打好外交战，向西方国家表态日本将按照国际法办事，一旦确定责任在于日本海军，将立即承担责任；二是打好法律战，按照西方国家的程

青木周藏

序对事件进行所谓调查，搜集有利于日方的证人证言，遵循国际惯例制作《关于“高升”号事件之报告书》，影响了英国政府的裁判结果；三是打好舆论战，控制好对媒体发布消息的节奏和分寸，甚至花重金收买外国主流媒体，还请一些专家学者发文为日本辩护。

西方那套游戏规则，日本已经玩得非常溜。经过二十多年的向西看，日本已经蜕变成黄皮白心的“香蕉人”，而它的对手历经三十多年洋务运动的洗礼，仍然是黄皮黄心的“杧果人”。李鸿章本指望借助外力给日本施压，可惜他玩不转西方制定的国际规则，拿了一手好牌却打输了。

1894 年 11 月，英国皇家法院判定中国应为“高升”号事件承担全部责任，理由如下：一是事件发生时，中日战争状态已经存在；二是英籍船长在谈判过程中被清兵剥夺了指挥权，“高升”号失去了中立属性；三是战争的爆发无须经过正式宣战。

关于不宣而战的问题，当时的国际法并无明确规定，英国皇家法院依据战争先例做出对日本有利的判决，使得日本摆脱了一场严重的危机。处心积虑的偷袭行为，残暴野蛮的屠杀行动，竟然没有受到任何惩罚，使得日本军国主义更加猖狂，从此迷上了这种一本万利的军事冒险。1904 年，日本又偷袭旅顺港挑起日俄战争，再次尝到了甜头。虽然 1907 年国际社会就规定不宣而战是非法的，但日本并未就此停手，最著名的例子莫过于 1941 年偷袭珍珠港。

日本政府挥一挥衣袖，甩掉了“高升”号这个烂摊子，接盘的清政府损失惨重，不仅折了兵，还赔了钱。根据当时的国际海事法律，索赔要求须在事发后五天内提出，而英国印度支那航运公司近两年后才提出，早已过了主张权利的期限。时任中国驻英、意、比三国公使的罗丰禄，不仅指出了这个明显的漏洞，还向英国政府提交了一份照会，驳斥了英国司法部及英国学者的所有观点，指出“高升”号事件应该由日本来承担责任。

英国政府拒绝接受中国的观点，罗丰禄指责英国的立场充满矛盾：如果当时中日已经处于战争状态，则“高升”号的确可以被日军视为战利品，但这样一来，船东就无权为其因参战而损失的船只索赔；反之，如果当时中日尚未处于战争状态，则日本须为其非法搜查并击沉“高升”号负全责。

甲午战败后，中国的国际地位一落千丈，而日本成了新兴的东亚强国，被西方列强刮目相看。以前日本一板一眼地模仿西方时，列强叉着腰在一旁看热闹，不乏嘲笑和怀疑的眼光，现在则变为欣赏和赞叹。国家跟人一样，喜欢攀高踩低，西方列强对待日本的态度，渐渐从俯视变为平视，乃至成为合作伙伴。老迈昏聩的大清，则仍是西方列强盘中的腊肉，就连日本也要来抢一口。

英国与日本的关系，在甲午战前已经发生变化。1894 年 7 月 16 日，日本经过多年不懈的修约努力，与英国签订了《日英通商航海条约》，废除了英国在日本的租界和领事裁判权，并提高了进口关税税率。这个外交上的重大喜讯，让日本在解决朝鲜问题上再无顾忌，第二天就正式做出对中国开战的决定。

日本认定英国不会悍然出兵干涉，对英国的调停也就态度很强硬。果然，英国最后表态说：若日中两国开战的话，上海乃是英国利益的重心所在，希望日本政府做出承诺，不将战争扩展至上海及其周边地区。日本当然不敢得罪世界老大，答应了这一要求。

当时日本最难对付的是俄国。李鸿章一开始就请俄国出面调停，认为这个对东亚地区也有野心的国家，决不会坐视日本的手伸得太长。日本确实感受到来自俄国的压力，陆奥宗光分析说：“俄国的意志一开始就是坚定不移的，而英国的做法则是临机应变的。后来英国的杂志《布莱克伍德》刊文说，中国的衰败势力、俄国的潜在势力以及日本的新兴势力杂乱地聚合在一起，共同上演一场新奇的节目时，将欧洲各强国也卷到了东亚的舞台上。这样的表述可谓揭示出了几分真相。要由我来说的话，当日中两国在舞台上上演这一出悲剧的时候，俄国始终隐藏在舞台的一隅在扮演着一个角色，而英国不过是一个身处舞台之外的对台上的演出试图做出种种评论的热心的观众而已。”

其实，陆奥宗光有点把英国的作用说轻了，掩盖了这个老牌帝国对日本侵略行为的默许和纵容。尤其在“高升”号事件上，英国帮了日本一个大忙，可谓助纣为虐。英国打着法律的旗帜，千方百计为日本开脱责任，使之体面地从舆论风暴中跳出来。英国还逼着中国承担赔款责任，因谈判陷入僵局，曾于1899年提议以仲裁方式解决，并提出三条途径供选择：一是海牙国际法庭；二是英国法院；三是一位有声望和权威的第三国仲裁员。

中国选择第三种方式，并请美国驻英大使考特充当仲裁员。不过，在共同拟订仲裁案的文书草案时，双方又发生了激烈的争论。英国坚持认为日本并非仲裁案的当事人，与中英之间通过仲裁所要解决的分歧没有任何关系，因此不能将日本的责任写进草案。但中方认为，日本的责任问题恰恰是中英分歧的焦点，也是双方寻求仲裁的原因，应将日本追加为仲裁当事人。但是，中方的意见未被英国采纳。

1901年1月18日，英国政府就仲裁事宜在《泰晤士报》刊登公告，声明仲裁的目的仅为证明中国是否有错，以确保中国能对英国人的损失给予赔偿。中英双方又陷入僵持，直到李鸿章11月去世，这件事还没有了结。1902年4月，英国政府提出要跟中国做一笔交易：若中国在仲裁草案中放弃对日本的所有指控，则英国同意放弃对中国的所有指控。不过，双方突然取消了仲裁安排。

1902年5月，英国新任驻华公使萨道义与庆亲王奕劻、驻英公使张德彝等人，就“高升”号赔偿事宜举行会谈。中国官员说，大家何必为了这样的小事纠缠不休呢？为了中英双方的友好关系，中国政府可以给予船东慈善性的补偿。后来经过讨价还价，中国政府给予印度支那航运公司33411英镑的“慈善补偿”，于1903年3月付清。有美国历史学家说：“英国政府始而动用公法继而诉诸私法的行为，就好像日本人从未打沉过‘高升’号一样。”

为了遏制俄国在远东的扩张，英国与日本越走越近，不惜牺牲中国和朝鲜的国家利益。俄国1891年开始修建西伯利亚铁路，以后向远东调兵就快捷多了，这让日本急得上火。日本对中国和朝鲜眼馋已久，必须抢在铁路修通之前先下手为强，以免肥肉将来被俄国熊叼走。中日甲午战争，是日本走的第一步棋。1902年1月30日，英国放弃所谓“光荣孤立”政策，与日本签订《英日同盟条约》，两国建立军事攻守同盟。有恃无恐的日本，就像老鼠吃了豹子胆，更加疯狂地在亚洲乱窜乱咬。

美媒：日本是在文明的外衣之下具有野蛮筋骨的怪兽

1894年7月的某一天，“经远”舰二副陈京莹在给父亲的信中写道：“以儿愚见，陆战中国可操八成必胜之权，盖中国兵多，且陆路能通，可陆续接济；但海战只操三成之权，盖日本战舰较多，中国只有北洋数舰可供海战，而南洋及各省差船，不特无操练，且船如玻璃也。……北洋员弁人等，明知时势，且想马江前车，均战战兢兢，然素受爵禄，莫能退避，唯备死而已。”

这封没写日期的遗书，据推断是写于丰岛海战之前。陈京莹是福建闽县人，1884年毕业于天津水师学堂第一届驾驶班，时为北洋海军的一名中级军官。这位从见习生一步一步往上爬的军官，已经在北洋海军待了十年，对这支军队的战斗力是比较清楚的。尚未与敌交锋，北洋海军官兵已无胜算把握，在士气上已经输敌一筹。

7月29日，丰岛海战后第四天，日军在牙山东部的成欢向清军发动袭击。淮军猛将聂士成身先士卒，在枪林弹雨中往来指挥，后因寡不敌众，不得不率部从成欢撤退。在撤往牙山东部的公州途中，聂士成部路遇从那里撤离的叶志超部，两军一起奔赴朝鲜北部重镇平壤。

牙山战役是中日两军的首次陆战，清军损失数百兵力和不少辎重，而叶志超却向李鸿章假报战功。清廷闻讯大悦，赏银二万两犒军，还让叶志超担任平壤诸军统帅。不明真相的清廷盲目乐观起来，以为日本不堪一击，遂下定决心宣战。虚假捷报也在民间流传开来，就连《申报》也登过日军败退的假消息，滋长了天朝藐视“小日本”的狂妄情绪。

牙山捷报传来后，明治天皇兴奋之余，写下军歌《成欢之役》供传唱。歌词中写道：“我勇猛之兵士，踏过彼我之尸体，奋勇前进，那是牙山之本营。前进，再前进，守敌为锐利的炮火打乱，夺取炮台毫不费力，凯歌三唱，凯歌三唱。”

海陆两次牛刀小试，日军均轻松取胜，这让日本变得自信起来。陆奥宗光在《蹇蹇录》中欣喜地写道：“牙山战捷的结果是汉城附近已经看不到一个中国军队的士兵的身影，朝鲜政府已完全掌握在我帝国政府的手中，这一快报一时传遍了日本国内。……不过海战的胜利更加激起了我国民众的喜悦和豪情，发出了更加热烈的欢呼之声。其原因是我国民众一开始就预料到我国陆军会获得胜利，但许多人对我国海军成败如何抱有相当的担忧和疑惑，因此接到这一意外的捷报时，顿时生发出国家强大的感觉，几乎达到了狂喜的状态。”

8 月 1 日，中日两国互相宣战。清政府要求日本使领馆人员立即撤回国，两国暂停通商。这一天，日本驻华临时代办小村寿太郎下旗离京，京津地区的日侨也忙着回国。8 月 2 日凌晨 0 点 30 分，三四十名穿着军装的中国人登上英国商船“重庆”号，宣称是奉李鸿章之命来逮捕所有日本乘客。当时这艘汽船停靠在塘沽码头，即将起航前往上海。船上大约有 29 名日本人，其中一些人被发现并带走，清晨 5 点半左右又被送回来。有些人受了轻伤，还损失了一点钱财，很多书信也丢失了。

接到休斯船长的报告后，英国驻天津总领事宝士德紧急求见李鸿章。会面时间定在当晚 8 点，宝士德提前抵达直隶总督衙署，与李鸿章的英文秘书罗丰禄先聊了一会儿。李鸿章走进来时，显得十分疲倦。听完宝士德的叙述后，李鸿章说：“噢，登船的不是军人，他们是一群无赖，为‘高升’事件所激，听说船上有日本人，便进行了攻击。”李鸿章说他已命令手下展开调查。

宝士德坚持认为闯上船的是中国军人，但他说这一点可容后调查，关键是此事严重侮辱了英国国旗，传到英国后一定会产生恶劣影响，中国政府最好在发布事件消息的同时，也发表道歉声明。但李鸿章说：“袭击乃无知苦力所为，他们对国旗毫无所知。我已经下令要将所有嫌疑人都予以惩处。”

宝士德认为李鸿章实际上并没有接受英国的抗议，争辩说那些相信在英国国旗下能得到保护的乘客，却被中国人拖下船去，中国最好能给予书面道歉，对英国国旗表达一些敬意，这样做效果好，而且对总督大人亦毫无损害。但李鸿章强硬地说：“我已经说过我感到抱歉，这还不够吗？我将根据中国法律惩处罪犯，我本人和我的国家并未侮辱英国国旗。登船袭击日本人的是一群为‘高升’号事件所激的无知臣民，他们将受到中国法律的惩处。”

宝士德对李鸿章不重视此事表示遗憾，并警告说事态可能会比较严重，但李鸿章不为所动。宝士德事后回忆说：“在整个会晤期间，我发现与他争论毫无用处。他用时而怀疑、时而生气的目光看着我，像背书似的重复同一个句子。我印象特别深的是‘根据中国法律’那句话。”

最后，李鸿章嘟囔道：“区区小事，何须劳神！”宝士德知道多说无益，便起身告辞。李鸿章送他出门时说：“此事与‘高升’一案不同，‘高升’事件是日本军官侮辱英国国旗，同时有日军统帅在场。此事则仅是一小撮无赖瞒过衙门登船滋事。”

提起“高升”号事件，李鸿章想必是悲愤的。当初正是看重英国国旗的威力，他才花重金雇用“高升”号运兵，没派一艘中国军舰护航，不料日本公然把它击沉。当时“高升”号事件尚在处理中，李鸿章还寄望于英国能替中国讨回公道，不料最后被英国卖了，竟然判日本一点责任都没有。不难想象，如果当时李鸿章就预料到这个结果，对宝士德的态度肯定会更强硬。

获悉“高升”号事件后，日本驻天津领事荒川己次立即找美国帮忙。中日两国宣战前，都请美国代为保护双方在敌国的侨民，而美国都答应了。8月2日事发后，美国驻天津领事李德照会李鸿章，要求中方派人保护正在撤离的日本使领馆人员。随后，荒川己次一行在中方人员的护送下，于8月3日清晨搭乘“重庆”号经上海回国。荒川己次的妻子和两个女儿，已于8月1日晚登上“重庆”号，事发时并未被带到码头盘查。

8 月 8 日，陆奥宗光致函美国驻日公使谭恩，想请美国驻华临时代办田夏礼与清政府交涉“重庆”号事件。田夏礼非常重视此事，认为这是一起“耻辱事件”，就让李德向李鸿章提出两个要求：一是对清兵攻击手无寸铁的日本人，尤其是对荒川已次夫人的冒犯表示歉意；二是同意归还清兵从乘客身上抢走的财物。

8 月 16 日，田夏礼在给谭恩的报告中称：“李鸿章对这次攻击行为已表歉意，只是完全否认这是攻击。他对领事夫人所受到的冒犯也已表歉意。他答应惩处肇事者，且将归还被盗物品。他授权本公使馆向适当的人士转达这些意见。”田夏礼要求中方归还和赔偿乘客的失物，但李鸿章坚持要日本先赔偿“高升”号的生命财产损失，然后中国才会处理“重庆”号的赔偿问题。因李鸿章态度强硬，赔偿要求最后不了了之。

不过，李鸿章向英国国旗低头了。11 月 14 日上午 8 时，隆隆的炮声惊得鸥鸟飞蹿，大沽炮台向缓缓驶近的“重庆”号鸣放 21 响礼炮。鸣放礼炮的礼节起源于英国，从 1730 年开始，英国皇家海军决定以 21 响礼炮作为向王室致敬的礼仪。有人还主张让清政府惩罚肇事者，但宝士德认为进一步施压会导致无辜者成为替罪羊，而中国已经用最高军礼向英国国旗道歉和致敬，这就是“对中国官员脸面的猛击，他们觉得很丢面子，更重要的是，它会影响到那些真正负有责任的人”。中国本无意冒犯英国，却因抗日惹了祸，想必日本会偷乐。

中国从日本乘客的行李中发现了日谍的密函，进而破获了一起重大的间谍案。对于日谍以日本驻华使领馆为依托，在天津等地从事军事情报的搜集活动，清政府早有耳闻。对日宣战后，清政府提高了防范意识，让京畿重地的日本人赶快离开中国，但有些日谍还是潜伏了下来，比如石川伍一、钟崎三郎等资深间谍。

8 月 4 日，汉口乐善堂的老牌间谍石川伍一，刚踏出北洋军械局书办刘树棻的家门，就被早起疑心的天津守城营官兵逮捕。第二天，津海关道盛宣怀给李鸿章打报告：“昨晚拿获日本奸细一名，能说英语，亦能说汉语，剃头改装，于昨日小村走后，搬入东门内刘姓……”

1891 年，表现出色的石川伍一被派往天津，先后担任日本驻华武官关文炳、井上敏夫的助手，去过很多军事要塞刺探情报。两年后，他在天津英租界以松昌洋行职员的身份为掩护，继续开展间谍活动。1894 年 2 月，他认识了来店里兑换英镑的汪开甲。此人是清军驻天津护卫营的一个弁目，知道一些军中和朝廷的内幕，石川伍一便有心收买他，带他去日本妓院玩乐。懂得投桃报李的汪开甲，就牵线让他结识刘树棻。

刘树棻是条大鱼，在北洋军械局总办张士珩手下办事，而张士珩是李鸿章的外甥。石川伍一用财色收买了刘树棻，源源不断地获得极富价值的军事机密，比如北洋海军的炮械清单、驻防情况、派兵情形等。石川伍一据此编制出《军用地图》《兵要地志》等，受到参谋次长川上操六的嘉奖。

1894 年 8 月 28 日，光绪帝谕令李鸿章彻查石川伍一间谍案，四天后又下令严刑审讯，如有确据即行正法，不得稍涉宽纵。美国表面上声称中立，但在对待日谍这个问题上，却明显帮着日本人说话。8 月 29 日，李德致函李鸿章，称石川伍一并非奸细，请移交给他转送回国。李鸿章拒绝这一要求，让盛宣怀与美方交涉。9 月 4 日，盛宣怀代表李鸿章复函，有理有据地驳斥所谓石川伍一不是奸细的说法，坚称中国官府要彻查到底，现在不便释放此人。

9 月 20 日，石川伍一被押赴刑场枪毙，刘树棻则被绑赴市曹斩首。这起“甲午日谍第一案”轰动全国，《字林沪报》报道称观者如潮，罪犯行刑后，但闻一片叫好声。至于张士珩，因被人参劾采办军械时以次充好，甚至盗卖军火给日本人，最后以玩视防务罪被革职。

不过，就在石川伍一被处决那天，珍妃的堂兄、礼部侍郎志锐奏称，李鸿章所提交的供词是被删改过的伪供。志锐提供了一份石川伍一的供单，里面提及张士珩与大间谍神尾光臣交情很好，曾将清军各营枪炮弹药等机密告诉神尾光臣，就连李鸿章身边也有不少人在为日本探听情报。如果这份供单是真的，那简直是一枚重磅炸弹。不知出于什么考虑，这份奏折和供单没被送到光绪帝的御案上，在军机处的档案堆里沉睡将近百年，直到 20 世纪 80 年代才重见天日。

总理衙门向来对洋人态度偏软，但在日谍问题上没向美国让步，以国际法来捍卫自身维护国家安全的权利。早在8月6日，总理衙门就照会田夏礼："顷接北洋大臣电称，倭人在津日派奸细二三十人，或改装剃发，潜往各处窥探军情等语。查公法第六百二十七至六百四十一条论处治奸细之罪甚严，现既失和交战，其安分商民自应照约保护，而此等奸细不在保护之列，亦必从严惩治，以符公法。"但田夏礼呶呶不休，警告清政府要谨慎处理日谍案，要有仁慈之心。

继石川伍一被捕后，江苏、浙江等地又查获一些日谍，而田夏礼同样百般曲护。8月14日，上海道在法租界起获两名日谍。法国领事以日侨现归美国保护为由，将这两人移交给美国驻沪领事馆管押。清政府要求美方将日谍交给上海道查办，但遭到田夏礼和美国驻沪总领事佑尼干拒绝。中国驻美公使杨儒与美国政府直接交涉后，田夏礼仍不肯遵照外交部的指示，迟迟不交出日谍。

为了保护这两名日谍，田夏礼真是不遗余力，想让国务卿葛礼山同意由佑尼干作为仲裁员，与一名中国官员会审此案。田夏礼想让日本间谍享有与美国在华侨民一样的治外法权，连葛礼山都觉得太有失公允了，明确下达指示：日本人乃日本国的子民，美国不得视日本人为美国人，亦不得让日本人享受本来没有的治外法权，应该将他们交给中国地方官审办，不得因有美国官员保护而改变原先的做法，不得让美国使领馆成为日本人的避法之区。

总理衙门督促田夏礼速将日谍交给上海道惩办，田夏礼在一切努力均告失败后，只好乖乖叫佑尼干照办。田夏礼曾声称两名日谍是在校学生，虽然改穿中国服装有违《中日修好条规》的规定，但他们是公开地、和平地在上海居住。但清政府后来查明，这两人名叫福原林平、楠内友次郎，行李中藏有与日本军方联络的暗号和电报密码，原本计划从上海北上营口刺探军情。这两人招供，8月19日在浙江拘捕的日本僧人高见武夫、藤岛武彦也是间谍。10月，这四名日谍均被处决。

美国国会认为政府对中国过分软弱，险些启动弹劾案。不过，田夏礼在帮助日谍逃脱中国的惩罚这件事上，可谓全力以赴，例如帮助川烟丈之助安然返回日本。川烟丈之助原是步兵少尉，1892年9月被派往中国从事侦察活动，在奉天一带搜集情报近两年，对后来日军发动辽东战役立下功劳。1894年8月，川烟丈之助由东北经烟台转赴北京，然后想从天津出发回国。为了说服总理衙门给川烟丈之助发放通行证，田夏礼谎称此人是美国传教士所开学堂的学生，还开出所谓来京留学时间及暑期游历行踪的假证明，甚至让传教士撒谎说这是一位很朴实的好学生。

川烟丈之助不是唯一的漏网之鱼，有很多日谍已经成功撤离中国，但仍有一些人甘冒生命危险，在清政府的眼皮底下刺探军情。战争实际上有两条战线在作战：一是公开战线，二是隐蔽战线。日本在中国的间谍活动非常猖獗，可是清政府无法展开有效的反侦察，制度性的腐败使得整个国家都烂透了，苍蝇处处能找到缝隙钻进去。甲午战争之败，中国不仅败于公开战线，也败于隐蔽战线。

再来看公开战线的作战，日本可谓倾一国之力放手一搏。9 月 15 日，明治天皇随战时大本营移驻广岛，直到次年 4 月战争结束后才离开。大本营设在广岛城内一栋二层木结构的小楼里，天皇的临时御所仅约 79 平方米，室内只有桌椅、书架和屏风，就寝时把桌子合并起来，围上屏风就成了床。为了体验前线士兵的艰苦生活，天皇每日穿着并不喜欢的军装与臣子共事，侍臣想为他寻找一把舒适的安乐椅，也被制止了。天皇经常召见参战将领听取汇报，不分昼夜地督励军务，以致群臣为他的身体健康担忧。

明治天皇移驻广岛这一天，日军向平壤的清军发动总攻。这次两军兵力相当，日军 16000 余人，清军 15000 余人。平壤易守难攻，而且清军以逸待劳，又得朝鲜官民支持，可谓占尽地利人和，不料结局让人大跌眼镜。本来清军顽强抵抗，日军损兵折将，而且冒雨露宿，处境极为艰难，却发现城门突然悬起白旗。原来是清军主帅叶志超贪生怕死，诈降以便连夜撤军逃跑。日军看穿这个意图后，就布好埋伏加以截击，把慌不择路的清军杀得鬼哭狼嚎。叶志超一路狂奔，逃到安州还向朝廷谎报军情，甚至渡过鸭绿江逃回国内。

就在前线清军溃逃的时候，毫不知情的李鸿章还在向朝鲜增兵，并派丁汝昌率领舰队护送到鸭绿江口大东沟。9 月 17 日，完成护航任务的北洋舰队返航时，在黄海大鹿岛与日本联合舰队狭路相逢。这并不是偶遇，日军在北洋舰队出发前，就已接到间谍宗方小太郎的情报，早在大东沟附近等候多时。这次两军的主力舰艇几乎全部出动，一场惊心动魄的海上鏖战即将开始。12 时 50 分，两支舰队相距 5300 米时，“定远”舰发出震耳欲聋的第一炮。

自从在丰岛遭遇日舰偷袭后，北洋海军已经做好海战的准备，各舰只留一艘六桨小艇，其余救生艇都被卸除，以示全体官兵与军舰共存亡的决心。在黄海遭遇战之前，北洋海军虽抱破釜沉舟之志，然而不敢主动出击。清廷一再下令出海截击日本军舰及运兵船，但北洋海军似乎只是做做样子，有意回避与日军决战。

朝臣弹劾丁汝昌“怯懦规避，偷生纵寇”，光绪帝龙颜大怒，责令李鸿章严加查办，如若贻误军机，将拿李鸿章问罪。李鸿章有心保存海军实力，但是迫于压力，不得不让丁汝昌积极一点。他告诫丁汝昌：“参折甚多，谕旨极严，汝当振刷精神，训励将士，放胆出力。如林泰曾前在仁川畏日遁走，方伯谦牙山之役敌炮开时躲入舱内，仅大、二副在天桥上站立，请令开炮，尚迟不发。此间中西人传为笑谈，流言布满都下。汝一味颟顸袒庇，不加觉察，不肯纠参，祸将不测，吾为汝危之。”

虽然李鸿章一再袒护丁汝昌，但是朝议汹汹，尤其是翁同龢、李鸿藻这两位军机大臣，坚决主张将丁汝昌治罪。8 月 26 日，光绪帝下发一道严厉的谕旨：“海军提督丁汝昌即行革职，仍责令戴罪自效以赎前愆，倘再不知奋勉，定当按律严惩，决不宽贷！”同日，光绪帝让李鸿章从诸将领中悉心遴选，保奏数员供参考。次日，光绪帝再降谕旨，痛斥“丁汝昌庸懦至此，万不可用”，责令李鸿章不得再拿临敌易将、接替无人等借口回护，以免误了大局。

临阵换将乃兵家大忌，丁汝昌固然不是理想的海军主帅，但在大敌当前的危急时刻，想把这位在北洋海军待了十五年的老将换掉，也不见得是一个多么明智的决定。当时遭到抨击的不止丁汝昌一人，林泰曾、刘步蟾等将领也被参劾过。有些批评是有道理的，但是也有一些指责纯属无稽之谈，比如说丁汝昌一登舰就头晕。一支整天挨批斗的军队，还能指望它士气高涨？不受待见的北洋海军官兵，只能悲壮地做好最坏的打算，像陈京莹出征前就在安排后事。

不管你如何不情愿面对，该来的总是要来的。9 月 17 日中午，秋日的阳光照着万顷碧涛，海水泛出耀眼的光芒，丁汝昌指挥北洋旗舰“定远”号打响第一炮。不幸的是，战斗刚刚开始，丁汝昌就受伤不能起立，信号装置也被日舰摧毁了，整个舰队失去统一的指挥。丁汝昌拒绝进舱避弹，索性坐在甲板上，鼓舞将士们杀敌。

中日两军各有十几艘舰艇参战，在将近五个小时的鏖战中，很多北洋海军官兵相当英勇。“镇远”舰一名炮手的头颅被炸碎，头骨片片飞扬，但其他炮手毫无惊惧，把尸体移开后继续射击。“来远”舰水手王福清搬炮弹时，脚跟被弹片削去，竟毫无察觉，依然奔跑如飞。“超勇”舰在沉没的最后时刻，仍然发炮不止。航速最快的“致远”舰已有大量海水灌入，管带邓世昌下令开足马力冲向“吉野”号，在敌舰雨幕般的炮弹中被击沉。

甲午战争前不久，“致远”舰部分官兵合影，中间叠手者为管带邓世昌（这张照片由日本派来侦察清军舰队的间谍所拍摄，那名间谍却被北洋舰队当成友好使者，受到热情接待）

不过，也有懦夫。一见“致远”舰沉没，“济远”舰管带方伯谦大惊失色，率先往旅顺口方向逃逸。从广东水师借调过来的“广甲”舰，见状也慌不择路地逃跑，途中触礁后被日舰击毁。“靖远”“经远”“来远”“平远”“广丙”五舰，因伤也退出战场。陈京莹所在的“经远”舰，遭日舰追击和攻击，管带林永升临危不惧，指挥全舰奋勇抗敌，后被弹片击中头部牺牲。大副陈荣、二副陈京莹继续指挥作战，先后殉国，“经远”舰后被击沉。

最后在主战场坚持战斗的，只有“定远”“镇远”二舰，遭到五艘日舰围攻。二舰装甲上的弹坑密如蜂巢，但深度仅二三寸许，以至于日本水兵三浦虎次郎惊呼：“‘定远’号怎么还不沉呢？”下午 5 时 45 分，暮色降临，日本联合舰队司令伊东祐亨判断今日击不沉这两艘巨舰，便下令收队驶回临时锚地。尚存的中国舰艇集合后，尾追日舰十余里，见暮色苍茫且日舰远遁，便转舵驶回旅顺口。

这场大规模的海战，中日两军损失均不小，而中方的战损更为惨重。中方的主力战舰全部受伤，还损失了“致远”“经远”“超勇”“扬威”“广甲”五舰，而日方有五舰受重创，但无一舰被击毁。中日两军的伤亡人数，约为三比一。日舰的舰龄较短，在航速和速射炮方面优势明显，而且有些军舰在建造的时候，就是专门用来对付北洋军舰的。

伊东祐亨

日本海军还有一种独门的杀伤性武器，名叫下濑火药。1891 年，日本工程师下濑雅允成功研制出一种烈性炸药，两年后正式被海军用于填充炮弹。装有这种火药的炮弹很厉害，爆炸时会出现有毒的黄色烟雾，火焰还会像汽油着火般四散流动，即使在水中也能持续燃烧一段时间。这让中国军舰一旦着火，就很难将火扑灭，吃了大苦头。中国海军所使用的弹药，多为国产的劣质产品，无法对日舰造成致命伤害。

平时舍不得花钱买军舰和弹药，等战争来了才亡羊补牢，可惜已经太迟了。对日宣战的第二天，光绪帝下旨拨款 200 万两银子购舰，但李鸿章此前打听的英国军舰却买不了了，因为英国已经宣布中立。李鸿章只能在军火倒卖市场寻找机会，托人打探过智利、阿根廷、德国等国的军舰，最终一无所获。

当时日本也在到处搜罗军舰，有时还暗中使绊，让中国的购舰计划落空。日本还托他国代买军舰，一路挂着他国国旗，军官和水手则充作旅客，堂而皇之地驶进日本港口。中日在世界军火市场上的这轮竞争，也以中国失败告终，中国海军失去翻盘的生机。

平壤陆战、黄海海战接连大胜，日本举国欢腾，几乎人人成了右翼分子。陆奥宗光描绘道："整个社会气象是狂跃于壮心快意，沉溺于骄肆高慢，国民到处沉醉于喊声凯歌之中，对将来的欲望与日俱增。全国的民众都像克里米亚战争之前一个英国人称之为'军国主义'的团体一样，除了进攻之外，任何声音都听不进去了。其间若有深谋远虑之士提出稳妥中庸的意见，则被视为卑怯懦弱之辈、无爱国心之徒，几乎为社会所不齿，那些人唯有闭口不言、闭门息影了。"

不仅日本国民的自信大为提振，就连西方列强也变得对日本很有信心。战前列强普遍认为中国会赢得战争，没想到日军连连告捷，不禁对"小日本"另眼相看。陆奥宗光捕捉到这种明显的变化："这场海陆大捷传到了世界各国的报纸上，就一下子改变了欧美各国的视听和想法。过去曾对我国的行为多少抱有批评的国家，也转瞬之间不惜使用了各种过分的赞美之辞；日中交战的初期在一旁犹如冷眼旁观儿戏的邦国，也猝然之间表现出了极度的惊愕，最后终于对战胜者滋生了嫉妒之念。"

当时西方一些报纸的评论，也助长了日本的侵略野心。陆奥宗光在《蹇蹇录》中提到："当时，我驻英国临时代办内田曾给我发来这样的电报：'本官收到了许多该国上流社会人士的祝贺。该国的各家报纸大抵都赞扬日本的胜利，并对此表示了满意。兹列举卓有影响力的报纸，如《泰晤士报》说，日本的军功足以领受胜者的奖赏，我们尔后必须认可日本是东方的一个新兴力量，英国人内心虽有些不愿意，对于这一与我们利害密切相关且早晚密切接触的新兴的岛国人民，丝毫不应该抱有嫉妒之心。《帕尔梅报》说，以前都是英国教导日本，如今日本教导英国的时代来临了。此外，《每日电讯报》说，应该劝说日中两国媾和，在中国全部接受媾和条件之前，日本应该占领台湾全岛。'"

有份法国报纸更加没有节制，把日本抬高到可与欧洲列强抗衡的地步："与今天对中国取得的胜利相比，日本对欧洲可谓取得了更大的胜利。今后日本将可傲然独立为所欲为。日本人可以随意掠夺他国的土地并将其蚕食。简而言之，日本将可以做出跟其他自觉有势力的国家同样的行为。欧洲各强国对于日本人自不待说，即使对那些抱有空想的人，也丝毫没有干涉的办法了。"

陆奥宗光总结道："总之，战胜的结果，大大提升了我国在世界上的地位和势力，原先欧洲各国嘲讽我国只会模仿一点文明表皮，如今这样的误解消除了，日本国不只是远东的一个山清水秀的美丽大公园，而且是世界上一个强大的力量。这使得英国的一位饱学之士发出了这样的感慨：'远东的一场大战，在使一个帝国声名远扬的同时，也使一个帝国声名坠地。'如今我国在成了列国尊敬的对象的同时，也成了嫉妒的靶子。"

黄海海战后，清廷对海军高层做了一番整顿。临阵脱逃的方伯谦，首先被正法以祭军旗，9 月 24 日清晨从床上被拖到刑场斩首。9 月 29 日，清廷起用被罢黜十年的恭亲王奕䜣，由他管理总理衙门和海军衙门事务，并会同办理军务。至于李鸿章，已在海战的前一天受到处分，被拔去三眼花翎，褫去黄马褂。光绪帝斥责李鸿章"未能迅赴戎机，以致日久无功，殊负委任"，褫夺他的荣誉以示警告，让他督催各路将领卖力进剿以赎前愆。

然而，北洋海军已经丧失斗志，出现破罐子破摔的苗头。军舰在旅顺船坞修理期间，被调到“定远”舰当差的卢毓英发现军心颓废：“诸君皆以虎口余生，每以公余日驰逐于酒阵歌场，红飞绿舞，虽陶情荡魄，亦触目惊心。谁无父母，孰无妻子，寄身炮弹之中，判生死于呼吸，人孰无情，谁能遣此？所以作醉生梦死之态者，亦知身非金石，何可日困愁城，不得不假借外物，庶有以遏制此方寸地也。”

10月11日，陆奥宗光在给伊藤博文的私函中提醒道：“外国已经显出了再次置喙的态势，我认为宜赶在外国的干涉太棘手之前，我国军队以最快的速度占领一切可以占领的地方。”黄海海战后，李鸿章要求海军时不时出海巡弋，但丁汝昌以军舰尚未修好为辞，整天窝在军港里不动。中国海军自动放弃制海权，为日军进攻中国本土敞开了大门。

10月下旬，秋高气爽，正是日军登陆作战的好时机。清军在平壤战败后全部撤出朝鲜，集结于鸭绿江一线。李鸿章得知日军决计进犯中国后，提出要“严防渤海以固京畿之藩篱，力保沈阳以顾东省之根本”，急忙加强辽东防御。10月24日，日本第一军从朝鲜水口镇涉渡鸭绿江，没几日就攻破清军的防线，然后在辽东半岛北部攻城略地。同日，日本第二军开始在辽南未设防的花园口登陆，11月初集结完兵力后，一路攻陷军事要地金州、大连湾、旅顺口。

11月24日，旅顺失陷三天后，李鸿章被革职留任，并摘去顶戴。旅顺位于辽东半岛最南端，与威海卫隔海相望，就像巨人的双臂环抱渤海，形成对京畿地区的钳形防卫网。威海卫是北洋海军的驻泊和补给基地，旅顺则是军舰的维修和保养基地，当时被称为“远东第一军港”。与李鸿章关系密切的吴汝纶说：“平壤之败，李相痛哭流涕，彻夜不眠，及旅顺失守，愤不欲生。”

旅顺失守的苦果，不止李鸿章一人要吞下，还有两万余人跟着遭殃。从11月21日至24日，日军在旅顺疯狂残杀中国人，简直就是南京大屠杀的缩微版。据美国《世界报》随军记者克里尔曼报道：“日本军如潮水般涌入旅顺，杀尽所见到的一切，我看见跪在地上向士兵乞求慈悲的男人，被刺刀捅穿在地，然后用刀割去首级……在我的脚下，有一所挂着红十字旗的医院，日本兵向从医院门口出来的不拿武器的人们开枪。戴着皮帽的老人跪在地上，士兵向他开枪时，他用手捂住脸。第二天，当我看见他的尸体时，已被乱刀砍碎，几乎无法辨认。日本兵闯进家家户户进行抢掠，在海边，他们发现满载逃难人的帆船，一小队士兵排在码头边上开枪射击，直到船上男女老幼全部被打死为止……”

英国人詹姆斯·艾伦在《在龙旗下：中日战争目击记》一书中，描写了日军毫无人性的一幕：“湖边立满了日本兵，正驱赶大群的难民下水，四方对准了开枪，更用枪杆把爬出来的人打下去。湖面浮满了死尸。湖水已成了红色。兵士们对着被杀者的痛苦哀号欢呼狂笑。那些在水中挣扎的血肉模糊的鬼魅，想从死尸堆中冒出来。颠扑沉浮，还竭尽最后的力量在血水中爬划。乞怜和哀号，只受到围住着的敌人的嘲笑。中间有许多是妇人，一个还抱着小孩，她把小孩高高捧着，想求日人的怜惜。当她爬近岸时，一个凶恶的兵士给她一枪杆，第二击就把她的小孩刺落了。那个小孩大约有两岁光景，死尸就在水上浮着。那妇人发狂似的，还想挣扎起来，抱住那小孩。但那时已力竭气尽，倒向水中。她的死尸——与其他死尸一般——就被斩割成了好几段。新的受害者一批一批地被驱入水，整个的湖被死尸填满了。”

詹姆斯·艾伦当年在美国货轮“哥伦布”号当海员，为清军运送军火期间被困于旅顺，差点也被日军杀害了。他只在大屠杀现场待了一天就想办法逃跑了，临走前发现整座市镇已沦为令人窒息的鬼城，而日军却迷恋上了恶魔的狂欢：“在被占领了的瑰丽的园亭中，得胜的将军在部下的欢呼里，举杯庆祝这空前的凯旋和功绩。他们将得到全国的拥护、国王的恩赏。但这里，在已毁坏的家园中，在惨死的尸堆间，永留着他们欢乐的黑影。并且，这还只是四天中的第一天！日本人的行为，尤其是那些长官面对兵士们对毫无抵抗力的平民的穷凶极恶，毫不制止，真应受后世永远的吐弃和唾骂。”

然而，日军遭唾骂只是一时的喧嚣，很快就被政府的外交手腕和舆论操纵摆平了。有关旅顺大屠杀的报道，起初并未引起西方世界的注意，直到约瑟夫·普利策旗下的《世界报》连续刊登克里尔曼的详细报道，被各国报纸纷纷转载，才引来国际舆论一片哗然。这位随军记者在12月12日的报道中评论说：“日本文明第一次遭到玷污，这是日本又退回到野蛮的例证。所有为屠杀事实辩解的借口都是虚构的。文明世界将会随着对屠杀详情的了解而感到震惊。外国随军记者团对屠杀的惨状感到触目惊心而全体离开了日本军队。”

一直懂得如何迎合西方口味的日本政府，战争伊始就把日军标榜为“文明之师”，把侵略行为粉饰成“正义之举”。日本把战时的舆论宣传上升到国家战略的地位，秘密聘请美国《纽约论坛报》的记者豪斯作为舆论总指挥，把中国与日本分别塑造成野蛮与文明的代表。日本国内的舆论领袖福泽谕吉也大声鼓噪：“这次的战争虽说是日清两国之争，但实际上却是一场文明与野蛮、光明与黑暗之间的战斗，其胜败如何，关系到文明日新的前途。”

然而，福泽谕吉自我标榜文明的背后，掩藏不住那颗狂热的侵华野心：“让文明的势力风靡四百余州，让文明日新的余光照耀四亿人民，如此，我国军队务必要长驱直入，直捣首都北京，扼其咽喉，使其立即降服在文明的军门之下。我日本并非好战，乃是世界文明大势委任日本来行使天职，战争乃是不得已的处置。衷心期望我辈尽早让太阳旗在北京城的晨风中飘扬，让四百余州皆沐浴到文明的光芒。”

当日本在战争中已稳操胜券后，福泽谕吉不再犹抱琵琶半遮面，而是赤裸裸地亮出日本的真面目：“今日的世界就是一个强调利欲的世界，尤其是国与国的交往，几乎没有人会在意德、义、名誉，要立国，就只顾本国的利益，不仅无暇去关心别国的利害，一旦有机可乘，还会以自己的腕力去博取利益。在这尔虞我诈的世界中，若有某一方还在固守仁义，高唱我只要仁义之师的美誉其他都无所谓，那就无异于一个温良恭俭让的君子加入到贩夫走卒的饭桌上一般，端坐在一隅却还在谦让别人。……日本人的本色并非清静寡欲。之所以会干涉朝鲜的内政，既非出于侠义，也非出于厚谊，完全是在谋自己的利益，海内外人士切勿误解。”这位日本近代第一位军国主义理论家，其肖像至今仍印在日元最大面额的一万元纸币上。

日本政府精心包装的“文明之师”，被一场旅顺大屠杀揭掉了面纱。陆奥宗光叹道：“美国的报纸对日军的暴行痛加谴责，有的指责日本是在文明的外衣之下具有野蛮筋骨的怪兽，有的指责日本如今卸下了文明的假面具露出了野

福泽谕吉

蛮的本体。”在世界众目睽睽之下自扇耳光，日本政府一时慌了手脚。

12月15日，谭恩在东京拜访陆奥宗光时提醒道：“日本政府如不施行一定善后对策，迄今日本所获之名誉，必尽消失，实令人惋惜。”陆奥宗光素以绰号“剃刀匠”闻名，专擅玩弄诡计解决外交麻烦，一时却想不出应对的良策，便发电报向人在广岛的伊藤博文首相问计：“如事先所担心者，其结果已逐渐显示出来。此等事实如最终不能否定，应有一定善后之考虑。如有妙计，乞速电示。”伊藤博文当晚复电说：“关于旅顺口之事，其后虽与大本营磋商，但究竟问罪一事，颇多危险，亦非上策。似乎置之不理，完全采取辩护之手段外别无良策。”

打舆论战，把黑的说成白的，向来是日本政府的拿手好戏。12月17日，《世界报》的头版头条是日本政府的辩解声明：“日本政府不仅不隐瞒旅顺口之事，反而对事实进行了认真调查，为维护国家的尊严，采取了必要措施。战争之初，政府经常强调无论任何事都不要超出限度，只是这次政府的强调未能充分奏效，对此文武诸官甚感遗憾。调查表明，日本军认为：第一，耳闻目睹同伴被残酷杀害，似乎未能忍耐愤慨，遂终于突破了忍耐程度；第二，逃跑的中国兵都改装平民服潜匿，似乎企图瞒过日本军的耳目，只要被发现，立即将他们逮捕；第三，耳闻目睹同伴被残酷杀害，已是愤慨难耐，加之每天看到其证迹，而且逐渐知道非常残酷的事情，似乎更加无法忍耐。日本政府一如既往地遵循文明主义，对偶尔出现似乎越轨的行为，深感遗憾……”

日本表面上像是在道歉，实际上是倒打一耙，把清军塑造成残暴的形象，把中国平民说成是换了装的清兵，还强调日军纯属激情杀人，是正当的战争行为和正常的报复举动而已。但是，克里尔曼用亲眼看见的报道告诉世界：日军的暴行是在第二军最高指挥官的默许和支持下发生的，他们在进军旅顺之前就决定不收留俘虏，所谓杀的不是平民而是清兵的说法纯属谎言。

美国驻日武官欧伯连也是目击者，在给谭恩的报告中写道："关于旅顺不幸的情况，自然我仅能说我所看到的。但是我遗憾地说，就是这一点点，就足以使军队受到最严厉的指责……我曾亲眼看到一些人被屠杀的情形。这些人本来是可以做俘虏的，他们不但没有抵抗，而且显然是没有武装又是最恭顺地投降了的。我又曾看见一些尸体，双手是绑在背后的。我也看见一些大加屠割的尸体上有伤，从创伤可以知道他们是被刺刀杀死的。从尸体的所在地去看，可以确定地知道这些死的人未曾抵抗。"

英国《泰晤士报》随军记者柯文也戳穿日本的谎言："我看见日本兵进入旅顺市街后，继续进攻，窜进民房，追逐和屠杀每一个活的生命。很难找到理由来解释发生在眼前的这一切。我目睹了他们的每一次射杀……我看到许多中国人从躲藏的地方被赶出来，这都是一些穿戴普通的平民，但日本兵不管这些，先是用枪击毙，然后将尸体砍碎，并没有一个中国人试图反抗。……有些人长跪不起，将头弯到地面，连连磕头求饶，但这样做依然逃脱不了征服者的残酷虐杀。即使是那些往街外避难的人们，在日本人的追击下也迟早要丧命。……所以我很难相信我的眼睛，眼前就是我先前的报道中曾啧啧称赞的文明之师——日本军队。"

英国知名的国际公法学巨擘胡兰德博士，不久前还发文为日本开脱"高升"号事件的责任，这回实在是无法再袒护下去了，在《日清战争中的国际公法》一文中评论道："当时日本官兵的行为实在是越出了度外。即便他们在旅顺口的战场外发现了同胞被斩首的尸体，认为是中国的士兵首先做出了如此残忍的行为，也不足以为他们的暴行做出辩护。除了他们战胜的第一天，以后连续四天，残暴地杀害了非战斗员、妇女和幼童。随军的欧洲军人以及特别通讯员等，虽然目睹了这一切残暴的行为，却并未加以阻止，只能在一边袖手旁观，惨相令人作呕。全市据说只有 36 个中国人逃脱了这场杀戮。而且这 36 个中国人也只是被用来埋葬同胞尸体而逃过一劫。在他们的帽子上贴有‘此人不可杀’的标签，借此获得了保护。”虽然后来统计生还者可能有800余人，但万人冢里的白骨足以证明日军的暴行。

面对国际社会的指责，日本政府只想蒙混过关。其实，旅顺大屠杀是一场有预谋、有组织的行动，经第二军司令官大山岩批准，由第一师团长山地元治下令进行。如果日本政府承认的话，就得惩办军方人员，这样不仅会影响士气，也会在外交上陷于被动。因此，日本政府死不认账。陆奥宗光全力展开危机外交，草拟了一份日本政府的正式声明，通过本国驻欧美各国公使转给驻在国政府。在这份所谓《陆奥声明》中，他一是攻击克里尔曼的报道是大加夸张渲染以耸人听闻，二是咬定被杀的人大部分是换了装的清兵。

当然，日本政府是睁眼说瞎话。随军间谍向野坚一在一次内部谈话中坦言："在旅顺，山地将军说抓住非战斗员也要杀掉。……旅顺实在凄惨又凄惨。旅顺口内确实使人有血流成河之感。"向野坚一在日记中记载，山地元治看见第三联队的士兵闯入民宅杀害平民时，不但未加以制止，反而嘱咐不要对外讲。克里尔曼则看见，11月21日午后大屠杀已开始，大山岩司令在阅兵场主持祝捷会，与诸将校"在奏乐声与枪弹声的错杂中频频碰杯，并微笑地踏着方步"。旅顺大屠杀期间，大山岩一边享受着杀人的快感，一边派法律顾问有贺长雄去说服西方记者，叫他们不要把日军的暴行报道出来。

操纵舆论，是日本政府擅长的把戏。甲午战端甫开，陆奥宗光就迅速指示日本驻欧美各国公使，要密切关注当地主流报刊和通讯社的舆论倾向，并选择"猎物"重金收买，务必让他们压制、篡改、隐匿来自远东的报道，只发表会使人对日本产生好感的新闻，对负面消息则装聋作哑保持沉默。陆奥宗光把这种"银弹策略"也运用到在日本境内出版的外国报纸，通过贿赂社长和买断电稿，不让负面消息经由这条暗道在本土登陆。

11月30日，日本驻英国临时代办内田康哉致电陆奥宗光："我已经压下了路透社由上海发来的关于我们的士兵在旅顺犯下最野蛮暴行的电稿。您能否批准我要求的款子？从开始从事报界行动，我就没钱可用了。"据日本文献记载，当时日本通过路透社发布有偿新闻，每次要付费606英镑。如果是封口费，估计价钱会更高。有些被日本收买了的媒体，比如美国《华盛顿邮报》、英国中央通讯社以及意大利等国若干报刊，甚至不惜撒谎为日本辩白。

《世界报》并不是最早揭露旅顺大屠杀的报纸，却把这桩丑闻传播得最广最远，让日本恨得咬牙切齿。这家发行量很大的美国报纸，内部也有人被收买了，所以日本此前对它比较放心。日本驻纽约领事桥口直右卫门曾向陆奥宗光报告："在下一直同该报写社论的记者范察尔关系亲昵，平常晤面之际，非常谨慎地拜托和提醒他注意不要刊登对我国不利的报告。"桥口直右卫门以前对克里尔曼的印象颇佳，曾称赞他在朝鲜的报道是对日本有益的，现在则恨不得把他撕了。

日本政府对国外媒体不可能一手遮天，但对国内媒体的管制可谓滴水不漏。早在1894年6月，陆军省和海军省就联合下发命令，严禁本国所有报刊登载军事新闻，以免泄露日军的侵略企图。对中国宣战的第二天，内务省宣布对有关战争的报道实施审阅制度，各报社发稿前须将原稿送呈指定的警保局，加盖了"审查批准"印戳的稿件方可发表，凡被认定涉及"有污点的事件"的稿件，则被打上"禁止刊登"的印记，还用墨水涂毁。到了9月中旬，大本营实施新的《新闻材料公示程序》，要求全国报刊记者只能到大本营设在广岛的副官部，去申请检索当局许可公布的消息，刊登后还须寄给副官部备案。大本营还给被允准随军采访的日籍记者定下严苛的纪律，并指派军官全程监视，一旦谁被军方视为"有害的记者"，立即就被押遣回国给予重罚。

克里尔曼毁了日本的国际形象，从此被日本人视为"有害的记者"，对他充满敌意。旅顺大屠杀事件曝光后，他和几位发稿的同行明显感觉到来自日本人敌视的目光。日本报纸吁请政府严格管束外国随军记者，驱逐那些给日本带来麻烦的外国记者。日本政府虽然对这些"麻烦分子"恨得牙痒痒，但又不能逮捕和拘留他们，便决定从1895年1月8日起，不再增加批准国内外记者随军的申请。

1895年新年过后，东京等地数十家报刊在当局的唆使下，对克里尔曼发动铺天盖地的谴责和谩骂，不断升级的围攻一直持续到3月。在横滨逗留的克里尔曼被孤立了，原来关系良好的新闻媒体纷纷跟他划清界限，不再采访这位曾经颇受欢迎的美国记者。因人身安全也受到威胁，克里尔曼不得不赶紧设法搞到船票，离开这个危险的国度。

被连连捷报冲昏了头的日本民众，正亢奋地享受着军国主义的胜利果实，容不得半点质疑的杂音。日军攻陷旅顺的消息传到日本后，举国欢呼雀跃，高呼天皇万岁。连日来被冷落的日本政府军事公债，在东京股票交易所暴涨，报界形容“其势宛如巨鼎突然涌出之水”。大本营随后将第二军从旅顺劫掠来的大批战利品运回国，在东京靖国神社展示，展览上人流如梭。一时间，“战利品”这个词在日本成为时髦，许多商家推出冠以“战利品”的新货，其中有一款叫“帝国全胜”的肥皂，造型是中国人的头颅。这款肥皂的广告，使用了像旅顺大屠杀一样的图案，充满了喋血的暴戾气息。

有关旅顺大屠杀的舆论冷却后，日本政府从此把它隐藏得很深，抹掉了这段不光彩的历史。1993年，有个叫井上晴树的日本作家来中国访问，偶然在大连街头的露天书摊看到一本小册子，书名为《旅顺大屠杀》。书的封面上，印有“日本兽兵”“屠城之最”“残暴绝伦”的刺目文字和照片，让他惊讶不已。这位早稻田大学文学部毕业的作家，曾在数家出版社和杂志社当过编辑，素来偏好历史，却从未在日本听说过旅顺大屠杀。据他所知，这起事件在日本的历史教科书里没有任何记载，连很多历史老师都不知道。

极度震惊的井上晴树，回国后推掉一切事务，全心投入艰难的调查工作，奋力拨开历史的迷雾。他花了差不多两年的时间，发掘了大量确凿的第一手史料，1995年出版了一部约20万字的《旅顺虐杀事件》。这是日本第一部反映旅顺大屠杀事件全貌的专著，在日本民间引起很大反响，但在官方那里遭到冷遇。井上晴树把这本书邮寄到中国，希望能被翻译成中文，后于2001年推出中文版《旅顺大屠杀》。

1895年年底，日军撤出辽东半岛前，将旅顺大屠杀的遗骸火化后，埋葬于城郊西北的白玉山东麓。日军别有用心地在坟前竖了一块木碑，上书“清国将士阵亡之墓”，意在欺骗世人，掩盖自己的暴行。不久，回防旅顺的淮军将领宋庆，在墓前改立高大的石碑，上书“万忠墓”。每年清明时节，民众云集于此，焚香洒泪，追祭那些惨死的亡灵。

1994 年，为了纪念一百年前遇害的人民，旅顺口区政府决定扩建万忠墓陵园，在清明节这天举行了隆重的遗骨重新安葬仪式。在此之前，大连市文物考古研究所清理了原墓，发现出土的遗骨既有成年人，也有婴幼儿。从出土的遗物来看，有玉石手镯、玻璃料手镯、玻璃料串珠、葫芦形王石坠等，都是妇女和儿童佩带的饰物，圆形铜纽扣为妇女和老人的服饰用品，根本没有任何军装上的东西。遇难者百年后用遗骸告诉世人：日本政府在说谎！

战争财，日本卖春妇也有份

1894 年 11 月 22 日，津海关税务司德璀琳乘坐德国商船“礼裕”号，从天津大沽出发前往日本神户。作为李鸿章贴心的外交事务助理，德璀琳在中日战争如火如荼的背景下，此时前往日本自然引来外界猜测。外人猜得没错，德璀琳是去求和的。

平壤、黄海两大战役惨败后，主战派的调门降低了，主和的声音逐渐占上风。9 月 27 日，慈禧太后派翁同龢去天津找李鸿章，探讨请俄国出面调停之事。身为主战派的领袖，翁同龢怕被世人笑骂，不想参与求和活动，但又不敢抗旨，只好硬着头皮赴天津。两天后，向来主和的恭亲王奕䜣被起用。为了探知日本政府的停战条件，奕䜣请英、俄、德、法、美、意六国居中调停，但各国都有自己的利益考量，不太理会中国的哀求。

10 月 10 日，《泰晤士报》的社论戳破西方列强的普遍顾虑：“日本目前正值连战连胜，恐怕不易使其放弃奢望。要使他国停止战争自不是一件易事，即便要其暂时中止，显然也无成功的希望。当然，倘若派出众多的军队，依靠强力迫使其停止战争也并非没有成功的可能，但如今的状况决不可采取如此的行动。因此，除了保护在那里的欧洲人之外，还要试图对交战国进行强压牵制，就难免会使自己陷于困境，并被东亚最强的国家视为敌人。”简而言之，西方列强不想为没落的中国付出代价，也不愿得罪新兴的强国日本。

10月下旬，日军发动辽东战役，清军节节败退，清廷惊慌不已，求和之心更加迫切。11 月 12 日，清廷派户部左侍郎、总理衙门大臣张荫桓前往天津，与李鸿章商讨妥善结束战事的办法。李鸿章认为，日本屡战屡胜，举国骄狂，此时若派大员赴日和谈，难免会被轻视。李鸿章建议先派洋员德璀琳赴日会商，探听日本政府的口风，成则有助于早日化解僵局，败亦不至于让清政府太尴尬。11 月 18 日，清廷命李鸿章速派德璀琳前往日本。

11 月 26 日，德璀琳一行抵达神户，当晚登岸拜访兵库县知事。德璀琳说他此行是为中日和解而来，希望能把清政府的照会送达东京，并与伊藤博文首相面谈。这份照会是以李鸿章的名义发出的，其实只能算是一封公函。李鸿章还托德璀琳带去一封私函，是写给伊藤博文的。

从 1885 年天津会谈开始，李鸿章就与伊藤博文建立起书信联系，曾就一些公事进行过沟通。现在中日处于战争状态，其实两人已是敌对关系，但李鸿章太天真了，还幻想用私交来搞外交。写于 1894 年 11 月 18 日的这封私函，首先回顾了他与伊藤博文过去结下的情谊，然后谈到现在中日两国生灵涂炭，应早日停战并签订和约。最后，李鸿章不忘动之以情：“虽阔别多时，想贵爵大臣当不忘昔年情事，相印以心也。”

当然，伊藤博文不会领这份情，拒绝与德璀琳会谈。本来他连这封私函也拒绝接受，要不是德璀琳用邮寄的方式递给他，李鸿章的“深情厚谊”就没人看了。日本拒绝此次和谈的公开理由是，德璀琳既不是中国官员，亦非经过正当手续任命的使节，没资格代表中国政府来谈判。其实，日本是不想让外国人插手此事，担心一旦正式接见德璀琳，将是招惹外国干涉的开始。

还有一个更真实的理由是，日本现在根本不想和谈，它想进一步扩大战果，然后再跟中国漫天要价。不过，日本在抓紧对中国狂打猛击的同时，不忘观察西方列强的态度变化。11 月 6 日，日本亲爱的美国大哥提醒道：“令人痛惜的日中两国的战争，丝毫未危及美国在亚洲的政策。对于两国的交战，美国持不偏不倚、重视友情、严守中立的立场，希望两国好运。但是，倘若战争长久持续下去，没有途径来制止日军海陆两方面进攻的时候，与东方世界有利害关系的欧洲强国，最终很有可能会提出对日本将来的安定和繁荣不利的条件，以此来促使战争的结束。”

西方列强愿意看到日本战胜中国，以便战后能分一杯羹，但又不希望中国被打得土崩瓦解，那样并不符合他们的在华利益。日本接受了美国的善意提醒，表示现在不便公开烦请美国居中调停，但以后还要有劳美国在这件事情上提供便利。当时日本对美国最有好感，而美国对日本也很好，两国政府交往时总是不忘秀恩爱，喜欢用“最……”来描述两国的关系，就像是恋人在说“你是我最亲爱的”一样。陆奥宗光在《蹇蹇录》中一提到美国，腔调总是突然变得充满柔情蜜意，就像是搂着这位大哥在表明心迹一样。日本对美国的畸形爱恋，看来是源远流长，并不是二战后才形成的。

11月底，中日两国在美国的斡旋下，开始就和谈条件初步交换意见。清政府提出的媾和条件有二：一是中国承认朝鲜独立，二是中国向日本赔款。但是，日本的胃口比这大得多，断然拒绝以此为基础展开谈判。日本不愿透露自己的停战条件，要求清政府任命具有正当资格的全权委员前来和谈，届时才在两国全权委员的谈判会上公布。清政府被迫同意后，日本进而要求须提前告知中方全权委员的姓名、官位，谈判地点须定在日本国内。

12月20日，美国向日本转达清政府的决定：“中国政府为商定和议，兹任命尚书衔、总理衙门大臣、户部左侍郎张荫桓及头品顶戴、兵部右侍郎署湖南巡抚邵友濂为全权委员，派往日本，与日本国全权委员会商。出于来往便利的考虑，中国希望日本在上海附近选定一会商的场所。中国建议，日本立即任命全权委员，迅速决定会商的日期，并以任命全权委员的日期为两国开始休战的日期。”但日本要求在广岛谈判，在谈判之前拒绝休战。

当时欧洲各国都在探听日本的和谈条件，但日本政府严格保密，以免引来列强干涉。1895年1月27日，广岛大本营召开御前会议，讨论中日议和事宜，当场通过媾和条约草案。1 月 31 日，伊藤博文和陆奥宗光被任命为日方全权办理大臣。同日，中方全权大臣张荫桓、邵友濂抵达广岛，被告知第二天在广岛县政府内与日方会面。不过，日本政府说一套做一套，表面上摆出愿意和谈的姿态，背地里却已策划好驱逐中国使臣的黑戏。

陆奥宗光在《蹇蹇录》中披露："在中国使臣到达广岛的几天前，伊藤总理私下把我招去，对我说：'今细察内外形势，觉得媾和的时机尚未成熟，且中国政府的真正态度如何尚无法测知，倘若吾侪稍一不慎，媾和的目的倒未能达成，而我国欲向中国提出的条件却先传到了世间，恐怕只会招致海内外议论纷纷。因此吾侪在与中国使臣会面的时候，在仔细察知他们的才能和权限之前，不可轻易地开启媾和的端绪；且这个赋予使臣的全权，与国际公法上的例规往往不符，这尤须吾侪深加考察。'我也恰与伊藤总理抱有同样的忧虑，因此对总理所言深表赞同。"

日本想在战场上进一步打击清军后，再从中国捞取更大的好处，因此以张荫桓、邵友濂二人权限不足为由，拒绝跟他们展开谈判。不管张荫桓、邵友濂如何辩解，日方的态度是一概不予采信，拿出事先拟好的备忘录宣读给他们听。2 月 2 日，日方正式宣布此次谈判终止，请中国使臣立即离开军事重地广岛，赴长崎候船回国。

就在中国使臣离开会场走向户外时，伊藤博文请一名使团随员留步，跟他秘密私聊了一会儿。此人就是李鸿章的幕僚伍廷芳，伊藤博文想通过他向李鸿章传话："足下归国后，请代我转达对李中堂最诚挚的问候，请李中堂务必理解，这次我们拒绝与中国使臣继续谈判，绝不是日本好乱而恶治，为了两国的利益，尤其是为了中国的利益，我们认为尽早恢复和平是最重要的。如果中国真诚地希望和平，任命具有正当资格的全权使臣前来日本的话，我们对重启谈判不会有丝毫的犹豫。中国政府原本有许多惯例和旧例，使得北京政府往往不能遵守各国通常的例规，我们还是希望下次中国政府能够依照国际公法上的常规来处理事务。因为我与足下以前在天津相识，彼此有旧交，就稍稍说些私下的话语，这些话未必可在公开场合对中国使臣言说。"

伍廷芳表示感谢后，问道："为确切了解阁下的真意，我想请您明确地告诉我，阁下是否对这次中国使臣的官位、名望感到不满，因而出现了现在的结果？"伊藤博文答道："不是，我国政府历来对具有正当的全权委任状的任何人，都不会拒绝与其谈判，当然，来者的爵位、名望越高，就越适合进行谈判。如果中国政府因为某些原因无法派遣爵位高的大官担任全权大臣到日本来，我们去中国也未尝不可，例如像恭亲王、李中堂这样的人担任全权就很好。总而言之，不要使得彼此谈判的结果只停留在一纸空文上，一定需要能够履行条约的掌权者。"

中国使团被赶出广岛的那天，日军占领威海卫沿岸，困守刘公岛的北洋海军成了瓮中之鳖。苦等陆军援兵不至，海军官兵弥漫着绝望情绪，不断有人逼迫丁汝昌下令投降。2 月 12 日，"广丙"舰管带程璧光持投降书去跟日军接洽，丁汝昌则服鸦片自杀。2 月 17 日，日本联合舰队正式占领威海卫港，虏获"镇远""济远"等十艘军舰，全军欢呼雀跃。想当年北洋海军何等风光，仿佛是大清帝国斜阳沉落前的一抹晚霞，有过回光返照般的瑰丽，如今余晖散尽陷入黑寂。

北洋海军全军覆没，然而李鸿章并未受到处罚，反而被赏还翎顶，开复革留处分，并赏还黄马褂。违背常理的背后，是因为清政府还很需要他，要让他风风光光地作为全权大臣，去跟日本商定媾和条约。日本人点名要奕䜣或李鸿章来谈才行，而奕䜣作为大清皇室贵胄，怎么可能去背"卖国贼"的黑锅呢？当然只能让李鸿章去当历史罪人。不过，李鸿章对甲午战败负有很大责任，由他去善后也算是一种惩罚。

日本已经摧毁了北洋海军这个强敌，在海陆两线大获全胜，有足够的筹码来跟中国狮子大开口，所以愿意坐下来谈一谈。日本欢迎李鸿章这个谈判对手，认为他是最识时务的明白人，跟其他中国人则谈不明白。日本一方面抬举李鸿章，另一方面又有羞辱之意。看到中方总指挥低声下气来乞和，日本当然更加趾高气扬了。李鸿章何尝不知道这是吃力不讨好的苦差，只要签了丧权辱国的和约，就成了千夫所指的罪人，但他还能有其他选择吗？不签的话，恐怕日军的铁蹄会踏进紫禁城，那是中国人无法承受之重。

李瀚章时任两广总督，遭人弹劾，身体又有病，准备辞官养老。他跟弟弟李鸿章说：我们兄弟太苦了，不要干了，一块回家吧。李鸿章回信说：我们再不干的话，朝廷就更没人了，越是没人干的时候，我们越是要顶上去。李鸿章大有老师曾国藩当年的心态：我不入地狱，谁入地狱？李鸿章有一种忠君报主的思想，你说他可贵也好，说他愚昧也好，说他僵化也好，怎么说都可以，但你不得不承认他是个有担当的人，只不过运气不好，干了个倒霉的弱国外交官，被人骂死了。

2月13日，李鸿章被任命为赴日谈判全权大臣，22日被光绪帝召见于乾清宫。李鸿章料想日本所欲必奢，所以一开始就声明：若日本人要求割地，我可不敢应承；若日本人占地勒索赔款，户部恐怕没钱吧。这时，站在一旁的户部尚书翁同龢说，只要不割地，再多赔款，户部也会努力筹措。李鸿章说：请翁师傅一同去日本议和吧。翁同龢赶紧说：若我以前办过洋务，此行必不推辞，今以生手办重事，怎么行呢？李鸿章最后说：割地不可行，议不成的话，我大不了就回来吧。众人面面相觑，沉默不语。

此后几天，李鸿章经常和枢臣在御前讨论对策，不断与各国使馆商讨。2月28日，慈禧说她肝气发作、臂痛腹泻，拒绝接见任何人，让大家一切听从光绪帝的旨意就行。慈禧把烫手山芋丢给光绪帝，然后闪人了。在割地问题上，光绪帝不肯松口，但日本说不割地则免谈。3月2日，慈禧秘密召见李鸿章，说把辽东或台湾给日本吧，若不肯就都给他们吧。两天后，光绪帝也单独召见李鸿章密谈。

3月6日，李鸿章离开北京，14日从天津搭船前往日本。据说他的爱女李经璹声泪俱下，写信说：您绝对不能去，这件事情不仅关乎国家的声誉，而且关乎我们家族的前途，也关乎您本人的名誉。但是，李鸿章执意要去，还让曾当过驻日公使的长子李经方随行。李经方是李鸿章六弟李昭庆之子，1862年过继给李鸿章为嗣。李经方非常聪明，会五种语言，给李鸿章当秘书兼翻译。

3月19日，以李鸿章为首的中国使团抵达马关，有伍廷芳、罗丰禄、马建忠等120余名随员和侍从。日方的接待规格颇高，一扫上次对待中国使臣的傲慢无礼。20日下午，中日双方代表在春帆楼举行首次会谈，李鸿章再次见到老对手伊藤博文。这回双方的地位变了，伊藤博文代表战胜国，而李鸿章代表战败国，不得不低声下气。

这次马关谈判，双方进行过七轮会谈。谈判桌上的伊藤博文咄咄逼人、寸步不让，李鸿章据理力争乃至苦苦央求，终究无法挽回任人宰割的命运。伊藤博文在谈判桌上毫不客气，说：十年前我在天津的时候，就为贵国提出许多改革的进言，可是你们完全没有变化，我深感遗憾。李鸿章辩解说：我国地广人多，人多嘴杂，事情难办，不像贵国君臣一心，君怎么说，臣就怎么做。

来马关之前，李鸿章就已做好挨宰的心理准备，没想到日本的要价还是大大超出他的预料，其野心之大甚于英、法十倍。李鸿章连呼太过分，然后大打“中日同盟”牌，说两国同属亚洲，同是黄种人，应永结和好，维护亚洲和平大局，共同抵御欧洲白种人入侵。当然，日本不吃这一套。日本铁了心要脱亚入欧，胳膊肘早就往外拐了，要与西方列强共进退，一同来欺凌东亚邻国。

在跟伊藤博文打交道的时候，李鸿章是典型的中国式思维，公私不分，希望凭个人交情来请对方让步。且不说两人的交情不那么深，就算再深，伊藤博文也不会卖面子给他。伊藤博文是黄皮白心的“香蕉人”，讲求的是国家利益，国家利益面前无个人交情。他曾跟李鸿章说过，交情与公事无涉，本系各国通例。其实，要不是实在无计可施，李鸿章岂肯屈尊，觍着老脸向一个比自己小18岁的后生哀求呢？

从马关议和谈话录来看，李鸿章对于割地、赔款等事项，都向日本据理抗争过，终究被对方的武力威胁所吓退。3月24日，一起“不幸中的万幸”的突发事件，让李鸿章获得一个通过外交努力所无法实现的有利形势。第三轮谈判结束后，李鸿章乘轿返回下榻地，途中遭日本浪人小山丰太郎枪击，左眼下颧骨中弹。72岁高龄的他苏醒后，面对血迹斑斑的官服，长叹一声：“此血可以报国矣。”

小山丰太郎是日本右翼团体“神刀馆”的会员，是一个非常狂热的军国主

李鸿章在马关负伤后的衰容

义者。这名26岁的无业青年，之所以向李鸿章行刺，是想阻止中日议和进程。小山丰太郎认为，日本之所以不能如愿吞并朝鲜，就是因为有李鸿章的阻挠，现在他又来日本议和，想用三寸不烂之舌挽救中国，阻止日军对中国的进攻和占领。小山丰太郎视李鸿章为日本对外扩张的主要障碍，以前曾计划赴天津行刺，却因买不起船票而无果，这次终于觅得机会下手。为了日本的美好前途，这名激进青年决定铤而走险，让侵华战争可以继续下去，从中国谋取更多利益。

日本政府何尝不想这样，但现在欧洲列强盯得紧，担心日本太贪心，触犯他们的在华利益，正随时准备出手干预，所以日本不得不有所收敛。小山丰太郎的鲁莽举动，打乱了日本政府的战略部署，也引来国际舆论一片谴责。一个已经被你打得遍体鳞伤的国家放下脸面，派出使臣跑到你这儿来议和，你还用流氓手段对付人家，配称文明国家吗？四年前，俄国皇太子尼古拉访日时，也被一名日本警察用刀砍伤，理由同样是想为国家除掉假想敌。武士当道的国家，就是这样容易变成流氓国家。

李鸿章遇刺让日本政府非常被动，伊藤博文勃然大怒，咆哮说宁愿自己被枪击，也不应加害于中国使臣。一向善于狡辩的陆奥宗光，这回也自觉理亏："对于眼下正在交战的两国，尤其是在战胜国的我国，如何对待敌国的使臣，对其给予相当的保护和尊重，本身就是国际公法上的一个惯例，这样的事件如果一旦撬动了整个社会的感情，就很难用逻辑上的理论来加以解决了。且不说李鸿章的地位、名望，就其以古稀的高龄第一次出使异域，即遭到了如此的凶难，真是情何以堪！其将博得全世界的同情是显而易见的。此时若有某个强国欲乘机加以干涉，李的负伤就是最佳的借口了。”

日本政府立即启动危机公关，全国总动员秀关怀。明治天皇接到消息后，立即派医生赴马关给李鸿章疗伤，皇后也派护士前去护理，还赐予御制的绷带。事发第二天，天皇向全国颁发诏文，对此事深感遗憾，表示将依法严惩凶手，希望百官臣民严戒不贷，勿做有损国光之事。日本民众也有所行动，许多人来到李鸿章的下榻地，或者通过发电文、写信、寄物品等方式，纷纷表达慰问之意。

对这场全民表演，陆奥宗光在《蹇蹇录》中自嘲道："这是要向海内外表明，暴徒的行为并不代表全体国民的情感。其用意本身是好的，但往往只是急于在表面上营造气氛，言行之中不免显得虚伪矫情，有失中庸。自日中战争开战以来，我国的报纸媒体自不用说，无论是公家集会还是私人相聚，对中国官民的短处往往过分夸大，极尽恶言诽谤之能事，并扩大到对李鸿章的人身攻击，其言语之污秽几乎令人难以入耳。同样的这些人，今日突然对李的遇袭深表痛惜，不惜使用近于阿谀的溢美之词。更有甚者，还列举了李以往的功绩，言下之意，似乎是未来东方的安危均系于李之一身。这与其说是痛惜李的遇袭，不如说是害怕由此发生的来自海外的谴责，在昨天还沉醉在胜利的狂喜之中的浮躁社会，瞬息之间陷入了如丧考妣的哀痛之中。人情的易变，虽不若波澜翻腾，其肤浅庸俗，也不得不令人感到惊讶。李鸿章早已看破了这些世相。听说，此后他在给中国政府的电文中说，日本官民对他遇袭所表示的痛惜之意，只不过是粉皮相而已。”

不管日本全国如何演戏，陆奥宗光觉察到人心向背正在发生变化，倘若不采取适当的善后之策，必将引起欧洲列强的干涉，届时就得对中国做大幅度让步。陆奥宗光担心李鸿章以伤痛为由中断谈判回国，对日本国民的行为痛加贬斥，并巧妙地招引欧美各国再度居中调停，博得两三个欧洲强国的同情并非难事。既然形势已不允许战争继续进行，日本决定化被动为主动，满足李鸿章此前一直恳求而不得的停战要求，以此向世界表明日本的诚意。

3月28日，陆奥宗光亲自到李鸿章的病床前，告诉他日本政府同意在一定时间和区域内停战，从现在起随时可以开启停战条约的谈判。陆奥宗光看到李鸿章真情流露的一幕："李鸿章半边脸颊蒙着绷带，绷带外露出的一只眼睛，流露出十分欣喜的神情，感谢我天皇陛下仁慈的圣旨，并对我表示，现在创伤尚未痊愈，虽不能前往会场，但随时可在病床边开启谈判。"

当天，两人达成停战条约，两天后正式签署。中日双方约定，除台湾、澎湖列岛及其附近地区之外，其他地方都停战21天。趁着形势好转，李鸿章催促日方早点进行媾和谈判。当时日军虽然在战场上节节胜利，然而持续八个月的战斗，人力、财力已有点难以为继。在军事上最占优势的时候结束战事，这是日本进行外交讹诈的最佳时机，所以也不想让李鸿章有借口跑回国。

4月1日，日方拿出单方面拟好的媾和条约草案，让李鸿章在四天之内答复。该草案列出一大堆要求，比如中国要确认朝鲜为完全独立的国家，要割让奉天省（今辽宁省）南部的土地、台湾岛及其附属岛屿、澎湖列岛，要许可日军临时占领奉天府及威海卫，并支付这笔驻军费用，此外还要赔偿日本军费三亿两库平银，要向日本商民开放北京、沙市、湘潭、重庆、梧州、苏州、杭州等港口和城市，要比照中国与欧洲各国签订的不平等条约来签订日中新约……

4月5日，李鸿章针对这份草案，向日方递交一份备忘录作为答复。日本的胃口实在大得惊人，李鸿章无法接受这种强盗式的霸王条款，用长篇大论批驳了日方的很多观点，也解释了中国无法接受某些条件的原因。伊藤博文和陆奥宗光看后大为光火，决定要以强硬的态度让李鸿章屈服。

李鸿章受伤后，为保证谈判能顺利进行，李经方被清廷追加为全权大臣。4月8日，伊藤博文把李经方叫到自己住的旅馆，恫吓说：中国使臣要认清日本是战胜国，中国是战败国这一事实，倘若这次谈判破裂，只要一声令下，我军六七十艘运输船即可搭载增派的大军奔赴战场，届时北京将危如累卵。李经方说他先回去跟父亲商量一下，再递交一份新的书面答复。

4月9日，中方提出一份修正案，大幅度删减日方所提的要求，比如仅同意割让澎湖列岛和奉天省内四处地方，赔款减为一亿两。这跟日方的期望相差太大，当然不可能被接受。为了弥合双方的鸿沟，以便谈判能进行下去，日方决定做出一些让步。第二天，伊藤博文在第五轮谈判中也拿出一份修正案，声称这是日方所能做出的最后让步，中方唯有允或不允两句话而已。李鸿章说，难道不准分辩？伊藤博文说，只管辩论，但不能减少。

李鸿章一看赔款是二亿两，就嚷嚷说数目太大了，中国赔不起。伊藤博文说，减到如此，不能再减，再战则赔款更多。李鸿章说，此次赔款，必借洋债，洋债本息甚巨，中国哪有办法偿还呢？伊藤博文说，中国这么大，人口这么多，财源甚广，开源尚易，国有急难，人才易出，即可用以开源。李鸿章开玩笑说：中国请你来当首相如何？伊藤博文说：当奏皇上，甚愿前往。

本轮谈判快结束时，李鸿章再次要求说：赔款还请再减5000万，台湾不能相让。伊藤博文说：这样的话，我国当即遣兵至台湾。李鸿章说：我们两国比邻，不必如此决裂，总须和好。伊藤博文说：赔款让地犹如债，债还清，两国自然和好。李鸿章说：索债太狠，虽和不诚。与伊藤博文作别时，李鸿章握着他的手说，能不能再减少一些赔款？伊藤博文笑着摇头说，不能再减。

在4月15日的第六轮谈判中，李鸿章像街头摊贩一样讨价还价，做了最后的争取："无论如何，总请再让数千万，不必如此口紧。"伊藤博文说："屡次说明，万万不能再让。"李鸿章说："又要赔钱，又要割地，双管齐下，出手太狠，使我太过不去。"伊藤博文说："此战后之约，非如平常交涉。"李鸿章抱怨伊藤博文办事太狠，然后又央求道："赔款既不肯减，地可稍减乎？到底不能一毛不拔。"伊藤博文强硬表态："两件皆不能稍减，屡次言明，此系尽头地步，不能少改。"

对于割让台湾一事，李鸿章希望能拖则拖，但伊藤博文急吼吼要在换约后一个月内办完交接手续。李鸿章说："头绪纷繁，两月方宽，办事较妥，贵国何必急急，台湾已是口中之物。"伊藤博文赤裸裸地说："尚未下咽，饥甚。"李鸿章讥讽道："两万万足可疗饥。"

春帆楼外冷雨潇潇，这轮谈判长达五个小时，李鸿章说得口干舌燥，但日方丝毫不肯让步。晚上 7 点半谈判结束，李鸿章走出春帆楼时，外面已是无边的黑夜。大局已定，这个老人心里明白，自己的前途将是一片黯淡。他刚才在会上跟伊藤博文吐槽：“如此狠凶条款，签押又必受骂，奈何！”伊藤博文安慰他说：“任彼胡说，如此重任，彼亦担当不起，中国唯中堂一人能担此任。”李鸿章还是忧心忡忡：“事后又将群起攻我。”

春帆楼旧影

在马关谈判桌上，任凭李鸿章如何嬉笑怒骂，如何哀求或恐吓，日方总是一副很笃定的样子。那是一种属于胜利者的姿态，意思是说我吃定你了。日方的底气，来自于手中握有一件秘密武器。早在 1894 年 6 月 22 日，日本就破译了中国官方的电报密码。马关谈判期间，李鸿章与清廷往来的密电内容，日方一清二楚，知道你的底线是什么，知道李鸿章的真实想法是什么，知道清廷的最高指示是什么。这场透明的荒诞谈判，简直就像一场闹剧，却决定了两个国家的国运。

4 月 17 日，中国钦差全权大臣李鸿章、李经方，与日本全权办理大臣伊藤博文、陆奥宗光，签订了中日《马关条约》。主要内容是，中国承认朝鲜为独立自主国，割让辽东半岛、台湾全岛及其附属岛屿、澎湖列岛给日本，赔偿日本军费二亿两库平银，增开重庆、沙市、苏州、杭州为通商口岸，开辟内河

马关谈判场景（下排右一为李鸿章；上排右一为伊藤博文，右二为陆奥宗光）

新航线，允许日本在中国的通商口岸开设工厂，产品运销中国免收内地税。

《马关条约》第九款比较特别，显示日本对间谍的呵护。除了规定两国要交换俘虏外，日本还提出两个单方面的要求：一是中国应立即释放日本的军事间谍及嫌疑犯，二是中国应宽待曾为日本军队服务的中国臣民。日本间谍和汉奸，为日本取得甲午战争的胜利立下赫赫战功。假如没有这些人提供详尽的中国情报，日本不可能以那么小的代价那么快地打败中国。例如，日本军舰驶入中国水域时，能安然绕过水雷前进，主要就是依靠情报的帮助。

《马关条约》的消息传出后，举国哗然，诸多官员上奏反对，民间也是激愤不已。一时间，拒和、迁都、练兵、变法等主张甚嚣尘上。光绪帝含泪批准条约后，深感上愧对祖宗，下愧对国人，5 月 11 日下罪己诏："去岁仓促开衅，征兵调饷，不遗余力，而将非宿选，兵非素练，纷纷召集，不殊乌合，以致水陆交绥，战无一胜，其万分为难情事，言者章奏所未及详，而天下臣民皆当体谅也。"

皇帝要臣民体谅，可是，谁来体谅臣民呢？李鸿章回国后，沦为国人皆曰可杀的"卖国贼"。不明真相的人拿他当靶子，恨不得把他杀了一雪国耻。光绪帝对李鸿章也很不满，然而朝中百官上书为李鸿章求情，说：战败和赔款并非李中堂之过失，确实我们国势不如人。后来慈禧也表态了，光绪帝于是赏假两个月，让李鸿章在家养伤。李鸿章听到百官为他上书后，眼泪哗哗流了下来。

8 月 27 日，李鸿章抵达北京，寓居贤良寺。次日召见时，光绪帝先问他枪伤是否痊愈，旋即痛斥割地、赔款"失民心，伤国体"，然后命他留京入阁办事。当时人曰"入阁办事者，犹言不办事也"，李鸿章成了"伴食宰相"，手中已无实权，形同被打入冷宫。

甲午战败是李鸿章一生中最大的噩梦，以前所有的努力都被毫不留情地否定了，这个污点将伴随他生生世世。他含恨叹息道："予少年科第，壮年戎马，中年封疆，晚年洋务，一路扶摇，遭遇不为不幸，自问亦未有何等陨越。乃无端发生中日交涉，至一生事业，扫地无余，如欧阳公所言'半生名节，被后生辈描画都尽'，环境所迫，无可如何。"

李鸿章看来不认为自己该负多大责任，这种思想在下面这段名言里明确反映出来："我办了一辈子的事，练兵也，海军也，都是纸糊的老虎，何尝能实在放手办理？不过勉强涂饰，虚有其表，不揭破犹可敷衍一时。如一间破屋，由裱糊匠东补西贴，居然成一净室，虽明知为纸片糊裱，然究竟决不定里面是何等材料，即有小小风雨，打成几个窟窿，随时补葺，亦可支吾对付。乃必欲爽手扯破，又未预备何种修葺材料，何种改造方式，自然真相破露，不可收拾。

但裱糊匠又何术能负其责？”

李鸿章说的有一定道理，他没有那么大的能量去改变整个制度，只能当个听话的裱糊匠，帮主人装修房子而已。他有心想做改革者，但意志受制于外在压力，只能当个裱糊匠，看哪儿漏就去补一下，东补一块西补一块，缺乏顶层设计的概念。

英籍顾问宓吉曾这样描述李鸿章的尴尬地位：他一直处在一种矛盾中，一方面他要维护帝国千百年来遗留下来的自命不凡；另一方面，他又要削弱它，通过提高自身的物质力量，使中国能和平自信地保持民族利益。他已经成了适应这两种力量的联结点，通过这个点，中外关系就能顺利安全运转，但很可惜，很少有人同情他。李鸿章势单力薄，很难对整体产生什么影响。

身为淮军和北洋海军的最高统帅，李鸿章并没有最终决策权，上面有军机处、总理衙门、光绪帝、慈禧太后等数驾马车在控制他。虽然如此，他对甲午战败负有不可推卸的责任。首先，陆军出身的他缺乏海权观念，把海洋仅仅视为防御的屏障，把海军看成是陆防的辅助手段，没有想过要去主动争夺制海权，以至于陷入被包抄围堵的不利局面。其次，他有一种消极避战的思想，敌人明显要挑衅开战了，他还寄望于和平解决争端，怕刺激敌人而不敢积极备战，一再错失先发制人或者做好准备的机会，以致于被打个措手不及而陷于被动。再次，他的管理方式存在严重漏洞，比如任人唯亲、漠视军纪等，以致于军队一击即溃。

1896 年，英国《泰晤士报》这样分析中国的甲午败因：李鸿章急于避免战争。李鸿章的整个军事目标，是在未来的某一天给日本这个暴发户予以彻底的惩罚。对他来说，他以自己的民族为荣。但是这个目标暴露了，中国的每个人都相信李鸿章的铁甲和军队不可摧毁，可是包括李鸿章本人都没有意识到，腐败和无知影响得这么广，这些影响从他自己的衙门开始，那些在他指挥下的人们只喜好展示场面的壮观，仅此而已。甲午之战，实际上中国并没有调动所有的力量与日本决战，南洋水师等舰队则保持中立，力图自保，而日本在法律之下，政府、民众已经结成了一个整体；中国呢，政府与民众各行其是，仍然是一个中世纪的国家。

日本人调侃说，这是李鸿章一个人打的战争。光绪帝想从南方调四艘军舰到北方增援，结果刘坤一、张之洞都不同意，说：我们的军舰不行，去那儿也就是充当炮灰而已。北洋海军陷入水深火热，南方的海军忍心隔岸观火。李鸿章叹道："以北洋一人之力搏倭人倾国之师，自知不得。"陆军也是如此，李鸿章调动不了淮系以外的军队，各军自行其是，这场仗根本没法打。梁启超说："以一人而战一国，合肥合肥，虽败亦豪哉！"

李鸿章把马关之行视为奇耻大辱，发誓从此不再踏上日本国土。次年出访欧美时，回国途中需要在横滨换船，不管别人怎么劝说，他就是执意不肯上岸，坚持在船上过夜。后来在两艘船之间搭块踏板，他冒着掉到海里的危险，被人扶上轮船招商局的"广利"号回国。

甲午战争是一场全面羞辱式的战争，大清输得连内裤都没有了。大清帝国本来就在走下坡路，又被人狠狠推了一把，连滚带翻地跌入谷底，从二流国家沦落为三流国家。这个跟头跌得很重，但也疼醒了中国人，再不变真是不行了。

过去有些士大夫还蒙在鼓里做梦，如今被一记闷棍彻底打醒了，文化自信心也开始瓦解了。士大夫阶层对由李鸿章主导的洋务运动灰心失望，以康有为、梁启超为代表的维新派认为，中国仅仅在物质上和军事上向西方学习是不够的，还应该像日本那样从文化上和制度上彻底变革，才能真正地脱胎换骨。维新派要求清政府废科举，开国会，实行君主立宪制。

洋务运动的失误在于，当物质文明学到一定程度的时候，没有去思考应该跟进什么，才能使这种学习能够深入下去。有学者认为，光有物的现代化还不行，关键是还要有人的现代化，如果这个问题不能解决，后续就跟不上了。日本明治维新时期非常重视教育，开始推行义务教育，把民众培养成符合国家战略发展需要的新国民。福泽谕吉在《文明论概略》一书中提到，要有人欲的解放，还要有人心的解放。所谓人欲的解放，就是要满足人欲的需求，所以日本的殖产兴业很快就兴起了。所谓人心的解放，就是要引进一些人文精神领域的东西。

甲午战败后，李鸿章也在反思。当时英国传教士李提摩太翻译了一本书叫《泰西新史揽要》，请李鸿章作序。他在序中写道：“我邦自炎农唐虞以前，以天下为公；嬴秦而降，以天下为私。以天下为公则民主之，以天下为私则君主之。”他说今天海禁大开，从西向东出现一种民主制度，设议院于上，议政于下，群众议政，如果中国也效仿之，可以想见很快会恢复公天下之大一统。

李鸿章说这话的时候，是在 1895 年 6 月，甲午战争刚结束两个月。看得出来，他对中国制度层面的看法已经发生很大转变。第二年，他奉命作为特使游历欧美，亲眼见到西方制度文明。他说，五洲各国，变法者兴，守旧者殆。在康有为、梁启超这些小辈进行维新变法的时候，他内心是持一种欣赏和赞许的态度。

甲午战争改变了中国人的心态，而后出现一股留日热潮。当时日本气焰嚣张，极度藐视中国人，连你的国名都不肯好好叫：叫你“清国人”，那算是客气的；把你的辫子看成猪尾巴，所以叫你“豚尾奴”；最轻蔑的称呼是“支那人”，更难听的还有“支那马路”。尊强凌弱的日本人，就是戴着面具的双面人，对强者卑躬屈膝，对弱者趾高气扬。“支那”一词在日本销声匿迹，是在 20 世纪 50 年代抗美援朝战争以后。日本前几年刚被美国打得满地找牙，没想到中国人还能打退美国人，震惊之余就开始正眼看你，才懂得尊重你。

甲午战争，中国失去的是国土、财富和尊严，而日本失去的是理智。这场战争是日本军国主义的试验场，结果让日本欣喜若狂，国家一夜暴富，从此再也停不下战车。战后中国不只赔偿2亿两白银，还花了3000万两赎回辽东半岛，还要支付日本在威海卫的临时驻军费用 150 万两，再加上分期付款的利息，总计相当于清政府三年的财政收入，相当于日本政府四年多的财政收入。看着这么多钱源源不断地涌入国内，所有日本人都乐疯了。

日本是个精于算计的国家，任何时候都不忘玩阴谋诡计，来获取利益最大化。在支付赔款的问题上，日本又动起了心思，先是以库平银成色不足为由，要求中国以高出康熙标准库平银成色的银子支付，又变相多得了 1300 余万两银子。当时中日两国的金融制度都实行银本位，而西方主要国家实行金本位。

日本借甲午战争胜利之机，为战后实行金本位打下财政基础，便要求中国在伦敦用英镑支付赔款，然后利用“镑亏”又多得了将近1500万两银子。也就是说，中国实际支付给日本的赔款，比账面上的赔款多出2800余万两。

这些是可以算得清的明账，而那些被日军掠夺的战利品，则是一笔糊涂账。有学者估算，日本从中国掠夺的舰船、武器、弹药、机器、金银等，价值约为8000万两库平银。如果把所有明的、暗的账目算在一起，日本从中国实际获得3.4亿两库平银，相当于日本六年多的财政收入。

这一大笔中国人民的血汗钱，帮助日本完成了资本主义原始积累，可与欧美资本主义国家在世界市场角逐，也大大提升了国际地位。日本一夜之间成了暴发户，但对这笔钱可是一分也没乱花。日本将4000余万英镑储存在英国苏格兰银行，然后提出7260万日元作为银圆兑换准备金，完成了日本从银本位转为金本位的币制改革，迅速迈入现代资本主义国家的行列。日本还用中国的赔款设立了三个基金：一是3000万日元的军舰水雷艇补助基金，二是1000万日元的灾害准备基金，三是1000万日元的教育基金。这些钱平时可以用于基金，战时卖掉这些基金就可以用作军需。

战前日本皇室省吃俭用，拨出内帑建造军舰，现在政府拿出2000万日元孝敬。就连日本的卖春妇，也从战争财中获益。明治时期，日本需要向欧美国家购买大量武器装备，可是没有外汇来支付货款。福泽谕吉就向天皇进言，让女性以卖春妇的形式出去赚外汇。据统计，明治政府曾诱骗数十万名女性去海外卖春。当时日本政府的外汇收入，排在第一位的是生丝产业，第二位就是海外卖淫业。各国纷纷谴责日本买卖国民的恶劣行径，但日本政府直到发了战争财，才召回有损国家形象的卖春妇。这段靠输出性奴来振兴国家的不光彩历史，成为日本永远不愿提及的国家耻辱。

第七章

李鸿章死了，一个时代结束了

劳劳车马未离鞍，临事方知一死难。
三百年来伤国步，八千里外吊民残。
秋风宝剑孤臣泪，落日旌旗大将坛。
海外尘氛犹未息，请君莫作等闲看。

——李鸿章临终诗

结强援，抱一抱俄国的大腿

1896 年 5 月 18 日，尼古拉二世将在莫斯科举行加冕典礼，俄国邀请中国派代表参加。清廷起初没想太多，拟派湖北布政使王之春前去祝贺，不料遭到俄国拒绝。俄国驻华公使喀西尼抗议说，沙皇加冕是俄国最隆重的礼仪，各国贺使都是闻名遐迩的大人物，王之春人微言轻，不能担此重任，唯有李鸿章方能胜任。

其实，喀西尼有点小题大做，醉翁之意不在酒。王之春虽然只是个省级官员，但他并不像喀西尼所说的那样不堪。王之春是明末清初著名思想家王夫之的后裔，科举不第后投笔从戎，曾在曾国藩、李鸿章、左宗棠等名将手下办理军务，也有一定外交经验，尤其是跟俄国打过两次交道。1891 年，时为王储的尼古拉二世到访广州期间，由时任广东布政使的王之春负责接待，两人宴谈甚欢。1895 年，湖北布政使王之春作为钦差大臣出使俄国，吊唁上年病逝的沙皇亚历山大三世，并祝贺尼古拉二世继位。

俄国为什么指名道姓要李鸿章来参加典礼呢？要知道李鸿章当时很落魄，早就从直隶总督兼北洋大臣的高位上被揪下来，被光绪帝晾在一边。不管怎样，当时外国人眼里只有李鸿章，都愿意跟他打交道。当时俄国正在修建横贯欧亚大陆的西伯利亚铁路，希望借道中国的满洲北部，因担心引起其他列强干涉，想借机邀请李鸿章来秘密会谈。

《马关条约》签订后，俄国发现日本的手伸得太长，威胁到自己的国家利益，便出手打了日本一巴掌。日本在甲午战前谎称自己不会侵占别国领土，以“文明之战”的幌子欺骗世界舆论，战后则毫不掩饰地暴露自己的野心，从中国攫取过于庞大的利益，引起一些国家的担忧和不满。俄国担心日本一旦占据辽东半岛，将来会进一步吞并朝鲜和中国东北，在海陆两方面威胁到俄国领土的安全。俄国更喜欢与强大而不好武的中国为邻，这样俄国的东方才能保持安宁，因此不能让日本获得辽东半岛这个桥头堡。俄国联合法、德两国，一起向日本施压，要求它放弃侵占辽东半岛。

三国干涉还辽，对日本是当头一棒。1895 年 4 月 23 日，驻东京的俄、法、德三国公使来到日本外务省，递交本国政府的劝告文书。日本举国上下一片恐慌，陆奥宗光在《蹇蹇录》中描述道：“整个社会仿佛是受到了一种政治恐怖的袭击一般，在极为惊愕的同时，陷入了沉郁的状态，人人忧心忡忡，好像我国的重要地方马上就会受到三国炮弹的轰击一般，没有一个人站出来发表自己能匡救当前大难的良策。”

日本当然不甘心把到嘴的肥肉吐出来，除了跟俄、法、德三国周旋外，还想拉拢其他强国来给它撑腰。英国表态持中立立场，意大利自告奋勇支持日本，美国则一如既往向日本示好：“美国国务卿表示，只要与美国的中立立场不矛盾的话，美国会尽可能帮助日本，并指示驻北京的美国公使，命其劝谏中国政府应尽快批准媾和条约。”老大哥再次送温暖，陆奥宗光不禁赞道，美国对日本的友情不薄。

尽管日本想搞合纵连横，但时间不等人，而且俄国已做好武力干涉的准备。当时停泊在日本各港口的俄国军舰，已经接到了随时准备在 24 小时之内起航的命令，各军舰都不分昼夜地点燃着气缸，且禁止船员上岸，显示出战斗随时可能发生的态势。另外在符拉迪沃斯托克突然招募预备兵，不管是商人还是农夫，都要求他们加入军营，在东西伯利亚总督的管辖区内，集聚了现役和预备役军人总共 5 万的兵力，且做好了随时出发的准备。

当时日军的精锐部队都已调到中国，日本国内海陆防空虚，恐怕应付不了俄国，何况法、德两国也有可能参战。万一被打败了，日本失去的将不只是辽东半岛，可能清帝会拒绝批准《马关条约》，到时竹篮打水一场空。经过反复考量和讨论，日本最后决定对俄、法、德三国完全让步，但对中国寸步不让。欺软怕硬的日本，又向中国勒索了3000万两银子，作为它放弃辽东半岛的补偿。

俄国在关键时刻出手相助，使得中国朝野上下一边倒，无论是洋务派还是清流派，都认俄国是朋友。在国人一片亲俄声中，俄国的侵华历史和野心，被选择性遗忘了。李鸿章的外交策略，也从一贯的"以夷制夷"转变为"结强援"。他认为"俄人阴鸷狡诈，虽英、德等国皆视为劲敌，而惮与共事"，而日本也"畏俄之强"，中国应联俄以慑日。

甲午战争让李鸿章看清日本的真面目，彻底抛弃过去那种"联日制西"的幻想，转而做起"联俄制日"的美梦。有一点李鸿章看得没错，俄国确实对日本很有戒心，不会坐视日本在东北亚一家独大。但糟糕的是，日本垂涎欲滴的肥肉，比如朝鲜和中国东北，也是俄国觊觎已久的。不过，当时中国太无依无靠了，很想抱一抱强国的大腿，什么都顾不上了。

1896年2月10日，光绪帝委派李鸿章为钦差头等出使大臣，前往俄国致贺。李鸿章以年老体衰为由，上折请辞，得到慰勉后欣然接受。单独与俄国交好的话，容易引起其他国家的猜忌，清廷就让李鸿章顺道访问德、法、英、美四大强国。李鸿章又建议说，荷兰、比利时等国也邀请他到访，应该趁此机会加以联络，有益于商务和邦交。清廷很快批准了李鸿章的出访计划。

作为大清头号外交家，李鸿章从未跨海西行，想来颇有遗憾，如今有机会周游列国，欣喜不已。他得意地跟亲信说："我办外洋交涉数十年，不敢谓外人如何仰望，但各国朝野也总算知道中国有我这样一人，他们或喜欢与我见面谈谈，也是普通所有之事。究竟耳闻不如目见，我亦借此周历一番，看看各国现象，可作一重底谱。在各国尚有许多老友，昔年均柄过国政，对手办事，私交上颇相投契的，现在多已退老山林，乘便相访一遭，亦是快事。"

李鸿章此次出访欧美，除了要搞好邦交，还想跟各国商讨修改关税税率的问题。关税税则的制定本是一个国家主权范围内的事，但中国自鸦片战争以后，就被不平等条约绑住手脚，丧失自主制定关税税率的权力。《马关条约》签订后，战争赔款压力太大，中国希望能提高进口关税，来增加一些海关收入。李鸿章想利用这次出访的机会，当面跟有关国家的政要解释，希望能说服他们。

尽管任务一点都不轻松，但比起蜗居贤良寺的寡淡日子，李鸿章更愿意接受挑战。虽然他精神抖擞，但家人、朋友都为他捏一把汗。毕竟他已是 73 岁高龄的老人，上年在日本又受过枪伤，虽经调养已经痊愈，但身体一直很虚弱。陛辞请训时，因谈话时间过长，一直跪着的他竟然无力起身告退，只好由两个太监把他架出去，一出宫门就晕倒在地，两个小时后才苏醒过来。李鸿章自嘲说，万里长途，七旬老翁，归时能否相见，实不可知。

3 月 28 日，李鸿章偕李经方、罗丰禄、德璀琳等随员，从上海搭乘法国轮船，开始周游列国之旅。虽然办了一辈子洋务，但李鸿章对西方还是感到有些隔阂，这回算是真正睁眼看世界了。此次出使欧美，李鸿章一时成为世界的焦点。尽管曾经辉煌的中国已残破不堪，不是强国，却依然是大国，此次派出的使臣头衔又最大，英、德等国都希望李鸿章首访本国。俄国担心李鸿章受到别国蛊惑，会改变亲俄路线，便派乌赫托姆斯基公爵去埃及塞得港迎接，换乘俄船先访问俄国。

4 月 27 日，李鸿章一行抵达俄国港口城市敖德萨，然后乘专列于 4 月 30 日抵达圣彼得堡。俄方举行的欢迎仪式很盛大，俄国陆军元帅亲举大清黄龙旗，外交大臣罗拔诺夫亲自引路，李鸿章乘坐沙皇的专车，数万俄国民众夹道欢迎。俄国对李鸿章的接待规格之高、礼仪之完善，简直是史无前例。

俄国笼络李鸿章，目的自然是借地筑路，以便在远东扩张势力。财政大臣维特会见李鸿章时，先以俄国干涉还辽一事邀功，然后说俄国想修筑经由满洲北部直达符拉迪沃斯托克的铁路，这样中国一旦有事，俄国才能及时调兵施以援手，确保大清帝国领土的完整。听起来很冠冕堂皇，李鸿章半信半疑，提出一些异议。维特觉得需要由尼古拉二世出面说服李鸿章，于是安排

李鸿章与俄国末代沙皇尼古拉二世等人合影

了一场秘密会谈。

5月7日，尼古拉二世秘密接见李鸿章，只有李经方一人在场担任翻译。据李鸿章发回国内的电报称，尼古拉二世说："我国地广人稀，断不侵犯人尺寸土地。中俄交情最密，东省接轨路，实为将来调兵捷速。中国有事，亦便帮助，非仅利俄。"有了堂堂一国之君的保证，李鸿章便放心了。

俄国本来只想哄骗李鸿章答应借地筑路，但李鸿章坚持要中俄建立军事同盟关系才允许，而且这段铁路须由私营公司经营，不得由俄国官方直接修筑或控制。李鸿章不想丧失太多主权，铁路由私营公司承办，便于中国监督和牵制，避免俄国一意孤行。李鸿章虽然有求于俄国，但也有点担心它靠不住，将来万一有事，俄军可以迅速直捣北京，到时中国危矣。

经过一番非常艰难的交涉，双方互相做了一些让步。6月3日，李鸿章与俄方代表维特、罗拔诺夫，在莫斯科签订《御敌互相援助条约》。因这个条约是在秘密状态下签订的，而且不公开对外公布，人称《中俄密约》。这是中俄针对日本而缔结的军事同盟条约，规定将来如果日本侵占俄国远东地区或者中国和朝鲜的领土，两国应派兵互相援助，不得单独与日本议定和约。条约还对中俄合作的这条铁路做了一些规定，比如说由中国交给华俄银行承办经营，俄国平时也可以转运过境的兵粮，但不得借他故停留，亦不得借端侵占中国土地。

为中国争取到一个可以依靠的强大盟友，李鸿章很高兴。出国前，他在上海会见黄遵宪时说："联络西洋，牵制东洋，是此行要策。"回国后，他又对黄遵宪说："二十年无事，总可得也。"不过，现实很快粉碎了这种幻想，后来他追悔莫及。在他去世后，黄遵宪在一首挽诗中叹道："老来失计亲豺虎，却道支持二十年。"

1897 年 11 月，德国借口两名传教士在山东巨野被杀，派军舰占领胶州湾。次年 3 月 6 日，李鸿章、翁同龢与德国驻华公使海靖在北京签订《胶澳租界条约》，将胶州湾租予德国 99 年。德国出兵前征得尼古拉二世的同意，不但没有引来俄国的干涉，还为俄国侵占旅顺口和大连湾提供了借口。俄国以援华为由派兵入驻旅顺口，然后逼迫中国签订《旅大租地条约》，将旅顺口、大连湾暨附近水面租给它 25 年。维特说："德国，接着是我们，为中国逐步被欧洲列强肢解开创了先例。"

起初在英国和日本的干预下，慈禧不同意与俄国签订《旅大租地条约》，维特就让俄国财政部驻北京代表去见李鸿章和张荫桓，吩咐说："以我的名义劝告他们施加影响，使我们提出的协定被中方接受，同时我答应赠给他们各一份厚礼：给李鸿章 50 万卢布，给张荫桓 25 万卢布。"维特在回忆录中说："这是我在同中国人的谈判中唯一一次对他们行贿。"1898 年 3 月 16 日，俄国文官从北京发密电给维特："今天我付给李鸿章 55 万两，李鸿章甚为满意，嘱我对你深致谢意。"3 月 27 日，李鸿章、张荫桓与俄国驻华代办巴布罗夫在北京签订《中俄旅大租地条约》。

李鸿章这回不仅仅是误国，而且是卖国了。有人怀疑李鸿章签订《中俄密约》时也受贿。维特在回忆录中提到为了争取李鸿章的支持，曾许诺用铁路利润分红的方式给他 300 万卢布作为报酬，此款分三次付清，签约时先付 100 万，其余由铁路局支付。当年俄国银行的确划拨过一笔款项，以"李鸿章基金"的名义汇到上海，但似乎没有证据证明李鸿章拿过这笔钱。据说他的女婿曾提及这样的传闻，而他的回答是淡淡一笑："真有这回事，可真成汉奸了。"

李鸿章是一个性格复杂的人，说话虚虚实实，姑且听之。不过，关于他敛财的传言不少。1900 年以《泰晤士报》记者身份拜访过李鸿章的布兰德，后来在《李鸿章传》一书中评价道："李鸿章作为一个伟人，他的软肋无疑是迷恋金钱。"梁启超认为："世人竞传李鸿章富甲天下，此其事殆不足信，大约数百万金之产业，意中事也。招商局、电报局、开平煤矿、中国通商银行，其股份皆不少。或言南京、上海各地之当铺银号，多属其管业云。"

曾在曾国藩和李鸿章手下做过事的容闳，说曾国藩生前"财权在握，绝不闻其侵吞涓滴以自肥，或肥其亲族"，而李鸿章逝世时"有私产 4000 万以遗子孙"。但据《李鸿章家族》一书的作者宋路霞说，她看过李鸿章死后的分家合同，

李鸿章与家人合影（正中为李鸿章，中排左一、左二分别为他的儿子李经迈、李经述，站在他身后的是女儿李经璹）

遗产绝大多数是在安徽合肥巢湖一带农村的地产，在那个时代并不值钱，而他在北京、天津、保定工作那么多年，都没有自己的房子和土地。或许李鸿章并不像人们想象中那样腐败，有些时候可能是人们对权臣的一种偏见，抑或是对他误国行为的一种报复。不过，无风不起浪，估计他确实不太检点，才会被人抓住小辫子不放。

李鸿章的误国行为，让原本处于危险边沿的中国，更加摇摇欲坠。他本想依靠《中俄密约》来保障中国的安全，但他低估了俄国觊觎中国东北的决心。当义和团运动蔓延到东北时，俄国只需派去一小支部队即可制止暴乱，结果却调去大量军队，并以种种借口赖着不走。八国联军入侵北京后，俄军从清宫中抄获《中俄密约》，维特说："当然，我们把协定还回去了，但中国已感到我们不可信，因为我们还回这个协定以后，我们的军队仍然赖在满洲。"俄国由中国的盟友变成侵略者，连维特都承认这是异乎寻常的背信弃义之举。

《中俄密约》就像是羊与狼缔结的盟约，最后狼把羊撕得四分五裂。弱国无外交，李鸿章比谁都明白这个道理："国际上没有外交，全在自己立地。譬如处友，彼此皆有相当资格，我要联络他，他亦要联络我，然后够得上'交'字。若自己一无地步，专欲仰仗他人帮忙，即有七口八舌，亦复无济于事。"

出洋无限好，只是近黄昏

1896年6月14日，李鸿章在德国柏林皇宫晋见威廉二世，递交国书并致辞。李鸿章感谢德国逾于常格的款待，说由此一端，已见中德友谊比其他双边关系更融洽。有西方报纸评论说，李鸿章刚从俄国来到这里，此后又要去访问法国，现在跟德国皇帝说这种话，未免言辞失当。

英国《蓓尔美街报》发现，山县有朋作为祝贺尼古拉二世加冕典礼的特使，在访问完俄国之后也来到德国。该报说：可怜的李鸿章，他所到之处好像山县有朋也一定会去，而他一定记得，许多战胜的日本军官和许多战败的中国军官，都是在德国接受过军事培训的。

山县有朋

6月16日，威廉二世和皇后邀请李鸿章到波茨坦新宫喝茶。茶话会很热闹，有德国各大臣偕妻列席，在座者还有各国驻德使臣，以及李鸿章使团随员和中国使署各员。用完餐后，威廉二世邀李鸿章一同到御教场，观看御林军操演阵法。李鸿章不觉失声长叹，说：假如我有这样的军队十营，那就心满意足了，当然多多益善，哪里还怕什么小丑为中国之患呢！

这个生产克虏伯大炮的国度，有一个人让李鸿章很感兴趣。李鸿章一走进旅馆的寝室，就看见墙上挂着两个镜框，左边的照片是他本人，右边的照片是俾斯麦。俾斯麦以“铁血政策”统一了德国，并确立了德国在欧洲的霸权，人称“铁血宰相”。李鸿章显然没有此等功绩，但他在中国“入朝为宰相，在军为元帅，临民为总督，交邻为通商大臣”，也算是位尊望重之名臣，故西方人常称之为“东方俾斯麦”。李鸿章对此早有耳闻，现在好不容易来趟德国，很想去拜会一下这位“心灵的故人”。

6月27日，李鸿章来到汉堡附近的弗里德里希斯鲁庄园，登门拜访退休在家的俾斯麦。这是一次非常有意思的历史性会面，夹道围观者如蜂屯蚁聚，新闻记者也蜂拥而至。为表示对李鸿章的尊敬，俾斯麦着装非常庄重，头戴御赐玉冕，手执先皇介圭，腰佩登坛宝剑，让在场记者惊讶不已。这三样东西不是一般人能够同时得到的，象征着俾斯麦拥有无与伦比的荣耀，非遇国家大典礼、宾客大朝会，罕有同一日全部佩戴在身上。功高望重的俾斯麦，当天还佩戴着一枚“红鹰大十字宝星”。威廉二世也赐予李鸿章一枚这样的勋章，上嵌金刚钻石，华贵无匹。

在客厅落座后，李鸿章询问 81 岁的俾斯麦身体如何，得到的回答是晚上常无法熟睡，甚以为苦。李鸿章比他小 8 岁，说：我也常觉痛楚。俾斯麦说：我倒是不痛，只是整夜睡不好。李鸿章指着左眼下颧骨的枪伤，解释痛楚的来源，说此处伤痛尤剧，又染过风疾。李鸿章在马关受伤后，因年事已高，也担心影响谈判进程，一直没有把子弹取出来。这次来德国，李鸿章在柏林照过 X 光，想请名医剖颧取弹，但没人敢冒风险。

李鸿章向俾斯麦请教：复兴中国有何良策？俾斯麦说：我国离贵国较远，我平时也未曾留意贵国政事，很惭愧无从说起。李鸿章又问：何以胜政府？俾斯麦说：为人臣子，总不能与政府相争，故各国大臣与政府意见不合时，不是俯首听命，就是直言纳诲。

李鸿章想起自己的处境，问：有大臣想为国家效力，但满廷意见与之不合，群掣其肘，该怎么办呢？俾斯麦说：首要是得到君主的支持。李鸿章苦恼地问：要是君主无论什么人的话都听，身边的人常假威福挟持大局，又该怎么办呢？俾斯麦想了好久才说：若大臣诚心诚意忧国，没有不能改变君心者，唯独与妇人共事时，则无可奈何。显然，“妇人”暗指慈禧太后，李鸿章默然不语。

7 月 4 日离开德国后，李鸿章相继访问了荷兰、比利时、法国。8 月 2 日，李鸿章乘坐法国政府特派的商轮离开，驶往英国南安普顿港。踏上英国的土地后，李鸿章百感交集。正是这个“日不落帝国”率先用坚船利炮轰开中国国门，把中国强行拖入由西方主导的近代国际体系。

8 月 4 日下午，李鸿章出现在英国下议院里，观看议员们在议事。英国作家布兰德在《李鸿章传》一书中写道：“他个头极高，一脸和善的表情，作为一个来自另一世界的陌生人，穿着一身蓝色的袍子，显得光彩夺目，步态与风度颇有尊严，嘴角挂着谦和的微笑，表明他对见到的一切都很欣赏。就外表特征而言，很难想象这一代或上一代的任何人能够亲近李鸿章，并不是因

《伦敦新闻画报》图片：李鸿章在奥斯本行宫觐见英国女王

为他给了你功勋卓著或大权在握的印象，而是因为他的风采中散发出一种高贵的人品，如同半神半人的自我满足和超然物外，而又老于世故，向劳苦大众屈尊降贵。”

8 月 5 日，维多利亚女王在奥斯本行宫接见李鸿章。李鸿章在纪念册上提笔写下杜甫的名句：“西望瑶池降王母，东来紫气满函关。”李鸿章用瑶池的王母娘娘来比喻英国女王，用西出函谷关的老子（*后来被神话为太上老君*）来比喻自己，引用这样的诗可谓不卑不亢。李鸿章逐字逐句地解释给英国人听，让他们传达给女王。女王听了很高兴，李鸿章为自己的聪明感到得意。8 月 7 日，女王赐予李鸿章“维多利亚头等大十字宝星”。

不过，李鸿章在英国闹过不少笑话。在伦敦的时候，李鸿章曾去戈登纪念碑前缅怀友人。戈登遗族为表示感谢之意，送给他一只心爱的名犬。这只小狗曾在各地犬赛中拔得头筹，被戈登遗族视若珍宝。不料数日后，戈登遗族接到一封李鸿章的感谢信，信中说：“厚意投下，感激之至，唯是老夫耄矣，于饮食不能多进，所赏珍味，咸欣得沾奇珍，朵颐有幸。”天哪，小狗被李鸿章吃了！戈登遗族诧异得要死，报纸一片哗然，传为笑柄。

在西方人眼里，李鸿章这个来自东方大国的使臣，很多观念跟西方文明大不一样。李鸿章是个不拘小节的人，在国内想抽烟就抽烟，想吐痰就吐痰，到了国外一样任性。李鸿章素来多痰，有一次赴英国贵族的宴会，不好意思往地毯上吐，就拿盛酒的玻璃盏做痰盂。只见痰液绿浓滋滑，令人恶心。一班贵族女子见状，皆掩口欲呕，离席快闪。

8 月 22 日，李鸿章结束在欧洲最后一站的访问，从英国乘轮船横渡大西洋前往美国，于 28 日下午抵达纽约港。当“圣路易斯”号邮轮出现在码头时，人们如潮水般涌到河边来观看。据《纽约时报》报道：“河岸码头十分拥挤，以至从西街到维思街都挤满了人，而且大家都喜气洋洋，像过节一样。在人群嘈杂的闲聊中，还听到有人提出放假的建议。人们互相打听着李的富有和权势，对这个人物充满着无限的好奇。”

美国海军以最强的阵容迎接李鸿章，当“圣路易斯”号从舰队前面驶过时，“纽约”号鸣放了 19 响礼炮。正在度假的美国总统克利夫兰也特地赶到纽约，次日会见李鸿章。《纽约时报》称，清国铁腕人物、美利坚合众国的贵宾李鸿章，既是著名的军事将领，又是政治家、金融家和外交家。当李鸿章乘坐敞篷马车在纽约街头出现时，有种万人空巷的感觉。据统计，大约有 50 万人观看了李鸿章此行。

好奇的美国人很快发现，李鸿章的行李很多，连他专用的座椅都带来了。由于挤在纽约三十三街上看热闹的人太多，行李车过不来，行李只好从第五大道的旁门抬进华尔道夫饭店。李鸿章的厨子也多，有十几个厨师，厨师长是一位个头很高、表情木讷的男人，身穿晦暗的黑长袍，没有跟别人交流的愿望。准备进晚餐时，大厨带着两名助手和许多厨具，还有很多从天津带来的奇特食物，走进饭店的厨房做饭，然后把饭菜送进李鸿章的卧室。

美国人大惊小怪，其实是李鸿章吃不惯西餐，出国时就带着自己的一套厨师跟着。李鸿章此行留下的一个遗产，就是“李鸿章杂烩”这道菜。据说李鸿章有一次在美国用中国菜招待外宾，洋人们连吃几个小时都不肯下席，把厨房的食材都吃空了，只好让厨师把剩余的边角料混合下锅。这道菜端上桌后，外宾赞不绝口，一时传遍美国，唐人街华侨开设的餐馆纷纷改名为“杂烩馆”，在菜单上莫不大书“李鸿章杂烩”。民国雅士张伯驹先生写过《李鸿章杂烩》一文，称它驰名国外，凡在欧美中国餐馆，莫不有此菜。

《纽约时报》报道称，李鸿章到美国后的第一顿晚餐，是燕窝汤、烤鸡、鱼翅和米饭，还有一杯淡葡萄酒。李鸿章的私人医生总建议他要少吃正餐。晚上 8 点刚过，李鸿章就上床睡觉了，据说他总是早上 6 点就起床。当记者针对李鸿章带着棺材旅行的传闻发问时，他的发言人哈哈大笑说：“这是一个编造的故事。”

8 月 30 日，李鸿章特意去了哈德逊河畔的格兰特将军陵，缅怀这位友人。格兰特将军在美国南北战争后期任联邦军总司令，1869 年至 1877 年连任两届美国总统。卸任后的格兰特偕妻子朱莉娅环游世界，1879 年 4 月到访天津时，受到直隶总督李鸿章高规格接待。两人一见如故，李鸿章颇为自负地对格兰特说：“我们是世界上最伟大的两个人，我们镇压了历史上有名的两支叛军。”

当时中国正因日本吞并琉球而束手无策，李鸿章请格兰特出面调解，格兰特答应了。不过，一个卸任的美国总统并不为日本所重，格兰特徒劳无功。回美国之前，他在日本给李鸿章写了一封信，信中说：“中国大害在一弱字。国家譬如人身，人身一弱则百病来侵，一强则外邪不入。”格兰特希望中国奋发图强，像日本那样学习西方，国势必日强盛，各国自不敢侵侮，否则日本以一万劲旅，可长驱直入中国三千海里。

十七年后，李鸿章来到格兰特将军陵前，老友的忠告犹在耳边，然而中国已失去历史机遇。甲午惨败，沉重的战争赔款已让这个腐朽的帝国难以转身。李鸿章注视着墓碑上格兰特的肖像，怅然不已。《纽约时报》描写道：“李在用铆钉铆成的铁制灵柩上敬送了月桂花圈以表达他对将军的敬意，这位贵宾的举动非常令人感动，他很虔诚地站直了身体，用极其悲伤的声音低吟道：‘别了。’……他的这一告别仪式使他的随从人员和美方陪同人员始料不及。然而这是饱含敬意的最真诚的悼词和最意味深长的告别：‘别了，我的兄弟！’”

当时格兰特将军已逝世十一年，这座僻静的墓园还没有完全建好。次年，美国为他建造大型陵墓和纪念堂。李鸿章不忘旧情，委托中国驻美公使杨儒代他奉上礼金、铜碑，并种下两棵树。历经百余年的风霜雨打，如今这块铜碑和两棵树仍在墓边，见证着这段跨越国界的情谊。格兰特将军陵坐落在哥伦比亚大学附近，要是谁有雅兴，可以去追寻那段远逝的历史。

关于格兰特与李鸿章的故事，还有一段“赠杖之约”的趣闻让人津津乐道。格兰特在天津的时候，李鸿章见他的手杖设计精巧，爱不释手。格兰特通过翻译委婉地说：“中堂既然喜欢这根手杖，我本当奉送。但这根手杖是我卸任时，全国工商界赠给我的，这代表着国民的公意，我不便私自转赠。等我回国，征得大家同意后，当奉寄致赠。”

格兰特回国后事务繁忙，参加1880年的总统选举失利，后投资银行业变得穷困潦倒，靠拼命撰写回忆录还债和养家，1885年7月因病去世，“赠杖之约”成了泡影。李鸿章祭完格兰特将军陵后，跟他的遗孀朱莉娅见了面，两人都很感慨。朱莉娅后来宴请李鸿章，并邀请美国工商界名流百余人作陪，将格兰特未了的赠杖遗愿告诉大家，众人皆鼓掌表示赞同。朱莉娅当场赠杖，李鸿章深受感动，从此视为至宝，须臾不离身。

《纽约时报》对李鸿章很感兴趣，对他的访美之行做过追踪报道，为我们记录下难得的历史真貌。8月29日，该报记者为我们描绘过一幅生动的李鸿章肖像：“李总督的面庞有一种引人注目的慈祥表情，他双眼明亮，闪烁着睿智的光彩，目光里包含了幽默和机智。他戴着一副老式的硬框眼镜，颧骨高而不瘦，黝黑的皮肤看上去显得很健康。看得出来，他过着悠闲和舒适的生活。”

李鸿章和他的手杖（1900年摄）

9月2日上午，李鸿章在华尔道夫饭店召开记者招待会，大约有12位记者前来采访。招待会原定于8点半开始，他传话说再给记者们一些时间准备话题，以便采访能更快地进行。走进接待室的时候，他向记者们点头示意。记者们纷纷走近他身边，只见他伸出受伤的右手，给每位记者诚恳、友好的一握。

快9点的时候，李鸿章开始接受采访，记者招待会持续了半个小时。《纽约时报》在第二天的报道中说：“采访中，他神采飞扬，微笑着回答记者们的发问。回答问题时，他态度非常坦诚、谦虚，好像他只是世界上一个很普通的公民，而不是权倾清国朝野的显赫人物。要知道，他是代表整个大清国说话，一举一动都代表着东方这个伟大的国家。”

有记者问：“您在美国的所见所闻中对什么最感兴趣？”李鸿章说：“我对我在美国见到的一切都很喜欢，所有事情都让我高兴。最使我感到惊讶的是20层或更高一些的摩天大楼，我在清国和欧洲都从没见过这种高楼。这些楼看起来建得很牢固，能抗任何狂风吧？但大清国不能建这么高的楼房，因为台风会很快把它们吹倒，而且高层建筑如果没有你们这样好的电梯设备也很不方便。”

当时美国排华风潮严重，排华法案歧视在美华人，侵犯了华工的正当权益。有记者大胆地提及这个敏感话题，李鸿章有点激动地说，排华法案是世界上最不公平的法案。他毫不客气地批评说：“你们不是很为你们作为美国人而自豪吗？你们的国家代表着世界上最高的现代文明，你们也因你们的民主和自由而自豪，但你们的排华法案对华人来说是自由吗？这不是自由！因为你们禁止使用廉价劳工生产的产品，不让他们在农场干活。……你们还竞争不过欧洲，因为你们的产品比他们的贵。这都是因为你们的劳动力太贵，以至于生产的产品因价格太高而不能成功地与欧洲国家竞争。劳动力太贵，是因为你们排除华工。这是你们的失误。如果让劳动力自由竞争，你们就能够获得廉价的劳力。”

有记者问：“美国资本在清国投资有什么出路吗？”李鸿章快速反应道：“只有将货币、劳动力和土地都有机地结合起来，才会产生财富。大清国政府非常欢迎任何资本到我国投资。我的好朋友格兰特将军曾对我说，你们必须邀请欧美资本进入清国以建立现代化的工业企业，帮助清国人民开发利用本国丰富的自然资源。但这些企业的管理权应掌握在大清国政府手中。我们欢迎你们来华投资，资金和技工由你们提供。但是，对于铁路、电讯等事务，要由我们自己控制。我们必须保护国家主权，不允许任何人危及我们神圣的权利。”

有记者问：“阁下，您赞成将美国或欧洲的报纸介绍到贵国吗？”李鸿章说：“清国办有报纸，但遗憾的是清国的编辑不爱将真相告诉读者，他们不像你们的报纸讲真话，只讲真话。清国的编辑在讲真话时十分吝啬，他们只讲部分的真实，而且他们也没有你们报纸这么大的发行量。一份伟大的报纸必是文明精神的一种体现，而我们的报纸还承担不起这份重任。”

记者拿出一张李鸿章在看《纽约新闻报》的漫画，问他有何观感。李鸿章说：“不怎么样，他们画得不像。”记者注意到，当他在做批评时，脸上出现了非常特别的表情，显示出美国式的幽默，好像乐意成为漫画中的人物。

从这些采访片段管中窥豹，我们感觉到李鸿章确实有两下子，在记者招待会上的表现很得体，颇有现代外交家的风度。李鸿章在欧美之行中所展现出的和蔼、坦诚、智慧和渊博，为他赢得了极高的声誉。有人将李鸿章与俾斯麦、英国首相格兰斯顿并列，称之为“当今天下三大佬”。当他匍匐在天子脚下行跪拜礼时卑微如蝼蚁，然而一旦站起来与洋人平起平坐，他在气势上绝对不输于谁。

都说弱国无外交，那么李鸿章作为一个弱国的外交大臣，为何能赢得如此殊荣呢？在当时中国所有的外交家当中，李鸿章肯定是最出色的。他能够跟世界进行沟通，有个对外交流的话语平台。另外，他的随机应变能力很强，这是由他的阅历和才干所决定的。他本身的素质让外国人觉得，他是可以跟你对谈的，其他人免谈，因为他们根本就不懂，鸡同鸭讲是不行的。

梁启超对李鸿章有个很高的评价：“自李鸿章之名出现于世界以来，五洲万国人士，几于见有李鸿章，不见有中国。一言蔽之，则以李鸿章为中国独一无二之代表人也。夫以甲国人而论乙国事，其必不能得其真相，固无待言，然要之李鸿章为中国近四十年第一流紧要人物。读中国近世史者，势不得不口李鸿章，而读李鸿章传者，亦势不得不手中国近世史，此有识者所同认也。”

9 月 5 日，李鸿章一行离开华盛顿，前往英属加拿大。9 月 14 日，李鸿章一行踏上回国之旅，10 月 3 日抵达天津。此次出访历时半年，经过四大洲，横渡三大洋，遍访欧美八国，水陆兼程九万里，对一个年逾七旬的老翁来说，可谓一大壮举。在西方的所见所闻对李鸿章内心的震撼无疑是巨大的，地球那边的突飞猛进让他瞠目结舌。这个老人已经意识到，中国仅靠经济和军事的近代化是不够的，如果政治制度不改变，就永远只是一个中世纪的国家。

李鸿章风风光光地归来，觐见慈禧太后时，历陈欧美之强盛、中国之贫弱，恳请太后定下根本之计，早日设法自强。慈禧对西洋诸事听得津津有味，颔首表示同意。10 月 24 日，李鸿章被任命为总理衙门大臣，并无实权。就在同一天，另一道圣旨下来，说有人告发他擅入圆明园禁地游览，殊于体制不合，交部议处。起因是他去颐和园觐见慈禧时，顺路跑去圆明园废墟凭吊一下，以激奋发图强之志，不料被人参了一本。吏部准备将他革职，后奉旨改为罚俸一年，不得抵销。

李鸿章长吁短叹，感觉自己在外享受国家元首般的待遇，回国后进一个废园子逛逛都不行。按当时规定，私逛皇家园林是要治大罪的。光绪帝罚他一年工资，表面上像是格外开恩，实际上还是要给他一个下马威，意思是说你在外面再牛，回来以后仍然是我的臣下。期待东山再起一展宏图的李鸿章，像是被戳破了的气球，顿生感慨和失落，那种苍凉的心情是无法比拟的。

时间对李鸿章来说太过于吝啬了，从头再来已不可能，历史丢给他的是无法再修复的悔恨。从19世纪60年代开始，他带头推动一场轰轰烈烈的洋务运动，不料折戟甲午一役。现在深知要自强须变法，但他已日渐衰老，而且大权旁落，只能求自保。在德国访问的时候，有大臣惋惜地对他说：你要是早来二十五年，岂不更妙？老人迟暮和帝国迟暮的双重现实，让他有一种深深的无力感。

以前郭嵩焘曾提出政治体制改革的建议，李鸿章以无人敢主持为由拒绝了。不过，他发现今天有人敢出来主持了，康有为、梁启超领导的维新变法运动，正在轰轰烈烈地展开。因为甲午战败后，朝野上下都认识到非变法不可。顽固派虽然人数还不少，但都没有理想了，不像倭仁那批前辈是要守住自己的理念，而是属于功名利禄之徒，为了保住自己的一点利益，混一年是一年罢了。

光绪帝已经亲政，又主张变法，帝党的势力正在形成。不过，主政多年的慈禧，虽然已经退居幕后，但仍在遥控光绪帝，后党势力仍根深蒂固。一旦光绪帝实行康、梁的变法主张，慈禧就得离开权力中心。但是，这个权力欲极强的女人，当政三十多年，已是一个“政治人”了，怎么舍得退休呢？帝后二元结构的政坛格局，注定会发生一场争斗。1898年9月，戊戌政变宣告维新变法失败，光绪帝被幽禁在瀛台，从此失去权力。

戊戌政变后，慈禧重新训政，要肃清维新派。因李鸿章也有些维新思想，有人就弹劾他也是维新派。慈禧于是把这位老臣找来敲打一下。慈禧向李鸿章出示弹章，说：有人告你是康党。李鸿章说：若主张变法者即被指为康党，那我实无可逃，就是康党。李鸿章看起来很镇定，因为他知道慈禧关心的并非变不变法的问题，而是忠不忠于她的问题，所以一开口就先撇清与维新派的关系，说自己从未参与他们图谋废黜慈禧的行动。

慈禧一听这话，默不作声，不再深究。不过，她最后还是变相惩罚了李鸿章，不体恤他年老体衰，硬派他在隆冬季节去山东勘治黄河。1899 年 3 月，李鸿章返京复命，结束了为期四个月的艰苦勘河生活。李鸿章还是没有被重用，在京又闲居了八个月，才再度执掌封疆大吏之印。1899 年 12 月，李鸿章出任署两广总督，次年 5 月转正。当时维新派在广东利用毗邻的香港、澳门开展活动，清廷需要一个有外交经验的大臣前去坐镇。

戊戌政变后，慈禧想废黜光绪帝，但遭到外国公使反对，开始变得极端仇外。1900 年，随着溥儁被立为大阿哥，以其父载漪为首的顽固派开始掌权，政坛出现一股逆流。慈禧开始轻信小人，有识之士要么三缄其口，要么找机会离开京城。

下人们忙乱地收拾行李，李鸿章看着贤良寺房顶上的荒草，心里满是凄凉。这位历经沧桑的老人预感到，他倾力扶植一生的大清王朝，恐怕又要陷入更大的灾难之中了。

钟不鸣了，和尚亦死了

1900 年 6 月 10 日，赫德密电粤海关税务司庆丕：立即往访李鸿章，向他说明北京局势极端严重，各国使馆都害怕受到攻击，并且认为中国政府即使不仇外，对局势的控制也无能为力，如果发生事故，或情况不迅速改善，定将引起大规模的联合干涉，大清帝国可能灭亡。请他电告慈禧太后，使馆的安全极为重要。

19 世纪的最后几年，列强掀起瓜分中国的狂潮，中国社会处于动荡不安之中，从官方到民间，仇外的情绪越来越浓重。1899 年 2 月，意大利见清政府向来软弱可欺，便要求租借浙江三门湾作为海军基地。清廷知道意大利在西方列强中实力最弱，便打定主意不答应它的要求，下令地方官员积极备战，最终迫使意大利打退堂鼓。这次胜利让清廷在对待列强的态度上开始变得强硬起来。

在山东、直隶一带，本以“反清复明”为口号的义和团运动，逐渐把矛头转向洋人。顽固派一看民气可用，一改过去对民间结社的提防和担心，对义和团运动由镇压转为招安，使之变为“扶清灭洋”的急先锋。1900 年春，在清政府的默许和纵容下，义和团运动已成星火燎原之势，蔓延到北京。

6 月初，以大红粗布包头、手持大刀的上万拳民从四方拥入北京。慈禧在从颐和园回宫的途中，看见道路两旁的拳民络绎不绝，一边表演着“刀枪不入”的绝技，齐声呐喊着“扶清灭洋”的口号，感觉心情很舒畅。此时她恨透了洋人。洋人对光绪帝和维新派颇有好感，戊戌变法失败后，康有为、梁启超正是在洋人的保护下才得以流亡海外。他们在逃难期间发起保皇会，鼓动海外华人支持被幽禁的光绪帝。慈禧现在已经失去理智，认为列强要把光绪帝抬出来，就是要把她干掉，她相中的大阿哥也扶不起来了，不如索性跟他们拼了。

义和团进入北京后，外国人、传教士乃至中国教民，均被视为要铲除的对象，看不顺眼的人便指为教民，全家皆杀，开明官绅、维新人士也在被杀之列。只要沾“洋”字者，一律被消灭。拳民不光骂洋人，有很多揭帖也在骂“汉奸”，那都是一些改革者，比如李鸿章、康有为，就连光绪帝也不放过。6 月 25 日，60 多个拳民在载漪、载勋二位王爷的带领下，冲进紫禁城要杀光绪帝，结果慈禧发了一通火，杀了几个人才平息下来。

北京城内一片混乱，商店、住宅遭抢，教堂、医院被焚，中国教民和外国人纷纷躲入使馆，筑起街垒，拿起武器。北京的对外电讯已经中断，但北京和济南之间的八百里加急驿马还照跑，往返一次需要六天。此时坐镇山东的是袁世凯，从那里通往全国的电讯畅通。在义和团运动如火如荼的时候，远在千里之外的李鸿章，凭着自己丰富的政治和外交经验，已经嗅出这场风波暗藏的危机。为及时了解京师的动态，他派次子李经述驻在济南，掌管电讯。

李鸿章对义和团是很强硬的，根本就不信它那一套，袁世凯也不信。但像载漪、刚毅这些人，就相信什么刀枪不入啊，什么妇女的月经带能辟邪啊，都是些莫名其妙的事。义和团运动为什么能搞起来呢？因为它自称有法术。团员说：我只要上法了，我就是关公，我就是张飞，我就是赵云，我就可以刀枪不入。他们鼓起气来以后，拿刀砍确实砍不进去，但一拉就是一口子。

6 月 16 日，义和团在前门外大栅栏火烧“老德记”西药房，火势失去控制，将繁华的前门一带千余家商铺烧为灰烬，正阳门箭楼也被殃及。清廷从这一天起到 6 月 19 日，连续召开四次御前会议，讨论下一步该如何对待义和团。当时以保护使馆为名的八国联军正在北上，慈禧本来决定要解散义和团，不料接到顽固派大臣的假消息，以为八国联军是来逼她还政于光绪帝。其实，八国联军的初衷是为了帮助清政府镇压义和团，保护本国使馆和侨民的安全。也就是说，先有了义和团的闹事，才有了八国联军的进来。不过，看出义和团与清政府有扯不明的关系后，八国联军的态度就变了，从平乱变成侵略。

慈禧精明一世，糊涂一时，6 月 21 日以光绪帝的名义下诏宣战。这封宣战书在世界历史上可谓空前绝后，因为它宣战的对象不是一个国家，而是远道来华的各国，这等于是在向列强同时宣战。朝廷的电报一封接一封地到达南方，要求各省封疆大吏率兵北上勤王。但是，李鸿章的回答很干脆：“廿五矫诏，粤断不奉，此所谓乱命也。”他让盛宣怀把他的意见迅速转告两江总督刘坤一和湖广总督张之洞，以便一同抗旨不去蹚浑水。

李鸿章认为北上勤王并不可行，可能还没等勤王部队到达，北京就已经沦陷，皇室早就逃跑了。以前中国跟一个国家单挑都败下阵来，现在要同时对付八国联军，那无异于自杀，国将不国。他把圣旨说成是矫诏，是为自己的抗旨行为找借口。他猜到慈禧应该是被人蒙蔽了，如果当时他在场，她会听他的话，不会这样做。

6 月 24 日，盛宣怀致电李鸿章，商讨“东南互保”之策，也就是南方不要参战，以保全半壁江山。6 月 26 日，盛宣怀等人与各国驻沪领事议定《东南保护约款》，次日将条款电告李鸿章审核。随后各督抚实行“东南互保”，形成一种战略同盟，使南方地区免遭生灵涂炭。

八国联军势如破竹，义和团刀枪不入的神话破灭，慈禧开始考虑如何收拾残局。她需要这样一个人：他要懂洋务，能独立处理棘手事务，还得有跟洋人周旋的骨气和勇气，并在议和中尽可能维护朝廷的利益，最重要的一点是，必须对她绝对忠诚，确保光绪帝不会卷土重来。这个人，非李鸿章莫属。

7 月 8 日，慈禧要求李鸿章马上来京，并任命他为直隶总督兼北洋大臣。7 月 16 日，李鸿章接到消息后，对下属说："舍我其谁也。"第二天，他从广州登船北上，决定去收拾这个烂摊子。同僚前来码头送行，他登上招商局"安平"号轮船，在等待涨潮的时候，请广东署南海县知县裴景福入见。时值盛夏，天气炎热，他身穿蓝绨短衫，脚穿鲁风履，倚在小藤榻上，看起来很休闲。不过，两人一聊起时局，心情却如铅般沉重。

裴景福问："公看京师何如？"李鸿章说："论各国兵力，危急当在八九月之交，但聂贡亭已阵亡，马、宋诸军零落，牵制必不得力。日本调兵最速，英国助之，恐七八月已不保矣。"说到这里，他含泪以杖触地，痛心疾首地说："内乱如何得止？"

裴景福问："万一都城不守，公入京如何办法？"李鸿章说："必有三大问题，剿拳匪以示威，纠首祸以泄忿，先以此要我而后索兵费赔款，势所必至也。"裴景福问："兵费赔款大约数目？"李鸿章说："我不能预料，唯有极力磋磨，展缓年分，尚不知做得到否？我能活几年，当一日和尚撞一日钟，钟不鸣了，和尚亦死了。"说罢，他泪流满面。

李鸿章是何等精明之人，八国联军的条件果然一一被他料中。他皱着眉头对裴景福说："事定后中外局面又一变，我国唯有专心财政，偿款不清无以为国，若求治太急，反以自困。中国地大物博，岁入尚不及泰西大国之半，将来理财须另筹善法。"他认为"联军不足亡中国，可忧者恐在难平之后"，"国运所关，实有天命，后事殊难逆料也"。

裴景福事后评论说："公生平坚忍倔强，虽处甲午乙未之变，从容镇定，未尝以郁闷之色示人，及庚子难作，每深谈时事，便泪含于眶，气之衰痛之剧也。"

"平安"轮从广州起航后驶往香港，李鸿章在盛大的仪仗队和17响礼炮声中登陆，去拜会香港总督和各国驻港领事。还有一个人，李鸿章有可能会接见。就在前一天，孙中山已抵达香港海面，但因五年的驱逐令尚未期满，不被允准登岸。5月底，香港立法局议员何启倡议借重香港总督之力，劝李鸿章搞两广独立，由兴中会的领袖孙中山辅佐他。李鸿章的态度模棱两可，香港政府就牵线搭桥，劝他跟孙中山面谈，希望促成两广独立，以利于维护香港和英国的利益。

李鸿章与香港总督卜力等人合影

甲午战前，还是无名小卒的孙中山托关系找门路，希望面见直隶总督李鸿章，跟他探讨治国之道。1894年1月，孙中山写了一封七八千言的《上李傅相书》，阐述自己的富强观："欧洲富强之本，不尽

孙中山

在于船坚炮利、垒固兵强，而在于人能尽其才，地能尽其利，物能尽其用，货能畅其流。此四事者，富强之大经，治国之大本也。我国家欲恢扩宏图，勤求远略，仿行西法以筹自强，而不急于此四者，徒唯坚船利炮之是务，是舍本而图末也。”

虽有盛宣怀的推荐，但李鸿章正忙于甲午战前的外交周旋，没工夫听一个闲散人员的宏言大论，以军务繁忙为由拒见孙中山。通过上书请愿来改革中国政治的道路行不通，这给了孙中山很大的刺激，决定从事反清革命。义和团运动在北方作乱后，孙中山决定率领兴中会背水一战，目标是“要与华南人民商议，分割中华帝国的一部分，新建一个共和国”。孙中山决定双管齐下，一边准备在广东发动起义武力夺权，一边谋求策动粤督李鸿章来争取两广独立。

当时李鸿章有个幕僚叫刘学询，跟孙中山是同乡兼朋友，就成了“两广独立”的操盘手，在两人之间负责沟通与联络。孙中山提出一个广东民主共和国的构想，由他本人来当总理，由李鸿章来当总统。对年事已高的李鸿章来说，这或许是他改变人生轨迹的最后一次机会，但他最终还是拒绝与孙中山会谈，决定北上就任直隶总督，继续效忠于大清王朝。

7 月 18 日，李鸿章自香港出发前往上海，“两广独立”的密谋彻底告吹。7 月 21 日抵沪，李鸿章第二天就接到李经述的电报：“天津失守，溃勇、拳匪沿途抢劫，难民如蚁，北京难支，大势已去，万勿冒险北上。”李鸿章判断，局势恶化，而朝廷仍摇摆不定，未能痛剿义和团，保护外国使馆亦不力，尚不是理想的谈判时机。另外，朝中顽固派主政，又有主和派大臣被杀，此时冒险进京，无异于羊入虎口。因此，李鸿章以身体不适为由，滞留上海观望时局。

8 月 7 日，慈禧委派李鸿章为全权大臣，让他即日与各国商量停战。8 月 14 日，北京失陷。次日清晨，慈禧打扮成汉族老妇人的样子，偕光绪帝、载漪、溥儁、奕劻等人仓皇西逃。据不完全统计，北京城破后的两天内，全家集体自杀的皇亲国戚达 30 多户。

8 月 20 日，清廷以光绪帝名义发布“罪己诏”。8 月 24 日，清廷授权李鸿章便宜行事，朝廷不为遥制。8 月 27 日，清廷增派奕劻为全权大臣，速回京城与各国使臣议和。9 月 7 日，清廷正式发布“剿匪令”，称义和团实为肇祸之由，非痛加铲除不可。次日，清廷命李鸿章即日进京，会商各使，迅速开议，扭转乾坤。

慈禧在逃亡途中发布的一系列补救措施，有助于创造良好的和谈氛围。8 月 30 日，赫德电询金登干：“欧洲的意见如何，维持清室还是瓜分大清帝国？什么是必不可少的条件？”9 月 13 日，金登干复电说：“各国显然仍拟支持满清皇朝，不主张瓜分。英国舆论主张维持光绪皇帝，给慈禧太后以个人安全，但反对英国政府承认她。至于俄国等则倾向于支持她。必要的条件包括惩办祸首、赔款、保证今后对各国友好等等。”

李鸿章认为时机已成熟，9 月 15 日起程北上。如今天津失陷，入港船只需有参战八国的保护和接待，才可畅行无阻。他本想借乘俄舰赴津，但又担心引起他国猜疑，于是乘坐“安平”轮北上，由一艘俄国军舰护送。此次谈判须与多个国家周旋，李鸿章做事不得不瞻前顾后，费尽心机走好每一步棋。

10 月 1 日，李鸿章在天津恭设香案，望阙叩头，接过象征权力的关防印信。目睹这座曾经苦心经营多年的名城残破不堪的景象，他联想到国破家亡的艰险局势，不禁痛哭一场。在北洋大臣的驻节地，他步履蹒跚，看着废墟中的一切，心中不胜凄凉。过去，他在这里度过多少意气风发、觥筹交错的时光，办过多少国政军机，如今却是荒草如湮。

10 月 11 日，李鸿章抵达北京。这座文明古城也是一幅劫后惨景，“沿途见井邑萧条，人皆闭户，残胔败骨，狼藉盈途”。对于侵略者来说，李鸿章的到来只是要签订一个投降文件；而对于占领区的百姓来说，他则是一个安定的象征。当时整个北京城都在盼望李鸿章的到来，一听说他来了，大家都欢欣鼓舞，说这回可有救了。

八国联军当时在北京城内实行分区占领，仅宣布中国两位全权大臣所居住的两个小院落仍属于清政府管辖，其余地方均被视为“外国辖境”。不过，这两块“飞地”其实也处于八国联军的武力控制之下：庆亲王奕劻的住宅有日本兵持枪守护，而李鸿章寓居的贤良寺门口有俄国兵守护。有外国人指出，奕劻如一囚徒，李鸿章实际上是受到礼遇的俘虏。

李鸿章抵京后第二天，就开始拜会各国使臣，希望早日议和，但人家并不急。八国联军统帅瓦德西于 10 月 17 日抵达北京，公然住进中南海仪鸾殿，那可是慈禧的豪华寝宫。瓦德西本着“对待中国人切勿让步，切勿表露忙态”的原则，在将近一个月的时间里，拒绝会见奕劻和李鸿章，反而唆使各国使臣对华强硬，并派兵四出攻掠。意大利使臣傲慢地对李鸿章说：“既已一败涂地至此，尚欲议和耶？唯有懔遵各国所示而已！”

谈判进行得很艰难，奕劻忧心如焚，头发都愁白了，常对李鸿章说：“我公系国家柱石，实为当今不可少之人，凡事均须借重，本爵当拱听指挥耳。”本来奕劻以亲王之尊，位次在李鸿章之前，但他甘愿沦为配角。每次与各国代表谈判，一切辩驳均由李鸿章陈词，奕劻仅附和数言。时人记载，李鸿章“年华虽迈，而精神依然矍铄，加以口似悬河，滔滔不绝，凡事皆力争上流，并不稍屈”。

辛丑谈判期间的李鸿章，右二为八国联军统帅瓦德西

列强要求中国对这场战争给出合理的解释，李鸿章为清廷开脱说，宣战诏书是假的，中央被一小撮人劫持了。他把义和团运动说成是叛乱，这样一来，八国联军就变成是来帮助中国镇压叛乱的友军，清政府也就从挑衅者变成受害者。如果各国认可这一逻辑，则中国只有对助剿国赔付军费的义务，而绝无割地的可能。只赔款，不割地，中国就不会被瓜分了。李鸿章的如意算盘打得响吗？经过他的外交斡旋，列强原则上同意接受他这种解释。不过，列强要求中国惩办支持义和团的官员，并以此作为议和的先决条件。

远在西安的慈禧听到传闻说，京城里的洋人列出一份必须惩办的人员名单，还警告说这些人都是从犯，为了保全中国的体面，首犯的名字没有提及，如果这些从犯得不到惩办，那么他们将自己去寻找首犯算账。慈禧很清楚，所谓首犯指的就是她。据说李鸿章接到过由荣禄转达的示意，说只要能保住慈禧，什么都可以商量。慈禧最终逃过一劫，但有各级官绅 100 多人受到惩处，以谢天下。

列强除了要求惩办祸首，还在两宫何时回銮的问题上纠缠，说要等他们回到北京以后再开始谈判。正在李鸿章为难之际，突然传来俄国准备监理东三省的消息，引起日、英、美等国的不安。年迈体衰的李鸿章，因过度劳累而病倒。各国代表沉不住气了，不再把严惩祸首和两宫回銮作为先决条件，转而讨论议和的具体内容。

法国殖民部长提醒各国，要提防李鸿章挑拨离间。他说，李鸿章的分化政策已经有了成效，清国的驻外使节在他的指使下大肆活动，他们与俄国秘密交涉，对美、法请求调解，向德国道歉，对日本以种族情感相召，对英国诱惑以长江的商业利益。

“人为刀俎，我为鱼肉”，此时李鸿章除了重施“以夷制夷”的故技，实在是无计可施。李鸿章看出八国联军表面上是一个整体，但实际上各怀鬼胎：俄国胃口最大，已派兵侵占中国东北大片土地，正等着他来认可；德国、日本、法国、意大利、奥匈帝国，都想着瓜分中国的土地；美国和英国，则是要中国的市场做生意。他就利用列强之间的利益分歧，挑起双方、三方乃至多方的博弈，以求中国付出最小的代价。

在圣诞节的前一天，参战的八国再加上西班牙、比利时、荷兰三国，将含有十二项要求的《议和大纲》交给奕劻，要求清政府迅速答复。尽管条件很苛刻，但里面既没有把慈禧列为祸首，又没有让她交出权力，所以慈禧还是批准了。1901 年 1 月 15 日，李鸿章和奕劻在《议和大纲》上画押。1901 年 2 月 14 日，上谕称此约“不侵我主权，不割我土地”，在接下来的详细条款谈判中，应“量中华之物力，结与国之欢心”。

李鸿章想尽快结束谈判，要求各国早日撤军，但列强要先敲定赔款数额再说。各国的报价均远远超出实际的花费和损失，但李鸿章开始不停地吐血，已经没有力气再讨价还价了。奕劻最后也没有出面，由下级官吏出面参与赔款谈判。经过数月的磋商，赔款总额被确定为 4.5 亿两白银，参照当时中国人口数量，意即人均一两，以示侮辱。这笔巨额赔款分 39 年还清，年息四厘，本息共计约 9.82 亿两，以海关税、盐税和常关税作担保。

谈判桌上，李鸿章对列强说过：你们犹如虎狼群。不过，言语是苍白无力的，改变不了被虎狼群撕咬的命运。1901 年 9 月 7 日，李鸿章、奕劻与 11 国代表签订最后议定书，即《辛丑各国和约》（简称《辛丑条约》）。这是中国近代史上赔款数目最庞大、主权丧失最严重的不平等条约，标志着中国彻底沦为半殖民地半封建社会。

9 月 22 日，李鸿章在《和议会同画押折》中警告当局：“臣等伏查近数十年内，每有一次构衅，必多一次吃亏。上年事变之来尤为仓猝，创深痛巨，薄海惊心。今和议已成，大局少定，仍望我朝廷坚持定见，外修和好，内图富强，或可渐有转机。譬诸多病之人，善自医调，犹恐或伤元气，若再好勇斗狠，必有性命之忧矣。”

《辛丑条约》的签字栏有一个让人分辨不清的签名，看起来像“肃”字。李鸿章的爵位是一等肃毅伯，“肃毅”二字是清廷赐予他的封号。或许是觉得太过于屈辱，他不愿让自己的本名刺眼地出现在这个条约上，所以玩了一个小花招，成心把“李鸿章”三字写成一团。这一团字又团得很巧妙，感觉像是拿国家赐予的封号，去办国家派给他的公事，有点公事公办的意味。甲午战败他负有重要责任，承受《马关条约》的骂名是应该的，但这回庚子事变跟他没关系，他不想用本名去承担这个骂名。

Un exemplaire sera remis à chacun des Plénipotentiaires étrangers et un exemplaire sera remis aux Plénipotentiaires chinois.

Pékin, le 7 Septembre, 1901

一千九百零一年九月初七日

光绪二十七年七月二十五日

在北京画押

李鸿章在《辛丑条约》上的签名

签约时，李鸿章感冒未愈，回来后病情加重，清廷赏假 20 天进行调理。10 月 3 日刚销假，他就开始跟俄国谈判从东北撤军事宜，筹办八国联军撤军后的防务，以及筹备迎接两宫回銮事宜。78 岁高龄的他尽瘁事国，内外交煎，油尽灯枯，生命接近终点。

俄国“盟友”趁火打劫，侵占东北不肯撤军，尤其让李鸿章愤恨交加，为此耗尽生命最后一点力气。当初亲俄是想多个保障，不料竟是开门揖盗，反被俄国熊咬伤了。10 月 30 日从俄国使馆谈判归来，他夜里咯血半盂，颜色紫黑，有大血块，被诊断为胃血管破裂。就在他辞世前几个小时，俄国公使一直在病榻前逼他在出卖东北的条约上签字，但他闭目拒绝。

临终前，李鸿章知道自己大限已到，挣扎着全部力气作诗一首：“劳劳车马未离鞍，临事方知一死难。三百年来伤国步，八千里外吊民残。秋风宝剑孤臣泪，落日旌旗大将坛。海外尘氛犹未息，请君莫作等闲看。”

11 月 6 日，已经穿好殓衣的李鸿章，灵魂在人间做最后的徘徊。听到亲友的呼唤时，他还能有所感应，但是说不了话，一直到次日中午，眼睛仍瞠视不瞑。从保定赶来北京给他送终的周馥，一边抚摸着他，一边哭道：“老夫子有何心思放不下，不忍去耶？公所经手未了事，我辈可以办了，请放心去罢。”

此前问及家事，李鸿章默然无语，听到周馥提及国事，忽然目张口动，欲语泪流。只是，心中纵有万千事，他已无力交代。周馥一边抹着他的眼睛，一边叫他放心去吧。灵魂无牵无挂，他的眼睛这才合上，须臾气绝。

前一天接到李鸿章病危的电报，回銮途中的慈禧哭了，担心大局未定，倘有不测，无人能分担重荷。逝世的消息一传来，慈禧和光绪帝震悼失次，随扈人员相顾错愕，平日诋毁他之人亦扼腕叹息。甲午战败后，李鸿章成为众矢之的，待庚子事变后扶危定倾，时人的评价渐渐誉多毁少。

梁启超说："吾敬李鸿章之才，吾惜李鸿章之识，吾悲李鸿章之遇。"这已成为一个经典的评价。中国人对李鸿章历来是毁誉交加，而外国人对他的正面评价，却远远多于负面评价。《纽约时报》说，李鸿章死了，一个时代结束了。该报将李鸿章之死视为洋务运动时代的结束，预测清王朝从此将面临更加险恶的局势。

大清国的外交明星陨落了。李鸿章犹如暮气沉沉的帝国里一盏探照灯，是古老东方帝国与现代世界沟通的重要信使。不幸的是，那是中国最弱势的时代，被迫放弃妄自尊大，被人打得遍体鳞伤。弱肉强食是那个时代的法则，李鸿章在丛林里东蹿西跳，冲在前方为国家披荆斩棘，可是驱赶了前狼，又来了后虎，最终体力不支，倒地身亡。

图书在版编目（CIP）数据

坚守与突围：李鸿章与大清帝国 / 凤凰书品编 . —厦门：鹭江出版社，2018.10
ISBN 978-7-5459-1496-2

Ⅰ. ①坚… Ⅱ. ①凤… Ⅲ. ①李鸿章（1823-1901）—生平事迹 Ⅳ. ① K827=52

中国版本图书馆 CIP 数据核字（2018）第 131998 号

JIANSHOU YU TUWEI：LI HONGZHANG YU DAQING DIGUO

坚守与突围：李鸿章与大清帝国

凤凰书品　编

出版发行：鹭江出版社
地　　址：厦门市湖明路 22 号　　邮政编码：361004
印　　刷：捷鹰印刷（天津）有限公司
地　　址：天津市武清区汉沽港镇秀园道16号　　邮政编码：301721
开　　本：710mm × 1000mm　1/16
插　　页：1
印　　张：22.75
字　　数：335 千字
版　　次：2018 年 10 月第 1 版　2018 年 10 月第 1 次印刷
书　　号：ISBN 978-7-5459-1496-2
定　　价：52.00 元